DAS MITTELALTER

Perspektiven mediävistischer Forschung
Zeitschrift des Mediävistenverbandes

2022 · 27/2

Die Materialität von Kredit
Sachüberlieferungen mittelalterlicher Schuld- und Kreditbeziehungen

Stephan Nicolussi-Köhler, Tanja Skambraks, Sebastian Steinbach (Hrsg.)

HEIDELBERG
UNIVERSITY PUBLISHING

Herausgeberin
Prof. Dr. Isabelle Mandrella
Katholisch-Theologische Fakultät, Philosophie und philosophische Grundfragen der Theologie, LMU München, Geschwister-Scholl-Platz 1, 80539 München, isabelle.mandrella@lmu.de

Redaktion
Brigitte Endres-Ludwig, M. A., Anna-Sophie Lange, M. A.
redaktion-das-mittelalter@posteo.de

Logo des Mediävistenverbands von Walter Wolf, Riedstadt, nach Hs Florenz, Biblioteca Medicea Laurenziana, Conv. sopp. 319, f. 90v

Bibliografische Information der Deutschen Nationalbibliothek
Die Deutsche Nationalbibliothek verzeichnet diese Publikation in der Deutschen Nationalbibliografie; detaillierte bibliografische Daten sind im Internet über http://dnb.dnb.de abrufbar.

Publiziert bei Heidelberg University Publishing (heiUP), 2022

Universität Heidelberg / Universitätsbibliothek
Heidelberg University Publishing (heiUP)
Grabengasse 1, 69117 Heidelberg
https://heiup.uni-heidelberg.de

Die Online-Version dieser Publikation ist auf den Verlagswebseiten von Heidelberg University Publishing https://heiup.uni-heidelberg.de dauerhaft frei verfügbar (Open Access).
doi: https://doi.org/10.17885/heiup.mial.2022.2

ISSN 0949-0345
eISSN 2196-6869

ISBN 978-3-96822-184-7 (Softcover)
ISBN 978-3-96822-183-0 (PDF)

Die Zeitschrift ‚Das Mittelalter' ist ein Forum für die interdisziplinäre Mediävistik. Die einzelnen Hefte behandeln jeweils ein aktuelles Thema der Mittelalter-Forschung unter fächerübergreifender Perspektive. Daneben werden in einem berichtenden Teil die wesentlichen Ergebnisse, Diskussionen und Neuerscheinungen der verschiedenen Disziplinen in ihrer Bedeutung für die gesamte Mediävistik vorgestellt.

Peer reviewed

Anfragen und Mitteilungen bezüglich der Mitgliedschaft (Beitrittserklärungen, Änderungen von Adresse und Bankverbindung) richten Sie bitte an den Schatzmeister des Mediävistenverbandes:
Prof. Dr. Albrecht Fuess, Fachgebiet Islamwissenschaft, Deutschhausstraße 12, 35032 Marburg; albrecht.fuess@uni-marburg.de.

Inhaltsverzeichnis

Stephan Nicolussi-Köhler, Tanja Skambraks und Sebastian Steinbach

Einleitung

Die Materialität von Kredit. Sachüberlieferungen mittelalterlicher Schuld- und Kreditbeziehungen

Abstract This special issue provides an overview of the diversity of the materiality of credit relations in Central, Northeastern, and Southeastern Europe. In nine case studies dealing with different kinds of objects like tally sticks, letters and pawn objects, it is shown that credit was not limited to a specific social or economic stratum. Instead, credit relations were widespread and documented through a variety of material objects. The different approaches stemming from archeology, German philology, Jewish studies, and material studies offer new insights into the functioning of medieval credit practices. Given the growing research interest in economic changes during the Middle Ages, the articles make a valuable addition to sources available for economists and historians alike.

Keywords Credit; Materiality; Cultural History; Economic History

Kontakt

Ass.-Prof. Dr. Stephan Nicolussi-Köhler,
Universität Innsbruck,
Institut für Geschichtswissenschaften und Europäische Ethnologie,
Innrain 52d, A-6020 Innsbruck,
stephan.nicolussi-koehler@uibk.ac.at
https://orcid.org/0000-0002-2044-5571

PD Dr. Tanja Skambraks,
Universität Mannheim,
Historisches Institut,
D-68131 Mannheim,
tanja.skambraks@uni-mannheim.de

PD Dr. Sebastian Steinbach,
Museum Abtei Liesborn des Kreises Warendorf,
Abteiring 8, D-59329 Wadersloh,
sebastian.steinbach@kreis-warendorf.de

Die Bedeutung von Kredit für mittelalterliche Gesellschaften erstreckte sich weit über die Sphäre des rein Wirtschaftlichen hinaus.[1] Auf individueller Ebene konnte der Zugang zu Kapital als Überbrückungskredit in Krisenzeiten oder als Investition in besseren Zeiten die soziale und wirtschaftliche Situation einzelner Personen verbessern. Umgekehrt konnte fehlende Kreditwürdigkeit zu einem

1 Kuske 1956; Skambraks u. Köhler 2019.

Stephan Nicolussi-Köhler, Tanja Skambraks und Sebastian Steinbach: Einleitung. Die Materialität von Kredit. Sachüberlieferungen mittelalterlicher Schuld- und Kreditbeziehungen. In: Das Mittelalter 2022, 27(2), 275–285. Heidelberg: Heidelberg University Publishing. DOI: https://doi.org/10.17885/heiup.mial.2022.2.24658

Reputationsverlust oder im schlimmsten Fall sogar zum Entzug der ökonomischen Lebensgrundlage führen.[2] Über diese Praktiken gibt es eine Vielzahl von Studien, die sich mit den unterschiedlichen Formen des Kreditwesens, darunter Pfandleihe, Handelskredite, öffentliche Schulden, Renten, Hypothekarkredite etc., beschäftigen.[3] Auch auf politischer Ebene wird (öffentlicher) Kredit als *conditio sine qua non* für das Entstehen des modernen Staatswesens, wenn nicht gar als dessen Triebfeder, betrachtet.[4] Zusätzlich zu diesen Forschungsfeldern haben Wissenschaftler und Wissenschaftlerinnen wie David Graeber, Craig Muldrew oder Laurence Fontaine die soziale Dimension und Bedeutung von Kreditbeziehungen aufgezeigt, die wichtige gesellschaftliche Funktionen wie die Verstetigung von Beziehungen oder den Zusammenhalt von Gemeinschaften unterstützt haben.[5] Allein schon diese Auswahl an Forschungsfeldern zeigt, dass mittelalterliche Kredite die ganze Gesellschaft erfassten und durchdrangen.

Da Kreditwirtschaft in allen gesellschaftlichen Schichten verbreitet war, scheinen mittelalterliche Quellen zu Kreditgeschäften in unterschiedlichen Kontexten und (materiellen) Formen auf. Dieses Faktum anerkennend, haben die Autorinnen und Autoren von Arbeiten zu Kreditgeschäften zwar häufig tiefgreifende quellenkritische Überlegungen angestellt, bestimmte Bereiche werden aber immer noch vernachlässigt.[6] Zusätzlich ergibt sich noch das Problem, dass eine vollständige Überlieferungssituation zu Kreditgeschäften nicht zu erwarten ist; etwa, weil es keinen Grund gab, Quellen zu geglückten Kreditgeschäften zu archivieren, oder weil Rechnungen, die diesbezügliche Informationen enthielten, über ihre Benutzung hinaus keinen (wirtschaftlichen) Wert mehr besaßen und daher nicht überliefert sind. Dass es aber nicht nur eine Frage der vollständigen Überlieferung ist, sondern auch darum geht, wo Kreditgeschäfte (und wirtschaftliche Aktivitäten allgemein) in vormodernen Gesellschaften verortet werden, zeigt die aktuelle Diskussion. Je nachdem welche Quellen zur Verfügung stehen, ändert sich das soziale Bild der mittelalterlichen Kreditwirtschaft, die einmal als Zeichen wirtschaftlicher Prosperität, ein andermal als Zeichen einer Pauperisierung angesehen wird.[7]

Neuere Studien betonen die Rolle informeller Finanzmarktakteure wie beispielsweise die von Notaren im Paris des 18. und 19. Jahrhunderts oder von Gastwirten im frühneuzeitlichen Venedig und veranschaulichen, dass wir besser über

2 Nicolussi-Köhler 2021.

3 Stellvertretend sei hier verwiesen auf Clemens 2008, einen Sammelband über Kreditnetzwerke, in dem die zahlreichen verschiedenen Zugänge aufgezeigt werden.

4 Bonney 1995.

5 Graeber 2011; Muldrew 1998; Fontaine 2014.

6 Vgl. Signori 2015, S. 10–13; Skambraks u. a. 2020.

7 „Die Meinungsdifferenzen liegen weniger in der Sache begründet, als im unterschiedlichen Quellenmaterial, auf das sich die Studien stützen." Signori 2014, S. 11.

jene schriftlich regulierten Kreditmärkte informiert sind, die viel eher unserem heutigen Verständnis von bankenbasierten (und damit institutionell verortbaren) Kreditmärkten entsprechen, als über informelle, nicht-regulierte Kreditaktivitäten.[8] Letztere haben aber, wie es die beiden genannten Beispielstudien zu Kreditmärkten in Paris bzw. Venedig gezeigt haben, einen besonders wichtigen Teil des vormodernen und mittelalterlichen Wirtschaftens ausgemacht, der neben anderen besser erforschten Formen (Hypothekarkredite, Pfandleihhäuser, Rentenmärkte etc.) koexistierte. Diese informellen Kreditpraktiken umfassen all jene Tätigkeiten, die von Personen durchgeführt oder vermittelt wurden, die sich nicht (allein) darauf spezialisiert hatten, Angebot und Nachfrage von Kapital zu vermitteln, sondern sich hauptsächlich anderen Tätigkeiten widmeten.[9] Dazu zählten im Mittelalter die schon genannten Notare und Gastwirte, aber auch städtische Steuerbehörden, Bauern und Hirten, Fischer, Kaufleute oder Adelige.[10] Damit ändern sich nicht nur die Akteure, sondern auch die Quellen, die für die Analyse von Kreditbeziehungen betrachtet werden. Berücksichtigt man informelle Kreditaktivitäten, wird die Erforschung mittelalterlicher Kreditbeziehungen viel komplexer und diverser, als es bisherige Darstellungen vermuten lassen.

Da Kreditgeschäfte über die Dokumentation normativer Statuten oder Verträge hinaus weit verbreitet waren, müssen weitere Quellengruppen wie Pfandobjekte, Kerbhölzer, Metallbarren, aber auch mündliche Vertragsformen in die Untersuchungen miteinbezogen werden. Zugleich wird dadurch deutlich, dass Münzen nicht die einzige Form des materiellen Geldes im Mittelalter darstellten, obwohl diese in weitaus größerer Zahl als die untersuchten Quellengruppen überliefert sind und die Wahrnehmung somit leicht verzerren können. Diesem Umstand wird die Tatsache gerecht, dass in dem vorliegenden Themenheft kein numismatischer Beitrag zu finden ist, da die monetäre Sphäre des Kredits sich dem interessierten Betrachter allzu leicht aufdrängt. Gerade die genannten anderen Quellengruppen erfordern jedoch, ihre Materialität und die damit verbundene kulturell geprägte praktische Handhabung stärker einzubeziehen. Auch die Rolle von Kreditwirtschaft innerhalb der ökonomischen Austauschprozesse verschiedener sozioökonomischer Gruppen in einer Gesellschaft sollte neu bewertet werden. Kreditpraktiken waren nicht auf eine kleine Gruppe von Spezialisten beschränkt, weswegen das gängige Bild von Kreditwirtschaft innerhalb mittelalterlicher Gesellschaften zumindest hinterfragt werden sollte. Dies geschieht etwa, indem literarische Quellen verwendet werden, welche den Ereignishorizont des

8 Hoffman, Postel-Vinay u. Rosenthal 2019; Pompermaier 2022.

9 Coffman, Lorandini u. Lorenzini 2018, S. 3f.

10 Vgl. dazu die einzelnen Beiträge in diesem Heft.

Zeitgenossen wiedergeben, oder indem neue Quellen wie Briefe rezipiert werden, die uns Einblicke in die Alltäglichkeit von Kreditgeschäften gewähren.

Die eklatante historische Bedeutung von Kreditpraktiken steht in einem Missverhältnis zu den zahlreichen Studien, die sich zumeist nur auf Ausschnitte der Hochfinanz oder gut dokumentierter Kreditnetzwerke beschränken. Ein interdisziplinärer Zugriff auf das Thema hingegen, der Diskurse der Germanistik, Judaistik, Archäologie und Realienkunde einbezieht, vermag dabei zu helfen, die Diversität mittelalterlicher Kreditbeziehungen offenzulegen.

1 Sachüberlieferungen von Kreditbeziehungen

Der Wert praxisorientierter Forschungen zu den materiellen Kulturen des Mittelalters ist durch zahlreiche Arbeiten belegt. Dabei bildet die systematische hilfswissenschaftliche Bearbeitung der jeweiligen Objekte die Grundlage einer detaillierten Auswertung. Darüber hinaus eröffnet jedoch die mediävistische Realienkunde weitere nützliche Ansätze.[11] Schon allein eine Beschäftigung mit der Überlieferungsgeschichte bestimmter Objekte und Dinge vermag den Blick über das Bekannte auszuweiten. So finden sich neue Objekte zur Materialität von Kreditbeziehungen innerhalb der Gesellschaft, die vorher in anderen Quellen unterrepräsentierte Gruppen in Erscheinung treten lassen.[12] Diese ‚Unsichtbarkeit' liegt aber nicht allein in der Überlieferung begründet, die zumeist aus institutionellen Gründen Gruppen der Oberschicht überproportional abbildet, sondern auch in dem, wonach Historikerinnen und Historiker bewusst suchen. In diesem Heft wird der Diskurs zu den Kreditgeschäften auch durch eine räumlich vergleichende Perspektive ergänzt. Neben der vielfach beforschten Nord-Süd-Achse zwischen dem Heiligen Römischen Reich und Italien, mit den üblichen Verlängerungen nach Frankreich, werden hier auch europäische ‚Randgebiete' wie der Nordosten (Baltikum, Nordsee)[13] und Südosten (Adria, Balkan)[14] in die Untersuchungen miteinbezogen.[15] Dabei bildet stets die Materialität der Objekte den Ausgangspunkt.

Anschlussfähige Ansätze für die Kreditgeschichte als Objektgeschichte versprechen auch anthropologische Arbeiten wie Arjun Appadurais Annahme

11 Keupp u. Schmitz-Esser 2015.

12 Etwa zur Bedeutung von Studentenbriefen vgl. den Beitrag von Hacke in diesem Heft.

13 Vgl. die Beiträge von Rösch und Holtermann in diesem Heft.

14 Vgl. den Beitrag von Kümmeler in diesem Heft.

15 Gruber, Lutter u. Schmitt 2017, S. 20f., 30–32.

vom „sozialen Leben der Dinge"[16] oder Igor Kopytoffs Theorie der Objektbiographien.[17] Ausgehend von der Annahme, dass Objekte für den Tausch gegen andere Objekte eingesetzt wurden, resultierte deren Wert aus der Zuschreibung der Akteure, deren Begehren nach bestimmten Objekten geweckt wurde. Der simple Rohstoffwert spielte demgegenüber eine untergeordnete Rolle, so dass Wertasymmetrien entstanden, die den ursprünglichen, durch Material und investierte Arbeit erzielten Wert eines Objektes, zum Beispiel eines Kleidungsstückes, um ein Vielfaches steigern konnten. Der Wert der Objekte stand überdies nicht von vornherein fest, sondern wurde im Akt des Austausches in einem stets neuen Aushandlungsprozess konstituiert. Das Element zwischen Tauschakt und Wertzuschreibung erhält damit eine politische Dimension.[18] Die Objekte selbst verweisen somit weit über ihren reinen Materialwert hinaus auf die Implikationen des Tauschaktes (hier: Objekt gegen Geld) und somit auf das Kreditgeschäft als sozialen Interaktionsprozess.[19]

Durch diese Perspektivierungen lassen sich weniger konkrete Kreditgeschäfte, sondern vielmehr Mentalitäten und Vorstellungen von Kreditpraktiken bearbeiten.[20] Um diese unterschiedlichen Perspektiven zu diskutieren, werden anhand zweier Themenbereiche Zugänge zu materiellen Formen von Kredit, ihrer Nutzung im Alltag sowie den Mentalitäten der involvierten Akteure im Mittelalter untersucht: schriftliche Quellen und Sachquellen.

2 Schriftliche Quellen

2.1 Pragmatische Schriftlichkeit

Die Untersuchung von pragmatischer Schriftlichkeit (Urkunden, Notariatsinstrumente, Gerichtsprotokolle, Rechnungsbücher, Inventare, Testamente etc.) erlaubt eine Vielzahl praktischer Aspekte von Schuld- und Kreditbeziehungen zu rekonstruieren, die üblicherweise nicht im primären Interesse wirtschaftshistorischer Untersuchungen stehen. Zu diesen praktischen Aspekten gehören

16 Appadurai 2006.

17 Kopytoff 2006.

18 „Value is embodied in commodities that are exchanged. Focusing on the things that are exchanged, rather than simply on the forms of functions of exchange, makes it possible to argue that what creates the link between exchange and value is politics, construed broadly." Appadurai 2006, S. 3.

19 Vgl. den Beitrag von Gruber in diesem Heft.

20 Schmitt 1990.

Verrechnungspraktiken, die Registrierung von Schulden in schriftlicher und paraschriftlicher Form oder zusätzliche Transaktionskosten (Kosten für Gericht, Schreiber, Notare etc.), die bei einer bloßen Erhebung der wirtschaftlichen Informationen (Schuldsumme, Zahlungsfrist etc.) verloren gehen. Beispielsweise zeigt die Untersuchung frühmittelalterlicher Formelsammlungen, dass diese *cautiones* (Schuldscheine) enthalten. Dies deutet auf Kreditpraktiken hin, über die wir anderweitig nicht informiert sind.[21] Zudem liefern derartige Untersuchungen einen wertvollen Einblick in mittelalterliches Wirtschaften aus einer kulturhistorischen Perspektive.[22] Die pragmatische Schriftlichkeit von Rechnungsbüchern aus der Grafschaft Tirol zeigt, dass Verschuldung auch auf dem Gebiet des Finanzwesens Expertise hervorbrachte.[23] Gleichzeitig ist Vorsicht geboten, bestimmte wirtschaftliche Praktiken bestimmten Gruppierungen zuzuschreiben oder gar eine spezifische Art des Wirtschaftens zu identifizieren.[24] Der Wandel von Kreditpraktiken ist häufig mit praktischen Erfordernissen zu erklären, wie die Untersuchung der Wiener Judenbücher zeigt.[25]

Besonders die Kombination schriftlicher und nicht-schriftlicher Quellen erweist sich dabei als äußerst ergiebig, zeigt sich doch anhand einer Fallstudie zum venezianischen Dalmatien, dass komplexe Vertragsformen wie etwa die *societas* aus dem römischen Recht nicht allein auf die schriftliche Fixierung durch Verträge angewiesen waren, sondern auch durch Kerbhölzer abgesichert werden konnten. Zudem werden die scheinbar asymmetrischen Kreditbeziehungen zwischen Hirten und Kapitalgebern kritisch hinterfragt, treten erstere doch ebenfalls aktiv als Kapitalgeber auf und relativieren dadurch das Bild des Adeligen oder Kaufmanns als Investor und des Hirten als (passiver) Kapitalempfänger.[26]

2.2 Traktate und literarische Quellen

Kredit betrifft niemals allein den Transfer von Geld, sondern berührt immer auch „soziale Strukturen und Normengefüge, mentale Dispositionen und religiöse Wertungen".[27] Ein wichtiger Aspekt ist daher die Frage, wie Quellen soziale Wirklichkeiten – unabhängig von der Intention des Verfassers oder der

21 Vgl. den Beitrag von Lößlein und Walther in diesem Heft.

22 Gruber, Lutter u. Schmitt 2017, S. 30–32. Ebenfalls Kuchenbuch 2002 sowie Ertl u. Karl 2017.

23 Vgl. den Beitrag von Thaler in diesem Heft.

24 Vgl. Baumgarten 2021.

25 Vgl. den Beitrag von Brugger in diesem Heft.

26 Vgl. den Beitrag von Kümmeler in diesem Heft.

27 Fouquet u. Rabeler 2018, S. 13.

Verfasserin – beeinflusst haben. Gerade Kreditpraktiken waren von einer Vielzahl von gesellschaftlichen Diskursen (religiöse Lehre, Moralvorstellungen, Gemeinwohl etc.) begleitet, die erst durch literaturwissenschaftliche Zugänge und deren Instrumentarium greifbar werden. Im Fokus dieses Themenbereichs stehen deshalb literarische Quellen, die konkrete Kreditbeziehungen und deren soziale Bewertung innerhalb christlicher Gesellschaften behandeln. Ein anderer wichtiger Bereich betrifft die semantische Bedeutung von Kreditbeziehungen und -praktiken. Aus deren Untersuchung lassen sich wichtige Rückschlüsse auf die Mentalitäten mittelalterlicher Gesellschaften bezüglich der Geld- und Kreditwirtschaft gewinnen.[28] Die Verwendung der Kreditmetaphorik in der mittelalterlichen Dichtung zeigt die vielfältigen (auch positiven) Deutungsmuster, die existierten, jedoch erst ansatzweise erforscht sind und häufig über eine rein ökonomische Semantik hinausgehen.[29]

3 Sachquellen

3.1 Pfandobjekte als Wertspeicher

Pfandobjekte in Form von Immobilien und beweglichen Gütern waren ein zentraler Bestandteil vieler Kreditbeziehungen, sie ergänzten schriftliche Verträge und Vereinbarungen und schufen eine zusätzliche Sicherungsebene für die Kreditbeziehung. Besondere Relevanz kommt den Pfandobjekten im Bereich des Kredits zu, den ärmere Bevölkerungsschichten nutzten. In der Armutsökonomie, wie sie Valentin Groebner beschrieb,[30] waren Haushaltsobjekte, Kleidung und Schmuck wichtige Wertspeicher, die die Kreditwürdigkeit der arbeitenden Armen, zu denen man mindestens die Hälfte der städtischen Bevölkerung zählen muss,[31] garantierten. Die Verleihung von Geld gegen Pfand wurde zwischen Privatpersonen betrieben, wurde aber im späten Mittelalter zunehmend durch städtische Einrichtungen wie Pfandleihhäuser oder die ‚Monti di Pietà' in Italien organisiert. Sowohl die private als auch die öffentliche Pfandleihe wurden zusätzlich durch eine schriftliche Buchhaltung abgesichert, die vergleichsweise spärlich überliefert ist. Die Pfandobjekte wurden – sofern nicht eingelöst – versteigert, so dass man von einer regen Zirkulation mobiler Wertspeicher im Wirtschaftskreislauf mittelalterlicher Städte ausgehen kann, die von leider noch zu wenig erforschten

28 Busch u. Fajen 2021, S. XIV–XVII.

29 Vgl. den Beitrag von Busch in diesem Heft.

30 Groebner 2004.

31 Zahlen aus Oexle 1986; Schubert 2001.

Gebrauchtwaren- und Altkleiderhändlern zusätzlich forciert wurde. Reichere Bürger verpfändeten ebenfalls Gegenstände, um kurzfristig an Geld zu gelangen, wie die Auktionslisten der italienischen ‚Monti' belegen. Der Geldwert eines Gegenstandes konnte hier bis zu mehreren Gulden betragen, etwa wenn es sich um reich verzierte Kleider aus kostbaren Stoffen und Schmuckstücke handelte. Ärmere Schuldner verpfändeten häufig Objektgruppen wie Tischwäsche, Bettdecken und Kissen.

Pfänder wurden nicht nur für Geldkredite im engeren Sinn hinterlegt, sie sicherten auch ausstehende Zahlungen, wie etwa die Steuerrückstände der Wiener Ratselite im 15. Jahrhundert, ab, wie Elisabeth Gruber in ihrem Beitrag deutlich macht. Dabei wurden vor allem silberne Becher mit einem hohen Materialwert oder verzierte Gürtel hinterlegt. Diese Gegenstände, welche in Truhen gesichert im Rathaus verwahrt wurden, waren einerseits Symbol der materiellen Verbindlichkeiten, andererseits ermöglichen sie aber ebenfalls Aussagen über die Besitztümer und den Lebensstandard der Schuldnerinnen und Schuldner selbst. Während silberne Becher als Trinkgefäße im bürgerlichen Haushalt wohl entbehrlich waren, verweisen andere Quellen wie die Pfandlisten der Leihhäuser Italiens auf einen viel bescheideneren Lebensstandard. Damit ist die Bedeutung der Objektgeschichte auch für die Lebensstandardforschung angesprochen.

3.2 Kerbhölzer

Die Absicherung von Kredittransaktionen wurde nicht nur durch Pfandgegenstände und Schriftquellen gewährleistet, sondern auch durch eine weitere Objektgruppe, nämlich die Kerbhölzer. Diese vielgestaltigen Holzdokumente boten insbesondere im ländlichen Raum eine preiswerte und beständige, dazu noch fälschungssichere Ergänzung für schriftliche Verträge, wie der Beitrag Fabian Kümmelers zur Hirtenwirtschaft im Dalmatien des 15. Jahrhunderts aufzeigt. Bei der weit verbreiteten Kreditform der Viehverstellung traten die Hölzer gar an die Stelle schriftlicher Verträge, wie normative Quellen und Gerichtsakten belegen. Damit halfen sie die Transaktionskosten für die Vertragssicherung zu senken, wie der Autor betont. Die Informationen auf den Kerbhölzern wurden dabei immer wieder aktualisiert. Das Zusammentreffen beider Kreditparteien und das Zusammenlegen bzw. das Neukerben kann somit als rechtsstiftender Akt interpretiert werden. Die Kerbhölzer waren damit sowohl Zählhilfe als auch rechtlich wirksame protoschriftliche Sicherungsobjekte der Schulden- und Kreditwirtschaft. Aus archäologischer Perspektive betrachtet der Beitrag von Felix Rösch die Kerbholz-Überlieferung des nord-, nordost- und westeuropäischen Raumes und zeichnet dabei die bisherige Forschungsgeschichte zum Früh- und Hochmittelalter nach. Er verweist auf die Problematik des häufig fehlenden Kontexts von Einzelfunden, deren Funktion und Verwendung oft nur schwer rekonstruierbar ist. Dennoch liefern die archäologisch dokumentierten Fundkontexte, wie etwa im Fall der Kerbhölzer aus dem norwegischen Hansekontor in Bryggen oder aus Kaufmannshäusern aus Nowgorod, entscheidende Aufschlüsse zur Erforschung der vormodernen Abrechnungspraxis im Warenhandel und in der Kreditwirtschaft.

4 Ausblick

Die Einbeziehung der Materialität bei der Erforschung mittelalterlicher Kreditbeziehungen zeigt neue Perspektiven auf. Primär ist hier an die Verwendung nicht-schriftlicher Quellen zu denken, aber auch an die Rekonstruktion kultureller Praktiken oder bisher kaum erforschter Bereiche der mittelalterlichen Wirtschaft. So wird die Begrenzung mittelalterlicher Kreditpraktiken auf bestimmte Bereiche hinterfragt, wenn das geldlose Wirtschaften – etwa durch Pfänder oder andere Wertgegenstände – oder Verrechnungspraktiken mit Kerbhölzern im Kontext von *societas*-Verträgen in die Überlegungen einbezogen werden. Auch die Verwendung von Kreditbegrifflichkeiten in literarischen Werken zeigt interessante Aspekte des Umgangs mit Krediten im mittelalterlichen Christentum auf.

Ziel dieses Themenheftes ist es, die Vielfalt mittelalterlicher Kreditbeziehungen darzustellen, um damit die häufige Begrenzung vormoderner Finanzpraktiken auf uns vertraute Vorstellungen zu hinterfragen. Kredit war nicht auf bestimmte gesellschaftliche Schichten oder Formen begrenzt, sondern konnte je nach Notwendigkeit und den vorhandenen Möglichkeiten unterschiedliche Formen annehmen. Anhand von Detailstudien, die sich der Thematik über unterschiedliche Zugänge aus der Germanistik, Judaistik, Archäologie, Realienkunde und Geschichtswissenschaft nähern, wird die Pluralität von Kreditbeziehungen sichtbar gemacht. Dabei geht es vor allem darum, den Mehrwert dieser Zugänge für die weitere Beschäftigung mit einem Thema sichtbar zu machen, das sich normalerweise nur an der wenig beachteten Schnittstelle zwischen Wirtschaftsgeschichte und Geschichtswissenschaft befindet. Die Beiträge in diesem Heft zeigen die vielfältigen Formen mittelalterlicher Schuld- und Kreditbeziehungen, die sich über wirtschaftliche, soziale und kulturelle Kontexte erstreckten. Durch die gemeinsame Erforschung dieser unterschiedlichen Bereiche werden neue Erkenntnisse gewonnen, die unser Bild vormoderner Wirtschaftspraktiken erweitern. Ziel dieses Themenheftes ist nicht zuletzt, Leserinnen und Leser von dem analytischen Mehrwert und den Möglichkeiten derartiger Auswertungen zu überzeugen und damit weitere derartige Studien anzuregen.

Literaturverzeichnis

Appadurai, Arjun (Hg.): The Social Life of Things. Commodities in Cultural Perspective. Cambridge 1986 (ND 2006).

Baumgarten, Elisheva: Introduction. Money Matters: Individuals, Communities and Everyday Economic Interactions between Jews and Christians in Medieval Europe. In: Medieval Encounters 27 (2021), S. 293–307.

Bonney, Richard: Economic Systems and State Finance. In: Ders. (Hg.): Introduction. Economic Systems and State Finance. Oxford 1995, S. 1–18.

Busch, Nathaniel u. Robert Fajen: allmächtig und unfassbar. Geld in der Literatur des Mittelalters. Stuttgart 2021.

Clemens, Gabriele (Hg.): Schuldenlast und Schuldenwert. Kreditnetzwerke in der europäischen Geschichte 1300–1900. Trier 2008.

Coffman, D'Maris, Cinzia Lorandini u. Marcella Lorenzini: Introduction. Formal and Informal Credit across Europe: A Long-Run Perspective. In: Dies. (Hgg.): Financing in Europe. Evolution, Coexistence and Complementarity of Lending Practices from the Middle Ages to Modern Times (Palgrave Studies in the History of Finance). Cham 2019, S. 1–18.

Ertl, Thomas u. Barbara Karl (Hgg.): Inventories of Textiles – Textiles in Inventories. Studies on Late Medieval and Early Modern Material Culture. Wien 2017.

Fontaine, Laurence: Le Marché. Histoire et usage d'une conquête sociale. Paris 2014.

Fouquet, Gerhard u. Sven Rabeler: Einleitung. In: Dies. (Hgg.): Ökonomische Glaubensfragen. Strukturen und Praktiken jüdischen und christlichen Kleinkredits im Spätmittelalter (Vierteljahrschrift für Sozial- und Wirtschaftsgeschichte. Beiheft 242). Stuttgart 2018, S. 9–20.

Graeber, David: Debts. The First 5,000 Years. New York 2011.

Groebner, Valentin: Mobile Werte, informelle Ökonomie. Zur Kultur der Armut in der spätmittelalterlichen Stadt. In: Otto Gerhard Oexle (Hg.): Armut im Mittelalter (Vorträge und Forschungen 58). Ostfildern 2004, S. 165–187.

Gruber, Elisabeth, Christina Lutter u. Oliver J. Schmitt: Kulturgeschichte der Überlieferung im Mittelalter. Quellen und Methoden zur Geschichte Mittel- und Südosteuropas. Köln, Weimar, Wien 2017.

Hoffman, Philipp, Gilles Postel-Vinay u. Jean-Laurent Rosenthal: Dark Matter Credit. The Development of Peer-to-Peer Lending and Banking in France. Princeton, Oxford 2019.

Keupp, Jan u. Romedio Schmitz-Esser (Hg.): Neue alte Sachlichkeit. Studienbuch Materialität des Mittelalters. Ostfildern 2015.

Kopytoff, Igor: The Cultural Biography of Things. Commoditization as Process. In: Appadurai 2006, S. 64–92.

Kuchenbuch, Ludolf: Pragmatische Rechenhaftigkeit? Kerbhölzer in Bild, Gestalt und Schrift. In: Frühmittelalterliche Studien 36 (2002), S. 469–490.

Kuske, Bruno: Die Entstehung der Kreditwirtschaft und des Kapitalverkehrs. In: Ders.: Köln, der Rhein und das Reich. Beiträge aus fünf Jahrzehnten wirtschaftsgeschichtlicher Forschung. Köln, Graz 1956, S. 48–137.

Muldrew, Craig: The Economy of Obligation. The Culture of Credit and Social Relations in Early Modern England. New York 1998.

Nicolussi-Köhler, Stephan: Introduction. In: Ders. (Hg.): Change and Transformation of Premodern Credit Markets. The Importance of Small-Scale Credits. Heidelberg 2021, S. 1–21. https://doi.org/10.11588/heibooks.593.c12688 (Zugriff: 06.06.2022).

Oexle, Otto-Gerhard: Armut, Armutsbegriff und Armenfürsorge im Mittelalter. In: Christoph Sachße (Hg.): Soziale Sicherheit und soziale Disziplinierung. Frankfurt a. M. 1986, S. 73–100.

Pompermaier, Matteo: Credit and Poverty in Early Modern Venice. In: Journal of Interdisciplinary History LII/4 (2022), S. 513–536.

Schmitt, Jean-Claude: Der Mediävist und die Volkskultur. In: Dieter R. Bauer u. Peter Dinzelbacher (Hgg.): Volksreligion im hohen und späten Mittelalter. Paderborn 1990, S. 29–40.

Schubert, Ernst: Erscheinungsformen der Armut in der spätmittelalterlichen deutschen Stadt. In: Helmuth Bräuer u. Elke Schlenkrich (Hgg.): Die Stadt als Kommunikationsraum. Beiträge zur Stadtgeschichte vom Mittelalter bis ins 20. Jahrhundert. Festschrift für Karl Czok zum 75. Geburtstag. Leipzig 2001, S. 659–697.

Signori, Gabriela: Einleitung. In: Dies. (Hg.): Prekäre Ökonomien. Schulden in Spätmittelalter und Früher Neuzeit. Konstanz, München 2014, S. 7–16.

Signori, Gabriela: Schuldenwirtschaft. Konsumenten- und Hypothekarkredite im spätmittelalterlichen Basel. Konstanz, München 2015.

Skambraks, Tanja u. a.: Kleinkredit und Marktteilhabe in der Vormoderne. Projektdesign. In: Mannheim Working Papers in Premodern Economic History 1 (2020), S. 1–12. https://doi.org/10.25521/mwppeh.2020.136 (Zugriff: 10.06.2022).

Skambraks, Tanja u. Stephan Köhler: What Is Credit? In: Ulla Kypta, Julia Bruch u. Tanja Skambraks (Hgg.): Methods in Premodern Economic History. Case Studies from the Holy Roman Empire, c. 1300– c. 1600. Cham 2019, S. 146–150.

Horst Lößlein und Christoph Walther

Darlehen und Schuldscheine im Frankenreich (6. bis 9. Jahrhundert)

Abstract Loans and credit relations are only very rarely subject of narrative sources from the early Middle Ages. Only Gregory of Tours mentions individuals taking out loans in the *regnum Francorum.* According to him, these loans were secured by the issuance of *cautiones,* promissory notes, which the creditor kept for safekeeping until the debt was repaid. Unfortunately, *cautiones* were only of interest until the loan was repaid and thus were not archived but destroyed. However, ten of these promissory notes have survived as *formulae* (anonymized documents that served as models of how to compose corresponding charters or letters) in West Frankish collections. These can be used to draw a colourful picture of early medieval credit relations. While the loans are always quantified in monetary terms, the pledges of collateral reveal a wide range of possibilities, ranging from personal services to the temporary transfer of land. The latter are closely intertwined with the payment of interest, for example, when the creditor is allowed to keep the crops of the land. At the same time, collateral pledges, such as the obligation to perform regular services, can also be used to draw conclusions on the social backgrounds of the debtors as well as the creditors, revealing the importance of the neighborhood for local credit relations.

Keywords Loan; Promissory Note; Early Middle Ages; Credit Relations; Collateral

Kontakt

Dr. Horst Lößlein,
Universität Hamburg,
Fachbereich Geschichte,
Überseering 35 #5,
D-22297 Hamburg,
horst.loesslein@uni-hamburg.de

Dr. Christoph Walther,
Universität Hamburg,
Fachbereich Geschichte,
Überseering 35 #5,
D-22297 Hamburg,
christoph.walther@uni-hamburg.de

Horst Lößlein und Christoph Walther: Darlehen und Schuldscheine im Frankenreich (6. bis 9. Jahrhundert).
In: Das Mittelalter 2022, 27(2), 286–305. Heidelberg: Heidelberg University Publishing.
DOI: https://doi.org/10.17885/heiup.mial.2022.2.24659

1 Kredite bei Gregor von Tours

Informationen zu Krediten im frühen Mittelalter sind rar gesät.[1] Für das Frankenreich erwähnt lediglich Gregor von Tours († 594) Darlehen in zwei Episoden der ‚Libri historiarum X'. In Buch III berichtet Gregor, dass Bischof Desiderius von Verdun († 554) sich von König Theudebert I. († 547/548) 7.000 *aurei* zur Förderung von Handel und Gewerbe seiner Stadt geliehen habe.[2] Das Darlehen selbst spielt keine weitere Rolle – es dient dazu, den Einsatz des Bischofs für die ihm Anvertrauten und die Güte des Königs herauszustellen. Der Bericht enthält dennoch ein interessantes Detail: Laut Gregor versprach Desiderius dem König die Rückzahlung des Darlehens „samt gesetzlich zulässigem Zins" (*pecuniam tuam cum usuris legitimis reddimus*). Diesen Zins kannte das im Frankenreich weit verbreitete römische Recht als *legitima centensima*,[3] der üblicherweise 12,5 Prozent als zulässigen Höchstsatz vorsah.[4] Die Kirche lehnte die Erhebung von Zinsen seit dem Wucherverbot des Konzils von Nikäa zwar ab,[5] doch weist Gregors selbstverständlicher Umgang mit Zins darauf hin, dass die Erhebung von Zinsen allgemein akzeptiert war. Interessant ist, dass sich offenbar auch der *fiscus* mit großen Summen im Kreditgeschäft betätigte.

In Buch VII berichtet Gregor für 584 vom unglücklichen Ende einer Darlehensbeziehung: Der Jude Armentarius – der einzige bekannte jüdische Geldverleiher dieser Zeit[6] – war nach Tours gekommen, um Schulden einzutreiben, die der ehemalige Graf Eunomius und der ehemalige *vicarius* Iniuriosus bei ihm aufgenommen hatten: *Praesenti quoque anno Armentarius Iudaeus [...] ad exegendas cautionis, quas ei propter tributa puplica Iniuriosus ex vecario, ex comite vero Eonomius deposuerant, Toronus advenit.* Statt das Geld zurückzuzahlen, lockte Iniuriosus Armentarius jedoch in sein Haus und erschlug ihn.[7] Iniuriosus und

---

1 Allgemein zum Kreditwesen im frühen Mittelalter Siems 1992. Mit Schwerpunkt auf den italienischen Verhältnissen vgl. Bougard 2010.

2 Gregor von Tours: Libri X, III, 34, S. 129f. Zu dieser Stelle vgl. auch Siems 1992, S. 409f.

3 Vgl. Siems 1992, S. 592–612.

4 Vgl. ebd., S. 591–646.

5 Vgl. dazu die Zusammenschau ebd., S. 500–591.

6 Jüdische Händler und Kaufleute sind im Frankenreich des 6. und 7. Jhs. gut belegt, vgl. Verhulst 1970, S. 17f.; zu Juden im Gallien des 6. Jhs. Stemberger 2019, S. 356–360. Armentarius ist jedoch der einzige bekannte Geldverleiher. Gregor von Tours: Libri X, VII, 23, S. 344 erwähnt weiterhin, dass Armentarius auch dem Tribun Medardus Geld geliehen hatte (*Loquebantur* [...], *Medardum tribunum in hoc scelere mixtum fuisse, eo quod et ipse a Iudaeo pecuniam mutuassit*). Armentarius' Religion spielt für Gregor im Folgenden auch keine Rolle. Zu Gregors Einstellung gegenüber Juden Quenehen 2009 (zu Armentarius insbes. S. 122) und ders. 2010, insbes. S. 109.

7 Gregor von Tours: Libri X, VII, 23, S. 343f. Für eine deutsche Übersetzung vgl. Gregor von Tours: Zehn Bücher Geschichten, Bd. 2, S. 119–121. Der Name des Mörders kann als

Eunomius hatten sich das Geld „wegen öffentlicher Abgaben" (*propter tributa publica*) geliehen. *Comites* und *vicarii* waren in fränkischer Zeit dafür verantwortlich, Abgaben und Steuern einzutreiben.[8] Wie zuvor die römischen Kurialen waren die fränkischen Amtsträger haftbar, sollten die eingetriebenen Steuern hinter den Erwartungen der Steuerlisten zurückbleiben. Differenzen mussten aus dem Privatvermögen gedeckt werden.[9] Die Darlehen, für die sich Eunomius und Iniuriosus an einen offenbar ortsfremden Geldverleiher wandten (Armentarius kam zur Schuldeneintreibung nach Tours), sind sicher in diesem Zusammenhang zu sehen und fallen damit in die Zeit vor ihrer Absetzung.[10] Mit dem Amtsverlust und den damit verbundenen Einbußen an Einkünften – ein Drittel der Steuern und Abgaben stand den Amtsträgern zu[11] – dürfte den beiden Schuldnern die Rückzahlung des Darlehens schwergefallen sein, so dass man zum Mord griff, um sich der Schulden zu entledigen. Gregor erzählt überdies, dass Iniuriosus dem Opfer versprochen hatte, ihm nicht nur das geliehene Geld, sondern auch die Zinsen auszuhändigen (*de reddendo pecuniae fenore cum usuris*). Es findet sich also wieder eine Zinsvereinbarung. Bemerkenswert ist zudem ein weiteres Detail in Gregors Schilderung: Armentarius kam nach Tours, um *cautiones* geltend zu machen. Um ebendiese *cautiones*, ihre Überlieferung, ihren Aufbau, ihre rechtliche Bedeutung sowie die aus ihnen ableitbaren Schlüsse über Schuldner und Gläubiger soll es in diesem Beitrag gehen.

‚der Unrecht Tuende' oder ‚der Gewalttätige' gelesen werden; Staub 2021. Als Bischof von Tours (573–594) hat Gregor die Ereignisse selbst miterlebt oder aus erster Hand erfahren; vgl. Gregor von Tours: Zehn Bücher Geschichten, Bd. 1, S. XXV. Vielleicht war Gregor aus tagespolitischen Gründen gezwungen, den Namen des Täters zu verschweigen. *Iniuriosus* ist als Name aber durchaus belegt: Pietri u. Heijmans 2013, S. 1046–1049, verzeichnen sechs *Iniuriosi*, zu denen neben dem Mörder (S. 1048) ein Senator, ein Bischof und ein Abt gehören. Der Name des Gläubigers *Armentarius* ist *argentarius* (‚Geldverleiher') ähnlich, vielleicht ist hier aus einem jüdischen Geldverleiher (*argentarius Iudaeus*) im Lauf der Überlieferung ein Jude namens Armentarius geworden. In den nahezu 40 erhaltenen Handschriften findet sich allerdings nur *Armentarius*. Der Name selbst ist nicht ungewöhnlich; Pietri u. Heijmans 2013, S. 203–209, verzeichnen für die Jahre 314–614 mit dem Ermordeten (S. 209) insgesamt acht *Armentarii*.

8 Vgl. Kaiser 1979, S. 6.

9 Vgl. ebd., S. 6 f.; Weidemann 1982, S. 328 f.

10 Eunomius war ab 580 Graf; vgl. Gregor von Tours: Libri X, V, 47, S. 257 und 49, S. 260; Pietri u. Heijmans 2013, S. 693. Der Zusatz *ex* kennzeichnet das Herausbewegen einer Sache aus ihrer früheren Natur, das zuvor offenbar ausgeübte Amt wurde nun nicht ausgeübt; vgl. auch Pietri u. Heijmans 2013, S. 1048. Die Gründe für den Amtsverlust sind unbekannt.

11 Vgl. Durliat 1990, S. 136–139.

2 *Cautiones* und *formulae*

Schon in der Spätantike bezeichnete *cautio* häufig einen Schuldschein.[12] Um solche Schuldscheine handelte es sich sicher auch bei den *cautiones*, die Armentarius mit nach Tours brachte.[13] Dass in fränkischer Zeit Schuldscheine existierten, ist nicht überraschend, liegen die Wurzeln des frühmittelalterlichen Urkundenwesens bekanntermaßen in dem des spätantiken Römischen Reiches.[14] Angesichts der Überlieferungsproblematik für diese Zeit ist es wenig verwunderlich, dass keine *cautiones* im Original erhalten sind.[15] Neben die üblichen Probleme frühmittelalterlicher Überlieferung tritt hier zusätzlich das Problem der Archivierungswürdigkeit. Aufbewahrt wurden in der Regel Dokumente, die über längere Zeit hinweg von Wert waren, also vor allem Dokumente, die den Besitz von Gütern oder die Gewährung bestimmter Rechte betrafen. Die Bedeutung von Schuldscheinen dagegen erlosch mit der Rückzahlung der Schuld, so dass sie nur vorübergehend aufbewahrt wurden.[16] Erhalten sind *cautiones* nur als sogenannte Formeln, anonymisierte Dokumente, die aufbereitet wurden, um als Muster dafür zu dienen, wie entsprechende Schriftstücke zu verfassen waren.[17] Namen, Datierungen und Mengenangaben sind in diesen zumeist durch Platzhalter ersetzt, die eigentliche Struktur der Dokumente und ihr Inhalt wurden jedoch nicht angetastet.[18] Formeln waren keine vorgefertigten und zur Reproduktion bestimmten Vorlagen, sondern Exempel, an denen sich Schreiber für die Abfassung neuer Dokumente orientieren konnten. Sie gaben dem Benutzer geeignete Wendungen und wiederkehrende

---

12 Die *cautio* löste im spätantiken römischen Recht im Westen die Stipulationsurkunde als Schuldschein ab. Vgl. Kaser 1975, S. 377–380; Gröschler 2006; Bange 2014, S. 73–82. Für antike Schuldscheine vgl. etwa Corpus Iuris Civilis, Dig. 12, 1, 40, S. 161 f.; 45, 1, 126, 2, S. 732; Chartae Latinae Antiquiores, Nr. 1207, S. 2 f.

13 Daneben finden sich unter der Bezeichnung *cautio* in fränkischer Zeit auch Schreiben, mit denen sich eine Person nach einer Verurteilung wegen eines Vergehens in die Knechtschaft des Geschädigten begab (Formulae Salicae Bignonicae 14 und 27, in: Formulae Merowingici et Karolini aevi, S. 233, 237 f.) sowie Schreiben, mit denen Unterwerfung und zukünftiges Wohlverhalten zugesichert wurden; vgl. Gregor von Tours: Libri X, VIII, 7, S. 376.

14 Vgl. Classen 1977.

15 Zur Quellenlage vgl. Quellen zur Geschichte der Franken und der Merowinger, S. 19–35.

16 Zeugnisse für die zwischenzeitliche Archivierung von *cautiones* in öffentlichen und privaten Archiven finden sich in Italien. Vgl. dazu Bougard 2010, S. 441 f. mit den entsprechenden Quellenverweisen. Zur italienischen Überlieferung von Schuldurkunden, die mit dem Ende des 8. Jhs. einsetzt, vgl. auch Brunner 1877, S. 528–532.

17 Vgl. Rio 2009, S. 20. Es handelt sich hierbei um die bislang umfangreichste und detaillierteste Studie zu den frühmittelalterlichen Formelsammlungen.

18 Vgl. ebd. Die in den Formelsammlungen überlieferten *cautiones* sind also Dokumente, die es mit einiger Sicherheit in dieser oder ähnlicher Form einmal gegeben hat.

Formulierungen an die Hand.[19] Überliefert sind solche *formulae* zumeist in eigenen Sammlungen, in denen einzelne Formeln zusammengestellt wurden. Entscheidend für die Aufnahme von Dokumenten in eine Formelsammlung war der praktische Nutzen.[20]

Formeln mit Kreditbezug sind in den Sammlungen aus Angers, Tours und Sens sowie in den unter dem Namen Marculf überlieferten Formelbüchern erhalten geblieben.[21] Das wohl älteste Material[22] stammt aus den Marculf-Büchern, die auf die Mitte des 7. Jahrhunderts datieren. Es umfasst drei *cautiones* (Marculf II, 25–27) und eine *evacuaturia* für eine unauffindbare *cautio* (Marculf II, 35). Die Sammlung aus Angers entstand wohl Ende des 7. Jahrhunderts und bietet drei *cautiones* (Angers 22, 38 und 60), eine weitere *evacuaturia* für eine *cautio* (Angers 18) und ein *mandatum* zur Schuldeneintreibung (Angers 48). Die Sammlung aus Tours entstand im dritten Viertel des 8. Jahrhunderts und enthält eine *cautio* (Tours 13) sowie nochmals die *evacuaturia* der Marculf-Sammlung (Tours 44). Am Ende der Handschrift Vatikan, Biblioteca Apostolica Vaticana, Reg. Lat. 1050 (fol. 164r–164v) sind außerdem mehrere Formeln erhalten geblieben, die spätestens Mitte des 9. Jahrhunderts nach Vorlagen aus der Tours-Sammlung umgearbeitet wurden (Tours-Überarbeitung).[23] Die Formeln aus Sens schließlich stammen aus der Zeit Karls des Großen.[24] Sie enthalten zwei *cautiones* (Cart. Sen. 3 und 48), eine

---

19 Zum Verhältnis von Formeln und neuen Urkunden vgl. ebd., S. 27–33.

20 Ebd., S. 25.

21 Sämtliche genannten Formelsammlungen sind in der gesammelten ‚Formulae'-Ausgabe Formulae Merowingici et Karolini aevi ediert: Angers S. 1–25; Marculf S. 32–112; Tours S. 128–165; Sens S. 182–211. Im Rahmen des von der Universität Hamburg in Zusammenarbeit mit der Hamburger Akademie der Wissenschaften durchgeführten Langzeitvorhaben ‚Formulae – Litterae – Chartae' entstehen derzeit neue kritische Editionen und kommentierte Übersetzungen der fränkischen Formelsammlungen: https://www.formulae.uni-hamburg.de/das-projekt.html (Zugriff: 24.05.2022). Online bereits zugänglich sind die Formelsammlung aus Angers, die Formelsammlung des Marculf und die Formelsammlung aus Tours mit ihrer Überarbeitung: https://werkstatt.formulae.uni-hamburg.de/ (Zugriff: 24.05.2022). Marculf, Angers und Tours sind im Folgenden nach der Neuedition zitiert; die Formeln aus Sens (Cart. Sen.) nach der Ausgabe Formulae Merowingici et Karolini aevi. Neben den fränkischen Formeln gibt es noch zwei Formeln aus dem westgotischen Spanien (Form. Wis. 38 und 44), die jedoch erst in späterer Zeit zusammengestellt wurden; vgl. Córcoles Olaitz 2008, S. 201 f. Diese sind hier aufgrund der kulturellen, politischen und historischen Unterschiede zwischen dem Frankenreich und dem Reich der Westgoten nicht relevant. Die ‚Formulae Wisigothicae' sind in der Ausgabe Formulae Merowingici et Karolini aevi, S. 572–595, ediert.

22 Die Datierungen für Marculf, Angers und Tours folgen der in Vorbereitung befindlichen Druckausgabe der Neuedition.

23 Zur Handschrift vgl. Rio 2009, S. 268 f. Die Formeln aus der vatikanischen Handschrift sind hinter der Formelsammlung aus Tours als *Appendix* in der Ausgabe Formulae Merowingici et Karolini aevi, S. 162–165, ediert. Eine Neuedition ist online zugänglich: https://werkstatt.formulae.uni-hamburg.de/ (Zugriff: 05.07.2022).

24 Vgl. Zeumer 1881, S. 74.

evacuaturia (Cart. Sen. 24) sowie ein Unterwerfungsschreiben nach Unfähigkeit zur Rückzahlung (Cart. Sen. 4).

Dass Schuldscheine durchaus weit verbreitet waren, zeigt auch die Übernahme in andere Sammlungen. So nahm das Kloster Flavigny die Schuldscheine aus der Tours- und der Marculf-Sammlung in sein eigenes Formelmaterial auf.[25] All diese Sammlungen stammen aus dem Westen des Frankenreiches. Obgleich westfränkisches Formelmaterial auch rechts des Rheins rezipiert wurde, gibt es keinen Hinweis auf ein Interesse an den Schuldscheinen.[26] Überliefert sind entsprechende Formeln nur in westfränkischen Handschriften.[27] Zeugnisse für Schuldscheine gibt es damit ausschließlich für das fränkische Reich westlich des Rheins, insbesondere aus dem Loiretal und dem Pariser Becken.[28]

3 Aufbau und Inhalt der *cautiones*

Alle zehn *cautiones*[29] folgen über die verschiedenen Formelsammlungen hinweg demselben Muster. Ausgestellt werden sie vom Schuldner, der den Schuldschein zumeist als persönliches Schreiben an den Gläubiger formuliert[30] und diesen als

---

25 Formelmaterial aus Flavigny ist in zwei unterschiedlichen Zusammenstellungen erhalten. Beide Sammlungen enthalten jeweils Marculf II, 25–27 und Tours 13 (Kopenhagen, Kongelige Bibliotek, Fabric. 84, fol. 17v–19v; Paris, Bibliothèque Nationale de France, Lat. 2123, fol. 115vb–116ra und 148rb–148vb). Die Kopenhagener Handschrift bietet zudem auch die gemeinsame *evacuaturia* Marculf II, 35 / Tours 44 (fol. 19v–20r).

26 Die Marculf-Sammlung wurde auch auf der Reichenau rezipiert; vgl. Formulae Merowingici et Karolini aevi, S. 343–345, 355 f. und 359. Die Reichenauer Handschriften (Karlsruhe, Badische Landesbibliothek, Aug. perg. 112 und St. Gallen, Stiftsbibliothek, 550) mit Marculf-Material enthalten jedoch keinen Hinweis auf die *cautiones* oder die *evacuaturia.*

27 Fulda, Hessische Landesbibliothek, D1 (Angers); Kopenhagen, Kongelige Bibliotek, Fabric. 84 (Marculf und Tours); Paris, Bibliothèque Nationale de France, Lat. 2123 (Marculf und Tours); Paris, Bibliothèque Nationale de France, Lat. 4409 (Tours); Paris, Bibliothèque Nationale de France, Lat. 4627 (Marculf und Sens); Paris, Bibliothèque Nationale de France, Lat. 10756 (Marculf und Tours); Vatikan, Biblioteca Apostolica Vaticana, Reg. Lat. 852 (Tours); Vatikan, Biblioteca Apostolica Vaticana, Reg. Lat. 1050 (Toursüberarbeitung); Warschau, Universitätsbibliothek, 1 (Tours). Eine Übersicht der Handschriften mit Inhaltsangaben bietet Rio 2009, S. 241–271.

28 Eine Sammlung von Formelmaterial aus Bourges (Leiden, Universitätsbibliothek, BPL 114), die nahezu das gesamte Marculf-Material enthält, hat die *cautiones* und die *evacuaturia* offenbar bewusst ausgelassen. Die Sammlung besitzt eine auffällige Lücke von Marculf II, 25 bis II, 35; vgl. Rio 2009, S. 95. Der Text springt mitten auf der Seite (fol. 156r) von Marculf II, 24 auf Marculf II, 36.

29 Angers 22, 38 und 60; Marculf II, 25–27; Tours 13, Toursüberarbeitung 1; Cart. Sen. 3 und 48.

30 Ausnahmen hiervon sind Angers 22 und 60. Angers 22 beginnt zwar in der ersten Person, nennt aber keinen Adressaten und wechselt erst mit der Beschreibung des Pfandes in die

dominus,[31] als *frater*[32] oder als *dominus* und *frater*,[33] gelegentlich ergänzt um Possessivpronomina[34] oder ehrende Epitheta,[35] anspricht.[36] Die Anrede *dominus* darf nicht als Zeichen einer tatsächlichen Abhängigkeit des Schuldners gedeutet werden, sondern stellte ein Zeichen der Höflichkeit dar und lässt keinen Rückschluss auf ein besonderes Verhältnis zwischen Schuldner und Gläubiger zu.[37] Inhaltlich lassen sich die *cautiones* in drei Teile gliedern. Im ersten Teil wird das als *beneficium* („Wohltat“) bezeichnete Darlehen hinsichtlich seines Wertes und der Form seiner Auszahlung beschrieben.[38] Als Wertmaßstäbe finden sich Angaben wie Unzen,[39] Pfund[40] oder auch *solidi*.[41] Ausgezahlt wurde zumeist in Silber,[42] in zwei Formeln aus Sens ergänzt um *amactum*, wohl aus anderem Material geprägte Münzen.[43] In zwei Marculf-Formeln wird dagegen lediglich auf *solidi* verwiesen,[44] so dass hier wohl tatsächlich an eine Auszahlung des Darlehens in Goldmünzen zu denken ist.

Dieser Befund ordnet sich zeitlich in etwa in die Entwicklung des merowingischen Münzwesens ein. Bis in die 670er Jahre hinein scheinen vor allem *tremissi* (Drittelsolidi) geprägt worden zu sein, wenn auch gegen Ende der Goldgehalt dieser Münzen stark abgenommen hatte. Sie wurden um 670–675 durch neue silberne

---

persönliche Ansprache. Angers 60 beginnt unpersönlich in der dritten Person und wechselt nach der Beschreibung des Darlehens in die persönliche Ansprache.

31 Marculf II, 25 und 26.

32 Tours 13; Cart. Sen.24.

33 Angers 38; Marculf II, 27; Cart. Sen. 3 und 48.

34 Marculf II, 25 (*domino mihi*) und 26 (*domino suo*; der Rest der *cautio* ist in der ersten Person abgefasst).

35 Angers 38 und Tours 13 qualifizieren den Kreditgeber als *magnificus*, Marculf II, 27 als *propitius*.

36 Angers 18 ist ohne Adresse komplett in der dritten Person gehalten.

37 Gläubiger nutzten bei von ihnen an den Schuldner ausgestellten Dokumenten dieselbe Anrede; vgl. Marculf II, 35.

38 Eine Ausnahme stellt Tours 13 dar, in welcher das Darlehen nicht weiter spezifiziert wird. In Toursüberarbeitung 1 fehlt wegen Textverlust dieser Teil der *cautio*.

39 Angers 38 und 60.

40 Marculf II, 25. In Kopenhagen, Kongelige Bibliotek, Fabric. 84 (fol. 18v) und Paris, Bibliothèque Nationale de France, Lat. 2123 (fol. 148rb) ist das *libera de argento* durch *solidos tantos* ersetzt.

41 Angers 22; Marculf II, 26 und 27; Cart. Sen. 3 und 48.

42 Angers 38 und 60 (*argento uncias*); Marculf II, 25 (*libra de argento*); Angers 22 (*argento soledus tantus*); Cart. Sen. 3 (*argento vel amacto tuo valente solidos*) und 48 (*argento vel amacto valentes solidos tantos*).

43 Baader 1967. Zu solchen kleineren Gebrauchsmünzen vgl. Rovelli 2018, S. 84 f.

44 Marculf II, 26 und 27; zusätzlich Marculf II, 25 in Kopenhagen, Kongelige Bibliotek, Fabric. 84 und Paris, Bibliothèque Nationale de France, Lat. 2123; vgl. Anm. 40.

denarii abgelöst,[45] die im Zuge karolingischer Reformen der Münzprägung unter Pippin dem Jüngeren und Karl dem Großen hinsichtlich Größe, Gewicht und Silbergehalt nochmals neue Standards erhielten.[46] Es überrascht also wenig, dass die wohl vor der Umstellung auf den Silberdenarius entstandene Marculf-Sammlung auf *solidi* verweist, die später entstandenen Formeln dagegen auf Silber. Mit der merowingischen Umstellung auf den Silberdenarius scheint allerdings zunächst die Münzprägung keineswegs zu-, sondern vielmehr abgenommen zu haben.[47] Die karolingische Münzreform wiederum war von Bemühungen begleitet, die älteren Denominationen zu ersetzen und den Umlauf fremder Münzen einzuschränken, doch selbst Mitte des 9. Jahrhunderts waren noch unterschiedliche Typen von *denarii* im Umlauf.[48] Dies könnte die in den späteren Sammlungen verwendete allgemeine Beschreibung der Darlehenshöhe als ‚Silber im Wert von' erklären. Wichtig scheint die Betonung der Freiwilligkeit des Darlehens, das, oft auf eine Bitte hin,[49] vom Gläubiger gewährt (*praestare*) wird.[50] In einigen Fällen wird zudem das Einverständnis des Schuldners mit dem Darlehen und seiner Höhe eigens betont.[51] In den Formeln aus Angers und Tours ist die Beschreibung des Darlehens eng mit der Feststellung der Auszahlung verknüpft.[52]

Im zweiten Teil der *cautio* werden die vom Schuldner als Gegenleistung eingegangenen Verpflichtungen aufgeführt. Hier können vier Typen unterschieden werden: die Überlassung von Grundeigentum unter Einräumung des Nießbrauchs der Feldfrüchte,[53] die Verpflichtung des Schuldners zu Arbeitsdiensten gegenüber dem Gläubiger,[54] die Vereinbarung einer jährlichen Zahlung, also eines Zinses,[55] und die Gewährung eines Darlehens ohne Gegenleistung.[56] Anders als die Geschichten Gregors von Tours erwarten ließen, findet sich die Vereinbarung von Zinsen lediglich in einer einzigen Marculf-Formel, also in jener Sammlung, die Gregor zeitlich am nächsten steht. Dies muss allerdings nicht auf die mangelnde

45 Vgl. zur merowingischen Münzprägung etwa Rovelli 2018, S. 77–82.

46 Vgl. dazu Woods 2018, S. 94–99.

47 Vgl. Rovelli 2018, S. 79f.

48 Vgl. Woods 2018, S. 97. So bemüht sich noch das Edikt von Pîtres 864 darum, den neuen Denar als alleiniges Zahlungsmittel durchzusetzen.

49 Marculf II, 25; Tours 13; Cart. Sen. 3 und 48.

50 Marculf II, 26 belässt es bei der Feststellung der Geldübergabe.

51 Angers 22 und 60; Marculf II, 27.

52 In den Marculf- und Sens-Formeln wird die Auszahlung nicht eigens festgestellt, sondern durch den Gebrauch des Perfekts angezeigt.

53 Angers 22; Tours 13; Toursüberarbeitung 1; Cart. Sen. 48.

54 Angers 18 und 38; Marculf II, 27; Cart. Sen. 3.

55 Marculf II, 26.

56 Angers 60; Marculf II, 25.

Relevanz von Zinszahlungen in späterer Zeit hindeuten, denn die Formel wird auch in die im 8. Jahrhundert kompilierten Sammlungen aus Flavigny aufgenommen. Vereinbart wird in dieser Formel die jährliche Zahlung eines *triens* pro *solidus.*[57] Beim *triens* handelte es sich um einen Drittelsolidus und damit also um eine jährliche Verzinsung des Darlehens von 33,33 Prozent, die weit über den *legitima centesima* des römischen Rechts liegt.

Typischer scheinen dagegen die Überlassung von Grundeigentum unter Einräumung des Nießbrauchs der Feldfrüchte sowie die Verpflichtung zu Diensten gewesen zu sein, die beide an Stelle des Zinses traten. In zwei Formeln aus Angers findet sich die Qualifizierung dieser Gegenleistung als *pignus* (Pfand),[58] in Tours 13 und der von ihr abhängigen Überarbeitung ist von *opignore* (verpfänden) die Rede.[59] Bei dreien dieser vier Formeln handelt es sich um die Überlassung von Grundeigentum mit Nießbrauchrecht, bei der vierten[60] um die Verpflichtung zu Dienstleistungen. Dies dürfte sich mit dem Umstand erklären, dass in den Formeln aus Angers die Verpflichtung zu Arbeitsdiensten mit der Verpfändung des *status* des Schuldners (gemeint ist sein Rechtsstatus als Freier) einherging,[61] eine Formulierung, die sich in den anderen Schuldscheinen nicht findet. Nutzpfänder waren offenbar die übliche Gegenleistung für Darlehen.

Zu den vom Schuldner eingegangenen Verpflichtungen gehören auch Vereinbarungen über die Rückzahlung des Darlehens. Hier lassen sich drei Typen unterscheiden: Der erste Typ von Darlehen ist nur in zwei Marculf-Formeln belegt, darunter jene mit der Zinsvereinbarung, und verzichtet auf ein Rückzahlungsdatum oder eine Rückzahlungsfrist,[62] war also jederzeit rückzahlbar. Beim zweiten Typ handelt es sich um die Darlehen ohne Gegenleistung, die die nächsten Kalenden des Monats ‚Soundso' – gemeint ist sicher des Folgemonats – als Rückzahlungstermin bestimmten.[63] Bei sehr kurz laufenden Darlehen scheinen die Gläubiger also keinen Gewinn erwartet zu haben. Der dritte Typ bestimmt eine Laufzeit des Darlehens über mehrere Jahre. Ein konkretes Rückzahlungsdatum wird dabei in keinem Fall angegeben, sondern lediglich auf eine bestimmte Zahl

57 Marculf II, 26 (*Pro quos solidos post me retenuero, annis singulis per singulos solidos, singulos treantis vestris partibus esse redditurum*).

58 Angers 22 und 38.

59 Tours 13; Toursüberarbeitung 1.

60 Angers 38.

61 Ebd.: *In loco pignoris emitto vobis statum meum medietatem, ut in unaquisque septem ad dies tantis, qualecumque operem legitema mihi iuncxeris, facere debiammus.* Vgl. auch Angers 18 (*caucione inmissa habuit pro statum suum*). Derselbe Verweis auf den *status* findet sich auch in den Selbstverkäufen der Sammlung; Angers 2, 3, 19 und 25.

62 Marculf II, 26 und 27.

63 Angers 60 (*die Kalendas illas mox ventures*); Marculf II, 25 (*Kalendas illas proximas*).

von Jahren verwiesen. Der Rückzahlungstag wird sich vermutlich aus dem am Ende der *cautio* vermerkten Ausstellungsdatum ergeben haben.

Mit den Rückzahlungsbestimmungen verbunden sind auch zwei Anordnungen, die die Pflichten des Gläubigers betreffen. So hat bei der Rückzahlung grundsätzlich die Rückgabe des Schuldscheins an den Schuldner stattzufinden.[64] Die Formel Tours 13 und ihre Überarbeitung fügen dem noch hinzu, dass mit der Rückzahlung auch das Pfand zurückgegeben werden muss. Bemerkenswert ist in diesem Zusammenhang eine in einigen Formeln[65] gebrauchte Variante der Formulierung für Rückzahlung und Rückgabe der *cautio*: Sie legt fest, dass die Rückzahlung nicht nur an den Gläubiger selbst, sondern auch an seine Erben oder aber eine Person, welcher der Schuldschein gegeben wurde, zurückzuzahlen ist.[66] Ernst Levy führte diese Klausel auf römisches Recht zurück, nach welchem eine Schuld durch den Gläubiger an eine dritte Partei abgetreten werden konnte.[67] Vorsichtiger war Harald Siems, der lediglich von einer Eintreibung der Darlehensschuld durch einen Vertreter des Gläubigers ausgeht.[68] Tatsächlich findet sich ein ähnlicher Verweis auf eine dritte Partei bereits in römischen Schuldscheinen.[69] Aus fränkischer Zeit sind allerdings keine derartigen Forderungsübertragungen bekannt. In den Formelsammlungen findet sich lediglich ein Mandat, mit welchem der Gläubiger einen Mann ermächtigt, für ihn eine ausstehende Darlehensschuld einzutreiben.[70]

Weitere Bestimmungen betreffen Regelungen zur Strafe bei Säumnis. Während drei Formeln auf jegliche Regelung verzichten,[71] verdoppeln die übrigen Formeln die Schuldsumme (*duplum*) bei Säumnis,[72] wobei zumeist nicht ausgeführt wird, wann diese Strafe fällig ist. Lediglich eine Formel bestimmt, dass das *duplum* bereits am Folgetag fällig ist.[73] Nach Toursüberarbeitung 1 wird bei Säumigkeit zunächst die Laufzeit des Darlehens verdoppelt, wonach nun

64 Dieser Passus findet sich in allen Formeln. Marculf II, 26 und 27 sprechen allerdings von einer Pflicht des Schuldners, die *cautio* zurückzunehmen.

65 Angers 22 und 38; Marculf II, 25.

66 Hier Marculf II, 25: *vos aut heredis vestri aut cui hanc cautionem dederitis exigendam.*

67 Levy 1956, S. 154f.

68 Siems 1992, S. 411f.

69 Chartae Latinae Antiquiores, Nr. 1207, S. 2f.: [...] *tibi aut p]rocuratori herediue tuo aut ad quam eas res] pertinebit.* Vgl. allerdings Corpus Iuris Civilis, Dig. 45, 1, 126, 2, S. 732 ([...] *quae dari Quintilliano heredive eius, ad quem ea res pertinebit*), wo sich *ad quam eas res* auf die Erben und nicht eine dritte Partei bezieht.

70 Angers 48.

71 Angers 22; Marculf II, 27; Cart. Sen. 48.

72 Angers 38 und 60; Marculf II, 25 und 26, Tours 13; Cart. Sen. 3. Vgl. zum *duplum* Siems 1992, S. 647f.; Levy 1956, S. 111–117.

73 Marculf II, 25.

bei erneuter Säumigkeit entweder das *duplum* fällig ist oder das Eigentum am verpfändeten Weinberg unmittelbar an den Gläubiger übergeht.[74] Dieser unmittelbare Eigentumsübergang ist bemerkenswert. Nach römischem Recht hatte der Gläubiger bei Säumigkeit nach einmaliger Mahnung das Recht, die Pfandsache nach Ablauf einer bestimmten Frist zu veräußern. Dagegen konnte der Schuldner klagen, der die Herausgabe des Pfandes auch bei Säumigkeit verlangen konnte, wenn er innerhalb einer angemessenen Frist die Schuld beglich.[75] Das fränkische Recht kannte zwar Regelungen zur Pfändung bei Säumigkeit, doch betreffen diese nicht den Umgang mit im Rahmen von Kreditgeschäften überlassenen Pfändern, sondern Pfändungen von Fahrnis bei unbeglichenen Schulden.[76] Sollten die entsprechenden Regelungen auch auf diese Pfänder angewendet worden sein, so sprechen diese Regeln dem Gläubiger zwar das Eigentum an den Pfandsachen zu, verlangen jedoch die Eröffnung eines Verfahrens vor der Gerichtsversammlung. Die Klausel von Toursüberarbeitung 1 stellt damit einen Verzicht auf Schutzrechte des Schuldners dar – ein üblicher Vorgang im frühen Mittelalter, in welchem geschriebenes Recht eher als Leitfaden denn als unumstößliche Regel angesehen wurde.[77]

4 Die rechtliche Bedeutung der frühmittelalterlichen *cautio*

Schriftlicher Dokumentation kam nach der jüngeren Forschung im Frühmittelalter ein anderer Stellenwert zu als noch in römischer Zeit. Zentral war das gesprochene Wort, das mittels ritueller Handlungen im Gedächtnis der Anwesenden verankert wurde. Die Niederschrift dieser Handlungen diente dagegen vornehmlich als Erinnerungsstütze.[78] Dies zeigt sich auch im Umgang mit Urkunden in Rechtsprozessen. Hier wurden Urkunden zwar als Beweismittel anerkannt, doch galten sie als angreifbar und mussten mit anderen Mitteln gestützt werden.[79] So verweist etwa auch die ‚Lex Ribuaria' auf die zentrale Rolle der Zeugen, die

74 Toursüberarbeitung 1: *Et si supradictum debitum ad ipso placito vobis non reddidi aut necglegens inde aparuero, praedictas res usque ad alios iamdictos annos tenere et usurpare faciatis et ego ad x expletos annos praedictum debitum in duplum reddam, quod, si hoc facere noluero, tunc ipsas res, quod in cautione dedi, iure proprietario in vestra faciatis revocare potestate vel dominatione perpetuali ad possidendi vel ad faciendi exinde in omnibus, quicquid volueritis, neminem contradicentem.*

75 Vgl. Levy 1956, S. 189–195; Kaser 1975, S. 319. In der justinianischen Gesetzgebung betrug die Frist zwei Jahre.

76 Pactus Legis Salicae 50, S. 189–195; vgl. dazu Sellert 1998, Sp. 1695–1698.

77 Vgl. dazu und zu vergleichbaren Fällen in den Formelsammlungen Rio 2009, S. 206–211.

78 Vgl. Barnwell 2011.

79 Vgl. Heidecker 1999.

die Echtheit der Urkunde im Prozess bestätigen müssen, und des Schreibers, der diese mit Eidhelfern beschwören muss.[80] Verweise auf Zeugen finden sich nur in Toursüberarbeitung 1, die die Zeichnung durch *boni homines* (Männer guten Leumunds) ankündigt.[81] Das Fehlen von derartigen Verweisen in den übrigen Formeln muss allerdings nicht bedeuten, dass diese nicht von Zeugen bekräftigt wurden, da bei Formeln generell die Ankündigung der Beglaubigungsmittel und selbst Angaben zu Ausstellungsort und -datum entfallen.

Auf die Bedeutung, die den Schuldscheinen trotz dieser Einschränkungen durch die frühmittelalterliche Rechtspraxis zukommt, verweist ein anderer in den Formelsammlungen enthaltener Dokumenttyp. So bestimmt eine Marculf-Formel im Zusammenhang mit den Rückzahlungsbedingungen, dass eine *cautio* nicht wegen einer sogenannten *evacuaturia* zurückgenommen werden könne.[82] Bei der *evacuaturia* handelt es sich um ein lediglich in den Formelsammlungen belegtes Dokument, das bei Verlust einer *cautio* oder auch anderer Vertragsdokumente[83] ausgestellt werden konnte.[84] *Evacuaturiae* finden sich in allen Formelsammlungen, die *cautiones* enthalten.[85] Der Aufbau der *evacuaturia* ist einfach: Ausgestellt vom Gläubiger wird sie von diesem an den Schuldner adressiert. Der erste Teil, ein Bericht, wird mit der Feststellung ‚da allgemein bekannt ist' eingeleitet.[86] Diese Formulierung ist keineswegs eine bloße Floskel, sondern vielmehr wesentlich für die *evacuaturia*, zeigt sie doch die Voraussetzungen für ihre Ausstellung an. Mit dem Verlust der *cautio* als Beweismittel für das Darlehen kann die *evacuaturia* nur dann ausgestellt werden, wenn über die Vereinbarungen, welche die verlorene *cautio* festhielt, zwischen den beteiligten Parteien Einigkeit besteht, also das Wissen um ihren Inhalt als bekannt vorausgesetzt werden kann. Berichtet wird sodann über den Darlehensvorgang, also den Umfang des Darlehens, die Übergabe der

---

80 Lex Ribvaria 62 (59), 2, S. 114.

81 Toursüberarbeitung 1: *Et ut firmior sit, manu mea propria hanc cautionem subter firmavi vel bonis viris adfirmare rogavi.* Zu den *boni homines* vgl. insbesondere Nehlsen-von Stryk 1981.

82 Marculf II, 27: *Et quomodo solidos vestros reddere potuero, meam cautionem absque ulla evacuaria intercedente recipiamus.* Entgegen Brunner 1877, S. 540, der diese Stelle als Verbot der Ausstellung einer *evacuaturia* versteht und daraus schließt, dass mit dem Verlust der *cautio* der Anspruch auf Rückzahlung nichtig wurde.

83 Vgl. Angers 17 (*evacuaturia* über ein verlorenes Selbstverkaufsschreiben).

84 Vgl. dazu Brunner 1877, S. 537–541; Siems 1992, S. 646 f. Zum Wort Weber 2007.

85 Angers 18; Marculf II, 35 / Tours 44; Cart. Sen. 24. Eine Ausnahme stellt die Sammlung aus Flavigny in Paris, Bibliothèque Nationale de France, Lat. 2123 dar, die auf die *evacuaturia* verzichtet und nur *cautiones* aufnimmt.

86 Angers 18 (*Dum cognetum est*); Marculf II, 35 (*Omnibus non abetur incognitum*); Tours 44 (*Dum et omnibus non habetur incognitum*); Cart. Sen. 24 (*Omnibus non habetur incognitum*).

Darlehenssumme an den Schuldner, die Ausstellung einer *cautio* durch denselben[87] sowie gegebenenfalls auch über das vereinbarte Pfand.[88]

Im zweiten Teil wird der Verlust der *cautio* als Grund für die Ausstellung der *evacuaturia* vermerkt. Die Entdeckung des Verlustes scheint nach Aussage der Formeln regelmäßig mit der Rückzahlung des Darlehens geschehen zu sein. Ob dies immer der Realität entsprach, darf bezweifelt werden. Immerhin bestand die Möglichkeit, dass in solchen Fällen der Schuldner seine Schuld abstritt, wie dies etwa Iniuriosus bei Gregor von Tours tat, und es zu einem Gerichtsverfahren kam. Vermutlich warteten die Gläubiger in solchen Fällen zunächst ab, ob der Schuldner sein Darlehen zum vereinbarten Zeitpunkt zurückzahlte und stellten erst dann die *evacuaturia* über den Verlust aus. Im dritten Teil wurde die verlorene *cautio* sodann für *vacua* (leer/ungültig) erklärt.[89] Die *evacuaturia* sicherte also den Schuldner vor dem Gläubiger, sollte dieser (oder seine Erben) die wiedergefundene *cautio* nutzen, um bereits erledigte Ansprüche erneut geltend zu machen. Eine Pön, die solche unberechtigten Ansprüche mit Strafe belegt, findet sich nur in der *evacuaturia* aus Sens.[90] Bemerkenswert in dieser Formel ist die in den Schuldscheinen sonst nicht erwähnte Einbeziehung des *fiscus*, an den ein Teil der Strafzahlung zu entrichten ist. Sie sollte die *evacuaturia* zusätzlich absichern, verpflichtete sie doch den für die Rechtsprechung zuständigen Amtsträger zum Handeln.[91]

5 Schuldner und Gläubiger

Der Natur der Formeln entsprechend sind die Bemessungen des tatsächlichen Umfangs der Darlehen durch Platzhalter (*tantum*, wörtlich „so viel") ersetzt, so dass sich hierüber keinerlei Aussagen treffen lassen. Lediglich in einem Fall ist die Summe von einem Pfund Silber erhalten geblieben.[92] Hinweise auf den Umfang von Darlehen und die soziale Stellung der Schuldner bieten also allein die als Nutzpfänder überlassenen Güter sowie die Dienstleistungsvereinbarungen. Damit

87 Letzteres nicht in Angers 18.

88 Angers 18; Cart. Sen. 24.

89 Angers 18 (*Ubi et ubi caucio ipsa inventa fuerit, vacua et inanis permaniad*); Marculf II, 35 (*ipsa cautio* [...] *nullum sorciatur effectu, set vacua et inanis permaneat*); Cart. Sen. 24 (*ipsa cautio ullumquam tempore inventa aut reperta fuerit, nullum obteneat effectum et evacuaturia inanis permaneat*).

90 Cart. Sen. 24: *et nec ego ipse nec ullus de heredibus meis vel quislibet de parte mea ipso debito superius nominato neque in ipsa cautione nec per ipsa cautione nec per nullis modis nullumquam tempere tibi ex hoc nullas calumnias nec repediciones agere nec repetere non debeamus; quod si adtemptaverimus, ista tota servante una cum sotio fisco auri untias tantas esse multando.*

91 Vgl. Esders 2011, S. 268.

92 Marculf II, 25 (*libera de argento*).

lassen sich bereits zwei Schuldnergruppen unterscheiden. Die Schuldner der ersten Gruppe verfügten über Grundbesitz, Weinberge oder Felder.[93] Die zweite Gruppe bildeten Personen, die es sich offenbar nicht leisten konnten, Grundeigentum oder Erträge zu verpfänden, sofern sie überhaupt darüber verfügten. In diesen Fällen verpflichteten sich die Schuldner selbst zu Dienstleistungen gegenüber dem Gläubiger. Diese Selbstverpflichtung führt an die Fundamente der fränkischen Lebenswelt. Nach fränkischem wie römischem Recht stellte der Stand des Freien den Normalzustand dar, von welchem jener der *servi*, der Unfreien, abgegrenzt wurde.[94] Der Status des Freien war, neben Rechten wie der freien Verfügbarkeit über Eigentum oder dem Schutz vor Körperstrafen in den fränkischen *leges*, vor allem auch durch die Abwesenheit von Dienstverpflichtungen gekennzeichnet, die zugleich als Merkmal von Unfreiheit verstanden wurden.[95] Wer sich zu Diensten verpflichtete, lief mithin Gefahr, dass diese als Zeichen seines Rechtsstatus interpretiert wurden und ihm in der Folge abgesprochen wurde, ein Freier zu sein.[96] Die Übernahme von Dienstverpflichtungen rührte also an den Rechtsstatus der Schuldner als Freie.

Dies spiegelt sich auch in der konkreten Ausgestaltung der Dienstverpflichtungen wider, die feine Abstufungen aufweisen. So schränkt eine Formel aus Angers ein, dass lediglich *opera legitima*, also rechtlich zulässige Dienste, geleistet werden sollen,[97] während eine Formel aus Sens von Diensten spricht, welche die *ratio* erlaube.[98] Diese Einschränkungen deuten in dieselbe Richtung wie eine Formel aus Tours, in welcher sich ein mittelloser Freier einem Herrn kommendiert und diesem im Austausch für Schutz und Unterhalt „nach Freigeborenenart Dienst und Gehorsam leisten muss".[99] Dienst war nicht gleich Dienst und einem Freien konnten offenbar bestimmte Dienste nicht zugemutet werden, die ein Unfreier übernehmen musste. Eine weitere Möglichkeit bietet die Formel Marculf II, 27, in welcher der Schuldner dem Gläubiger das Recht einräumt, ihn körperlich

---

93 Weinberg: Angers 22; Cart. Sen. 48. Felder: Tours 13; Toursüberarbeitung 1. Hinweise auf den Wert der landwirtschaftlichen Flächen bieten die *cautiones* nicht.

94 Vgl. Grieser 1997, S. 5.

95 Vgl. dazu Goetz 2007, S. 42 f. Dienstverpflichtungen konnten allerdings gegenüber dem *fiscus* bestehen oder auch aus der Pacht von Land resultieren. Zu den unterschiedlichen Strafen im fränkischen Recht vgl. Nehlsen 1972, S. 319–324.

96 Vgl. Goetz 2007, S. 42 f., 48 f. Vgl. auch etwa Angers 10, in welcher das Leisten von Diensten in der Vergangenheit als Zeichen für aktuelle Dienstverpflichtungen gesehen wird.

97 Angers 38: *qualecumque operem legitema mihi iuncxeris facere debiammus.*

98 Cart. Sen. 3: *opera tua, quale mihi iniuncxeris et ratio prestat, facere debeam.*

99 Tours 43: *Eo videlicet modo, ut me tam de victu quam et de vestimento, iuxta quod vobis servire et promereri potuero, adiuvare vel consolare debeas, et dum ego in capud advixero, ingenuili ordine tibi servicium vel obsequium inpendere debeam.*

zu züchtigen, sollte er seine Dienste nachlässig oder verspätet ausführen.[100] Der Schutz vor körperlicher Züchtigung gehörte zu den Vorrechten des Freien gegenüber dem Unfreien. Die Aufgabe dieses Schutzes findet sich sonst nur in Selbstverkaufsdokumenten, wo sie die vollständige Aufgabe des Status als Freier betonte.[101] Hier dagegen diente sie als Differenzierungsinstrument, welches dem Gläubiger ein erweitertes Verfügungsrecht über seinen Schuldner einräumte.

Neben den Möglichkeiten, Dienstverpflichtungen über Qualität zu differenzieren, gab es auch die Option, sie hinsichtlich ihrer Quantität zu bestimmen. Am häufigsten findet sich hier die Einschränkung der Dienstverpflichtung auf eine bestimmte Zahl von Tagen pro Woche, an welchen Dienste für den Gläubiger zu leisten sind.[102] Demgegenüber findet sich nur einmal in einer Formel aus Angers die Überlassung ‚des ganzen Rechtsstatus'.[103] Gemeint ist die uneingeschränkte Dienstbarkeit an allen Tagen der Woche. Dies wird im Vergleich mit einer anderen Formel aus derselben Sammlung deutlich, in welcher der halbe Rechtsstatus überlassen und die Verpflichtung zu Diensten an bestimmten Tagen der Woche eingegangen wird.[104] Als offenbar recht flexibel gestaltbares Instrument, das einfach an die jeweiligen Erfordernisse angepasst werden konnte, dürfte die Teilverpflichtung das wichtigste Mittel gewesen sein, um zwischen Dienstverpflichtungen zu differenzieren.

Offen bleibt dabei die Frage, wie der Schuldner angesichts seiner durch die Dienstverpflichtung eingeschränkten Fähigkeit, für sich selbst zu wirtschaften, in der Lage gewesen sein sollte, das Darlehen zurückzuzahlen. Alice Rio geht davon aus, dass die meisten dieser Darlehen nicht zurückgezahlt werden konnten, ja oftmals nicht einmal die Intention dazu bestanden habe. Stattdessen sei der Weg der Kreditvereinbarung verwendet worden, um die beschriebenen Handlungsspielräume dazu zu nutzen, den Eintritt in die Unfreiheit abzuschwächen.[105] Tatsächlich findet sich in den Formelsammlungen jedoch nur ein einziger Fall, in welchem ein endgültiger Eintritt in die Unfreiheit aus der Unfähigkeit resultiert, einen Kredit zu bedienen. In Cart. Sen. 4, einem als *obnoxiatio* betitelten Unterwerfungsschreiben, unterwirft sich ein zur Rückzahlung seines Darlehens unfähiger Schuldner seinem Gläubiger und räumt diesem das Recht ein, ihn wie seine

---

100 Marculf II, 27: *Quodsi exinde negligens aut tardus apparuero, licentiam habeatis sicut et ceteros servientes vestros disciplinam corporalem inponere.*

101 Vgl. Rio 2006, S. 29.

102 Angers 38 (*in unaquisque septem ad dies tantis*); Marculf II, 27 (*dies tantus in unaquaque epdomada*); Cart. Sen. 3 (*in quisque* [*heb*]*domata dies tantos*); Cart. Sen. 24 (*in quisque ebdomada dies tantos*).

103 Angers 18: *ut inter annis tantis qualecumque ei servitium iniunxerit ei facere debiret.*

104 Angers 38.

105 Vgl. Rio 2012, S. 671f.

anderen Sklaven zu behandeln, ihn also zu verkaufen, zu tauschen, zu bestrafen und alles mit ihm zu machen, was ihm beliebe.[106] Das Schreiben verrät nichts über die Darlehensvereinbarung selbst, also ob Zinszahlungen, die Überlassung eines Nutzpfandes oder die Verpflichtung zu Diensten vereinbart worden waren oder das Darlehen ohne Gegenleistung gewährt worden war. Es zeigt lediglich, dass der Schuldner keine weiteren Möglichkeiten besaß, seine Schuld zu bedienen und sich daher dem Gläubiger selbst verkaufen musste. Zugleich macht die Formel aber auch klar, dass ein solcher Übergang in die Unfreiheit sich nicht unmittelbar aus der Unfähigkeit ergab, seine Schulden zu bedienen, sondern separat gehandhabt wurde. Darüber hinaus lässt sich feststellen, dass der Übergang in die Unfreiheit hier keinen Handlungsspielraum zur Einschränkung von Diensten oder Körperstrafen mehr ließ, sondern vollständig war.

Aus diesem Beispiel darf auch nicht geschlossen werden, dass Personen, die sich für ein Darlehen zu Diensten für den Gläubiger verpflichteten, kaum jemals in der Lage gewesen wären, dieses zurückzuzahlen. Die Formelsammlungen enthalten zahlreiche Beispiele für Selbstverkäufe. Geben sie Gründe für den Selbstverkauf an, so ist von allgemeiner wirtschaftlicher Not die Rede, häufig auch von der Unfähigkeit, Strafen, etwa für Diebstahl, zu bezahlen.[107] Außer in Cart. Sen. 4 ist jedoch nie von der Unfähigkeit die Rede, Kreditschulden zu bezahlen. Überhaupt ist es fraglich, weshalb jemand einer anderen Person ein Darlehen gewähren sollte, dessen Rückzahlung ausgeschlossen war und deshalb in einem Selbstverkauf des Schuldners resultieren musste, wenn dieser Selbstverkauf auch sofort möglich war. Die Spielräume bei der Gestaltung der Dienstverpflichtungen weisen vielmehr darauf hin, dass bei den Schuldnern oft genügend wirtschaftliche Potenz vorhanden war, um die möglichen Dienste einzuschränken. Vermutlich ist bei diesen Kreditnehmern auch nicht an Besitzlose zu denken, sondern an freie Bauern mit eigenen kleinen Höfen. Die Bewirtschaftung dieser Höfe, die ja gemeinsam mit der Familie stattfand, dürfte ihnen einen gewissen Freiraum gelassen haben, ihre Arbeitskraft andernorts einzusetzen. Immerhin war es etwa im Rahmen klösterlicher Grundherrschaften üblich, dass dort (unfreie) Bauern nicht nur die eigene, ihnen vom Kloster anvertraute Hofstelle bewirtschafteten, sondern zugleich auch Tagesdienste auf den Klostergütern leisteten.[108] Mag auch

---

106 Cart. Sen. 4: *Propterea obnoxiatione de capud ingenuitatis meae in te fieri et adfirmare rogavi, ut, quicquid de mancipia tua originalia vestra facitis, tam vendendi, commutandi, disciplina inponendi, ita et de me ab hodierno die liberam et firmissimam in omnibus potestatem faciendi habeas.*

107 Ohne Angaben zum Grund: Angers 17, 19 und 25; Tours 10. Mit Verweis auf Bußzahlungen oder Vergehen: Angers 2 und 3; Marculf II, 28. Rio 2012, S. 671 f., gelangt zu ihrer These, indem sie kurzerhand die Unfähigkeit, Schulden zu bedienen, zum Diebstahl erklärt.

108 Für Prüm etwa waren zumeist drei Tage pro Woche üblich; vgl. Kuchenbuch 1978, insb. S. 124–145. Allgemein dazu auch die Beiträge in Verhulst 1985; Devroey 2006, S. 519–584.

die zeitlich uneingeschränkte Verpflichtung zu Diensten in Angers 18 extrem erscheinen, so ist doch auch hier davon auszugehen, dass eine Rückzahlung des Darlehens prinzipiell möglich war.

Die soziale und wirtschaftliche Stellung der Schuldner lässt zugleich Schlüsse auf die Stellung der Gläubiger zu. Bei diesen dürfte es sich nur in Ausnahmefällen um professionelle Geldverleiher gehandelt haben. Die zumeist zeitlich befristete Verpflichtung zu Diensten ergab nur dann Sinn, wenn der Gläubiger Bedarf an Arbeitskräften in der Nähe des Wohnortes des Schuldners hatte. Zu denken ist hier an benachbarte Grundbesitzer, aber auch an solche, die in größerer Entfernung lebten, aber Güter in der Umgebung besaßen, auf denen der Schuldner arbeiten konnte. Gleiches gilt für die Fälle, in welchen landwirtschaftliche Güter als Nutzpfänder überlassen wurden. Das Fehlen von Pertinenzformeln, also Auflistungen von mit den Landgütern übertragenem Zubehör (darunter fallen auch unfreie Arbeitskräfte, sogenannte *mancipia*), in den Schuldscheinen deutet darauf hin, dass die landwirtschaftlichen Güter vom Gläubiger selbst zu bewirtschaften waren, dieser also in der Nachbarschaft über entsprechende Arbeitskräfte verfügen musste. Auch hier ist also an benachbarte Grundbesitzer mit entsprechendem Kapital zu denken, nicht aber an professionelle Geldverleiher, wie den von Gregor genannten Armentarius.

6 Schlussbetrachtung

Die Geschichten Gregors von Tours und die Formeln geben einen Einblick in die Bedeutung und den Facettenreichtum des frühmittelalterlichen Kreditwesens. Sind es bei Gregor geistliche und weltliche Amtsträger, die zur Erfüllung ihrer öffentlichen Aufgaben Kredite aufnehmen, so finden in den Formeln große und kleine Grundbesitzer Erwähnung. Auf der Gläubigerseite treten bei Gregor der *fiscus* und der offenbar überregional bekannte Geldverleiher Armentarius in Erscheinung, auf der Ebene der Formeln dagegen benachbarte Grundbesitzer. Auf dieser lokalen Ebene dominierten Nutzpfänder und Dienste als Gegenleistungen der Schuldner, Zinszahlungen scheinen dagegen nur eine untergeordnete Rolle gespielt zu haben. Die unterschiedlichen Laufzeiten von Rückzahlung – zu den nächsten Kalenden, in mehreren Jahren oder in offener Form – weisen auf die vielfältige Nutzung von Krediten hin, die ebenso kurzfristigen Geldbedarf wie auch längerfristige Investitionen abgedeckt haben dürften.

Die Formeln zeigen, dass im Rahmen von Darlehensvereinbarungen regelmäßig Schuldscheine ausgestellt wurden. Auf deren Bedeutung weisen auch die bei Verlust ausgestellten *evacuaturiae* hin, die die Schuldscheine für ungültig erklärten und damit den ehemaligen Schuldnern Sicherheit verschaffen sollten. Die

Praxis scheint jedoch räumlich beschränkt gewesen zu sein, wie die ausschließliche Überlieferung der verschiedenen *cautiones* westlich des Rheins, vor allem im Loiretal und dem Pariser Becken, nahelegt. Das Fehlen von Schuldscheinen in Formelsammlungen und Handschriften östlich des Rheins deutet vielleicht darauf hin, dass in diesen Regionen Schuldscheinen keine größere Bedeutung beigemessen wurde. Weitere Rückschlüsse auf die dortige Kreditpraxis lassen sich daraus aber nicht ableiten.

Literaturverzeichnis

Quellen

Chartae Latinae Antiquiores. Facsimile Edition of the Latin Charters prior to the Ninth Century. Bd. XLII: Egypt II. Hrsg. v. Albert Bruckner u. Robert Marichal. Zürich 1994.

Corpus Iuris Civilis. Bd. I: Institutiones und Digesta. Hrsg. v. Paul Krueger u. Theodor Mommsen. Berlin 1872.

Die Formelsammlung aus Angers. Hrsg. v. Philippe Depreux, Horst Lößlein u. Christoph Walther. Hamburg 2019–2022. https://werkstatt.formulae.uni-hamburg.de/corpus/urn:cts:formulae:andecavensis?lang=ger (Zugriff: 30.04.2022).

Die Formelsammlung aus Tours. Hrsg. v. Philippe Depreux, Horst Lößlein u. Christoph Walther. Hamburg 2022 [in Vorb.].

Die Formelsammlung des Marculf. Hrsg. v. Philippe Depreux, Horst Lößlein u. Christoph Walther. Hamburg 2022. https://werkstatt.formulae.uni-hamburg.de/corpus/urn:cts:formulae:marculf?lang=ger (Zugriff: 30.04.2022).

Formulae Merowingici et Karolini aevi. Hrsg. v. Karl Zeumer (MGH Formulae). Hannover 1886.

Gregor von Tours: Libri historiarum X. Hrsg. v. Bruno Krusch u. Wilhelm Levison (MGH Scriptores rerum Merovingicarum 1, 1). 2. Aufl. Hannover 1951.

Gregor von Tours: Zehn Bücher Geschichten. Bd. 1. Hrsg. v. Rudolf Buchner (Ausgewählte Quellen zur deutschen Geschichte des Mittelalters 2). 8. Aufl. Darmstadt 2000.

Gregor von Tours: Zehn Bücher Geschichten. Bd. 2. Hrsg. v. Rudolf Buchner (Ausgewählte Quellen zur deutschen Geschichte des Mittelalters 3). 9. Aufl. Darmstadt 2000.

Lex Ribvaria. Hrsg. v. Franz Beyerle u. Rudolf Buchner (MGH Leges nationum Germanicarum 3, 2). Hannover 1954.

Pactus Legis Salicae. Hrsg. v. Karl August Eckhardt (MGH Leges nationum Germanicarum 4, 1). Hannover 1962.

Quellen zur Geschichte der Franken und der Merowinger. Vom 3. Jahrhundert bis 751. Hrsg. v. Reinhold Kaiser u. Sebastian Scholz. Stuttgart 2012.

Forschungsliteratur

Baader, Gerhard: amactum. In: Mittellateinisches Wörterbuch bis zum ausgehenden 13. Jahrhundert, Bd. 1 (1967), Sp. 532.

Bange, Matthias: Kreditgeld in der römischen Antike. Ursprünge, Entstehung, Übertragung und Verbreitung. Rahden 2014.

Barnwell, Paul S.: Action, Speech and Writing in Early Frankish Legal Proceedings. In: Ders. u. Marco Mostert (Hgg.): Medieval Legal Process. Physical, Spoken and Written Performance in the Middle Ages. Turnhout 2011, S. 11–25.

Bougard, François: Le crédit dans l'occident du haut Moyen Âge. Documentation et pratique. In: Régine Le Jean, Laurent Feller u. Jean-Pierre Devroey (Hgg.): Les élites et la richesse au haut Moyen Âge (Collection Haut Moyen Âge 10). Turnhout 2010, S. 439–478.

Brunner, Heinrich: Die fränkisch-romanische Urkunde als Wertpapier (1877). In: Karl Rauch (Hg.): Abhandlungen zur Rechtsgeschichte. Gesammelte Aufsätze. Weimar 1931, S. 524–631.

Classen, Peter: Fortleben und Wandel spätrömischen Urkundenwesens im frühen Mittelalter. In: Ders. (Hg.): Recht und Schrift im Mittelalter (Vorträge und Forschungen 23). Sigmaringen 1977, S. 13–54.

Córcoles Olaitz, Edorta: About the Origin of the Formulae Wisigothicae. In: Anuario da Facultade de Dereito da Univesidade da Coruña 12 (2008), S. 199–221.

Devroey, Jean-Pierre: Puissants et misérables. Système social et monde paysan dans l'Europe des Francs (VIe–IXe siècles). Brüssel 2006.

Durliat, Jean: Les finances publiques de Diocletien aux Carolingiens (284–889) (Beihefte der Francia 21). Sigmaringen 1990.

Esders, Stefan: „Eliten" und „Strafrecht" im frühen Mittelalter. Überlegungen zu den Bußen- und Wergeldkatalogen der Leges barbarorum. In: François Bougard, Hans-Werner Goetz u. Régine Le Jean (Hgg.): Théorie et pratiques des élites au Haut Moyen Âge. Conception, perception et réalisation sociale. Turnhout 2011, S. 261–282.

Goetz, Hans-Werner: Serfdom and the Beginnings of a 'Seigneurial System' in the Carolingian Period. A Survey of the Evidence. In: Ders., Anja Rathmann-Lutz, Anna Aurast u. a. (Hgg.): Vorstellungsgeschichte. Gesammelte Schriften zu Wahrnehmungen, Deutungen und Vorstellungen im Mittelalter. Bochum 2007, S. 155–172.

Grieser, Heike: Sklaverei im spätantiken und frühmittelalterlichen Gallien (5.–7. Jahrhundert). Das Zeugnis der christlichen Quellen (Forschungen zur antiken Sklaverei 28). Stuttgart 1997.

Gröschler, Peter: Die Konzeption des mutuum cum stipulatione. In: Tijdschrift voor rechtsgeschiedenis 74 (2006), S. 261–288.

Heidecker, Karl: Communication by Written Texts in Court Cases. Some Charter Evidence (ca. 800– ca. 1100). In: Marco Mostert (Hg.): New Approaches to Medieval Communication. Turnhout 1999, S. 101–126.

Kaiser, Reinhold: Steuer und Zoll in der Merowingerzeit. In: Francia 7 (1979), S. 1–18.

Kaser, Max: Das römische Privatrecht. Zweiter Abschnitt (Rechtsgeschichte des Altertums 3, 3). 2. Aufl. München 1975.

Kuchenbuch, Ludolf: Bäuerliche Gesellschaft und Klosterherrschaft im 9. Jahrhundert. Studien zur Sozialstruktur der Abtei Prüm. Stuttgart 1978.

Levy, Ernst: Weströmisches Vulgarrecht. Das Obligationenrecht. Weimar 1956.

Nehlsen, Hermann: Sklavenrecht zwischen Antike und Mittelalter. Germanisches und römisches Recht in den germanischen Rechtsaufzeichnungen. Bd. 1: Ostgoten, Westgoten, Franken, Langobarden (Göttinger Studien zur Rechtsgeschichte 7). Frankfurt a. M. 1972.

Nehlsen-von Stryk, Karin: Die boni homines des frühen Mittelalters unter besonderer Berücksichtigung der fränkischen Quellen (Freiburger rechtsgeschichtliche Abhandlungen 2). Berlin 1981.

Pietri, Luce u. Marc Heijmans: Prosopographie chrétienne du bas-empire. Bd. 4: Prosopographie de la Gaule chrétienne (314–614). Paris 2013.

Quenehen, Martin: Ennemis intimes. La représentation des Juifs dans l'œuvre de Grégoire de Tours. In: Archives Juives 42/2 (2009), S. 112–128.

Quenehen, Martin: Les Juifs de l'évêque. De l'usage des Juifs dans l'œuvre de Grégoire de Tours. In: Archives Juives 43/1 (2010), S. 96–113.

Rio, Alice: Freedom and Unfreedom in Early Medieval Francia. The Evidence of the Legal Formulae. In: Past and Present 193 (2006), S. 7–40.

Rio, Alice: Legal Practice and the Written Word in the Early Middle Ages. Frankish Formulae, c. 500–1000. Cambridge u. a. 2009.

Rio, Alice: Self-Sale and Voluntary Entry into Unfreedom, 300–1100. In: Journal of Social History 23 (2012), S. 661–685.

Rovelli, Alessia: From the Fall of Rome to Charlemagne (c. 400–800). In: Rory Naismith (Hg.): Money and Coinage in the Middle Ages. Leiden 2018, S. 63–92.

Sellert, Wolfgang: Pfändung, Pfandnahme. In: Handwörterbuch zur deutschen Rechtsgeschichte. 1. Aufl., Bd. 3 (1998), Sp. 1693–1703.

Siems, Harald: Handel und Wucher im Spiegel frühmittelalterlicher Rechtsquellen (MGH Schriften 35). Hannover 1992.

Staub, Johannes: iniuriosus. In: Mittellateinisches Wörterbuch bis zum ausgehenden 13. Jahrhundert, Bd. 4 (2021), Sp. 1930.

Stemberger, Günter: Gregor von Tours und die Stellung der Juden im Gallien des 6. Jahrhunderts. In: Uta Heil (Hg.): Das Christentum im frühen Europa. Diskurse – Tendenzen – Entscheidungen (Millenium-Studien 75). Berlin, Boston 2019, S. 355–367.

Verhulst, Adriaan: Der Handel im Merowingerreich. Gesamtdarstellung nach schriftlichen Quellen. Gent 1970.

Verhulst, Adriaan (Hg.): Le grand domaine aux époques mérovingienne et carolingienne. Die Grundherrschaft im frühen Mittelalter. Actes du coll. internat., Gand 8–10 sept. 1983. Gent 1985.

Weber, Marie-Luise: evacuaria. In: Mittellateinisches Wörterbuch bis zum ausgehenden 13. Jahrhundert, Bd. 3 (2007), Sp. 1411.

Weidemann, Margarete: Kulturgeschichte der Merowingerzeit nach den Werken Gregors von Tours. Teil 2 (Römisch-Germanisches Zentralmuseum Monographien 3, 2). Mainz 1982.

Woods, Andrew: From Charlemagne to the Commercial Revolution (c. 800–1150). In: Rory Naismith (Hg.): Money and Coinage in the Middle Ages. Leiden 2018, S. 93–121.

Zeumer, Karl: Über die älteren fränkischen Formelsammlungen. In: Neues Archiv 6 (1881), S. 9–115.

Lienhard Thaler

Zwei Bücher, zehn Pfleger und 67.000 Mark Schulden

Kreditverwaltung am Beispiel der Tiroler Landpflegerkommission (1312–1315)

Abstract In 1312, Henry of Carinthia-Tyrol, former king of Bohemia, appointed a committee of ten men who were assigned the task of reducing the royal debts. These so-called *Landpfleger* (keepers of the land) produced various documents. Two manuscripts contain a particularly wide range of information on debts and repayments, namely Handschrift 105 in the Tyrolean Landesarchiv and Handschrift Blau 123 in the Viennese Haus-, Hof- und Staatsarchiv. In this paper, these two codices are described and analysed, supplemented by information from charters, chancellery registers and account books, in order to show how medieval financial experts managed royal debts.

In a first step, four lists of creditors from codex 123 are examined. The total debt, its distribution amongst the creditors, and the creditors' social and regional backgrounds are assessed. In total, the debts mentioned in the surveys amounted to about 67.000 marc Berner (268.000 fl.) while the regular royal income was estimated to range from 4.200 to 9.600 marc.

Given these circumstances, how could the ten keepers mobilise enough resources for the repayment of the debts? In the second part of the paper, some answers to this question are presented. As extraordinary taxation did not suffice, the keepers had to work mainly with the ordinary revenues of their master. But they did not only gather and distribute money and wine, but also made extensive use of the pledging of royal income sources.

Keywords Credit; Debt; Pledging; Tyrol; Middle Ages

Kontakt

Lienhard Thaler,
Tiroler Landesarchiv,
Michael-Gaismair-Straße 1,
A-6020 Innsbruck,
lienhard.thaler@univie.ac.at
https://orcid.org/0000-0001-6667-6706

Lienhard Thaler: Zwei Bücher, zehn Pfleger und 67.000 Mark Schulden. Kreditverwaltung am Beispiel der Tiroler Landpflegerkommission (1312–1315). In: Das Mittelalter 2022, 27(2), 306–326. Heidelberg: Heidelberg University Publishing. DOI: https://doi.org/10.17885/heiup.mial.2022.2.24660

Am 13. April 1312 übertrug Heinrich, König von Böhmen und Polen, Herzog von Kärnten, Graf von Tirol und Görz, zehn Landpflegern für drei Jahre die volle Gewalt über Tirol. Diese *provisores terrae* sollten sämtliche Einkünfte des Fürsten sammeln und verwenden, bei Pfändern die Totsatzung durchsetzen, von Anspruchstellern Beweise verlangen, Amtsträger kontrollieren, ab- und einsetzen sowie jedermann bestrafen dürfen. Der Fürst behielt sich vor, Landpfleger ab- und einzusetzen sowie deren Rechtsgeschäfte mit dem Rat seiner Räte zu bestätigen. Er versprach, angeklagte Pfleger persönlich anzuhören, auf neue Schulden und Zahlungsanweisungen zu verzichten sowie eine Aufstellung seiner Ausstände zur Verfügung zu stellen. Der Fürst begab sich zudem außer Landes, nach Kärnten und Krain.[1]

Neben der Machtfülle, die der normalerweise ein persönliches Regiment führende Fürst dem Landpflegerkollegium einräumte, ist dessen Zusammensetzung besonders bemerkenswert: *Provisores* waren Ulrich von Ragonia, auch Rubeiner genannt, ehemals Hauptmann von Trient, Ulrich von Coredo, Burggraf von Tirol, die Richter Werner von *Tablat*/Tabland (Gries, auch Viztum), Konrad Helbling (Innsbruck, Viztum im Inntal), Heinrich Hirschberger (Landeck, Viztum im Oberinntal), Ulrich (Hörtenberg) und Gottschalk (Enn) sowie der Innsbrucker Urbarpropst Heinrich Groppier, der Haller Salinenverwalter Konrad Jäger/*Venator* und der Bozner Zöllner Jakob von Florenz. Der Rubeiner wurde 1312 durch Heinrich von Schenna abgelöst, der ebenfalls einst im besetzten Trienter Stiftsland tätig gewesen war. Den Zöllner Jakob ersetzte Friedrich von Sterzing, der in der fürstlichen Kanzlei tätige Dompropst von Brixen und natürliche Halbbruder des Fürsten. Gemeinsam war allen Landpflegern, dass sie über Erfahrung in der Verwaltung verfügten und als Amtsträger vom Fürsten abhängig waren. Das Gremium wurde weder vom Adel noch vom Klerus dominiert. Dompropst Friedrich war der einzige Geistliche, die weltlichen Pfleger waren bestenfalls ritteradelig oder Ministerialen[2] und Heinrich Hirschberger war noch 1310 unfrei.[3] Gut die Hälfte der Pfleger zählte zwar zum Rat des Fürsten,[4] Hofmeister, Marschall, Protonotar oder Kämmerer waren aber nicht unter ihnen.[5] Hofmeister, Landmarschall, Münz- und Hubmeister sowie zwei Wiener Bürger wurden hingegen 1370 von den

1 Heuberger 1912, S. 265–274, 282–285, Nr. I.

2 Ebd., S. 271–277, 282–287, Nr. I–III. Zu Ämtern siehe Stolz 1957, S. 22–31, zum Dompropst Hye 1965, S. 44–51, und zu den *vicedomini* Heuberger 1914, S. 74, 128 f.

3 Regesten aus tirolischen Urkunden 2, S. 392, Nr. 356.

4 Ulrich Rubeiner, Ulrich von Coredo, Gottschalk von Enn, Dompropst Friedrich, Konrad Helbling, Heinrich von Schenna und Werner von Tabland. Razim 2014, S. 82–95; ders. 2019, S. 54.

5 Stolz 1998, S. 17 f., 31; Heuberger 1915, S. 106, 110 f.

Habsburgern Albrecht III. und Leopold III. mit ähnlichen Vollmachten ausgestattet wie die Landpfleger von 1312.[6]

Hauptaufgabe beider Gremien war, von Fürsten angehäufte Schuldenberge abzutragen. Dazu wurden in der Verwaltung und im Finanzwesen erfahrene, teils finanzkräftige Personen ausgewählt, die eine Art Expertenregierung bildeten. Die Untersuchung ihrer Tätigkeit geht mit diversen Fragen einher: Warum verschuldeten sich mittelalterliche Fürsten in welchem Ausmaß, bei wem und zu welchen Bedingungen? Wie wurden herrschaftliche Schulden festgestellt und festgehalten? Wie gingen zeitgenössische Experten den Schuldenabbau an? Welche materiellen Zeugnisse ihrer Tätigkeit sind erhalten und wie sind diese beschaffen?

Die entsprechenden Antworten haben Neuigkeitswert, denn die Kommissionen von 1312 und 1370 wurden in der landes-, verwaltungs- und finanzgeschichtlichen Forschungsliteratur zwar häufig erwähnt, aber kaum erforscht. Für die habsburgische Kommission mangelt es an Quellen, das Wirken der Landpfleger ist hingegen umfassend dokumentiert.

1 Zwei Handschriften

Nicht nur Urkunden,[7] Steuerlisten,[8] Rechnungsbücher[9] und Kanzleiregister,[10] sondern auch zwei Sammelhandschriften, die von der Tätigkeit der *provisores* zeugen, sind überliefert.

Der eine Landpfleger-Codex trägt die Signatur Handschrift 105 (ehemals Böhm 385) und befindet sich im Tiroler Landesarchiv in Innsbruck. Er besteht aus 95 mit Bleistift foliierten Blatt Papier im Format 22 × 15 cm sowie vier eingeklebten Zetteln. Die Wasserzeichen sind noch nicht ausgewertet. Auf den 63 mit Tinte foliierten beschriebenen Folia sind vor allem lateinische Aktnotizen zu Pfändern und Zahlungen, aber auch einige Urkundenabschriften zu finden, etwa jene der Einsetzungsurkunde der Landpfleger (1312, fol. 85r–87r). Enthalten sind zudem eine ältere Aufstellung Zollbefreiter (1297, fol. 43r–44r), eine Abrechnung des *capitaneus* von Visione (1314, fol. 94r) und eine Liste von Kardinälen (fol. 94r). Im 15. oder 16. Jahrhundert wurde der fragmentarisch erhaltene Ledereinband mit der Aufschrift *Dreyjarige phlegnus 1312* versehen. Eine der zahlreichen Schreiberhände

6 Ausgewählte Urkunden zur Verfassungsgeschichte der deutsch-österreichischen Erblande im Mittelalter, S. 250–253, Nr. 120; Lackner 2002, S. 36.

7 Regesten aus tirolischen Urkunden 2, S. 394–399, Nr. 370–410.

8 Siehe Kogler 1901, S. 516–525.

9 BayHStA ASLT 4, 6, 12; TLA Handschrift 286; Heuberger 1915, S. 335–339, Nr. 16, 19, 21.

10 HHStA Rot 50 und 51, ediert in: Das älteste Tiroler Kanzleiregister und Ein Tiroler Kanzleibuch König Heinrichs von Böhmen aus den Jahren 1312–1320.

aus dem 14. Jahrhundert lässt sich dem Landpfleger Dompropst Friedrich zuweisen, wofür auch das typische Kürzel „FR" (fol. 34v, 39r) spricht.[11] Friedrich war auch an der Abfassung von zeitgenössischen Rechnungsbüchern und Kanzleiregistern sowie der zweiten Landpfleger-Handschrift beteiligt.[12]

Der zweite Codex wird heute unter der Signatur Handschrift Blau 123 (ehemals Böhm 383) im Haus-, Hof- und Staatsarchiv in Wien aufbewahrt. Auch in diesem konkurrieren, auf 53 Blatt Papier im Format 29 × 11 cm und zwei eingelegten Zetteln, eine ältere Tinten- und eine neuere Bleistiftfoliierung. Hier wird, wie bei Handschrift 105, der neueren Zählung der Vorzug gegeben, die auch eingelegte und leere Blätter in ihrer gegenwärtigen Reihenfolge berücksichtigt. Wieder sind Wasserzeichen vorhanden und wieder dominiert die lateinische Sprache. Auch die Schreiberhand Dompropst Friedrichs und inhaltliche Überschneidungen bei den Pfandnotizen verbinden die beiden Sammelhandschriften. Mit Ausnahme der Abrechnungen des Dompropsts (fol. 8r–16v) enthält die inhaltlich heterogenere Wiener Handschrift zwar keine Angaben zu Auszahlungen durch *provisores*, hat dem Innsbrucker Codex in puncto Landpfleger dafür aber eine Aufstellung der Amtseinkünfte (39r–43r), vier Listen fürstlicher Schulden (fol. 46r–52v) sowie eine Gegenüberstellung der Einkünfte, Ausfälle und Schulden (fol. 58v) voraus.[13]

Julia Hörmann-Thurn und Taxis konnte nicht nur nachweisen, dass sich viele Einträge zu Pfandgeschäften in den Manuskripten Handschrift 105 und Handschrift Blau 123 überschneiden, sondern entdeckte auch eine Liste von bereits in Handschrift 105 und Handschrift Blau 123 erwähnten Verpfändungen, die in Handschrift 18 des Tiroler Landesarchivs enthalten ist. Dieser Codex ist als 1336 angelegtes Tiroler Lehenbuch bekannt.[14] Die auf älterer Grundlage beruhenden Einträge zu Verpfändungen im Lehenbuch hat Jakub Razim jüngst aus rechtshistorischer Perspektive analysiert, ohne die Landpfleger-Handschriften einzubeziehen.[15]

Doch nicht nur in den in drei Handschriften enthaltenen, sich deckenden Pfandnotizen werden intertextuelle Bezüge zwischen den Landpfleger-Codices und weiteren pragmatischen Schriftquellen greifbar: Auch zwischen Handschrift 105, Handschrift Blau 123, Urkunden, Kanzleiregistern und Rechnungsbüchern sind

11 TLA Handschrift 105; Heuberger 1915, S. 338, Nr. 18; Böhm 1873, S. 135, Nr. 385.

12 BayHStA ASLT 6, HHStA Rot 50 sowie Urkunden und BayHStA ASLT 3. Hye 1965, S. 50–52.

13 HHStA Blau 123; Heuberger 1915, S. 336–338, Nr. 17; Böhm 1873, S. 134 f., Nr. 383; Hye 1965, S. 50 f. Enthalten sind auch Angaben zu Steuern (Bambergerleute, 1307/18, HHStA Blau 123, fol. 13r–13v), einem Feldzug (fol. 2r–2v, 3v, 4r), Eigenleuteteilungen (fol. 35r) und zum Schatz Herzog Ottos (fol. 35v–37r).

14 TLA Handschrift 18; Ein spätmittelalterliches Pfandverzeichnis (1309–1312) der Tiroler Landesfürsten; Hörmann-Thurn und Taxis 1995.

15 Razim 2022.

mannigfache inhaltliche Verbindungslinien zu entdecken. Die beiden Landpfleger-Codices enthalten in komprimierter Form Angaben zu Schuldverhältnissen aus diversen Quellen, sind aber mehr als bloße Destillate aus anderen Schriftstücken. Sie beinhalten nämlich auch Informationen, die andernorts nicht zu finden sind. Die beiden Sammelhandschriften Handschrift 105 und Handrschrift Blau 123 sind materielle Verkörperungen der Kreditverwaltung durch spätmittelalterliche Experten, wie sie selten zu finden sind.

Auf den folgenden Seiten kann nur ein kleiner Einblick in die komplexe und umfassend dokumentierte Arbeit der Landpfleger gegeben werden. Im Vordergrund stehen vier Schuldenlisten aus Handschrift Blau 123. Von diesen ausgehend werden die fürstlichen Kreditbeziehungen untersucht, wozu auch Handschrift 105 sowie Kanzlei- und Rechnungsbücher herangezogen werden. Einerseits stehen die materielle Seite der Schuldenverwaltung, pragmatische Schriftlichkeit und Intertextualität im Mittelpunkt: Wie wurde der Schuldenstand erfasst? Worauf basierten die knappen Einträge in den Schuldenlisten und wo lassen sich weitere Informationen dazu finden? Wie wurde der Schuldenabbau protokolliert? Andererseits geht es um Schuldenstand, Kreditnetzwerke und Kreditinstrumente: Wie hoch waren die Gesamtschulden? Warum wurden die Kredite aufgenommen? Wer stellte sie zu welchen Bedingungen zur Verfügung? Wie erfolgte die Rückzahlung? Welche Vor- und Nachteile gingen mit der Aufnahme von Krediten bei diesen Gläubigern für die Fürsten einher?

2 Schuldenstand und GläubigerInnen

Handschrift Blau 123 enthält vier Schuldenlisten mit insgesamt 363 Einträgen, 280 Namen verschiedener GläubigerInnen sowie deren Forderungen, die sich zusammen auf 66.938 Mark Berner belaufen. Berner waren in Tirol nach dem Vorbild von Verona (dt. Bern) in Verwendung. Eine Mark Berner wurde in 10 Pfund (*librae*), 120 Kreuzer (*grossi*, Zwanziger), 200 *solidi* oder 2.400 Bernern (*denarii*) eingeteilt. Die Mark Berner entsprach zwischen 1310 und 1320 rund vier Goldmünzen aus Florenz (fl.) oder 166 Gramm Silber.[16] Die Gesamtschuld entspricht also 267.750 fl. oder über elf Tonnen Silber.

In der ersten Aufstellung wurden unter dem Titel *Hec sunt debita que dominus tenetur solvere subscriptis qui habent pro eisdem bona sua obligata* 136 Einträge mit Beträgen zwischen zehn und 2.400 Mark Berner, insgesamt rund 15.636 Mark, gelistet. Diese Endsumme enthält auch gestrichene Posten. Vorab wurde die Tilgung

16 Thaler 2020, S. 47–51.

von 7.087 Mark Schulden vermerkt, die sich aber auf mehr als die wenigen kleineren Beträge beziehen muss, die gestrichen wurden.[17]

Die zweite Liste enthält 34 Einträge zu Schulden bei Amtsträgern (*Hec sunt debita officialium*), die sich zwischen 10 Mark und 7 Pfund sowie 3.720 Mark Berner bewegen. Zum Kellner von Sterzing und zum gestrichenen Gottfried von Znaim fehlen Beträge. Nicht in der Gesamtsumme von 12.094 Mark Berner enthalten sind unbekannte, separat verbriefte Forderungen (*preter summam littere*) sowie 648 Mark an eigens gelisteten, ausständigen Burghuten.[18]

Überschrieben mit *Hec sunt debita communia domini Heinrici regis Bohemie scripta per provisores terre* folgt eine dritte Liste. 116 Einträgen wurden hier in Summe 38.560 Mark Berner und 90 Mark Prager Groschen zugeordnet. Die einzelnen Forderungen, zu denen auch das Heiratsgut zweier Herzoginnen zählt, bewegen sich zwischen fünf und 9.000 Mark.[19]

Die vierte Schuldenliste befindet sich auf einem eingelegten Zettel. Hier sind 77 Namen ohne Angabe von Beträgen unter *Isti sunt debitores quorum certa summa ignoratur* aufgeführt.[20]

Die in der abschließenden Aufstellung angegebenen 66.908 Mark und 6 Pfund Berner Schulden weichen nur um rund 30 Mark von der Gesamtsumme aus den Schuldverzeichnissen ab. Ihnen stehen Einkünfte aus Grund- und Gerichtsherrschaft, aus Zöllen, Münzprägung, Saline und Pfandleihbanken von jährlich 9.604 Mark Bernern, Naturalien inklusive, gegenüber. Davon fielen 374 Mark permanent aus und 5.030 Mark werden als verpfändet klassifiziert, womit 4.200 Mark Berner pro Jahr bleiben.[21] Einnahmen von 16.800 fl. oder 697 kg Silber pro Jahr standen also Schulden von rund 267.750 fl. oder elf Tonnen Silber gegenüber. Wie und warum hatten sich die Fürsten um das Sechzehnfache ihrer Jahreseinkünfte verschuldet?

Die größten Schuldbeträge hängen mit Eheschließungen zusammen. Auf Herzogin Eufemia entfielen 9.000 Mark Berner *pro dote nupciali et pro donatione ante lecti*, auf Adelheid 5.000 Mark *similiter pro dote et donacione.*[22] Die 30.000 Mark Berner für Anna von Böhmen fehlen in den Schuldenlisten. Von ihrem Heiratsgut zeugen nur einige gestrichene Pfandnotizen in anderen Teilen der Landpfleger-Handschriften.[23] Da Anna 1313 starb und Heinrich Adelheid 1315 heiratete, kann

---

17 HHStA Blau 123, fol. 46r–47v. Der Tilgungsvermerk befindet sich auf fol. 45v.

18 Ebd., fol. 47v–49r.

19 Ebd., fol. 49r–51r.

20 Ebd., fol. 52r–52v.

21 Ebd., fol. 58v.

22 Ebd., fol. 50v.

23 Ebd., fol. 31r; TLA 105, fol. 8r; Ein spätmittelalterliches Pfandverzeichnis (1309–1312) der Tiroler Landesfürsten, S. 174, 190, Nr. 18; Razim 2022, S. 88.

dieses Jahr als *terminus post quem* für die Entstehung der Liste gelten.[24] Auch ohne Annas opulentes Heiratsgut machten die Ansprüche der Herzoginnen auf 14.000 Mark rund 20 Prozent der gesamten verzeichneten Forderungen aus.

Neben der Heiratspolitik spielte der Krieg für den Schuldenstand eine entscheidende Rolle. Das ‚Böhmische Abenteuer' (1306–1310) und die Kämpfe um die römisch-deutsche Krone (1314–1322), weniger die Aufstände in Friaul (ab 1305), hatten nämlich hohe Kosten verursacht.[25] Der Kampf um die Wenzelskrone hängt mit einem erheblichen Teil der Schulden zusammen. Die Hochzeit mit Anna hatte Heinrich von Kärnten-Tirol nach dem Tod seines Schwagers 1306 zum aussichtsreichen Anwärter auf den böhmischen Thron gemacht. Obwohl ihn die böhmischen Stände zweimal zum König wählten und er sich 1308 gegen die Habsburger durchsetzen konnte, musste Heinrich 1310 vor seinen luxemburgischen Rivalen kapitulieren. Diese als ‚Böhmisches Abenteuer' bekannte Kampagne hatte dem Tiroler zwar den Königstitel und das Stimmrecht bei der Königswahl von 1314 eingebracht.[26] Beide waren aber teuer erkauft, wie auch Einträge in den Landpfleger-Codices nahelegen. Mit Kämpfen in Böhmen stehen 2.000 der 5.000 Mark Berner Schulden bei Konrad von Aufenstein,[27] 2.400 Mark der Forderungen Seifrieds von Rottenburg,[28] 200 Mark für Prechtlin von Coredo,[29] 190 Mark für Konrad Kärlinger[30] und 30 der 58 Mark für die Kämmerer von Thaur in Verbindung.[31] Da vor Heinrichs Hochzeit mit Anna keine Kreditbeziehungen zwischen Tiroler Fürsten und böhmisch-mährischen Gläubigern bekannt sind, entstanden wohl auch die Schulden bei Peter von Glattau (300 Mark Berner), Gottfried von Znaim (50 Mark), Konrad Schetterteuer (666 Mark), Nikolaus, Heinrich Volklin, Otto und Welko von Prag sowie der Anspruch Wiltlins und Konrad Puchers auf 90 Mark Prager Groschen im Kontext des ‚Böhmischen Abenteuers'.[32]

Ebenfalls erkennen lassen sich Ausgaben für die Unterstützung Friedrichs des Schönen im Kampf um die römisch-deutsche Krone. Heinrich von Kärnten-Tirol

---

24 Zu Fürstinnen und Heiratsgut siehe Hörmann-Thurn und Taxis 2016, S. 166, 208 f., 258–260, 279; dies. 2013. Eufemia hatte Heinrichs Bruder Otto um 1297 geheiratet. Sie starb 1347. Zu ihr siehe Ladurner 1864.

25 Razim 2022, S. 81.

26 Gasser 1950, S. 53–104; Dalmatiner 1996, S. 72–108.

27 HHStA Blau 123, fol. 50r; TLA 105, fol. 11r; Das älteste Tiroler Kanzleiregister, S. 95 f., Nr. 63; S. 105, Nr. 76.

28 HHStA Blau 123, fol. 31v, 46r; TLA 105, fol. 8v; Das älteste Tiroler Kanzleiregister, S. 122 f., Nr. 94.

29 HHStA Blau 123, fol. 32r, 46r; TLA 105, fol. 9r–9v.

30 HHStA Blau 123, fol. 18v, 46v; TLA 105, fol. 14v–15r, 32v, 91r.

31 HHStA Blau 123, fol. 47r; TLA 105, fol. 21v, 91v.

32 HHStA Blau 123, fol. 18v, 47r, 49r, 50r–50v, 52r–52v. Dazu kamen 53 Mark der Rattenberger. TLA 105, fol. 74r.

hatte mit seinem Neffen 1313 ein Bündnis geschlossen, 1314 in Frankfurt seine Kurstimme als König von Böhmen für den Habsburger abgegeben und Truppen für den Kampf gegen Friedrichs ebenfalls gewählten Rivalen Ludwig den Bayern an den Rhein gesandt.[33] Diese Aktivitäten sind in der ersten Schuldenliste deutlich zu erkennen, wo Hermann von *Tenns*/Thuins 24 Mark und Otto Kärlinger 40 Mark Berner *pro expeditione ad Renum* sowie Eltlin von Schenna 100 Mark *pro serviciis ad Renum* versprochen wurden.[34] Gleicht man die Einträge in den Landpfleger-Codices mit den entsprechenden Urkundenabschriften in den Kanzleiregistern ab, zeigt sich, dass es sich hierbei nur um die Spitze des Eisbergs handelt. Nicht weniger als 37 weiteren fürstlichen Gefolgsleuten wurden Belohnungen zwischen 20 und 500 Mark Berner für Fahrten nach Frankfurt und an den Rhein versprochen. Insgesamt wurden dafür rund 3.320 Mark Berner reserviert.[35] Neun potentielle Teilnehmer, denen 798 Mark Berner versprochen worden waren, traten ihren Dienst nie an (*non ivit/processit/servivit*).[36] Übrig bleiben 30 Einträge auf drei aufeinanderfolgenden Seiten der ersten Schuldenliste, die thematisch gebündelt aufgezeichnet wurden und insgesamt 1.913 Mark Berner einschließen.[37]

Die Schuld von 5.000 Mark Bernern bei Graf Konrad von Kirchberg hängt zumindest zum Teil mit dem Ausbau der fürstlichen Besitzungen zusammen.[38] Heinrich von Kärnten-Tirol hatte der Gemahlin des Kirchbergers, Agnes von Taufers, 1314 ihre Erbteile an den Burgen Taufers, Uttenheim und Eppan für 3.000 Mark abgekauft und Konrad dafür Ehrenberg verpfändet.[39]

Begründungen für die bestehenden Forderungen lassen sich in einigen weiteren Fällen finden. Dazu zählen ein Erziehungsbeitrag für Herzog Otto, den die Stamser Zisterzienser erhalten sollten, unbezahlte Tucheinkäufe, bei einer

33 Davidsohn 1917, S. 194 f.; Gasser 1950, S. 116 f.; Dalmatiner 1996, S. 129–136; Becher 2017, S. 14 f.

34 HHStA Blau 123, fol. 47r.

35 Ebd., fol. 19r, 20r, 23r, 24r; TLA 105, fol. 15r–16v, 18v, 26r, 27r–28v, 29r–30v, 35v, 36v, 79v, 91v; Das älteste Tiroler Kanzleiregister, Nr. 113–120, 122–123, 125–127, 129, 130, 132–141, 143–144, 148; Ein Tiroler Kanzleibuch König Heinrichs von Böhmen aus den Jahren 1312–1320, Nr. 2, 43.

36 TLA 105, fol. 28r–29v.

37 H. v. Thuins (24 Mark Berner), O. Kärlinger (40), E. (50) und K. v. Schenna (60), K. Arberger (50), A. (40) und E. v. Boymont (40), P. v. Coredo (120), Fuchs v. Eppan (50), B. Geschurre (24), V. v. Tirol (80), Hohenecker (2 × 100), U. v. Hörtenberg (50), F. v. Klerant (50), O. v. Lamprechtsburg (60), T. Tarand (80), U. v. Matrei (165), R. v. Passeier (30), H. Perchtinger (60), H. (200) und K. v. Rottenburg (70), R. v. Säben (30), G. v. Schrofenstein (30), R. und H. v. Spaur (60), E. v. St. Peter (60), W. Stamphart (30), H. v. Starkenberg (50), T. v. Vilanders (60), G. v. Znaim (50). HHStA Blau 123, fol. 46v–47v.

38 HHStA Blau 123, fol. 50v. Dafür wurden Güter verpfändet. TLA 105, fol. 22r–26r, 30v, 33r–33v.

39 Regesten aus tirolischen Urkunden 2, S. 398, Nr. 397–400; Stolz 1926, S. 552; Palme-Comploy u. Palme 1986, S. 272.

Steuerabrechnung des Rubeiners und Gottschalks von Enn vorgestreckte Gelder, Beiträge für Reisen und Brautfahrten sowie Burghuten.[40]

Bei den übrigen gelisteten Schulden liegt der Entstehungsgrund im Dunkeln. Mehr als ein Drittel aller Verbindlichkeiten kann aber direkt auf Eheverbindungen, Krieg und die Erwerbung von Herrschaftsrechten zurückgeführt werden. Das Heiratsgut der beiden Herzoginnen (14.000 Mark), das ‚Böhmische Abenteuer' (rund 5.900 Mark), die Unterstützung Friedrichs des Schönen (rund 1.940 Mark) sowie der Erwerb des Tauferer Erbes (3.000 Mark) belaufen sich zusammen auf 24.840 der verzeichneten 66.938 Mark Berner, also 37 Prozent der Gesamtschuld.

Neben diesen außerordentlichen Kosten belasteten weitere Faktoren die fürstlichen Finanzen. Im Gegensatz zu ihrem sparsamen Vater Meinhard II. (1258–1295) hatten Otto, Ludwig und Heinrich während ihrer gemeinsamen Regierung (1295–1310) drei repräsentative Herzogshöfe unterhalten.[41] 1298 hatten sie in St. Veit in Kärnten die vom Vater verwehrte Erhebung in den Ritterstand mit allem Pomp nachgeholt.[42] 1305 gingen 7.000 Mark Berner verloren, die bei den Frescobaldi in Florenz deponiert worden waren.[43] 1307 und 1314 wurden im Zuge der Aussöhnung mit den Bischöfen von Trient einträgliche Hochstiftsbesitzungen restituiert, die seit 1288 von den Tirolern besetzt und genutzt worden waren.[44] Die Kluft zwischen Einkünften und Ausgaben war seit dem Tod Meinhards II. immer größer geworden.

Kreditgeschäfte wurden also einerseits geschlossen, um tendenziell steigende laufende Kosten bei sinkenden Einnahmen bestreiten zu können. Andererseits ermöglichte diese Form der Ressourcenbeschaffung, in den Ausbau der fürstlichen Macht zu investieren. Vorteilhafte Heiratsverbindungen, Feldzüge, der Kauf von Herrschaftsrechten und höfische Repräsentation waren Investitionen in Macht und Prestige, für die sich das Schuldenmachen lohnen konnte.[45] Der Schuldenstand von fast 67.000 Mark Bernern, den die Landpfleger festhielten, kam aus unterschiedlichen Gründen zustande. Heinrich von Kärnten-Tirol hatte Teile davon geerbt, etwa die Ansprüche seiner Schwägerin Eufemia auf ihr Heiratsgut, er hatte Kredite für Investitionen, beispielsweise in den Erwerb Böhmens und des Tauferer Erbes, aufgenommen und weitere Schulden zur Deckung laufender Kosten – etwa der Burghuten – gemacht. Dass die Ausstände des Fürsten 16-mal so hoch waren wie seine jährlichen Einkünfte zeugt nicht nur von der großen Herausforderung,

40 HHStA Blau 123, fol. 46r, 47v–48r, 49r–50v.

41 Riedmann 1990, S. 437. Zum Lebensstil der Herzöge siehe auch ders. 1982.

42 Wiesflecker 1955, S. 147–149; Fräss-Ehrfeld 1984, S. 365–367.

43 Riedmann 1977, S. 302.

44 Riedmann 2004, S. 283–329; Gasser 1950, S. 116; Dalmatiner 1996, S. 131.

45 Mersiowsky 2015, S. 22 f.

vor der die mit dem Schuldenabbau betrauten Landpfleger standen. Daraus geht auch hervor, wie leistungsfähig der Kreditmarkt war, auf dem so enorme Schulden gemacht werden konnten. Schulden konnten durch offene Rechnungen für Einkäufe und Dienste sowie bargeldlose Gutschriften zur Abdeckung von Heiratsgut oder Herrschaftskäufen entstehen. Wer Kredit gewährte, musste also nicht Geld bereitstellen, aber meist dennoch in irgendeiner Form Ressourcen vorstrecken.[46]

Zu großzügigen Vorschüssen war der hohe Adel in der Lage, zu dem auch die Ehepartnerinnen der Fürsten zählten. Die Forderungen der Herzoginnen setzten sich aus der von der Brautfamilie beigesteuerten Mitgift sowie der vom Bräutigam zu tragenden Widerlage und Morgengabe zusammen. Das Heiratsgut sollte zur Witwenversorgung der Ehefrau dienen. Kassieren und anderweitig verwenden konnte der Ehemann bestenfalls die Mitgift, die in ihrer Höhe oft der Widerlage entsprach.[47] Die Schulden für Heiratsgut gehen also nur zum Teil mit von Gläubigerseite vorgestreckten Ressourcen einher. Die meisten übrigen GläubigerInnen leisteten wahrscheinlich Zahlungen oder Dienste, die einigermaßen mit den geschuldeten Beträgen korrespondieren. Neben Eufemia und Adelheid vertraten die Grafen Konrad von Kirchberg, Wilhelm von Castelbarco und Rudolf von Montfort sowie Vogt Egno von Matsch in den Schuldenlisten die oberen Adelsränge. Obwohl sie nur ca. 2 Prozent der Gläubigerschaft stellten, hielten sie rund 30 Prozent der Forderungen (20.465 Mark Berner).[48] Aus dem Klerus kamen die Bischöfe von Brixen und Augsburg sowie die Klöster Stams, Wilten, Steinach, Scheyern und die Deutschordenskommende Sterzing sowie der Kaplan der Königin. Konkrete Schuldbeträge beim Bischof von Brixen, bei den Klöstern Steinach und Wilten und beim Deutschen Orden fehlen in den Aufstellungen. Die bekannten Beträge belaufen sich nur auf rund 697 Mark Berner (1 Prozent), von denen 451 Mark auf das fürstliche Hauskloster Stams entfallen.[49]

Stadtbewohner aus dem nordalpinen deutschsprachigen Raum, vor allem aus Regensburg, Augsburg, Passau und München, waren ebenfalls unter den GläubigerInnen vertreten. Es handelt sich um oberdeutsche Kaufleute wie Reimboto und Minner von Augsburg oder Gollier und Burghard Wadler von München, zu deren Tätigkeit in Tirol bereits geforscht wurde. Bei den Oberdeutschen stand der Fürst mit zumindest 6.430 Mark Bernern in der Kreide. Weitere Schulden bei dieser Gruppe wurden nicht beziffert. Bekannt ist auch, dass Kleinodien im Wert von 200 Mark Bernern dem Minner von Augsburg als Faustpfänder gegeben

46 Bittmann 1991, S. 115.

47 Hörmann-Thurn und Taxis 2016, S. 210–214; dies. 2013, S. 137.

48 HHStA Blau 123, fol. 47v, 50r–50v.

49 Ebd., fol. 46r, 47r, 49v, 50v, 51r, 52r–52v. Für den Deutschen Orden steht Komtur Chalhoch.

worden waren.[50] Arthesius, Nikolaus und Jakob von Florenz repräsentieren mit Bernhard von Verona die Bewohner italienischer Metropolen. Die Florentiner, die von 1305 bis in die 1330er Jahre in Tirol aktiv waren, sind gut erforscht.[51] Während die Forderung Bernhards nicht angegeben ist, entfallen auf Arthesius, Nikolaus und Jakob 1.422 Mark Berner. Kaum untersucht wurden bisher die Tiroler Gläubiger aus Böhmen und Mähren. Unter ihnen ist nur Konrad Schetterteuer eine Schuldsumme (666 Mark Berner und 5 Lot Prager) zugewiesen.[52] Gottfried von Znaim und die Florentiner standen als Verwalter in Tiroler Diensten und bezogen Einkünfte aus der Region,[53] weshalb Schulden bei ihnen nur bedingt als auswärtiges Kapital zu zählen sind. Solches kam weniger aus Prag, mehr aus Augsburg, Regensburg, Passau und München. Es sollte, da es nur 10 Prozent der Gesamtschulden ausmachte, nicht überschätzt werden.

Über die Hälfte aller Forderungen hielten Kreditgeber aus dem Tiroler Raum. Gut ein Drittel aller GläubigerInnen stammte aus den landesfürstlichen Städten Meran, Innsbruck, Hall und Sterzing, aus Bozen, Rattenberg und der Bischofsstadt Brixen, während der große Rest dem Kreis der fürstlichen Lokal- und Hofamtsträger, Ministerialenfamilien und dem Ritteradel zugeordnet werden kann.[54] Zählt man den lokalen Klerus und die Fürstinnen hinzu, so lässt sich feststellen, dass über 80 Prozent aller Schulden des Fürsten bei seinen Untertanen, Verwaltern und in seinem nächsten persönlichen Umfeld zu verorten sind.

Die höchsten Summen entfallen auf Ulrich von Freundsberg (971 Mark Berner), Jakob von Florenz (1.020 Mark), Seifried von Rottenburg (3.700 Mark), Burghard Wadler (3.720 Mark), den Grafen von Kirchberg und Herzogin Adelheid (jeweils 5.000 Mark), Konrad von Aufenstein (5.300 Mark) und allen voran Herzogin Eufemia (9.585 Mark).[55] Diese acht von 280 Anspruchsberechtigen hielten gemeinsam die Hälfte aller verzeichneten Forderungen. Die acht Personen mit den niedrigsten Ansprüchen, Diener Rudlin (5 Mark Berner), Berhte, *locator* von Neuhaus (6 Mark), Heinrich Kämmerer und Heinrich von dem Land (je 10 Mark),

---

50 Minner (über 223 Mark Berner), Juden (400), Pozzer, W. Zollner (75) und Reimboto von Augsburg (454), Chratzer (60), Loeblin, Waitter, Ingolstädter und Sittauer von Regensburg (?), Herr von Eylburg mit Scholar (60), Freiberger (über 200), W. v. Luttenwang (210), B. Wadler (3.720), Heroldsberger (100), Herold, Gollier und Drechslin von München (?), Musterlinch (über 830), H. v. Partenkirchen (37,63), U. Glokner von Passau (?) sowie Rensteiner (60). HHStA Blau 123, fol. 48v, 49v, 50v, 51r, 52r–52v. Zu diesen Kaufleuten siehe auch Bastian 1931.

51 Riedmann 1977, S. 481–491.

52 HHStA Blau 123, fol. 50v, 52r–52v.

53 Stolz 1957, S. 26, 30.

54 Razim 2022, S. 81. Zu den Ämtern siehe Stolz 1957, zu Adel und Ministerialen Bitschnau 1983.

55 HHStA Blau 123, fol. 46r–46v, 47v, 48v–50v.

Peter Trautson (10,7 Mark), Schneider Gerhard von Bozen (12 Mark), Müllerin Adelheid von Meran und Jakob Trautson (je 20 Mark) kamen zusammen auf 93 Mark und 7 Pfund Berner.[56]

Für alle Gläubigerinnen und Gläubiger war sicherlich von Bedeutung, ob ihre Ressourcen beim Fürsten gut angelegt waren, sowie ob, wann und in welcher Form sie mit der Rückzahlung rechnen konnten. Auch dazu halten die Landpfleger-Codices Informationen bereit.

3 Schuldenabbau

Die vier Schuldenlisten geben zwar Auskunft über die Anspruchsteller und große Teile der Forderungen, nicht aber über die Begleichung der Schulden. Informationen zum eigentlichen Kerngeschäft der Landpfleger finden sich jedoch in anderen Teilen der beiden Codices.

In Handschrift 105 sind Überweisungen an die GläubigerInnen aus der Zeit zwischen 1314 und 1317 zu finden, die nach Auszahlenden geordnet sind. Von den Landpflegern fehlen unter diesen nur der früh ausgeschiedene Rubeiner, Konrad Helbling und Dompropst Friedrich. Auch die fürstlichen Lokalamtsträger sind hier fast vollständig vertreten.[57] Ausgezahlt wurden insgesamt 14.400 Mark Berner in Geld. Die Einzelbeträge bewegen sich zwischen fünf Pfund und 910 Mark, 5 Pfund Berner. Nach Geld war Wein das zweitbeliebteste Zahlungsmittel, während andere Naturalien weder mengen- noch wertmäßig ins Gewicht fallen. Geldschulden mit Naturalien zurückzuzahlen, erforderte Preisinformationen. Kapitalisierungstarife wurden den Landpflegern 1313 vom Fürsten vorgegeben[58] und fanden seit damals häufiger bei Amtsabrechnungen Anwendung.[59] Den GläubigerInnen wurden 1.057 ½ Fuder (657.770 Liter) Wein im Wert von rund 4.580 Mark Bernern überwiesen.[60] Mithilfe der Lokalverwaltung konnten die Landpfleger also rund 19.000 Mark Berner in Geld und Wein mobilisieren. Woher diese Mittel stammten, ließe sich durch aufwändige Auswertung der parallel überlieferten Rechnungsbücher genau nachvollziehen. In der Regel setzten sich die von der Lokalverwaltung gesammelten Einkünfte aus Urbarabgaben, Gerichtsgefällen, Steuern, Zöllen, Erträgen der Salzproduktion sowie Pachten für die Münzprägestätte und die Pfandleihbanken zusammen. In toto betrugen die fürstlichen Jahreseinkünfte aus

56 Ebd., fol. 48v, 49v, 50r, 51r.

57 TLA 105, fol. 67r–79v, 83r; Stolz 1957, S. 22–32.

58 TLA 286, fol. 96a (Heuberger 1912, S. 287, Nr. III), fol. 96b.

59 Stolz 1957, S. 14.

60 Thaler 2020, S. 45, 55.

Tirol den Übersichten in Handschrift Blau 123 zufolge 9.604 Mark Berner, von denen nach Abzug der Ausfälle 4.200 Mark blieben.[61] Es hätte also viereinhalb Jahre gedauert, 19.000 Mark Berner zur Schuldentilgung zu sammeln, wenn alle Erträge ausschließlich zu diesem Zweck verwendet worden wären.

Zusätzliche Einnahmen ließen sich durch außerordentliche Besteuerung lukrieren. 1311 hatte der Fürst so 5.300 Mark Berner aufbringen können. 1312 folgte eine weitere Sondersteuer. Von den 7.000 geplanten konnten aber nur 2.600 Mark Berner eingetrieben werden. 1315 wurden 2.440 Mark Berner für die Fürstenhochzeit gesammelt, die in die Feierlichkeiten gesteckt wurden. Für die Rücklösung des verpfändeten Ehrenberg wurden 1317 Steuermittel beschafft.[62]

Direkte Schuldenrückzahlung mit Geld und Gütern war eine Strategie, der sich die Landpfleger zur Erfüllung ihres Auftrages bedienten. Hauptsächlich setzten sie aber auf Verpfändung.

Pfänder konnten nicht nur zur Sicherung und Verzinsung, sondern auch zur ratenweisen Tilgung von Schulden eingesetzt werden. Als Pfandobjekte dienten Grundzinse, Gerichtsgefälle, Steuern, Zölle und andere Einkünfte, teils mit den dazugehörigen Herrschaftsrechten über Höfe, Siedlungen, Burgen, Gerichte und Amtsbezirke. Im Gegensatz zur Pfandsetzung von Wertgegenständen (Faustpfänder) beim Pfandleiher warfen verpfändete Rechtsansprüche und Güter Erträge ab. Je nach Vereinbarung wurden diese Einkünfte von der Gesamtschuld abgezogen (Totsatzung) oder fungierten als Zinsen (Ewig-, Zins- oder Lebendsatzung), während der Kredit in voller Höhe rückzahlbar blieb. Die Verpfändung zur Ewigsatzung war für GläubigerInnen wegen der Zinsen und der längeren Dauer ihrer Pfandherrschaft attraktiv, trug aber nicht zur Verringerung der Schuld bei. Mit der Totsatzung ließ sich hingegen systematischer Schuldenabbau durch Einnahmenantizipation betreiben. GläubigerInnen wurden Herrschaftsrechte mit bestimmten jährlichen Erträgen zugewiesen, aus denen sie ihre Forderungen nach und nach befriedigen sollten. Der Pfandgeber musste zwar zeitweise auf Einnahmequellen verzichten, brauchte sich aber nicht weiter um die Tilgung der Schuld zu kümmern. Das übernahmen der Pfandnehmer und das Pfandobjekt, das sich selbst auslöste. Bei Ewigsatzung hingegen waren Einnahmenverlust und Entfremdungsgefahr wesentlich größer. Die Pfandsumme konnte durch Aufschläge erhöht werden, was die Laufzeit des Pfandverhältnisses verlängerte und – bei Ewigsatzung – die Zinslast bzw. Rendite verringerte. Für PfandnehmerInnen bedeutete dies längere Herrschaftsausübung, für Pfandgeber weitere und immer günstigere Kredite.

61 HHStA Blau 123, fol. 39r–43r, 58v.

62 Allgemeines Gesetz und Verzeichnis über die außerordentlichen Steuern in der Grafschaft Tirol von 1311 bis 1315; BayHStA ASLT 4, fol. 56v–63r, 67v–74r; BayHStA ASLT 11, fol. 6v; TLA 286, fol. 79v–71r. Zur Hochzeitssteuer siehe Riedmann 1982, S. 116 f., und Hörmann-Thurn und Taxis 2016, S. 184 f.

Von Kauf auf Wiederkauf, Rentenverkauf, Ämterkauf oder Pacht unterscheidet Pfandgeschäfte, dass die Vereinbarung aufgrund einer bestehenden Schuld geschlossen wurde. Die Übergänge sind allerdings fließend. Verkauf auf Wiederkauf lässt sich oft kaum von Verpfändung zur Ewigsatzung unterscheiden, da bei beiden bis zur Rückzahlung Rechte und Einnahmen übergeben wurden. Pachten konnten mit einer Schuldsumme verrechnet werden, was der Verpfändung zur Totsatzung stark ähnelt. Pfandgeschäfte mit herrschaftlichen Einnahmequellen hatten neben ihrer wirtschaftlichen auch eine politische Komponente, bedeuteten Macht und Herrschernähe. Entsprechend dominierten auf der Pfandnehmerseite fürstliche Vertraute und an politischem Machtausbau Interessierte.[63]

Das Potential von Pfandgeschäften zur Ressourcenmobilisierung erkannten in Tirol nicht erst die Landpfleger. Seit sich die Herzoge Otto und Heinrich von ihrem Bruder Ludwig († 1305), dem Frescobaldi-Depot und den Trienter Hochstiftseinkünften verabschiedet hatten und das ‚Böhmische Abenteuer' in Angriff nahmen, machten sie von der Verpfändung ihrer Ansprüche Gebrauch. Die Landpfleger setzten dieses Instrument gezielt zur Schuldenverwaltung ein.

Die beiden Landpfleger-Codices und das älteste Tiroler Kanzleibuch sind nicht zufällig voll von Einträgen über Pfandgeschäfte. Die Pfandnotizen in der Handschrift 105 und Handschrift Blau 123 beginnen meist mit dem Namen des Pfandgebers, in der Regel Herzog Heinrich oder sein Bruder Otto, aber auch Eufemia, und *obligavit*. Sie enthalten die Namen der Pfandnehmer, den geschuldeten Betrag und die Pfandobjekte, im Idealfall mit jährlichen Einkünften, Angaben zur Tot- (*et defalcabit omni anno*) oder Ewigsatzung (*nichil defalcabit*) und Zusatzinformationen zu Schuld und Pfandgeschäft. Bei einigen Einträgen fallen abschließend von Mittestrichen gefolgte Strichpunkte (;-) auf, die möglicherweise die Anzahl der seit der Verpfändung verstrichenen Jahre angeben, um den Überblick über die (verbliebene) Laufzeit zu behalten. Manche Einträge sind gestrichen, was auf die Auslösung des Pfandobjekts hindeutet. Die Streichungen erfolgten aber nicht konsequent, denn bei mehrfach verzeichneten Pfandgeschäften sind nicht immer alle Einträge getilgt. Eine Zuordnung der Pfandgeschäfte zu den Einträgen in den Schuldenlisten ist nicht erkennbar, lässt sich aber mit einigem Aufwand durch Abgleich der Forderungen mit den Pfandsummen vornehmen. Aufgrund der Fülle der Schuldbeträge und Pfandnotizen können hier nur einige Beispiele näher beleuchtet werden.

Die größten Forderungen waren mit Herrschaftspfändern verbunden. Herzogin Eufemia erhielt für 9.000 Mark Berner Heiratsgut die Gerichte Sarnthein (Sterzing), Stein am Ritten, Kastelruth und Marling mit jährlichen Einkünften von

63 Bittmann 1991, S. 116–123; Lackner 1999, S. 189–203; ders. 2013, S. 38–48; Razim 2022, S. 79, 83.

900 Mark zur Ewigsatzung.[64] Ihr Kapital war also ebenso mit 10 Prozent jährlichen Zinsen angelegt wie jenes ihrer Schwägerin Adelheid, die für ihre 5.000 Mark Berner 500 Mark aus den Gerichten Sterzing und Gufidaun erhalten sollte.[65] Die Verpfändung Ehrenbergs an den Kirchberger ist nicht eingetragen. Dafür erhielt der Graf zahlreiche Güter bei Imst, St. Petersberg, Innsbruck, Mühlbach und im Wipptal mit jährlichen Einkünften von insgesamt 260 Mark Bernern. Ob es sich um Tot- oder Ewigsatzung handelte, ist unklar. Die minutiöse Auflistung jedes Hofes und die Streichung sämtlicher Einträge sprächen für Totsatzung. Das Verhältnis zwischen Pfandsumme und Erträgen liegt meist bei 1 : 10, woraus sich eine Schuld von 2.600 Mark ergäbe. Mit den 3.000 Mark für Ehrenberg wären 5.600 Mark Berner abgedeckt. In der Schuldenliste sind beim Kirchberger 5.000 Mark angegeben.[66] Einfacher liegt die Sache bei Konrad von Aufenstein: Ihm war das Gericht Ulten mit 205 Mark p. a. für 5.000 Mark Berner zur Totsatzung verpfändet.[67] Die Schuld von 3.720 Mark Bernern bei Burghard Wadler wurde teils in Geld (910 Mark) und Wein (1,5 Fuder), teils über die Haller Saline beglichen, deren Pachtschilling zur Schuldentilgung dienen sollte. In die Landpfleger-Codices sind nur die Geld- und Weinüberweisungen eingetragen.[68] Seifried von Rottenburg erhielt für 2.400 Mark Berner Rattenberg und Cembra zur Totsatzung.[69] Ebenfalls zur Totsatzung wurden ihm für 500 Mark Berner Vogteien mit 50 Mark p. a. übertragen.[70]

Doch nicht nur die größten Schuldsummen, sondern auch kleinere Beträge wurden über Pfandgeschäfte getilgt. Die Rückzahlung von 150 Mark Bernern an das Tiroler Hauskloster Stams ist ebenso sorgfältig dokumentiert wie jene beim Kirchberger: Sämtliche zur Totsatzung verpfändeten Güter wurden genauestens erfasst.[71] Mit Vorliebe zur Ratenzahlung eingesetzt wurden Weinabgaben: Rendlin und Heinrich von Spaur sollten etwa für eine Schuld von 40 Mark Bernern jährlich

---

64 HHStA Blau 123, fol. 31r, 50v; TLA 105, fol. 8r, 32v; Ein spätmittelalterliches Pfandverzeichnis (1309–1312) der Tiroler Landesfürsten, S. 174, 178, 189 f., Nr. 17; Hörmann-Thurn und Taxis 2013, S. 140 f.; dies. 2016, S. 258 f.

65 HHStA Blau 123, fol. 50v; TLA 105, fol. 32v. Im Tiroler Kanzleibuch König Heinrichs von Böhmen aus den Jahren 1312–1320, S. 30 f., Nr. 4, sind es 5.200 Mark/520 Mark p. a. Siehe Hörmann-Thurn und Taxis 2016, S. 260; dies. 2013, S. 141 f.

66 HHStA Blau 123, fol. 50v; TLA 105, fol. 22r–26r, 30v, 33r–33v.

67 HHStA Blau 123, fol. 50r; TLA 105, fol. 11r; Das älteste Tiroler Kanzleiregister, Nr. 63, 76; Razim 2022, S. 88 f.

68 HHStA Blau 123, fol. 48v; TLA 105, fol. 69r–69v; Bastian 1931, S. 35–65; Palme 1983, S. 74–78.

69 HHStA Blau 123, fol. 31v, 46r; TLA 105, fol. 8v; Das älteste Tiroler Kanzleiregister, S. 122 f., Nr. 94; Ein spätmittelalterliches Pfandverzeichnis (1309–1312) der Tiroler Landesfürsten, S. 175, 194, Nr. 25.

70 HHStA Blau 123, fol. 48v; TLA 105, fol. 36r.

71 HHStA Blau 123, fol. 20r–21v, 50v; TLA 105, fol. 17r–18r, 31r, 32v, 34r, 41r, 91v.

vier Fuder Zinswein vom alten Huberhof in Algund erhalten.[72] Purlip bekam für eine Schuld von 25 Mark Bernern, 4 Mark Einkünfte aus dem Bozner Brückenzoll zur Ewigsatzung.[73] Hermann von Thuins erhielt für seinen Kriegsdienst 24 Mark Berner, für die ihm ein Hof zur Totsatzung verpfändet wurde.[74]

Die Reihe der PfandnehmerInnen, die aus Adel, Klerus, Stadt- und Landbevölkerung stammten, denen große und kleine Summen geschuldet wurden, ließe sich lange fortsetzen, zumal sich die überwiegende Mehrheit der in den Schuldenlisten verzeichneten Einträge mit Pfandgeschäften in Verbindung bringen lässt. Auffällig ist, dass die Totsatzung relativ häufig vorkommt.[75] Diese zinslose, zum Schuldenabbau bestens geeignete Form der Verpfändung zu forcieren hatte der Fürst seinen Landpflegern schon bei ihrer Einsetzung im April 1312 aufgetragen.[76]

4 Fazit

Die beiden Sammelhandschriften, Handschrift 105 des Tiroler Landesarchivs und Handschrift Blau 123 des Haus-, Hof- und Staatsarchivs Wien, vermitteln, insbesondere wenn man sie zusammen mit Kanzlei- und Rechnungsbüchern betrachtet, ungewöhnlich umfassende Einblicke in den Schuldenstand Heinrichs von Kärnten-Tirol. Sie zeugen zudem davon, wie die zehn ab 1312 in der Expertenkommission eingesetzten Landpfleger versuchten, die Schulden ihres Auftraggebers abzubauen.

Die Auswertung dieses Quellenkomplexes ist aufwendig, denn viele Zusammenhänge erschließen sich nicht direkt. Die vier in Handschrift Blau 123 enthaltenen Schuldenlisten, von denen hier ausgegangen wurde, enthalten nur die Namen und bestenfalls die Forderungen von GläubigerInnen des Fürsten. Warum die Kredite aufgenommen und wie sie zurückgezahlt wurden, geht aus diesen Aufstellungen nicht hervor. Sie scheinen primär zur Dokumentation eines Status quo, zur Feststellung der Gesamtschuld angelegt worden zu sein. Für die Datierung um 1315 spricht, dass das Heiratsgut der 1313 verstorbenen Königin Anna nicht enthalten ist, während jenes ihrer Nachfolgerin aufscheint. Zudem enthalten die Listen Schulden, die mit der Unterstützung Friedrichs des Schönen 1314/15 zusammenhängen.

72 HHStA Blau 123, fol. 47r; TLA 105, fol. 28v; Das älteste Tiroler Kanzleiregister, S. 146, Nr. 124.

73 HHStA Blau, fol. 30v, 46r; TLA 105, fol. 8r; Das älteste Tiroler Kanzleiregister, S. 97, Nr. 65; Ein spätmittelalterliches Pfandverzeichnis (1309–1312) der Tiroler Landesfürsten, S. 174, 189, Nr. 15.

74 HHStA Blau, fol. 24r, 47r; TLA 105, fol. 26r.

75 Das stellte auch Razim 2022, S. 83f., fest.

76 Heuberger 1912, S. 283, Nr. I.

Das Gros der übrigen Einträge in den beiden Handschriften betrifft Schuldenrückzahlungen sowie Pfandgeschäfte aus der Zeit zwischen 1306 und 1317. Im Fokus stehen also Schulden, die Herzog Heinrich und sein Bruder Otto († 1310) nebst Gemahlinnen seit dem Tod ihres Bruders Ludwig († 1305) und dem Beginn des ‚Böhmischen Abenteuers' 1306 angehäuft hatten. Damit sind die Hauptgründe für den exorbitanten Schuldenstand von rund 67.000 Mark Bernern (268.000 fl.) angesprochen, dem Tiroler Jahreseinkünfte von 4.200 Mark (16.800 fl.) gegenüberstehen. Heiratsverbindungen, Kriege und Herrschaftsausbau, etwa der Ankauf des Tauferer Erbes, waren für einen erheblichen Teil der Schulden verantwortlich.

Den Löwenanteil der Forderungen hielt das engste Umfeld des Fürsten, nämlich seine Schwägerin Eufemia, seine Gattin Adelheid, die Räte Konrad von Aufenstein und Seifried von Rottenburg sowie der Landpfleger Jakob von Florenz. Als Außenstehende schafften es nur Graf Konrad von Kirchberg, der den Kaufpreis für die Tauferer Güter erhielt, und der Münchner Kaufmann Burghard Wadler in die erste Reihe der GläubigerInnen. Die Hälfte aller Schulden lässt sich den acht größten GläubigerInnen zuordnen, allen voran den Herzoginnen (22 Prozent). Der Fürst war also weniger (direkt) von oberdeutschem oder italienischem Kapital abhängig als von jenem seiner Familie und seiner Berater. Herrschernähe oder Reichtum waren aber keine Grundvoraussetzungen, um Gläubiger des Fürsten zu werden. Ein Platz in den Schuldnerlisten war schon für einen Kredit von fünf Mark Bernern oder eine unbekannte Summe zu haben. Das Kreditnetzwerk erstreckte sich bis nach Prag, München, Augsburg, Regensburg, Passau, Verona und Florenz. Die Mehrheit der GläubigerInnen stammte aber aus dem ländlichen und urbanen Tiroler Raum, aus Klerus, Adel und Bürgertum, aber ebenso aus einfachen Verhältnissen.

Das Landpflegerkollegium war ähnlich divers zusammengesetzt wie die Gläubigerschaft. Seine Mitglieder einten ihre Erfahrung im Verwaltungsdienst und der Auftrag, den Schuldenberg des Fürsten abzutragen. Um dieses Ziel zu erreichen, setzten die *provisores terrae* ein, was an ordentlichen und außerordentlichen Einkünften, an Gütern und Rechten zur Verfügung stand. Die Schuldentilgung erfolgte einerseits direkt durch die Überweisung von Geld und Wein, andererseits durch Verpfändung von Einnahmequellen, wobei die Totsatzung von Fürst und Pflegern präferiert wurde.

Aus den Quellen geht auch hervor, dass die Pfleger selbst wichtige Gläubiger des Fürsten waren oder wurden. Bis auf Dompropst Friedrich, der wohl primär für die Verschriftlichung der Schuldenverwaltung zuständig war, tauchen alle *provisores* in den Gläubigerlisten auf und hielten zusammen Forderungen von 6.000 Mark Bernern.[77] Die Schulden bei den Pflegern resultierten zumindest

77 U. Rubeiner (185,9 Mark Berner mit G. v. Enn), U. v. Hörtenberg (214), W. v. Tabland (231,2), G. v. Enn (469/535), H. Hirschberger (493), U. v. Coredo (539), K. Helbling (600), K. Jäger (624,8),

teilweise aus Umschuldungsprozessen. Einige Pfleger hatten eigene Mittel zur Rückzahlung fürstlicher Verbindlichkeiten vorgestreckt. Aus ihrer Landpflegerzeit stammende Forderungen machten Heinrich Hirschberger und Ulrich von Hörtenberg noch 1318 geltend.[78] Der Pfleger Konrad Helbling hingegen erklärte seinem Fürsten die Fehde. Auslöser war vielleicht, dass Helbling 1317 uneinbringliche Einkünfte aus der überschuldeten Saline versprochen wurden. Er schwor erst 1319, nachdem er Pfandschaften erhalten hatte, Urfehde.[79] Da aus den folgenden Jahrzehnten keine Finanzkrisen bekannt sind, könnte angenommen werden, dass die *provisores* zumindest eine Entspannung der finanziellen Situation erreichten. Schuldenfrei waren Heinrich von Kärnten-Tirol und seine Nachfolger jedenfalls nicht, wie die Vielzahl an nach der Landpflegerzeit geschlossenen Pfandgeschäften bezeugt.[80]

Um einschätzen zu können, wie erfolgreich die Landpfleger beim Schuldenabbau waren, sind intensivere Forschungen notwendig. Entsprechende Quellen wären vorhanden. Ihre Auswertung ist zwar herausfordernd, aber auch lohnend. Die Überlieferung zeugt nämlich von komplexen administrativen Leistungen, von paralleler Nutzung unterschiedlicher pragmatischer Schriftquellen, vielfältigen Kreditbeziehungen und komplexen Strategien zur Schuldenreduktion, vom Denken und Handeln spätmittelalterlicher Finanzexperten, von Beziehungen zwischen Herrschenden und Untergebenen sowie von gegenseitiger Abhängigkeit und Partizipation.

Literaturverzeichnis

Quellen

Allgemeines Gesetz und Verzeichnis über die außerordentlichen Steuern in der Grafschaft Tirol von 1311 bis 1315. In: Otto Stolz (Hg.): Quellen zur Steuer-, Bevölkerungs- und Sippengeschichte des Landes Tirol im 13., 14. und 15. Jahrhundert (Schlern-Schriften 44). Innsbruck 1939, S. 93–103.

BayHStA ASLT = München, Bayerisches Hauptstaatsarchiv: Auswärtige Staaten Literalien Tirol 3, 4, 6 und 11.

Das älteste Tiroler Kanzleiregister 1308–1315. Hrsg. v. Alois Zauner (Fontes Rerum

H. Groppier (687), H. v. Schenna (904), J. v. Florenz (1.020). HHStA Blau 123, fol. 46r–47v, 48v, 49r, 50r–50v.

78 Ein Tiroler Kanzleibuch König Heinrichs von Böhmen aus den Jahren 1312–1320, S. 160 f., Nr. 96; S. 163, Nr. 98.

79 Ebd., S. 117 f., Nr. 65; S. 193 f., Nr. 117; S. 202 f., Nr. 123.

80 Siehe Brandstätter 1985, Razim 2022 und Die Kanzleiregister König Heinrichs von Böhmen aus den Jahren 1325 bis 1330 und 1327 bis 1330.

Austriacarum. Österreichische Geschichtsquellen, zweite Abteilung Diplomata et Acta 78). Wien 1967.

Ausgewählte Urkunden zur Verfassungsgeschichte der deutsch-österreichischen Erblande im Mittelalter. Hrsg. v. Ernst v. Schwind u. Alphons Dopsch. Innsbruck 1859.

HHStA = Wien, Haus-, Hof- und Staatsarchiv: Handschrift Blau 123, Handschrift Rot 50 und Handschrift Rot 51.

Die Kanzleiregister König Heinrichs von Böhmen aus den Jahren 1325 bis 1330 und 1327 bis 1330. Hrsg. v. Eduard Widmoser. Staatsprüfungsarbeit, Institut für Österreichische Geschichtsforschung. Wien 1950.

Regesten aus tirolischen Urkunden 2. Hrsg. v. Justinian Ladurner. In: Archiv für Geschichte und Alterthumskunde Tirols 2 (1865), S. 379–416.

Ein spätmittelalterliches Pfandverzeichnis (1309–1312) der Tiroler Landesfürsten. Edition und Kommentar. Hrsg. v. Julia Hörmann-Thurn und Taxis. In: Johannes Gießauf, Rainer Murauer u. Martin P. Schennach (Hgg.): Päpste, Privilegien, Provinzen. Beiträge zur Kirchen-, Rechts- und Landesgeschichte. Wien, München 2010, S. 156–195.

Ein Tiroler Kanzleibuch König Heinrichs von Böhmen aus den Jahren 1312–1320. Hrsg. v. Wilhelm Szaivert. Diss. Wien 1951.

TLA = Innsbruck, Tiroler Landesarchiv: Handschrift 18, Handschrift 105 und Handschrift 286.

Forschungsliteratur

Bastian, Franz: Oberdeutsche Kaufleute in den ältesten Tiroler Raitbüchern (1288–1370). Rechnungen und Rechnungsauszüge samt Einleitungen und Kaufmannsregister (Schriftenreihe zur bayrischen Landesgeschichte 10). München 1931.

Becher, Matthias: Die Krönung Friedrichs des Schönen in Bonn. Einordnung und Bedeutung. In: Matthias Becher u. Harald Wolter-von dem Knesebeck (Hgg.): Die Königserhebung Friedrichs des Schönen im Jahr 1314. Wien 2017, S. 11–25.

Bitschnau, Martin: Burg und Adel in Tirol zwischen 1050 und 1300. Grundlagen zu ihrer Erforschung (Sitzungsberichte. Akademie der Wissenschaften in Wien, Philosophisch-Historische Klasse 403). Wien 1983.

Bittmann, Markus: Kreditwirtschaft und Finanzierungsmethoden. Studien zu den wirtschaftlichen Verhältnissen des Adels im westlichen Bodenseeraum 1300–1500 (Vierteljahrschrift für Sozial- und Wirtschaftsgeschichte. Beihefte 99). Stuttgart 1991.

Böhm, Constantin: Die Handschriften des kaiserlichen und königlichen Haus-, Hof- und Staatsarchivs. Wien 1873.

Brandstätter, Klaus: Die Verpfändung landesfürstlicher Gerichte in Tirol im späten Mittelalter. Hausarbeit. Innsbruck 1985.

Dalmatiner, Klaus: Heinrich VI. Herzog von Kärnten, Graf von Tirol und Titularkönig von Böhmen und Polen (1270–1335). Diss. Klagenfurt 1996.

Davidsohn, Robert: Beiträge zur Geschichte des Reiches und Oberitaliens aus den Tiroler Rechnungsbüchern des Münchner Reichsarchivs (1311/12–1341). In: Mitteilungen des Instituts für Österreichische Geschichtsforschung 37 (1917), S. 189–233, 364–410.

Fräss-Ehrfeld, Claudia: Geschichte Kärntens 1. Das Mittelalter. Klagenfurt 1984.

Gasser, Fritz: König Heinrich von Böhmen. Versuch einer Charakteristik seines Wirkens und seiner Persönlichkeit. Diss. Innsbruck 1950.

Heuberger, Richard: Zur Einsetzung der zehn Landpfleger 1312. In: Zeitschrift des Ferdinandeums für Tirol und Vorarlberg 56 (1912), S. 263–284.

Heuberger, Richard: Die älteren landesfürstlichen Vicedominate in Tirol und die Anfänge der Hauptmannschaft an der Etsch. In: Forschungen und Mitteilungen zur Geschichte Tirols und Vorarlbergs 11 (1914), S. 66–74, 123–138.

Heuberger, Richard: Das Urkunden- und Kanzleiwesen der Grafen von Tirol, Herzoge von Kärnten, aus dem Hause Görz. In: Mitteilungen des Instituts für Österreichische Geschichtsforschung 9 (1915), S. 51–177, 265–394.

Hörmann-Thurn und Taxis, Julia: Das älteste Tiroler Lehenbuch von 1336. In: Tiroler Heimat 59 (1995), S. 67–100.

Hörmann-Thurn und Taxis, Julia: Pro dote sua et pro donacione dicta morgengab. Burgen als Teil der Witwenversorgung Tiroler Landesfürstinnen. In: Südtiroler Burgeninstitut (Hg.): Burgen Perspektiven. 50 Jahre Südtiroler Burgeninstitut 1963–2013 (Arx Schriftenreihe 4). Innsbruck 2013, S. 137–163.

Hörmann-Thurn und Taxis, Julia: Angepasst oder selbstbestimmt? Zur Sozial- und Kulturgeschichte spätmittelalterlicher Fürstinnen im Herzogtum Österreich und in der Grafschaft Tirol im 13. und 14. Jahrhundert. Habilitationsschrift. Innsbruck 2016.

Hye, Franz-Heinz: Geschichte der tirolisch-kärntnerischen Kanzlei unter der Regierung der Herzoge Otto, Ludwig und Heinrich aus dem Hause Görz-Tirol 1295–1310. Staatsprüfungsarbeit, Institut für Österreichische Geschichtsforschung. Wien 1965.

Kogler, Ferdinand: Das landesfürstliche Steuerwesen in Tirol bis zum Ausgang des Mittelalters 1. Die ordentlichen landesfürstlichen Steuern. In: Archiv für österreichische Geschichte 90 (1901), S. 419–712.

Lackner, Christian: Die landesfürstlichen Pfandschaften in Österreich unter der Enns im 13. und 14. Jahrhundert. In: Willibald Rosner (Hg.): Österreich im Mittelalter. Bausteine zu einer revidierten Gesamtdarstellung (Studien und Forschungen aus dem Niederösterreichischen Institut für Landeskunde 26). St. Pölten 1999, S. 187–204.

Lackner, Christian: Hof und Herrschaft. Rat, Kanzlei und Regierung der österreichischen Herzöge (1365–1406) (Mitteilungen des Instituts für Österreichische Geschichtsforschung. Ergänzungsband 41). Wien 2002.

Lackner, Christian: Zwischen herrschaftlicher Gestaltung und regionaler Anpassung. Pfandschaften, Ämterkauf und Formen der Kapitalisierung in der Verwaltung der spätmittelalterlichen habsburgischen Länder Österreich und Steiermark. In: Simon Teuscher, Thomas Zotz u. Jeanette Rauschert (Hgg.): Habsburger Herrschaft vor Ort – weltweit (1300–1600). Ostfildern 2013, S. 35–48.

Ladurner, Justinian: Euphemia, Herzogin von Kärnthen, Gräfin von Tirol. In: Archiv für Geschichte und Alterthumskunde Tirols 1 (1864), S. 107–139.

Mersiowsky, Mark: Der Weg zum Übergang Tirols an Österreich 1363. Anmerkungen zur Politik im 14. Jahrhundert. In: Ders. u. Christoph Haidacher (Hgg.): 1363–2013. 650 Jahre Tirol mit Österreich (Veröffentlichungen des

Tiroler Landesarchivs 20). Innsbruck 2015, S. 9–54.

Palme, Rudolf: Rechts-, Wirtschafts- und Sozialgeschichte der inneralpinen Salzwerke bis zu deren Monopolisierung (Rechtshistorische Reihe 25). Frankfurt a. M. 1983.

Palme-Comploy, Waltraud u. Rudolf Palme: Ehrenberg. In: Oswald Trapp u. Magdalena Hörmann-Weingartner (Hgg.): Tiroler Burgenbuch 7. Oberinntal und Außerfern. Bozen, Innsbruck, Wien 1986, S. 269–306.

Razim, Jakub: Čechy, Korutany a Tyroly pod vládou Jindricha Korutanského. Diss. Prag 2014.

Razim, Jakub: Panovnická rada Jindřicha Korutanského. In: Mediaevalia Historica Bohemica 22 (2019), S. 21–72.

Razim, Jakub: Das Pfand in der Herrschaftspraxis Heinrichs von Kärnten. Die Innsbrucker Handschrift IC 18 in rechtshistorischer Perspektive. In: Beiträge zur Rechtsgeschichte Österreichs 12 (2022), S. 79–95.

Riedmann, Josef: Die Beziehungen der Grafen und Landesfürsten von Tirol zu Italien bis zum Jahre 1335 (Sitzungsberichte. Akademie der Wissenschaften in Wien, Philosophisch-Historische Klasse 307). Wien 1977.

Riedmann, Josef: Adelige Sachkultur Tirols in der Zeit von 1290 bis 1330. In: Harry Kühnel (Hg.): Adelige Sachkultur des Spätmittelalters (Veröffentlichungen des Instituts für Mittelalterliche Realienkunde Österreichs 5. Sitzungsberichte. Akademie der Wissenschaften in Wien, Philosophisch-Historische Klasse 4). Wien 1982, S. 105–131.

Riedmann, Josef: Das Mittelalter. In: Josef Fontana u. a. (Hgg.): Geschichte des Landes Tirol 1. Von den Anfängen bis 1490. Bozen, Innsbruck, Wien 1990, S. 291–698.

Riedmann, Josef: Verso l'egemonia tirolese (1256–1310). In: Andrea Castagnetti u. Gian M. Varanini (Hgg.): Storia del Trentino 3. L'etá medievale. Bologna 2004, S. 255–343.

Stolz, Otto: Politisch-historische Landesbeschreibung von Tirol 1. Nordtirol (Archiv für österreichische Geschichte 107). Wien, Leipzig 1926.

Stolz, Otto: Der geschichtliche Inhalt der Rechnungsbücher der Tiroler Landesfürsten von 1288–1350 (Schlern-Schriften 175). Innsbruck 1957.

Stolz, Otto: Geschichte der Verwaltung Tirols. Für den Druck vorbereitet von Dietrich Thaler (Forschungen zur Rechts- und Kulturgeschichte 13). Innsbruck 1998.

Thaler, Lienhard: Wertewandel im spätmittelalterlichen Tirol. Maßeinheiten, Münzgewicht, Wechselkurse und Preise zwischen 1290 und 1500. In: Geschichte und Region/Storia e Regione 29 (2020), S. 38–61.

Wiesflecker, Hermann: Meinhard der Zweite. Tirol, Kärnten und ihre Nachbarländer am Ende des 13. Jahrhunderts (Schlern-Schriften 124). Innsbruck 1955.

Eveline Brugger

All unser brief und register
Zur Dokumentation jüdisch-christlicher Kreditgeschäfte im Vorfeld der Wiener Gesera

Abstract From the late 14th century onwards, official records on Jewish loans became more common in Austria, supplementing the previously dominant debt instruments. This paper compares the practical handling of both types of documentation and analyses the correlation between them. A debt instrument had inherent value as the physical pledge of a debt, while official documentation was primarily used out of an increased need for security. The shift towards official documentation removed a previously existing level of interaction between Jewish and Christian business partners; however, sources do not indicate significant changes in Jewish-Christian credit transactions or increased differences to those between Christians.

Keywords Jewish Credit Business; Jewish-Christian Interaction; Debt Instruments; Urban Administration; Medieval Austria

Im Kontext christlich-jüdischer Interaktion im Mittelalter[1] stellte das Kreditgeschäft einen Bereich mit hohem Konfliktpotential dar.[2] In Hinblick auf die

Kontakt

PD Dr. Eveline Brugger MAS,
Institut für jüdische Geschichte Österreichs,
Dr. Karl Renner-Promenade 22,
A-3100 St. Pölten,
eveline.brugger@injoest.ac.at
https://orcid.org/0000-0002-1776-3448

1 Dieser Beitrag basiert auf Forschungsergebnissen aus dem vom österreichischen Forschungsfonds (FWF) finanzierten Projekt ‚Regesten zur Geschichte der Juden in Ostösterreich 1419–1437' (P 32395) und den Vorgängerprojekten P 28609, P 24404, P 21236, P 18453 und P 15638.

2 Eine Übersicht über die umfangreiche Forschungsliteratur zum jüdischen Kreditgeschäft kann an dieser Stelle aus Platzgründen nicht geboten werden. Für Österreich vgl. den Überblick bei Brugger 2013, S. 154–166.

Eveline Brugger: *All unser brief und register*. Zur Dokumentation jüdisch-christlicher Kreditgeschäfte im Vorfeld der Wiener Gesera. In: Das Mittelalter 2022, 27(2), 327–346. Heidelberg: Heidelberg University Publishing.
DOI: https://doi.org/10.17885/heiup.mial.2022.2.24661

jüdische Geschichte des Herzogtums Österreich verdient dieses Thema daher im Vorfeld der als ‚Wiener Gesera'[3] bekannten Verfolgung, in der Herzog Albrecht V. 1420/21 die jüdische Ansiedlung in seinem Herzogtum gewaltsam beendete, besonderes Augenmerk. Der Stand der Quellenerschließung[4] erlaubt es mittlerweile, die Belege jüdisch-christlicher Kreditgeschäfte aus der Zeit vor der Gesera mit denen der vorangegangenen Jahrzehnte zu vergleichen und auf signifikante Veränderungen hin zu untersuchen.

In keinem anderen Zusammenhang sind christlich-jüdische Kontakte so umfangreich schriftlich dokumentiert wie im Rahmen von Darlehensgeschäften.[5] Die lange Dominanz der urkundlichen Dokumentation in Österreich bedeutet allerdings, dass die Überlieferungslage den Verzerrungsfaktoren unterliegt, die dieser vergleichsweise aufwendigen Art der Verschriftlichung inhärent sind.[6] Höhere Darlehen wurden eher beurkundet als niedrige, weshalb die Vertreter der wirtschaftlichen und sozialen Eliten auf christlicher wie jüdischer Seite in den Urkunden überrepräsentiert sind, auch wenn sich dieses Verhältnis im Lauf des 14. Jahrhunderts zu verschieben begann.[7] Im Gegensatz dazu lässt sich die Vergabe kleiner Alltagskredite gegen Faustpfänder, die den Großteil der jüdischen Geldleihe ausgemacht haben dürfte, meist nur indirekt über entsprechende rechtliche Regelungen, manchmal auch durch Streitfälle oder Beschwerden, quellenmäßig fassen. Ihr Umfang ist daher schwer abschätzbar, woran auch das Aufkommen anderer Dokumentationsarten wenig änderte.[8]

1 Neue Arten der Dokumentation

Trotz der ungebrochenen Bedeutung der Urkunden kommt in Österreich im städtischen Bereich ab dem letzten Drittel des 14. Jahrhunderts verstärkt die Dokumentation von Kreditgeschäften in seriellen Quellen hinzu. Eine umfassende

---

3 Zur Gesera allgemein Lohrmann 1990, S. 298–309; ders. 2000, S. 155–173; Brugger 2013, S. 221–224; dies. 2020; mit zu hinterfragender Reduktion auf wirtschaftliche Motive Elbel u. Ziegler 2016.

4 Brugger u. Wiedl 2005; dies. 2010; dies. 2015; dies. 2018; künftig dies. 2022.

5 Wiedl 2015, S. 437–453.

6 Brugger 2015, S. 423 f.

7 Lohrmann 1990, S. 79; Brugger 2019, S. 22.

8 Shatzmiller 2013, S. 10–13. Die Bedeutung des Geldverleihs auf Faustpfänder zeigt sich in Österreich schon im Judenprivileg Herzog Friedrichs II. von 1244: Zwölf der insgesamt 31 Bestimmungen beziehen sich auf das Kreditgeschäft, davon zehn auf die Pfandleihe. Brugger u. Wiedl 2005, S. 35 f., Nr. 25; Brugger 2013, S. 154–156. Zu Beschwerden führte vor allem das Marktschutzrecht; vgl. Brugger u. Wiedl 2005, S. 232, Nr. 929; Wiedl 2018, S. 67 f.; Doron 2021, S. 358 f.

Aufarbeitung dieses umfangreichen Quellencorpus ist ein Forschungsdesiderat,[9] doch sind zumindest für Wien Teile des Materials in Hinblick auf jüdische Betreffe untersucht. Schon 1931 legten Rudolf Geyer und Leopold Sailer eine Quellensammlung vor, die Material aus 24 Wiener Satz-, Dienst- und Gewerbüchern sowie Urbaren umfasst. Dabei handelt es sich meist nicht um Urkundenabschriften, sondern um direkte Einträge von jüdischen Darlehensgeschäften ins jeweilige Buch, auch wenn manchmal eine Urkunde als Vorlage gedient haben dürfte.[10] Die datierten Einträge setzen 1381 ein und beziehen sich vor allem auf die Verpfändung von Liegenschaften.

Dass solche Bucheinträge im Wiener Umfeld gängig wurden, zeigt auch deren zunehmende Erwähnung in Urkunden. Die früheste urkundliche Nennung eines Wiener Stadtbucheintrages in indirektem Zusammenhang mit einem Judendarlehen stammt aus dem Jahr 1366,[11] der Eintrag einer konkreten Verpfändung an einen Juden ins Grundbuch wird erstmals 1378 in einer Urkunde erwähnt.[12] Ab den 70er Jahren finden sich in den Weinbaugebieten um Wien zudem vermehrt Hinweise auf Einträge ins Bergregister, die die Verpfändung von Weingärten an jüdische Kreditgeber betrafen.[13]

Die früheste Erwähnung eines Bucheintrages mit jüdischen Bezügen in (bzw. eigentlich auf) einer Urkunde aus Österreich, die nicht im Wiener Raum entstand, stammt erst aus dem Jahr 1401: Eine Urkunde aus dem Archiv des Stifts Waldhausen, die die Stiftung eines Weingartens betrifft und keine Juden erwähnt, trägt auf der Plica (dem umgeschlagenen unteren Rand) einen hebräischen Vermerk über eine zu Weihnachten 1402 fällige Schuld „auf die Notiz im unreinen (*passul*) Buch".[14] Das

---

9 Zu den Ursachen Wiedl 2014, S. 142 f.

10 Geyer u. Sailer 1931. Vollständige Urkundenabschriften finden sich vor allem in den Satzbüchern des Schottenstifts; vgl. z. B. ebd., S. 11 f., Nr. 39; S. 14 f., Nr. 45; S. 16 f., Nr. 47. Zur Problematik der Abgrenzung zwischen urkundlichen und seriellen Quellen Wiedl 2014, S. 133 f.

11 Weichard Enzersdorfer verkauft ein Haus in Wien, das vom Vorbesitzer an Juden verpfändet und von Weichard ausgelöst worden war, wie vor dem Rat mit Zeugen erwiesen und im Stadtbuch festgehalten ist. Brugger u. Wiedl 2015, S. 25 f., Nr. 1170.

12 Nikolaus Dratlauf pfändet ein Ehepaar, das ihm 33 Pfund Wiener Pfennig schuldet, auf ihr Haus in Wien, das sich bereits im Pfandbesitz des Juden Hetschel aus Herzogenburg befindet, *als der stat gruntpuech ze Wienn sagt.* Wien, Stadt- und Landesarchiv, H.A.-Uk. Nr. 927; Brugger u. Wiedl 2018, S. 250, Nr. 1557.

13 Die früheste Nennung stammt aus einer Gerichtsurkunde, die der Amtmann des Stifts Klosterneuburg 1377 bezüglich eines Weingartens in Ottakring ausstellte, den der Besitzer an den Juden Isserlein aus Ödenburg versetzt hatte, wie im Bergregister verzeichnet war. Brugger u. Wiedl 2015, S. 175 f., Nr. 1424.

14 Brugger u. Wiedl 2018, S. 243, Nr. 2232 (Übersetzung: Andreas Lehnertz). Es ist nicht erkennbar, wie der Vermerk mit dem Inhalt der Urkunde zusammenhängt, in der der Weingarten ausdrücklich als unbelastet bezeichnet wird. Falls er nicht versehentlich auf die Urkunde

Wort *passul* findet sich in hebräischen Vermerken häufig als polemische Bezeichnung für die christliche Urkunde,[15] wurde hier aber für ein christliches Buch – wohl ein Satzbuch, also ein Hypothekenverzeichnis – verwendet.

Derartige Einträge konnten als zusätzliche Absicherung beurkundeter Geschäfte dienen oder für sich allein einen Geschäftsabschluss dokumentieren, wobei beide Arten der Dokumentation als gleichwertig betrachtet worden sein dürften. Vor allem in Gerichtsurkunden werden sowohl *briefe*, also Urkunden, als auch *register* in der Aufzählung der Belege eines Geschäfts gleichberechtigt nebeneinandergestellt. Ein spezieller Fokus auf jüdische Kreditgeschäfte ist dabei nicht erkennbar, vielmehr finden sich solche Nennungen auch regelmäßig in Abschlüssen zwischen Christen. Das Zitat im Titel dieses Beitrags stammt aus einer Verkaufsurkunde aus Krems wegen Schulden bei Christen und Juden; wie üblich wurde darin auch die Übergabe aller zu den verkauften Liegenschaften gehörenden Dokumente, und zwar ausdrücklich *brief und register*, an die Käufer beurkundet.[16]

2 Judenbücher

Zu solchen ‚allgemeinen' Büchern, in denen Judenbetreffe nur einen Teil der Einträge ausmachten, kamen spezielle Judenbücher, die neben der Absicherung der Beteiligten vor allem der obrigkeitlichen Kontrolle jüdischer Kreditgeschäfte dienen sollten.[17] Schon 1340 hatte Herzog Albrecht II. in Österreich die Anlage eines solchen Verzeichnisses befohlen.[18] Wie genau dies umgesetzt wurde, lässt sich nicht mehr feststellen, denn das Buch ging spätestens im frühen 19. Jahrhundert verloren; überliefert ist immerhin dessen Beschreibung als *ain gar praits puech in gelb pergamen gepunden* im sogenannten Putsch-Register aus dem 16. Jahrhundert.[19] Lediglich die lateinische Einleitung ist in einer neuzeitlichen Abschrift erhalten. Laut dieser habe der Herzog zur Vermeidung künftiger Schäden, wie sie *ex infamia gravi Judeorum* häufig durch die Fälschung von Siegeln und Urkunden verursacht worden seien, eine Lösung im Interesse seiner christlichen und jüdischen Getreuen gefunden, indem er zwei öffentliche Notare beauftragte, alle den Juden versetzten Schuldbriefe in einem von ihnen angelegten Register aufzuschreiben. Noch drastischer wird die theologisch untermauerte Rhetorik in

kam, ist eine Verpfändung des Weingartens zu vermuten, bei der die Stiftungsurkunde dem Gläubiger als Sicherheit übergeben wurde.

15 Keil 2017, S. 362 f.

16 Herzogenburg, Stiftsarchiv, H.n. 342; Brugger u. Wiedl 2018, S. 58, Nr. 1935.

17 Zur Definition Peter 2007, S. 309, 316 f.

18 Lohrmann 1990, S. 157 f.; Haverkamp 2014, S. 13–34; Brugger 2015, S. 429 f.; dies. 2019, S. 26 f.

19 Stowasser 1922, S. 111.

dem anschließenden Gebet, das Christus und Maria um Schutz vor den jüdischen Übeltaten anruft.[20]

Derartig judenfeindliche Diskurse finden sich im Umfeld Herzog Albrechts II. sonst nicht, im Gegenteil: Albrecht wurde aufgrund seines energischen Judenschutzes gerade von geistlicher Seite scharf kritisiert.[21] Alfred Haverkamp nimmt deshalb an, dass der Herzog unter dem Eindruck vorangegangener antijüdischer Gewalttaten in Österreich, deren finanzielle Beweggründe auch von geistlichen Autoren eingeräumt wurden,[22] das Judenbuch trotz aller Rhetorik vor allem zum Schutz seiner jüdischen Untertanen anlegen ließ, um die „Gültigkeit der urkundlichen Schuldbriefe vor Gericht von der Existenz administrativer Dokumente abhängig" zu machen und damit dem Raub oder der Zerstörung von Schuldbriefen als Motiv für eine Verfolgung den Boden zu entziehen.[23]

Diese Argumentation ist in Hinblick auf die generelle Judenpolitik des Herzogs schlüssig. Haverkamps Annahme, dass es aufgrund der jüdischen Siedlungskonzentration nach der Pulkauer Verfolgung von 1338[24] zwei Notaren möglich gewesen sei, zumindest in den größten jüdischen Gemeinden sämtliche Schuldurkunden zu erfassen und dieses Verzeichnis einigermaßen aktuell zu halten,[25] erscheint hingegen zu optimistisch. Die Einleitung von 1340 enthält keine geographische Einschränkung, bezog sich also wohl auf das ganze Herzogtum. Das bestätigt auch der Vermerk im Putsch-Register, in dem Buch *seint durch verordent cristenlich notari registriert der Juden in Oesterreich hänndl und conträct mit den Cristen.*[26] Zwar lässt die Beschreibung des Codex im Putsch-Register keinen Spielraum dafür, prinzipiell an der Anlage des Judenbuchs zu zweifeln,[27] doch müsste ein so umfassendes Verzeichnis bei konsequenter Führung ab 1340 auch bald in den Urkunden selbst Erwähnung gefunden haben. Die erste urkundliche Erwähnung eines Judenbucheintrages stammt jedoch erst aus dem Jahr 1386, als der herzogliche Kammermeister in Wien die Klage des Juden Lesir auf einen Hof in Schwechat entschied, der Lesir verpfändet und *in das judenpuech verschriben* worden war.[28] Die Urkunde lässt zudem offen, in welches Judenbuch die

---

20 Wien, Haus-, Hof- und Staatsarchiv, AUR 1340 VI 4; Stowasser 1922, S. 110–112; Brugger u. Wiedl 2010, S. 19 f., Nr. 476; Haverkamp 2014, S. 15–20.

21 Lohrmann 1990, S. 144 f.; Brugger 2017, S. 126.

22 Brugger u. Wiedl 2005, S. 344 f., Nr. 450.

23 Haverkamp 2014, S. 30 f.

24 Zur Pulkauer Verfolgung vgl. Brugger u. Wiedl 2019, S. 48–50 (mit weiterer Literatur).

25 Haverkamp 2014, S. 23 f.

26 Stowasser 1922, S. 111.

27 So Lohrmann 2000, S. 76, Anm. 99.

28 Wien, Stadt- und Landesarchiv, H.A.-Uk. Nr. 1100; Brugger u. Wiedl 2015, S. 405, Nr. 1830; Wiedl 2018, S. 69.

Verpfändung eingetragen worden war, denn zu diesem Zeitpunkt dürfte bereits ein (nicht überliefertes) Wiener Judenbuch existiert haben, dessen Anfänge allerdings unklar sind. Arthur GOLDMANN, der 1936 die Nennungen eines Judenbuchs in anderen Wiener Büchern (und einigen wenigen Urkunden) zusammenstellte, bezog diese in den 1370er Jahren einsetzenden Erwähnungen sämtlich auf das Wiener Judenbuch, auch wenn nur wenige davon geographische Angaben enthalten; ausdrücklich von einem „Judenbuch zu Wien" ist in GOLDMANNS Belegen erst 1404 die Rede.[29] Allerdings ist das Wiener Judenbuch bereits 1392 erstmals in einer Gerichtsurkunde fassbar, als der Wiener Jude Effel auf einen verpfändeten Weingarten klagte: Der Eintrag im *judenpuech ze Wienn* diente gemeinsam mit der Schuldurkunde, die sich in Effels Besitz befand, als Beweismittel, wodurch der Jude den Prozess gewann.[30]

Wenn das Judenbuch von 1340 tatsächlich als Verzeichnis aller jüdischen Darlehen in Österreich konzipiert war, erwies sich dies als nicht praxistauglich. Vielmehr verlagerte sich die Umsetzung auf die städtische Ebene: Auch wenn die österreichischen Landesfürsten den Einfluss städtischer Autoritäten auf ‚ihre' Juden gering zu halten versuchten,[31] konnten die Städte dank ihres unmittelbareren administrativen Zugriffs auf die jüdischen Bewohner die Idee des Judenbuchs aufgreifen, um ein gewisses Maß an Kontrolle über das jüdische Darlehensgeschäft zu erlangen. Dass dies von den Herzögen akzeptiert werden musste, beweist eine Urkunde Albrechts III. von 1388, die den Bürgern von Bruck an der Leitha gestattete, ein Judenbuch anzulegen, in dem man sämtliche jüdische Darlehen an Christen so verzeichnen solle, wie dies in anderen Städten üblich sei.[32] Urkundlich nachweisbar sind auch Judenbücher von Krems und Klosterneuburg,[33] die allerdings ebenso wenig erhalten sind wie das Judenbuch von Bruck an der Leitha, falls es tatsächlich angelegt wurde.

3 Judenbücher in der Praxis

In Wien wurde das städtische Judenbuch vom Judenrichter geführt; sogar die Bezeichnung ‚Judenrichterbuch' ist nachzuweisen.[34] Das Amt des Judenrichters war in Österreich zwar vom Herzog etabliert worden, seine Ausübung lag aber bei der städtischen Oberschicht. Neben der Regelung jüdisch-christlicher Streitfälle

29 Goldmann 1936, S. 6–10, Nr. 1–16; Brugger u. Wiedl 2018, S. 297 f., Nr. 2318.

30 Wien, Stadt- und Landesarchiv, Bürgerspitalsurkunde Nr. 353; Brugger u. Wiedl 2018, S. 85 f., Nr. 1979.

31 Brugger 2017, S. 115–117.

32 Brugger u. Wiedl 2018, S. 26, Nr. 1886; Brugger 2019, S. 25 f.

33 Brugger u. Wiedl 2018, S. 50 f., Nr. 1924; S. 295 f., Nr. 2314.

34 Goldmann 1936, S. 6–8, Nr. 2, 4, 9.

übernahm der Judenrichter administrative Aufgaben wie die Besiegelung jüdischer Urkunden.[35] Insofern lag es nahe, ihm bzw. seinem Schreiber[36] die Führung des Judenbuchs zu überantworten, was freilich nicht bedeutet, dass dies überall der Fall war. Das 1389 begonnene Judenbuch der Scheffstraße (einer Wiener Vorstadt),[37] das sich als einziges Judenbuch aus dem Herzogtum Österreich erhalten hat, ist Teil eines kombinierten Grund- und Satzbuchs, wobei das Satzbuch neben dem Judenbuch auch ein ausdrücklich so bezeichnetes ‚Christenbuch' für christliche Darlehen umfasst. Da die Einträge im Juden- wie im Christenbuch von denselben Händen stammen und die Scheffstraße von Amtmännern der Herzogin verwaltet wurde, ist davon auszugehen, dass diese bzw. deren Schreiber auch das Judenbuch führten.[38]

Für die Involvierung des Judenrichters in die Führung des Wiener Judenbuchs spricht hingegen nicht nur die Bezeichnung als Judenrichterbuch, sondern auch die Tatsache, dass ab dem ausgehenden 14. Jahrhundert vom Judenrichter beglaubigte Auszüge aus dem Judenbuch in den Wiener Stadtbüchern[39] erwähnt werden. Erstmals geschah dies 1396, als eine Witwe vor dem Wiener Rat die hinterlassenen Schulden ihres Ehemannes, die sie zum Verkauf zweier Weingärten zwangen, mit einem vom Judenrichter beglaubigten Auszug aus dem Judenbuch bewies, der im Rat verlesen wurde.[40] Genaueres erfahren wir in einem ähnlichen Fall 15 Jahre später: Agnes, Witwe Heinrich Tuchscherers, bewies 1411 ihre Schulden vor dem Rat mit zwei besiegelten Zetteln, die eine genaue Auflistung der im Judenbuch verzeichneten Kredite des Ehepaares mit Datum, Schuldsumme und Namen der jüdischen Gläubiger enthielten. Diese wurden wortgetreu ins Stadtbuch übertragen und mit dem Zusatz versehen, *also stet es geschriben in dem judenpuech zu Wienn mit urchund der zedel versigelten mit des judenrichter aufgedrukchtem petschat.* Zudem wurde eine weitere Schuld bei einer Salzburger Jüdin mit Verweis auf das Judenbuch, jedoch ohne judenrichterliche Bestätigung, sowie die Versetzung

35 Zum Judenrichter Lohrmann 1990, S. 70–75; Brugger 2013, S. 149 f.; Wiedl 2021, S. 30–47.

36 Ein Schreiber des Judenrichters ist 1363 für Wiener Neustadt urkundlich erwähnt; Brugger u. Wiedl 2015, S. 82, Nr. 1273. Ab den 1390er Jahren erscheinen solche ‚Judenschreiber' in städtischen Büchern in Wien; vgl. Goldmann 1936, S. 5 f.; Brauneder u. Jaritz 1989, S. 326–328, Nr. 527; Brauneder, Jaritz u. Neschwara 1998, S. 152, Nr. 846.

37 Wien, Finanz- und Hofkammerarchiv, AHK VDA Urbare 1067; Edition des Judenbuchs bei Goldmann 1908, S. 1–111.

38 Die Scheffstraße war herzogliches Eigengut, dessen Nutznießung der Ehefrau des ältesten Herzogs von Österreich zufiel. Die Anlage des Grund- und Satzbuchs, das das Judenbuch enthält, erfolgte für Beatrix von Zollern, Gattin Herzog Albrechts III. Vgl. Peter 2007, S. 317 f.

39 Die ab 1395 geführten Stadtbücher enthalten letztwillige Verfügungen und andere Einträge privatrechtlicher Natur sowie Ratslisten und Handwerksordnungen. Brauneder u. Jaritz 1989, S. 9.

40 Ebd., S. 57 f., Nr. 50.

eines Weingartens an zwei Wiener Bürger, die im Satzbuch des Bürgerspitals verzeichnet war, aufgelistet.[41]

Die Beglaubigung des Judenrichters war also nicht zwingend nötig, da auch der Verweis auf das Judenbuch allein ausreichte, so wie der Verweis auf das Satzbuch als Beleg für die Schuld bei den christlichen Gläubigern diente. Sowohl Verweise auf das Judenbuch als auch Nennungen einer besiegelten Bestätigung des Judenrichters finden sich in den Stadtbüchern mehrmals,[42] wobei nicht erkennbar ist, aus welchem Grund für manche Schulden eine Bestätigung vorgelegt wurde und für manche nicht. Daneben wird auch regelmäßig auf Schuldurkunden bzw. Pfänder verwiesen, für deren Existenz keine schriftlichen Belege zur Hand waren, weil diese sich im Besitz jüdischer Gläubiger befanden; in solchen Fällen wurden die Angaben mit Zeugen glaubhaft gemacht.[43]

Die Erwähnungen der ‚besiegelten Zettel' des Judenrichters liefern auch einen Hinweis auf das Vorgehen vor Gericht, wenn das Judenbuch als Beweismittel herangezogen wurde, was ab den 1380er Jahren mit zunehmender Häufigkeit vorkam. Schriftliche Beweise wurden im Gericht üblicherweise laut verlesen.[44] Es ist aus praktischen Gründen wohl auszuschließen, dass das Judenbuch selbst dem jeweiligen Gericht vorgelegt wurde; vielmehr ist anzunehmen, dass stattdessen ein Auszug zum Einsatz kam, der aufgrund der Besiegelung durch den Judenrichter ebenfalls einen gültigen Beweis darstellte.[45]

41 Jaritz u. Neschwara 2006, S. 402 f., Nr. 1830.

42 Verweise auf das Judenbuch: Brauneder, Jaritz u. Neschwara 1998, S. 274, Nr. 1047; Jaritz u. Neschwara 2009, S. 302 f., Nr. 2348. Vom Judenrichter Ulrich Gundloch besiegelter Auszug: Jaritz u. Neschwara 2009, S. 340 f., Nr. 2408.

43 Jaritz u. Neschwara 2006, S. 54 f., Nr. 1299; ebd., S. 344 f., Nr. 1721. Zur Aufbewahrung von Schuldurkunden beim (jüdischen) Gläubiger Brugger 2015, S. 427–429.

44 Ausdrücklich erwähnt wird dies z. B. in der Urkunde über die Klage des Wiener Bürgers Peter Angerfelder auf einen Weingarten seines Schuldners vor dem Klosterneuburger Berggericht: Der Nachweis der Schulden erfolgte *nach seins zeugbriefs sag den er von im het und der vor dem rechten gelesen ward offennlich;* Wien, Haus-, Hof- und Staatsarchiv, AUR 1401 XII 13; Brugger u. Wiedl 2018, S. 247, Nr. 2240. Bei jüdischen Gläubigern kam dasselbe Prozedere zum Einsatz: Der Jude Abraham klagte 1404 vor dem Klosterneuburger Stadtgericht auf die Einkünfte aus einem ihm versetzten Weingarten, auf dem auch zwei Gülten der Bürgerzeche lagen. Als Beweis legte die Bürgerzeche zwei Dienstbriefe und Abraham seinen Satzbrief vor; das Urteil wurde gefällt, *nach dem und bayd dinstbrief und des juden satzbrief gelesen und verhort wurden;* Klosterneuburg, Stiftsarchiv, Uk. 1404 IV 4; Brugger u. Wiedl 2018, S. 284, Nr. 2298.

45 Da der Judenrichter für alle jüdischen Angelegenheiten zuständig war, stellte er solche ‚Zettel' nicht nur im Kontext von Darlehensgeschäften aus: 1420 wurde im Gewerbuch der Wiener Dompropstei das Nutzungsrecht der Jüdin Mierl auf ein halbes Haus im Judenviertel eingetragen. Mierl hatte das Haus von ihrer Mutter geerbt, wie sie vor dem Judenrichter mit zwei jüdischen Zeugen nachgewiesen hatte. Der Eintrag schließt mit dem Zusatz *item zedel von dem judenrichtter leit bey dem gruntpuch*; Goldmann 1936, S. 13, Nr. 29; Wiedl 2021, S. 39 f. Goldmann nimmt an, dass es sich auch bei diesem ‚Zettel' um einen Auszug aus

4 Beglaubigung und Kontrolle

Die Beglaubigungstätigkeit des Judenrichters beschränkte sich trotz des verstärkten Einsatzes von Judenbüchern nicht auf diese Art der Dokumentation. Daneben blieb es weiterhin möglich, Schuldbriefe über jüdische Darlehen vom Judenrichter siegeln zu lassen,[46] wie es seit dem späten 13. Jahrhundert üblich war, auch wenn es im Gegensatz zum Herzogtum Steiermark in Österreich keine (theoretische) Verpflichtung dazu gab und es sowohl den jüdischen als auch den christlichen Beteiligten freistand, andere Siegelzeugen heranzuziehen.[47]

Die Fälschungsvorwürfe, mit denen 1340 die Anlage des Judenbuchs Albrechts II. begründet worden war, dürften in der Praxis des Kreditgeschäfts nur eine geringe Rolle gespielt haben. Zwar war der Topos des jüdischen Fälschers ein fixer Bestandteil antijüdischer Polemik, doch lassen sich für das Herzogtum Österreich kaum Fälle nachweisen, in denen ein solcher Vorwurf gegen konkrete Personen erhoben wurde.[48] Der Siegelverruf, also die Ungültigkeitserklärung eines Siegels, das verloren gegangen oder dessen Besitzer verstorben war, sollte der missbräuchlichen Verwendung vorbeugen, doch richtete sich eine solche Verlautbarung sowohl an Christen als auch an Juden und wurde beiden Gruppen an den für sie relevanten öffentlichen Orten kundgemacht.[49] 1396 nahm der

---

dem Judenbuch handelte; da aus dem Eintrag jedoch kein Zusammenhang mit einem Kreditgeschäft erkennbar ist, müsste das Wiener Judenbuch auch als Gewerbuch für jüdischen Besitz fungiert haben. Dass ein solches Buch ebenfalls als ‚Judenbuch' bezeichnet werden konnte, beweist der erhaltene Wiener Neustädter ‚Liber Judeorum', der kein Satzbuch, sondern ein reines Gewerbuch ist und Eintragungen von jüdischen Hausbesitzern in das städtische Grundbuch enthält; Keil 1994, S. 41; Peter 2007, S. 313. Es gibt bis jetzt allerdings sonst keinen Hinweis darauf, dass es sich beim Wiener Judenbuch um eine Mischform aus Satz- und Gewerbuch gehandelt haben könnte.

46 Für das frühe 15. Jh. z. B. Brugger u. Wiedl 2018, S. 244, Nr. 2234; S. 267 f., Nr. 2234; S. 280–283, Nr. 2292 f. sowie Herzogenburg, Stiftsarchiv, A.n. 132, H.n. 372, K.n. 228 (künftig Brugger u. Wiedl 2022, sub dato 1406 I 6, 1407 VII 20, 1408 II 6); St. Pölten, Niederösterreichisches Landesarchiv, StA Urk Nr. 4496, Nr. 1864 (künftig Brugger u. Wiedl 2022, sub dato 1408 VII 13, 1413 V 23); Wien, Haus- Hof- und Staatsarchiv, AUR 1409 IX 2, 1416 I 7, 1417 II 4, 1417 II 12 (künftig Brugger u. Wiedl 2022, sub dato); München, Bayerisches Hauptstaatsarchiv, HU Passau Nr. 1186 (künftig Brugger u. Wiedl 2022, sub dato 1410 VI 3).

47 Brugger 2015, S. 433; Wiedl 2021, S. 33 f. Im Herzogtum Steiermark schrieb Herzog Wilhelm 1396 im Rahmen von Privilegien für neun Städte die Besiegelung aller jüdischen Schuldbriefe durch den Stadtrichter und den Judenrichter vor. Allerdings dürfte die Bestimmung in der Praxis kaum umgesetzt worden sein; vgl. Brugger u. Wiedl 2018, S. 156–160, Nr. 2090–2098; Brugger 2019, S. 33, Anm. 50. 1418 verschärfte Herzog Ernst diese Regelung: Vom Judenrichter gesiegelte Geldbriefe sollten nur mehr gültig sein, wenn sie vom Stadt- oder Marktrichter mitbesiegelt wurden; Graz, Steiermärkisches Landesarchiv, AUR 4698; künftig Brugger u. Wiedl 2022, sub dato 1418 VII 12.

48 Wiedl 2018, S. 68–71.

49 Brugger 2015, S. 433 f.; Wiedl 2015, S. 444 f.

österreichische Hofrichter eventuelle Judenbriefe von einem Siegelverruf Margarethes von Winden aus, da dieser noch nicht in den Synagogen verkündet worden war. Während alle sonstigen beurkundeten Forderungen an Margarethe, die nicht binnen Jahresfrist vorgebracht würden, von selbst ungültig werden sollten, war für die Judenbriefe eine Ungültigkeitserklärung durch die Herzöge vorgesehen, sobald die Bekanntmachung des Verrufs in den Synagogen erfolgt war und die jüdischen Gläubiger so die Möglichkeit bekommen hatten, ihre Forderungen kundzutun.[50]

Allerdings sicherten sich die christlichen Beteiligten in Hinblick auf Judenschulden manchmal zusätzlich ab, wie eine Urkunde aus dem Jahr 1400 zeigt: Hans von Ebersdorf ließ die Urkunden und Siegel seines verstorbenen Vetters Ulrich in den Synagogen von Wien, Wiener Neustadt und Krems verrufen. Alle Juden, die noch Urkunden oder Siegel über Schulden Ulrichs von Ebersdorf hatten, mussten diese Hans zur Auslösung vorlegen, da ihre Ansprüche sonst ungültig wurden. Allerdings meldete niemand Ansprüche an, worüber die Juden der drei Gemeinden dem Ebersdorfer wie üblich *ir juedischbrief* ausstellten, was sich dieser zusätzlich von den Herzögen Wilhelm und Albrecht IV. bestätigten ließ.[51] Die Formulierung lässt nicht erkennen, ob mit den ‚jüdischen Briefen'" hebräische oder deutschsprachige Urkunden gemeint waren, es handelte sich aber jedenfalls um ein etabliertes Prozedere.[52]

Da nur wenige Judenbücher erhalten sind, ist nicht abschätzbar, welcher Anteil der schriftlichen Dokumentation jüdischer Kreditgeschäfte jeweils auf Judenbucheinträge oder auf Urkunden entfiel. Auch doppelte Dokumentation war möglich, so etwa in der bereits erwähnten Klage des Juden Effel auf einen ihm verpfändeten Weingarten: Effel bewies seine Forderung durch den Eintrag des Darlehens ins Wiener Judenbuch und den Schuldbrief, der ihm bei der Aufnahme des Kredits ausgestellt worden war.[53] Auch Einträge in andere Bücher konnten zusätzlich zur Ausstellung einer Urkunde erfolgen: Die Versetzung eines Presshauses an den Juden Smoiel aus Wien wurde 1418 beurkundet und im Satzbuch eingetragen. Die Urkunde hielt ausdrücklich fest, dass *dasselb satzpuech und der gegenburtig geltprief nuer ain geltschuld* sei, damit die Schuld nicht zweimal zurückgefordert werden konnte.[54]

Dies ist insofern nicht überraschend, als Bucheintrag und Urkunde unterschiedlichen Zwecken dienen konnten, was sich jeweils auf den praktischen

---

50 Brugger u. Wiedl 2018, S. 168 f., Nr. 2114.

51 Ebd., S. 218 f., Nr. 2195.

52 Bei einem Urkundenverruf in der Grazer Synagoge 1399 wurde die jüdische Bestätigung eindeutig auf Hebräisch (*der juedischen ist geschriben*) verfasst, wie aus der entsprechenden Urkunde Herzog Wilhelms hervorgeht; Brugger u. Wiedl 2018, S. 207 f., Nr. 2176.

53 Siehe Anm. 30.

54 Wien, Haus-, Hof- und Staatsarchiv, Schlossarchiv Grafenegg Uk. Nr. 281; künftig Brugger u. Wiedl 2022, sub dato 1418 V 31. Ähnliche Formulierungen finden sich auch, wenn ein Darlehen in ein Satzbuch und ins Judenbuch eingetragen wurde; Geyer u. Sailer 1931, S. 456, Nr. 1524; S. 473, Nr. 1582; S. 488, Nr. 1630.

Umgang damit auswirkte. Leider haben wir aus der Zeit vor der Gesera keine Hinweise darauf, wie das Judenbuch aufbewahrt wurde; erst aus dem Jahr 1482 kennen wir eine entsprechende Vorschrift für die (nicht erhaltenen) Judenbücher von Wiener Neustadt.[55] Nachdem es angeblich Beschwerden über die Manipulation von Schrift und Siegeln in Judenbüchern und Registern gegeben hatte, durch die Christen und Juden viel Schaden entstanden war, befahl Kaiser Friedrich III., alle Judenbücher und Register in einer Truhe mit drei Schlössern und Schlüsseln zu verwahren. Je ein Schlüssel sollte von „unserem Richter", also wohl dem Judenrichter, von einem vom Rat ausgewählten Bürger und von der jüdischen Gemeinde verwahrt werden. Zweimal pro Woche sollten Juden und Christen bei den drei Schlüsselbewahrern Geldschulden und Pfandsetzungen in die Judenbücher und Register eintragen lassen können. Allerdings zeigen spätere kaiserliche Mahnungen, dass diese komplizierten Regeln in der Praxis nicht eingehalten wurden.[56]

Auch zum Prozedere der Eintragung ins Judenbuch haben wir für das Herzogtum Österreich keine Quellen. Ob eine entsprechende Regelung aus Pressburg (Bratislava) als Vorlage für das Wiener Judenbuch diente,[57] muss daher Spekulation bleiben. In Pressburg war vorgesehen,

> *[...] dass dy juden sullen haben ein puech und dasselb soll ein kristen ein geschworn man inne haben, und dasselb puech soll man nicht auftun, iss sei dan dopei ein gesvorn kristen und ein gesvorn juden, die kristen und juden darzu erwellent, und dieselbe zwen gesworn, ein kristen und ein jud sullen das puech versiegeln mit ihren insigeln; und vass in das puech geschriben virt zvischen juden und kristen, dass ist stet und das mag nymant widerreden, weder juden noch kristen.*[58]

Gemeinsam haben die genannten Bestimmungen, dass trotz der Kontrollfunktion, die ein Judenbuch für die christliche Obrigkeit zu erfüllen hatte, zumindest in der Theorie auf eine Beteiligung aller betroffenen Parteien – also auch der jüdischen – Wert gelegt wurde.

---

55 Nicht zu verwechseln mit dem Wiener Neustädter ‚Liber Judeorum'; vgl. Anm. 45. Wiener Neustadt gehörte zum Herzogtum Steiermark und war deshalb von der Gesera nicht betroffen.

56 Keil 1998, S. 118 f.

57 So Schwarz 1909, S. 12, Anm. 19. Verbindungen von Wiener Juden nach Pressburg sind im 14. Jh. nachweisbar; Brugger 2019, S. 38, Anm. 74.

58 Friss u. Weisz 1903, S. 82 f., Nr. 51; vgl. Szende 2018, S. 278 f. Mit den jüdischen *insigeln* waren wohl hebräische Unterschriften gemeint, die zumindest in den österreichischen Quellen mit christlichen Siegeln gleichgesetzt und daher auch so bezeichnet wurden. Brugger 2015, S. 431 f., Anm. 36; Lehnertz 2020, S. 127–129.

5 Der Umgang mit Urkunden

Trotz der zunehmenden Bedeutung der Judenbücher spielten Urkunden als buchstäblich handfeste Unterpfänder, die bis zur Rückzahlung beim Kreditgeber verblieben, weiterhin eine wichtige Rolle. Für die jüdischen Geldleiher bildeten sie einen Teil ihres Vermögens,[59] der entsprechend sorgfältig verwahrt werden musste, da der Verlust finanzielle Risiken nach sich zog. Allerdings findet sich im Gegensatz zum 14. Jahrhundert[60] in den Jahrzehnten vor der Gesera im Herzogtum Österreich kein Fall, in dem ein Jude oder eine Jüdin eine Schuldurkunde verlor. Dies könnte einerseits auf den vermehrten Einsatz von Judenbüchern zurückzuführen sein, andererseits aber auch darauf hindeuten, dass es für jüdische Gläubiger in einem solchen Fall keine Möglichkeit mehr gab, die Rückzahlung des Darlehens durchzusetzen.

Weiterhin nachweisbar sind hingegen christliche Schuldner, die Schuldbriefe verloren, die sie nach der Bezahlung der Schuld zurückerhalten hatten. Solche „ausgelösten" Urkunden – meist durch Einschnitte kassiert, also als ungültig gekennzeichnet[61] – wurden oft als Beweis für die Erledigung des Kredits aufbewahrt.[62] Im Judenbuch der Scheffstraße wurde der Eintrag eines Darlehens hingegen durchgestrichen, um dessen Rückzahlung zu kennzeichnen, wobei nicht erkennbar ist, ob bzw. wie diese nachgewiesen wurde.[63]

Zusätzlich zur Rückgabe des erledigten Schuldbriefs konnten die vormaligen Schuldner vom Gläubiger die Ausstellung eines Quittbriefs verlangen. 1404 bestätigte Herzog Albrecht IV. Friedrich von Wallsee-Enns einen Quittbrief, den der Jude Eberlein aus Wiener Neustadt Friedrichs verstorbenem Vetter Heinrich von Wallsee-Enns ausgestellt hatte. Grund für die herzogliche Bestätigung war

---

59 Verliehenes Geld (exklusive Zinsen) war besteuerungspflichtig und musste im Rahmen des jüdischen Steuereides als Vermögen deklariert werden; Lohrmann 1990, S. 286–288. Die steirische Steuertakkana (= Rechtssatzung einer jüdischen Gemeinde) von 1415/16 verlangte die Deklaration des Vermögens *es sey das er selber innehat, oder das er zubehalten hat geben in ander leutt hende ynner lands es sey geltschuld mit briefen oder an brief, es seien judengeltsuld* [sic] *brief es sein pfannt oder beraytpfenning, die er hat offennlich oder verporgen.* Wien, Haus-, Hof- und Staatsarchiv, Hs. Blau 5, fol. 77r–78v, Nr. 89; künftig Brugger u. Wiedl 2022, sub dato [1415–1416].

60 Brugger 2015, S. 426–429.

61 Zur Kassation jüdischer Schuldbriefe als Teil eines Rechtsaktes Brugger u. Wiedl 2018, S. 49f., Nr. 1922; S. 68f., Nr. 1951; S. 76f., Nr. 1964; S. 112f., Nr. 2017; S. 134, Nr. 2053; S. 217, Nr. 2192. Das Zerschneiden erledigter Schuldbriefe wird 1399 ausdrücklich erwähnt, allerdings handelte es sich dabei um Schulden bei Juden aus der Steiermark; ebd., S. 207f., Nr. 2176.

62 So nennt das Testament Nikolaus Teuffentalers 1396 unter den Urkunden in seinem Besitz, die bei Meister Jakob dem Hofschmied in einer Lade verwahrt waren, auch *ain brief, der geloest ist von den juden umb mein weingaerten ze Grinczing.* Brauneder u. Jaritz 1989, S. 263f., Nr. 424.

63 Goldmann 1908, S. XXVI.

der Verlust der ursprünglichen Schuldurkunde, die Heinrich als Bürge für Hans von Liechtenstein-Nikolsburg um 2.000 Gulden von Eberlein ausgelöst hatte; Friedrich ließ diese deshalb vom Herzog für ungültig erklären, um sich gegen spätere Ansprüche durch Eberlein oder dessen Erben abzusichern.[64]

Solche Vorsichtsmaßnahmen verdeutlichen, dass Schuldurkunden immer noch als ‚Wertpapiere' verstanden wurden, die auch vererbt oder weitergegeben werden konnten.[65] Dies ist auch an der häufigen Formel erkennbar, in der sich die Schuldner zur Rückzahlung der Schuldsumme an jeden, der ihnen die Urkunde vorlegte, verpflichteten – zum Teil mit dem Zusatz, dass dies nur mit Zustimmung der Gläubiger geschehen solle, wobei offengelassen wurde, wie bzw. ob diese Zustimmung zu beweisen war.[66] In negativer Hinsicht zeigt sich der inhärente Wert der Schuldurkunden in der Schilderung einer Judenverfolgung in der Steiermark zum Jahr 1397: Die Wiener Annalen[67] berichten, unter den Verfolgern seien viele gewesen, die zusammen mit vorgeblichen religiösen Motiven auch ihre *brief und geltschuld von den unseligen juden* loswerden wollten.[68] Zwar sind für die Steiermark in diesem Zeitraum noch keine Judenbücher bekannt, doch darf bezweifelt werden, dass der (im Herzogtum Österreich zu verortende) Autor den Urkunden der Juden nur aus diesem Grund so große Bedeutung beimaß.

6 Hebräische Unterschriften und Vermerke

Im Gegensatz zum (Juden-)Bucheintrag ermöglichten Urkunden allen Beteiligten eine unmittelbare Interaktion mit dem physischen Beleg des Geschäfts. Zwar wurde der Großteil der Schuldbriefe wohl von professionellen Schreibern im städtischen oder kirchlichen Umfeld geschrieben, doch konnten Christen die Urkunde mit ihrem eigenen Siegel beglaubigen oder, falls sie keines führten, Siegelzeugen auswählen. Das Äquivalent auf jüdischer Seite war die eigenhändige hebräische

---

64 Brugger u. Wiedl 2018, S. 283 f., Nr. 2297.

65 Die Schuldbriefe, die der verstorbene Jude Isserlein aus Herzogenburg von dem ebenfalls verstorbenen Wolfgang dem Truchsess hatte, wurden 1396 durch Wolfgangs Erben bei Isserleins Vetter Hetzlein, dem Vormund von Isserleins Kindern, ausgelöst; Brugger u. Wiedl 2018, S. 162, Nr. 2102. 1406 wurde dem steirischen Juden Judman aus Radkersburg sogar eine Schuldurkunde ausgelöst, die Judman von seiner Großmutter geerbt hatte; Graz, Steiermärkisches Landesarchiv, AUR 4285; künftig Brugger u. Wiedl 2022, sub dato 1406 X 21.

66 Brugger u. Wiedl 2018, S. 45 f., Nr. 1917; S. 161 f., Nr. 2101; S. 194 f., Nr. 2153; S. 202, Nr. 2166; S. 206 f., Nr. 2173 f.; S. 263 f., Nr. 2266 f.; S. 270, Nr. 2277; S. 278 f., Nr. 2289; ohne Erwähnung der Zustimmung der ursprünglichen Gläubiger: ebd., S. 36, Nr. 1903; S. 72 f., Nr. 1957; S. 225 f., Nr. 2210; S. 267 f., Nr. 2272.

67 Zur Quelle vgl. Annalen, Wiener. In: Geschichtsquellen des deutschen Mittelalters, https://www.geschichtsquellen.de/werk/453 (Zugriff: 14.09.2022).

68 Brugger u. Wiedl 2018, S. 187 f., Nr. 2143.

Unterschrift, die auch im christlichen Rechtsverständnis Gültigkeit hatte.[69] Die symbolische Beweiskraft einer hebräischen Unterschrift wog für die christlichen Beteiligten offenbar das Problem der Sprachbarriere auf. Mangels Quellen aus Österreich zu dieser Frage bleibt leider offen, wie in der Praxis mit solchen Urkunden umgegangen wurde, wenn sie vor Gericht als Beweis dienen sollten.[70] Hebräische Unterschriften finden sich im überlieferten Urkundenmaterial aus der Steiermark deutlich häufiger als im Herzogtum Österreich;[71] dies könnte damit zusammenhängen, dass sich in der Steiermark im 15. Jahrhundert gemischt besetzte Judengerichte nachweisen lassen, die in Österreich (wenn überhaupt) nur in der Rechtsnorm existiert haben dürften.[72] Dank der jüdischen Beisitzer eines Judengerichts hätte die Verlesung und Übersetzung einer hebräischen Unterschrift vor Gericht kein Problem dargestellt.

Neben solch rechtsgültigen Beglaubigungen wurden Urkunden auch mit informellen Vermerken ohne Rechtswirkung versehen, die als Organisationshilfe dienten oder den aktuellen Status des Kreditgeschäfts dokumentierten. Dies gilt vor allem für die erwähnten hebräischen Vermerke, die die jüdischen Gläubiger auf oder unter der Plica, auf der Verso-Seite oder manchmal sogar auf den Presseln (den Pergamentstreifen, an denen die Siegel befestigt waren) anbrachten.[73] Vor allem Geldgeber, die zahlreiche Kredite laufen hatten, versuchten auf diese Weise, den Überblick über ihre Urkunden zu behalten. Im Untersuchungszeitraum fällt dabei vor allem der Jude Isserl aus Bruck an der Leitha auf, dessen Geschäftstätigkeit im österreichisch-ungarischen Grenzraum umfangreich belegt ist und der seine Schuldurkunden durchgängig mit einer knappen hebräischen Inhaltsangabe versah.[74] Bei länger laufenden Krediten vermerkten jüdische Gläubiger manchmal auch den Stand der Zinsen, so etwa auf einer Schuldurkunde Ulrich Pottenbrunners für den Juden Täflein aus Eggenburg vom Mai 1413: Die zur nächsten Lese fällige Schuld belief sich auf 15 Eimer Wein

69 Keil 2017, S. 359–361; Brugger 2019, S. 31; Lehnertz u. Wiedl 2022, S. 299–307. Vgl. auch oben Anm. 58.

70 Zu Quellen aus anderen Territorien Lehnertz u. Wiedl 2022, S. 298 f., Anm. 20.

71 Brugger 2019, S. 31 f.

72 Wiedl 2021, S. 38 f.

73 Scholl 2014, S. 90–93; Brugger 2015, S. 427 f.; Brugger 2019, S. 36 f.; künftig Lehnertz 2022 (ich danke Andreas Lehnertz für die Möglichkeit, das Manuskript einzusehen).

74 Brugger u. Wiedl 2018, S. 245, Nr. 2236; S. 286, Nr. 2301; S. 296 f., Nr. 2316; S. 303 f., Nr. 2329; künftig Brugger u. Wiedl 2022, sub dato 1405 V 12, 1405 X 13, 1406 II 3, 1409 I 8, 1409 II 24, 1409 III 17, 1409 V 31, 1409 XI 25, 1410 IV 24, 1410 XI 16, 1412 I 17, 1412 VII 4, 1413 I 8, 1413 III 29, 1413 VIII 10, 1414 II 6, 1414 III 12, 1415 VI 15, 1416 VIII 10 (I), 1417 I 8, 1417 VII 4, 1417 XII 6, 1418 IV 1, 1418 IV 24 (I), 1418 IV 24 (II), 1418 IV 24 (III), 1418 VII 2, 1418 IX 13; Wien, Haus- Hof- und Staatsarchiv, AUR 1419 II 6, 1419 III 12, 1419 V 25; Bratislava, Archív hlavného mesta, zbierka listín a listov 913, 914, 918, 919.

oder 15 Gulden Ablöse, was der Gläubiger auf Hebräisch auf der Plica vermerkte.[75] Dabei fällt auf, dass der Vermerk das Rückzahlungsdatum mit dem im deutschen Urkundentext nicht genannten St. Michaelstag (29. September) angab. Der christliche Festtag war dem jüdischen Gläubiger also so geläufig, dass er ihn aus eigenem Antrieb verwendete, auch wenn er ihn mit dem Zusatz *tame* („unrein") versah.[76] Allerdings wurde diese Zeile gestrichen und durch die Angabe „20 Pfund auf den unreinen Michel 178 nach der Jahreszählung" ersetzt; dieses aus christlichem Heiligentag und jüdischer Jahreszahl zusammengesetzte Datum entspricht dem 29. September 1418, also fünf Jahre nach dem ursprünglichen Rückzahlungstermin. Dies ist einer der seltenen Fälle, in denen sich die tatsächlichen Zinsen bei Terminüberschreitung feststellen lassen; es zeigt sich, dass diese weit unter den eigentlich in der Urkunde vereinbarten Verzugszinsen von sechs Pfennig pro Pfund und Woche lagen. Auf der Plica der Urkunde ist noch ein dritter hebräischer Vermerk erkennbar, der allerdings durch eine versuchte Rasur stark verblasst ist. Da der Text „Fastnacht, 80 Pfund, 6 Gulden" in keinem erkennbaren Bezug zum Urkundeninhalt steht, dürfte er für eine andere Urkunde gedacht gewesen und deshalb getilgt worden sein.

Deutschsprachige Rückvermerke finden sich vor allem im Pressburger Urkundenmaterial, in dem eine Reihe von Geschäften mit österreichischen Juden dokumentiert ist. Sie stammen durchwegs von den christlichen Beteiligten und beziehen sich auf die Rückzahlung des Darlehens. Auch hier lässt sich manchmal die Zinshöhe erkennen: Ein 1389 ausgestellter Schuldbrief der Stadt Pressburg über 22 Pfund Wiener Pfennig bei dem Juden Tröstlein aus Hainburg, der mit drei Pfennig pro Pfund und Woche täglichem Schaden verzinst war, wurde laut Rückvermerk erst im Jahr 1400 um 100 Pfund ausgelöst.[77] Eine 1411 ausgestellte Schuldurkunde mehrerer Bürger von Pressburg über 108 Pfund Pfennig bei dem Juden Kysan, die schon knapp zwei Monate später fällig waren, wurde dem Rückvermerk nach zu einem unbestimmten späteren Zeitpunkt durch einen der Schuldner um 217 Pfund von der Jüdin Tröstlin (wahrscheinlich die Witwe Tröstleins) aus Hainburg ausgelöst, wobei nicht erwähnt wird, auf welche Weise die Urkunde aus dem Besitz Kysans, dessen Familie aus Graz stammte, an Tröstlin gekommen war.[78] In Einzelfällen wurden die Zinsen sogar getrennt angegeben: Ein Schuldbrief des Pressburger Richters bei den Hainburger Juden Jona und Häublein

---

75 St. Pölten, Niederösterreichisches Landesarchiv, StA Urk Nr. 1864; künftig Brugger u. Wiedl 2022, sub dato 1413 V 23 (Übersetzung der Vermerke: Andreas Lehnertz).

76 Zu solchen Zusätzen Keil 2017, S. 362 f.; zur jüdischen Kenntnis des christlichen Kalenders Nothaft u. Isserles 2014, S. 15–30.

77 Brugger u. Wiedl 2018, S. 53 f., Nr. 1928. Beim täglichen Schaden begannen die angegebenen Zinsen mit der Kreditaufnahme und nicht erst nach dem Ende der Rückzahlungsfrist zu laufen.

78 Budapest, Ungarisches Nationalarchiv, DL 43099; künftig Brugger u. Wiedl 2022, sub dato 1411 VII 9.

über 100 ungarische Gulden und sechs Pfund Wiener Pfennig war laut dem deutschsprachigen Rückvermerk *gelost worden um IC gulden haupguet* (Kapital) *und umb XVII lb Wyenner gesuech* (Zinsen) – leider ohne Datum, so dass nicht erkennbar ist, wie lange das Darlehen lief.[79]

7 Zeugenaussagen

Abschließend soll bei allem Fokus auf die verschiedenen Arten der Dokumentation jüdischer Kredite nicht außer Acht gelassen werden, dass auch gänzlich auf schriftliche Absicherung verzichtet werden konnte. Dies zeigt nicht nur die regelmäßig auftretende Formel *mit brief oder an brief*[80] bzw. „verbrieft und unverbrieft", wenn die Gesamtheit der Schulden eines Darlehensnehmers bzw. der Ansprüche eines Gläubigers ausgedrückt werden sollte. Es finden sich auch konkrete Fälle, in denen vor Gericht kein schriftlicher Beleg, sondern eine Zeugenaussage als Beweis für die Forderung des jüdischen Gläubigers diente.

So berief sich der Jude Schwärzel aus Krems, der 1404 auf das Haus seines flüchtigen Schuldners klagte, auf den Kremser Pfarrer, mit dessen Handen das Haus seinerzeit an Schwärzel verpfändet worden war. Obwohl Schwärzel erklärte, die Sache sei auch im Judenbuch verzeichnet, kam dieses offenbar nicht zum Einsatz; vielmehr machte das Gericht die Entscheidung von der Zeugenaussage des Pfarrers abhängig. Der Pfarrer bestätigte Schwärzels Angaben, worauf diesem das Haus zugesprochen wurde.[81] Bei allem plakativ zur Schau getragenen Misstrauen gegenüber jüdischen Geldleihern, das auch als Begründung für die Einführung von Judenbüchern in Österreich gedient hatte, war eine grundsätzliche Vertrauensbasis, ohne die Kreditgeschäfte nicht möglich gewesen wären, also dennoch auf beiden Seiten vorhanden.

8 Fazit

Die Quellen zum jüdischen Geldgeschäft in den Jahrzehnten vor der Gesera liefern keine stichhaltigen Hinweise auf einen massiven Wandel im jüdisch-christlichen Geschäftsverkehr oder auf gravierende Unterschiede zu Kreditgeschäften zwischen

---

79 Brugger u. Wiedl 2018, S. 182 f., Nr. 2135.

80 1388 einigten sich Hans von Lichtenburg-Vöttau und sein Sohn mit den Erben des Wiener Juden David Steuss über die Schulden, die sie „mit Urkunde oder ohne Urkunde" bei David gehabt hatten; vereinbart wurde die Zahlung einer Pauschalsumme von 900 Pfund, von der allfällige Quittbriefe Davids, die die Schuldner vorweisen konnten, abzuziehen waren. Wien, Haus- Hof- und Staatsarchiv, AUR 1388 X 20; Brugger u. Wiedl 2018, S. 35, Nr. 1902.

81 Brugger u. Wiedl 2018, S. 295 f., Nr. 2314.

Christen. Der zunehmende Einsatz von Judenbüchern entspricht der verstärkten Dokumentation christlicher Darlehen in Satzbüchern und ähnlichen Verzeichnissen. Im physischen Umgang mit Schuldurkunden sind bis auf die hebräischen Vermerke ebenfalls keine Unterschiede zu erkennen. 1407 stritten ein Passauer Bürger und sein christlicher Wiener Gläubiger in Wien über einen ausgelösten Schuldbrief, den der Gläubiger dem Schuldner nicht zurückgeben wollte, und über einen Quittbrief, den dieser ihm angeblich gewaltsam geraubt hatte.[82] Dieser Streit zeigt nicht nur die auch in christlichen Darlehensgeschäften ungebrochene Bedeutung der Urkunden, sondern geht in dieser drastischen Form über alle christlich-jüdischen Konflikte im Rahmen des Kreditgeschäfts hinaus, die sich im selben Zeitraum in Österreich nachweisen lassen.

Wie fragil die Normalität der christlich-jüdischen Beziehungen allerdings trotzdem war, macht das völlige Fehlen innerjüdischer Geschäftsaufzeichnungen deutlich. Aus dem mittelalterlichen Herzogtum Österreich ist kein jüdisches Geschäftsbuch überliefert; wenn es solche Aufzeichnungen gegeben hat, sind sie wie fast alle Bücher der österreichischen Juden im Zug der Gesera geraubt oder zerstört worden.[83] Es ist daher durchaus bezeichnend, dass die erhaltenen Dokumente jüdischer Kreditgeschäfte in Österreich nur auf uns gekommen sind, weil sie sich – im Fall der städtischen oder grundherrschaftlichen Bücher von vornherein, im Fall der Schuldurkunden letztendlich – in christlichem Besitz befanden.

Literaturverzeichnis

Quellen

Bratislava, Archív hlavného mesta, zbierka listín a listov 913, 914, 918 und 919.

Brauneder, Wilhelm u. Gerhard Jaritz (Hgg.): Die Wiener Stadtbücher 1395–1430. Bd. 1: 1395–1400 (Fontes Rerum Austriacarum III/10/1). Wien, Köln 1989.

Brauneder, Wilhelm, Gerhard Jaritz u. Christian Neschwara (Hgg.): Die Wiener Stadtbücher 1395–1430. Bd. 2: 1401–1405 (Fontes Rerum Austriacarum III/10/2). Wien, Köln 1998.

Brugger, Eveline u. Birgit Wiedl: Regesten zur Geschichte der Juden in Österreich im Mittelalter. Bd. 1: Von den Anfängen bis 1338. Bd. 2: 1339–1365. Bd. 3: 1366–1386. Bd. 4: 1387–1404. Bd. 5: 1405–1418. Innsbruck, Wien, Bozen 2005, 2010, 2015, 2018, 2022 [im Druck].

Budapest, Ungarisches Nationalarchiv: DL 43099.

Friss, Ármin u. Mór Weisz (Hgg.): Monumenta Hungariae Judaica. Bd. 1: 1092–1539. Budapest 1903.

Geyer, Rudolf u. Leopold Sailer (Hgg.): Urkunden aus Wiener Grundbüchern zur Geschichte der Wiener Juden im

82 Klosterneuburg, Stiftsarchiv, Uk. D 1407 VI 8.

83 Keil 2003, S. 59f.; Brugger 2015, S. 428, Anm. 23.

Mittelalter (Quellen und Forschungen zur Geschichte der Juden in Deutschösterreich 10). Wien 1931.

Goldmann, Arthur: Das Judenbuch der Scheffstraße zu Wien (1389–1420), mit einer Schriftprobe (Quellen und Forschungen zur Geschichte der Juden in Deutsch-Österreich 1). Wien, Leipzig 1908.

Graz, Steiermärkisches Landesarchiv: AUR 4285 und 4698.

Herzogenburg, Stiftsarchiv: A.n. 132, H.n. 342, H.n. 372 und K.n. 228.

Jaritz, Gerhard u. Christian Neschwara (Hgg.): Die Wiener Stadtbücher 1395–1430. Bd. 3: 1406–1411. Bd. 4: 1412–1417. Bd. 5: 1418–1421 (Fontes Rerum Austriacarum III/10/3–5). Wien, Köln, Weimar 2006, 2009, 2018.

Keil, Martha: Der Liber Judeorum von Wr. Neustadt 1453–1500. Edition. In: Dies. u. Klaus Lohrmann (Hgg.): Studien zur Geschichte der Juden in Österreich. Bd 1. Wien, Köln 1994, S. 41–99.

Klosterneuburg, Stiftsarchiv: Uk. 1404 IV 4 und Uk. D 1407 VI 8.

München, Bayerisches Hauptstaatsarchiv: HU Passau Nr. 1186.

St. Pölten, Niederösterreichisches Landesarchiv: StA Urk Nr. 1864 und 4496.

Wien, Finanz- und Hofkammerarchiv, AHK VDA Urbare 1067.

Wien, Haus-, Hof- und Staatsarchiv: AUR 1340 VI 4, 1388 X 20, 1401 XII 13, 1409 IX 2, 1416 I 7, 1417 II 4, 1417 II 12, 1419 II 6, 1419 III 12 und 1419 V 25; Hs. Blau 5 und Schlossarchiv Grafenegg Uk. Nr. 281.

Wien, Stadt- und Landesarchiv: Bürgerspitalsurkunde Nr. 353; H.A.-Uk. Nr. 927 und 1100.

Forschungsliteratur

Brugger, Eveline: Von der Ansiedlung bis zur Vertreibung. Juden in Österreich im Mittelalter. In: Dies., Martha Keil, Albert Lichtblau u. a.: Geschichte der Juden in Österreich (Österreichische Geschichte, Ergänzungsband). 2. Aufl. Wien 2013, S. 123–227.

Brugger, Eveline: *...hat ein hebraisch zettel dabey.* Der Umgang mit jüdisch-christlichen Geschäftsurkunden in der spätmittelalterlichen Praxis. In: Ludger Lieb, Klaus Oschema u. Johannes Heil (Hgg.): Abrahams Erbe. Konkurrenz, Konflikt und Koexistenz der Religionen im europäischen Mittelalter (Das Mittelalter. Perspektiven mediävistischer Forschung. Beiheft 2). Berlin, München, Boston 2015, S. 421–436.

Brugger, Eveline: Geschützt, geschätzt, verfolgt. Jüdisches Leben innerhalb der christlichen Gesellschaft im Mittelalter. In: Österreich. Geschichte – Literatur – Geographie 61/2 (2017), S. 113–126.

Brugger, Eveline: Jüdisches Urkundenwesen und christliche Obrigkeiten im spätmittelalterlichen Österreich. In: Andrea Stieldorf (Hg.): Die Urkunde. Text – Bild – Objekt (Das Mittelalter. Perspektiven mediävistischer Forschung. Beiheft 12). Berlin, Boston 2019, S. 19–40.

Brugger, Eveline: Die ‚Wiener Gesera' von 1420/21 – Hintergründe, Ablauf und Folgen. In: Dialog – DuSiach 119 (2020), S. 21–32.

Brugger, Eveline u. Birgit Wiedl: ‚Im Haus des Juden fand man eine blutbefleckte Hostie…'. Hostienschändungsvorwürfe und ihre Folgen für die jüdische Bevölkerung Österreichs im Mittelalter. In: Jahrbuch für Landeskunde von Niederösterreich N.F. 84 (2018), S. 35–57.

Elbel, Petr u. Wolfram Ziegler: *Am schwarczen suntag mardert man dieselben juden, all die zaigten vill guets an under der erden...* Die Wiener Gesera: eine Neubetrachtung. In: Helmut Teufel, Pavel Kocman u. Milan Řepa (Hgg.): Avigdor, Benesch, Gitl. Juden in Böhmen und Mähren im Mittelalter. Brünn, Prag, Essen 2016, S. 201–267.

Doron, Aviya: Into the Market and Back Again. Jews, Trust and the Medieval Marketplace. In: Jewish Studies Quarterly 28 (2021), S. 349–368.

Goldmann, Arthur: Das verschollene Wiener Judenbuch (1372–1420). In: Ders., Bernhard Wachstein u. J. Taglicht: Nachträge zu den zehn bisher erschienenen Bänden der Quellen und Forschungen zur Geschichte der Juden in Österreich. Wien 1936, S. 1–14.

Haverkamp, Alfred: Verschriftlichung und die Überlieferung von Quellen zur Geschichte des aschkenasischen Judentums während des späten Mittelalters. Überblick und Einsichten. In: Ders. u. Jörg R. Müller (Hgg.): Verschriftlichung und Quellenüberlieferung. Beiträge zur Geschichte der Juden und der jüdisch-christlichen Beziehungen im spätmittelalterlichen Reich (13./14. Jahrhundert) (Forschungen zur Geschichte der Juden A 25). Peine 2014, S. 1–64.

Keil, Martha: ‚...vormals bey der Judenn Zeitt'. Studien zur Geschichte der jüdischen Gemeinde Wiener Neustadt im Spätmittelalter. Diss. Wien 1998.

Keil, Martha: Heilige Worte – Schriften des Abscheus. Der Umgang mit Büchern als Paradigma des jüdisch-christlichen Spannungsverhältnisses. In: Karl Brunner u. Gerhard Jaritz (Hgg.): Text als Realie (Veröffentlichungen des Instituts für Realienkunde des Mittelalters und der Frühen Neuzeit 18). Wien 2003, S. 49–61.

Keil, Martha: Jewish Business Contracts from Late Medieval Austria as Crossroads of Law and Business Practice. In: Nora Berend, Youna Hameau-Masset, Capucine Nemo-Pekelman u.a. (Hgg.): Religious Minorities in Christian, Jewish, and Muslim Law (Fifth to Fifteenth Centuries) (Religion and Law in Medieval Christian and Muslim Societies 8). Turnhout 2017, S. 353–367.

Lehnertz, Andreas: Judensiegel im spätmittelalterlichen Reichsgebiet. Beglaubigungstätigkeit und Selbstrepräsentation von Jüdinnen und Juden (Forschungen zur Geschichte der Juden A 30). Wiesbaden 2020.

Lehnertz, Andreas: Hebräische Rückvermerke an Thüringer Geschäftsurkunden des Mittelalters. Überreste jüdischer Archive und Einblicke in Wirtschaftspraktiken. In: Hans-Werner Hahn u. Marko Kreutzmann (Hgg.): Jüdische Geschichte in Thüringen. Strukturen und Entwicklungen vom Mittelalter bis ins 20. Jahrhundert (Veröffentlichungen der Historischen Kommission für Thüringen. Kleine Reihe 64). Köln 2022 [im Druck].

Lehnertz, Andreas u. Birgit Wiedl: *...written in my own Jewish hand.* Bilingual Business Documents from the Medieval Holy Roman Empire. In: Albrecht Classen (Hg.): Communication, Translation, and Community in the Middle Ages and Early Modern Age. New Cultural-Historical and Literary Perspectives (Fundamentals of Medieval and Early Modern Culture 26). Berlin, Boston 2022, S. 291–326.

Lohrmann, Klaus: Judenrecht und Judenpolitik im mittelalterlichen Österreich. Wien, Köln 1990.

Lohrmann, Klaus: Die Wiener Juden im Mittelalter. Berlin, Wien 2000.

Nothaft, C. Philipp E. u. Justine Isserles: Calendars beyond Borders. Exchange of Calendrical Knowledge between Jews and Christians in Medieval Europe (12th–15th Century). In: Medieval Encounters 20/1 (2014), S. 1–37.

Peter, Thomas: Judenbücher als Quellengattung und die Znaimer Judenbücher. Typologie und Forschungsstand. In: Rolf Kießling, Peter Rauscher, Stefan Rohrbacher u. a. (Hgg.): Räume und Wege. Jüdische Geschichte im Alten Reich 1300–1800 (Colloquia Augustana 25). Berlin 2007, S. 307–331.

Scholl, Christian: Hebräische Rückvermerke als Quellen für den Historiker. Erkenntnismöglichkeiten und Überlieferung anhand Ulmer Beispiele des 14. und 15. Jahrhunderts. In: Alfred Haverkamp u. Jörg R. Müller (Hgg.): Verschriftlichung und Quellenüberlieferung. Beiträge zur Geschichte der Juden und der jüdisch-christlichen Beziehungen im spätmittelalterlichen Reich (13./14. Jahrhundert) (Forschungen zur Geschichte der Juden A 25). Peine 2014, S. 83–96.

Schwarz, Ignaz: Das Wiener Ghetto, seine Häuser und seine Bewohner (Quellen und Forschungen zur Geschichte der Juden in Deutsch-Österreich 2). Wien, Leipzig 1909.

Shatzmiller, Joseph: Cultural Exchange. Jews, Christians, and Art in the Medieval Marketplace. Princeton, Oxford 2013.

Stowasser, Otto Heinrich: Zur Geschichte der Wiener Geserah. In: Vierteljahrschrift für Sozial- und Wirtschaftsgeschichte 16 (1922), S. 104–118.

Szende, Katalin: Trust, Authority, and the Written Word in the Royal Towns of Medieval Hungary (Utrecht Studies in Medieval Literacy 41). Turnhout 2018.

Wiedl, Birgit: Juden in österreichischen seriellen Quellen des 14. Jahrhunderts. In: Alfred Haverkamp u. Jörg R. Müller (Hgg.): Verschriftlichung und Quellenüberlieferung. Beiträge zur Geschichte der Juden und der jüdisch-christlichen Beziehungen im spätmittelalterlichen Reich (13./14. Jahrhundert) (Forschungen zur Geschichte der Juden A 25). Peine 2014, S. 123–145.

Wiedl, Birgit: *Do hiezen si der Juden mesner ruefen.* Jüdisch-christliche Geschäftsurkunden als Quellen zur Alltagsgeschichte. In: Ludger Lieb, Klaus Oschema u. Johannes Heil (Hgg.): Abrahams Erbe. Konkurrenz, Konflikt und Koexistenz der Religionen im europäischen Mittelalter (Das Mittelalter. Perspektiven mediävistischer Forschung. Beiheft 2). Berlin, München, Boston 2015, S. 437–453.

Wiedl, Birgit: Anti-Jewish Polemics in Business Documents from Late Medieval Austria. In: medieval worlds. comparative & interdisciplinary studies 7 (2018): Verging on the Polemical. Exploring the Boundaries of Medieval Religious Polemic across Genres and Research Cultures, S. 61–79. http://www.medievalworlds.net/0xc1aa5576_0x00390b23.pdf (Zugriff: 14.09.2022).

Wiedl, Birgit: *Von des vorgenanten meines ampts wegen.* The Judenrichter – A Search for Clues. In: Christoph Cluse u. Jörg Müller (Hgg.): Medieval Ashkenaz. Papers in Honour of Alfred Haverkamp (Forschungen zur Geschichte der Juden A 31). Wiesbaden 2021, S. 30–47.

Bart Holterman

Kredit im deutschen Handel mit den Shetlandinseln im Spätmittelalter und in der Frühen Neuzeit

Abstract In the late Middle Ages, hanseatic merchants in the town of Bergen in Norway developed a credit system for their trade with stockfish producers in which commodities were sold on credit, to be repaid in stockfish the next year. This system was adopted in Iceland and has been assumed to exist on the Shetland islands as well when German merchants started to trade there directly.

This article looks at the actual evidence for the use of credit in the German trade with Shetland, mainly based on hitherto unpublished sources from the 17th century that allow a detailed insight into the workings of trade. These sources show a picture quite different from the situation in Norway and Iceland: the use of credit was widespread, but there is only little evidence for the extension of small-scale credit by German merchants to fishermen. Rather, in most cases the Germans were indebted to the local landowners and tax collectors, usually for butter exports or custom payments, which they had to repay with large sums of money.

Explanations for this difference in the use of credit can be found in the different trading conditions. Especially the fishing season, which took place in Shetland in summer rather than in winter, meant that foreign merchants could control the production of dried fish, thereby reducing the need to bind fishermen to them by extending credit. The high demand for money on the islands was another important factor. Finally, the credit relations between German merchants and the local ruling class reflect the changes in the Shetland economy in the 16th and 17th centuries.

Keywords Hanse; North Atlantic Islands; Shetland; Scottish Trade; Credit System

Kontakt

Dr. Bart Holterman,
Deutsches Schifffahrtsmuseum,
Hans-Scharoun-Platz 1,
D-27568 Bremerhaven,
holterman@dsm.museum
https://orcid.org/0000-0002-6414-4092

In: Das Mittelalter 2022, 27(2), 347–369. Heidelberg: Heidelberg University Publishing.
DOI: https://doi.org/10.17885/heiup.mial.2022.2.24662

Im 15. Jahrhundert gerieten die nordatlantischen Inseln Island, Shetland und die Färöer zunehmend in den Blick hansischer Kaufleute. Diese Inselgruppen waren als Schatzländer (altnordisch: *skattlönd*) des norwegischen Königs in das Stapelsystem der Stadt Bergen eingebunden: Die Handelswaren der Inseln sowie Nordnorwegens – hauptsächlich Stockfisch – mussten erst nach Bergen gebracht werden, bevor sie weitergehandelt werden durften. Demgegenüber war es den hansischen Kaufleuten in Bergen untersagt, direkt mit den Inseln und Nordnorwegen zu handeln. Die wirtschaftlichen Beziehungen zwischen den Stockfisch produzierenden Regionen und den Hansekaufleuten war dabei maßgeblich von einem System der Kreditvergabe geprägt und wurden vom Hansekontor zu Bergen kontrolliert.[1] Obwohl Kaufleute namentlich aus Hamburg und Bremen den Stapel im Laufe des 15. Jahrhunderts umgingen, indem sie direkt mit den Inseln handelten, sollen sie auch dort das Bergener Kreditsystem übernommen haben. Jedenfalls für Island ist belegt, dass Kredite auf ähnliche Weise wie in Bergen vergeben wurden und diese ein wesentliches Element der Handelsbeziehungen auf der Insel darstellten.[2] Für den Handel der deutschen Kaufleute auf den Shetlandinseln wurde bisher angenommen, dass ein ähnliches Kreditsystem benutzt wurde. Diese Annahme geht auf Klaus Friedland zurück, der 1973 mit seinem Artikel ‚Der hansische Shetlandhandel'[3] die noch immer grundlegende Studie zu diesem Thema veröffentlichte. Der Artikel wurde zehn Jahre später ins Englische übersetzt[4] und bildet somit die Grundlage für die Behandlung des hansischen Handels in Shetland in der englischsprachigen Forschung.[5] Friedland beschreibt

> *das Ausreedesystem, ein im skandinavischen Wirtschaftsbereich oft angewandtes Verfahren. Dabei wurden die von den Hansen gelieferten Waren als Schuld des Empfängers verrechnet, die im folgenden Jahre durch entsprechende Gegenlieferungen getilgt werden mußte – ein primitives und personengebundenes Wechselgeschäft auf der Basis des bargeldlosen Gütertauschs.*[6]

Damit verbindet er weitreichende Äußerungen über die Abhängigkeit der Shetländer von den Deutschen, wie dass „das Ausbleiben eines Schiffs leicht eine örtliche Versorgungskrise heraufbeschwören" konnte, und dass „das System keine

---

1 Nedkvitne 2014, S. 402–408; Wubs-Mrozewicz 2008, S. 149–151.

2 Holterman 2020, S. 158–163.

3 Friedland 1973.

4 Friedland 1983. Allerdings sind die Anmerkungen und Quellenverweise in der Übersetzung nicht mitpubliziert worden.

5 Smith 1984. Darauf basierend z.B. Ridell 2019; Smith 2019.

6 Friedland 1973, S. 77.

Anpassungsmöglichkeit des Außenhandels an agrarische Produktionsschwankungen oder Änderungen in der Konsumtionskraft" geboten habe.[7] FRIEDLAND versieht seine Äußerungen jedoch nicht mit Quellenverweisen. Lediglich die Anmerkung, dass es sich hier um „ein im skandinavischen Wirtschaftsbereich oft angewandtes Verfahren" handelt, lässt vermuten, dass er von vermeintlichen Parallelen mit dem hansischen Handel in Bergen und Island ausgegangen ist. Nun ist diese Annahme nicht verwunderlich, da es für die Shetlandinseln bis zum späten 16. Jahrhundert kaum Quellen gibt, die belastbare Aussagen über die Handelssituation vor Ort zulassen, und die nordatlantischen Inseln in das Bergener Stapelsystem eingebunden waren. Zudem weisen die Inselgruppen in ihren sozio-ökonomischen und ökologisch-geographischen Ausgangslagen sehr viele Gemeinsamkeiten auf. So sind die Lage weitab vom Festland, die große Bedeutung des Fischfangs und die Siedlungsstruktur mit einzelnen Höfen als Wirtschaftszentren prägend für die ökonomischen Verhältnisse auf allen genannten Inselgruppen.

Dessen ungeachtet gab es viele Unterschiede zwischen den Shetlandinseln, Nordnorwegen und Island, weshalb die Hypothese einer Übernahme des Bergener Kreditsystems ohne Anpassungen an die örtlichen Gegebenheiten wenig wahrscheinlich ist. An erster Stelle ist an den politischen Übergang der Inseln zu Schottland 1469 zu denken, der die Loslösung aus dem Bergener Stapelsystem beschleunigt haben könnte. Die Unterschiede in den Fischfang- und Verarbeitungsmethoden zwischen Shetland und den anderen Inseln stellen einen zweiten wichtigen Faktor dar. Zudem gibt es für Shetland im 16. Jahrhundert zwar wenige, dafür aber für das 17. Jahrhundert eine große Menge an Schriftquellen, die sehr detaillierte Einblicke in die Beziehungen zwischen deutschen Kaufleuten und den Inselbewohnern bieten. Zu dieser Zeit war den Hansen der Handel mit Island und den Färöern wieder verboten worden.[8] Allerdings wurden die meisten dieser Quellen bisher nicht veröffentlicht und deswegen kaum benutzt.[9] Im Folgenden wird der Gebrauch von Krediten im deutschen Handel mit den Shetlandinseln anhand von Schriftquellen überprüft. Gefragt wird, welche konkreten Belege es tatsächlich für Kredite auf Shetland gibt, wie diese funktionierten und wie sie die Beziehungen zwischen deutschen Kaufleuten und ihren Geschäftspartnern vor Ort prägten. Zunächst wird jedoch das Kreditsystem der Hansekaufleute in Bergen und Island skizziert, um einen Vergleich zu ermöglichen. Schließlich

---

7 Ebd.

8 Baasch 1889, S. 50–54; Holterman 2020, S. 124–131.

9 An dieser Stelle gilt mein Dank John Ballantyne, der mir freundlicherweise seine Sammlung von Transkriptionen und Regesten zu Schriftquellen mit einem Shetlandbezug bis 1714 aus unterschiedlichen Archiven und Publikationen zur Verfügung gestellt hat. Große Teile dieser Sammlung (bis 1637) sind bereits veröffentlicht worden; SD 1195–1579; SD 1580–1611; SD 1612–1637.

wird gefragt, ob sich die Inseln wirtschaftlich überhaupt vergleichen lassen und inwieweit die Ergebnisse dieser Studie zum 17. Jahrhundert auf das Spätmittelalter anwendbar sind.

1 Das Kreditsystem in Bergen und die Einbeziehung der Schatzländer

Nach der Mitte des 14. Jahrhunderts nahm die Bedeutung der Kreditvergabe hansischer Kaufleute an norwegische Stockfischhändler und produzenten (die sogenannten ‚Nordfahrer') erheblich zu. Die norwegischen Autoritäten bemühten sich 1350 zum ersten Mal, die Kreditvergabe zu regulieren.[10] In der zweiten Hälfte des 14. Jahrhunderts sind Kredite der hansischen Bergenfahrer in Testamenten sowie im Lübecker Niederstadtbuch nachzuweisen.[11] Hier wird eine Verbindung mit der Pest gesehen, die Nordnorwegen besonders schwer heimsuchte. Der Tod vieler Fischer führte zu einem geringeren Angebot an Stockfisch und zu höheren Preisen. Die damit einhergehenden höheren Gewinne im Stockfischhandel ermöglichten es den Hansen einerseits, Kredite zu vergeben, andererseits sicherte die Vergabe von Handelswaren auf Kredit die spätere Lieferung des Stockfisches bei vermindertem Angebot.[12] Somit entwickelte sich ein bargeldloses Kreditsystem, wobei die Nordfahrer ihre Waren auf Kredit kauften und diese dann später (meistens im nächsten Jahr) in Stockfisch wieder zurückbezahlten. Es gibt keine Hinweise darauf, dass die Hansen dabei Zinsen berechneten. Eher diente das System dazu, langfristige Handelsverbindungen zwischen Nordfahrern und Hansekaufleuten zu schaffen. Obwohl eine beidseitige Abhängigkeit bestand, bot das System den Fischern deutliche Vorteile: Sie konnten sich auch in schlechten Fangjahren auf (Getreide-)Importe verlassen. Der damit einhergehende Wohlstand lässt sich zum Beispiel anhand der höheren Steuersätze für Fischer sowie der wertvollen Kunst in nordnorwegischen Kirchen nachweisen.[13]

Prägend für die Kreditverhältnisse zwischen Nordfahrern und Hansekaufleuten war das Hansekontor in Bergen, das ebenfalls um die Mitte des 14. Jahrhunderts entstand. Gestützt vom Bergener Stapelrecht, das die Nordfahrer verpflichtete, ihren Fisch nach Bergen zu liefern, stand das Kreditsystem unter strenger Kontrolle des Kontors. So war es nur den Wintersitzern, also den Kaufleuten, die sich permanent im Kontor aufhielten, erlaubt, Kreditbeziehungen mit Nordfahrern

10 HUB III, Nr. 169.

11 Bruns 1900, S. 11–63.

12 Nedkvitne 2014, S. 402 f.; Wubs-Mrozewicz 2008, S. 150 f.

13 Wubs-Mrozewicz 2008, S. 150 f.

einzugehen, und dazu nur mit Nordfahrern, die nicht bereits bei einem anderen Wintersitzer verschuldet waren (den sogenannten *frigen kopgenaten*). Kaufleute, die das Kontor nur im Sommer besuchten, konnten den Stockfisch deswegen nur den Wintersitzern abkaufen.[14]

Das System hatte gewisse Ähnlichkeiten mit dem Verlagssystem, bei dem Kaufleute die Produktion von Gütern bei Handwerkern vorfinanzierten und damit eine Abhängigkeit herstellten.[15] Diese Abhängigkeit der Stockfischproduzenten von den Hansekaufleuten war eine der wichtigsten Grundlagen des Kontors und machte es unter anderem für Konkurrenten aus nicht-hansischen Städten schwierig, Zugang zum Bergener Stockfischmarkt zu bekommen.[16] Das System war dadurch auch sehr langlebig. In den Kontorordnungen des 17. Jahrhunderts ist zum Beispiel wiederholt das Verbot des *hupkops*, also das Kaufen von Fischen mit Geld statt mit Warenkrediten, anzutreffen.[17] Sogar nach der Aufhebung des Kontors 1754 wurde das Kreditsystem mit den Nordfahrern durch die – nun norwegischen – Stockfischhändler weitergeführt.[18]

Es gibt einige wenige Hinweise darauf, dass die nordatlantischen Inseln ursprünglich Bestandteil dieses Systems waren. So sind im Testament von Hermen Wiitstock aus Lübeck von 1429 die *nordervaren, mynen copnoten, unde Islenders unde den Helten* [Shetländer], *den Vereren* [Färinger] *und den bunden, de my schuldich sind* aufgelistet.[19] Bei Verkäufen von Handelsgesellschaften werden 1475 und 1521 ebenso Schulden von Isländern, Shetländern und Färingern genannt.[20] Eine Vollmacht aus dem Jahr 1419 für die Eintreibung der noch ausstehenden Schulden der Bischöfe von Orkney beim verstorbenen Kaufmann Heinrich Sparke in Bergen suggeriert zudem, dass auch die Orkney-Inseln Teil des Systems waren.[21]

Einen ersten genaueren Einblick in die Kreditbeziehungen bekommen wir mithilfe eines Rechnungsbuchs eines nicht namentlich genannten Bremer Kaufmanns in Bergen, das von 1575 bis 1578 geführt wurde.[22] Einige Seiten des Buches listen die Schulden auf, welche die Nordfahrer bei ihm hatten. Manche dieser Schulden gingen zurück bis ins Jahr 1561, ein Zeichen dafür, dass die Kredite nicht unbedingt im folgenden Jahr zurückbezahlt wurden. Als Heimat der Nordfahrer werden unterschiedliche Regionen nördlich von Bergen erwähnt. Von Isländern,

---

14 Nedkvitne 2014, S. 406.

15 Lampen 1997, S. 148, Anm. 757.

16 Wubs-Mrozewicz 2005, S. 224.

17 Hammel-Kiesow 2005, S. 118.

18 Skivenes 2005, S. 98–102.

19 Bruns 1900, S. 61.

20 Ebd., S. 138, Anm. 1, S. 177.

21 HUB III, Nr. 255.

22 StAB 7, 2053. Siehe Beutin 1933, S. 119.

Shetländern, Färingern oder Orkadiern findet sich jedoch keine Spur.[23] Da diese Inselgruppen zu diesem Zeitpunkt aber bereits seit Jahrzehnten direkte Handelsverbindungen mit den Hansestädten unterhielten, ist wohl anzunehmen, dass sie am hansischen Handel in Bergen keinen wesentlichen Anteil mehr hatten.

Tatsächlich verwendete das Bergener Kontor die Schädigung des Kreditsystems durch die Aufnahme direkter Handelsbeziehungen mit den Inseln auch als Argument in Beschwerden gegen den Nordatlantikhandel. Auf dem Hansetag 1487 bemängelten die Vertreter des Kontors zu Bergen, dass die ‚isländische Reise' dem Kontor schade und dass der direkte Handel mit Shetland und den Färöern dafür sorge, dass die Schulden der Inselbewohner bei Kaufleuten in Bergen nicht bezahlt würden.[24] Obwohl der direkte Handel mit Island in dieser Beschwerde zwar generell als problematisch dargestellt wird, werden nur Shetland und die Färöer explizit im Zusammenhang mit dem Kreditsystem genannt. Dies lässt vermuten, dass der Handel mit Island zu dieser Zeit bereits kaum mehr über Bergen stattfand, nachdem König Christian I. 1468 erstmals die direkte Islandfahrt erlaubt hatte.[25]

2 Das Kreditsystem in Island

Deutsche Kaufleute, die seit der zweiten Hälfte des 15. Jahrhunderts direkt mit Island handelten, benutzten ein ähnliches Kreditsystem wie in Bergen. Einen sehr genauen Einblick in den Ablauf dieser Kreditgeschäfte bekommen wir dank zweier Schuldbücher: Das erste listet die ausstehenden Kredite des Bremer Kaufmanns Clawes Monnickhusen in Island 1557/58 auf,[26] das zweite die der Oldenburger Islandhandelsgesellschaft aus dem Jahr 1585.[27] Beide handelten zufälligerweise im selben Gebiet um den Hafen Kumbaravogur[28] (in den Quellen *Kummerwage* genannt), was den Vergleich zwischen beiden Büchern erleichtert. Die Isländer kauften Mehl, Bier, Tuche, Eisen(waren), Bauholz, Kleidung und sonstige Waren und bezahlten dafür hauptsächlich mit Fischen, in kleineren Mengen auch mit Tran, Butter und anderen isländischen Produkten.[29] Manchmal ist zu beobachten, dass Schulden teilweise getilgt und gleichzeitig neue Waren auf Kredit verkauft wurden, ohne dass die gesamte Schuld abbezahlt wurde.

---

23 Nedkvitne 2014, S. 414, Tab. V.5.

24 HR III, Bd. 2, Nr. 160, § 149.

25 Hammel-Kiesow 2016, S. 191, Anm. 37, S. 197; ders. 2019, S. 32, Anm. 34.

26 StAB 7, 2051. Dazu Hofmeister 2001; ders. 2019, S. 54–56.

27 Oldenburg, Stadtarchiv, Best. 262–1, Nr. 3. Dazu Ásgeirsson u. Ásgeirsson 1992, S. 87–109.

28 Siehe Holterman 2020, S. 271–278.

29 Hofmeister 2001, S. 33–37; Holterman 2020, S. 56, Tab. 2.1.

Obwohl die meisten Kreditgeschäfte auf der Basis des Tauschhandels stattgefunden haben müssen, gibt es seltene Hinweise auf Kreditgeschäfte mit Geld. So schrieb der Hamburger Rat 1541 an Bischof Gissur Einarsson von Skálholt um Begleichung einer Schuld von 30 *wete* Stockfisch, für die Heine Sander dem Bischof 15 Thaler gegeben hatte. 20 *wete* Fisch waren bereits durch den Abt von Helgafell getilgt worden, zehn waren noch offen.[30] Im Folgejahr schrieb der Rat wieder an Gissur, diesmal wegen einer Schuld von 20 Mark und zehn Schilling für eine Orgel für die Kathedrale von Skálholt. Diese war durch den Kaufmann Hinrick Martens an Gissurs Vorgänger Ögmundur Pálsson geliefert worden.[31] Wegen des größtenteils bargeldlosen Charakters der isländischen Wirtschaft dürften solche Transaktionen jedoch die Ausnahme gewesen sein.

Obwohl die Kreditsysteme in Island und Bergen starke Ähnlichkeiten aufwiesen, waren die Voraussetzungen, unter denen die Kreditgeschäfte stattfanden, sehr unterschiedlich. Wo das Bergener Kreditsystem sich auf die Kontrolle durch das Hansekontor und den Stapelmarkt als zentralen Knotenpunkt im norwegischen Wirtschaftsnetz stützte, fehlten ähnliche Instanzen in Island vollständig. Die Kaufleute fuhren Häfen an, die über die ganze Insel verteilt waren – städtische Siedlungen waren nicht vorhanden –, und es war ausländischen Kaufleuten verboten, sich im Winter auf Island aufzuhalten. Hierdurch fehlte eine ständige und zentrale Kontrolle über die wirtschaftliche Situation vor Ort, vor allem im Winter, wenn der Stockfisch hergestellt wurde. Demgegenüber waren die Kaufleute im Gegensatz zu ihren Kollegen in Bergen frei, herumzureisen und ihre Schuldner am Wohnort aufzusuchen.[32] Das Fehlen der Kontrolle der Kaufleute über die Kreditbeziehungen ermöglichte es den Isländern auch bei mehreren Kaufleuten Schulden zu haben. So lässt sich im Testament (1521) des Gesetzesmannes (*lögmaður*) Vigfús Erlendsson, einem der beiden Vorsitzenden der jährlichen Landesversammlung (*Alþingi*), erkennen, dass er zum Zeitpunkt seines Todes noch Schulden bei elf deutschen und sieben englischen Kaufleuten hatte.[33] Auch eine Analyse der Schuldner aus den beiden oben genannten Schuldbüchern zeigt, dass die isländischen Kunden der Deutschen aus einem Umkreis von etwa 50 Kilometern um die Handelsstation kamen. In diesem Gebiet gab es zudem weitere Handelsstationen, die von anderen deutschen Kaufleuten bedient wurden, so dass davon ausgegangen werden muss, dass die Kunden auch Schulden bei anderen Händlern hatten.[34]

30 StAH Islandica, Bd. 2, 7. April 1541.

31 Ebd., 14. März 1542. Siehe dazu Koch 1997.

32 Holterman, S. 158–164.

33 DI VIII, Nr. 579.

34 Gardiner 2016, S. 85 f.; Holterman 2020, S. 159 f.

Aufgrund dieser Konstellation waren die deutschen Kaufleute bei Problemen mit der Eintreibung ausstehender Schulden stark von der Unterstützung der Obrigkeit abhängig. So wurde auf dem *Alþingi* 1584 auf Wunsch der Hamburger bestätigt, dass Schuldner, die ihre Schulden zu spät bezahlten, ein Bußgeld von 20 Prozent des Wertes leisten mussten.[35] Auf lokaler Ebene ist bekannt, dass die Kaufleute gute Beziehungen zu den *sýslumenn* (Distriktsverwalter) pflegten, die die Handelssituation vor Ort überwachten. Im späten 16. Jahrhundert ist sogar bezeugt, dass deutsche Kaufleute als *sýslumaður* auftraten, so der Bremer Carsten Bake in Snæfellsnes und der Hamburger Jacob Winock im Osten der Insel.[36] Ein weiterer Aspekt, der eine große Rolle gespielt haben dürfte, war die Pflege informeller freundschaftlicher Netzwerke, um die Schuldeintreibung möglichst reibungslos verlaufen zu lassen.

Insgesamt sind die Vorteile des Kreditsystems in Island für die Kaufleute weniger klar als in Bergen: Zwar konnten sie sich mittels der Kreditvergabe der Lieferung des Stockfisches, der während ihrer Abwesenheit im Winter hergestellt wurde, einigermaßen sicher sein, hatten dafür aber weniger Kontrolle über die Situation vor Ort, weil sie sich nicht permanent niederlassen durften. Dagegen hatten sie wahrscheinlich mehr Freiheiten als in Bergen, um Schuldner zuhause aufzusuchen und die Tilgung ihrer Schulden einzufordern. Für die Isländer waren die Vorteile größer, da sie sich auch in schlechten Zeiten auf Warenlieferungen verlassen und mit mehreren Kaufleuten handeln konnten.

Ein Nachteil für die Deutschen war, dass es fast unmöglich war, Schulden einzutreiben ohne neue Kredite zu vergeben. Vor allem beim Verlust einer Handelserlaubnis war dies ein großes Problem. So klagten zum Beispiel die Bremer Kaufleute bei der Einführung des dänischen Handelsmonopols 1601,

> *das auch fast unmöglich fallen wurde, die schulde, welche nun soviell und lange jar doselbst im lande gemacht, also in eill von den armenn leuten heraußer zupreßen, und zubekommenn, bevorab wan sie vermercken wurden, das man keinen handell mehr im lande treiben, und ihnen also nichts mehr zufuhren, borgen, und furstrecken solte, und wolte.*[37]

Möglicherweise ist hier der Hauptgrund für die Übernahme des Bergener Kreditsystems in Island zu sehen: Da die Isländer bereits über den Bergener Stapel an die Kreditvergabe der Kaufleute gewöhnt waren, erwarteten sie die Kreditvergabe

35 AÍ, S. 40.

36 Holterman 2020, S. 188–194.

37 StAB, 2-R.11.ff., Instruktion für Johan von Affelen, 15. November 1601.

auch von den deutschen Kaufleuten, die im späten 15. Jahrhundert direkt in Island handelten.

Ebenso wie in Bergen wurde das Kreditsystem in Island auch nach der Einführung des dänischen Handelsmonopols und dem Ausscheiden der deutschen Kaufleute weitergeführt. Die Dänen waren noch im 18. Jahrhundert sehr zurückhaltend, Fische direkt mit Geld zu bezahlen. Stattdessen blieb das bargeldlose Kreditsystem des 16. Jahrhunderts bestehen, das die Isländer in dauerhafter Abhängigkeit von den fremden Kaufleuten hielt.[38]

3 Das Kreditsystem in Shetland

Wenn das Bergener Kreditsystem in Island weitergeführt wurde, wäre dies auch für die Shetlandinseln zu erwarten (Abb. 1). Tatsächlich gibt es einige Hinweise, dass Kredite einen Teil der gängigen kaufmännischen Praxis ausmachten. So sind zwei Verhöre des Bremer Rates aus den Jahren 1557 und 1575 überliefert, die im Zuge von Konflikten über den Verkauf von Handelsgesellschaften (sogenannte *maschups*), die mit Shetland handelten, entstanden waren. In beiden Dokumenten wird erwähnt, dass die jeweilige Gesellschaft mit allen *uthstande schuldt unnd unschuldt mit sampt denn bodenn unnd bötenn* verkauft worden war.[39] Es ist natürlich möglich, dass dies eine gängige Klausel beim Verkauf solcher Gesellschaften war, aber auch anderswo hören wir von Schulden der Shetländer bei deutschen Kaufleuten.

Eine sehr aufschlussreiche Quelle sind die shetländischen Gerichtsprotokolle der Jahre 1602 bis 1604 (‚Court Book of Shetland'). Hier lassen sich regelmäßig Mahnungen finden, dass die Shetländer ihre Schulden bei deutschen Kaufleuten zurückbezahlen sollen.[40] Zum Beispiel erschien 1602 der Bremer Kaufmann Herman Detken (*Dicken*) vor dem Gericht des Kirchspiels Unst und forderte mit Unterstützung zweier Grundbesitzer auf den Inseln Unst und Fetlar seine Schuldner auf, innerhalb eines Monats ihre Schulden zu bezahlen, unter Androhung einer Strafe, einer *dumra* (Bußgeld für die Missachtung des Gerichtes). Die Aufforderung galt vor allem denjenigen, die vorher mit Detken gehandelt hatten, jetzt aber mit anderen Kaufleuten in Verbindung standen.[41] Ein besonderer Fall ist die Aufforderung von Magnus Detken (*Dicken*) 1604 zur Bezahlung der Kredite des ehemaligen Kaufmanns (*sumtyme merchand*) Tonnies Schneman (*Diones Sueman*)

38 Gunnarsson 1983, S. 171–173.

39 StAB, 2-R.11.kk.: 14. Mai 1557, 4. Mai 1575.

40 CBS, S. 9, 65, 80, 124.

41 Ebd., S. 9.

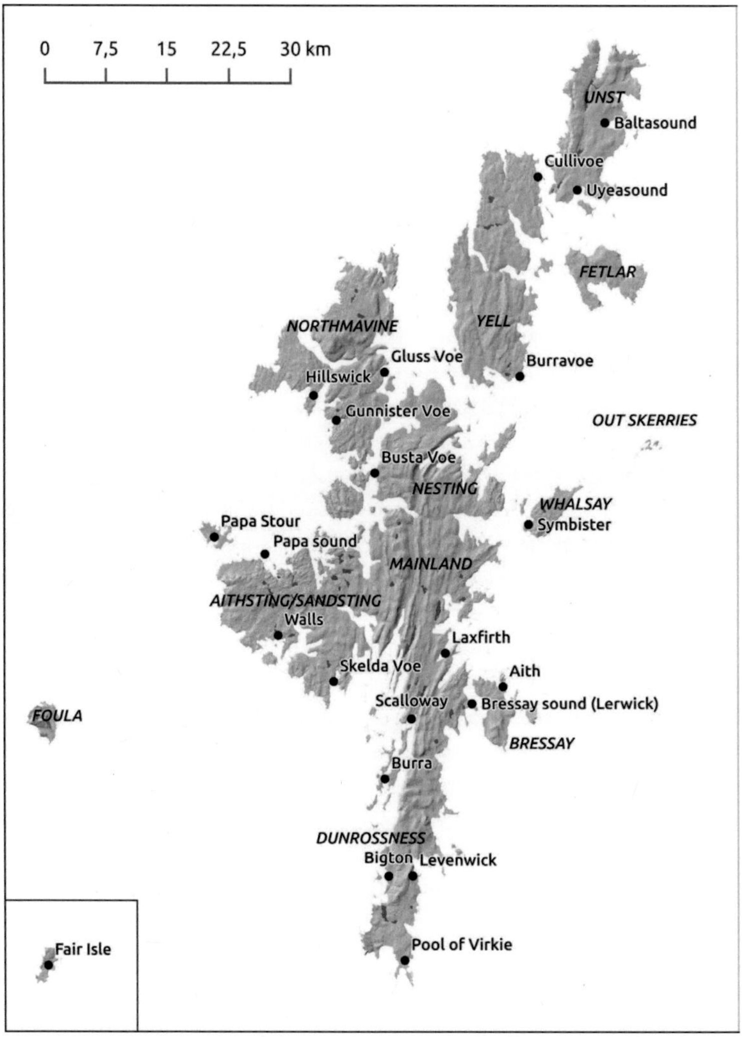

Abb. 1 | Karte der Shetlandinseln mit Handelshäfen und Namen der im Text genannten Kirchspiele und Inseln. Graphik: B. Holterman.

in Dunrossness. Es wird erwähnt, dass viele seiner Schuldner bereits den Kapitän Thomas Knightson bezahlt hatten. Dieser hatte laut einer Vereinbarung zwei Jahre zuvor auf der Insel Bressay für Schneman eine Bude errichten lassen, aber Schneman hatte die dafür fällige Summe von 100 Gulden nie bezahlt. Knightson forderte daraufhin die Summe bei denjenigen ein, die noch Schulden bei Schneman und seiner *mascope* hatten.[42] Die beiden genannten Beispiele suggerieren, dass solche Aufforderungen möglicherweise vor allem bei Beendigung der Geschäftsbeziehungen stattfanden. Auch die Mahnung des Hamburger Kaufmanns Simon Harriestede an seine Schuldner im Kirchspiel Northmavine 1604 könnte mit dem Umzug seines Geschäfts von Northmavine auf die Insel Papa Stour zusammenhängen. Dies geschah wegen eines Konflikts mit dem Kaufmann Orne Meir, wie aus den gleichen Gerichtsakten zu erfahren ist.[43]

Auf den ersten Blick ist hier eine ähnliche Situation wie in Island zu sehen: Kaufleute benutzten unterschiedliche Häfen und handelten in mehreren Gebieten, ohne klare Abgrenzung der Zugehörigkeit der Kunden zu bestimmten Häfen oder Handelsdistrikten. Die Shetländer konnten zudem frei mit mehreren Kaufleuten handeln und bei ihnen Waren auf Kredit kaufen. Bei Nichtbezahlung der Schulden konnten sich die Kaufleute auf die Unterstützung durch die Obrigkeit (bei den örtlichen Gerichten) sowie auf ihre guten Beziehungen zu den Grundherren stützen.

4 Die Fischereipraxis

Ein tieferer Einblick in die Kreditgeschäfte der deutschen Kaufleute in Shetland wäre mithilfe von deren Rechnungsbüchern möglich. Leider sind diese für den Shetlandhandel nicht überliefert. Auf schottischer Seite ist allerdings eine Rechnung mit Fischlieferungen an den Hamburger Kaufmann Otto Make aus dem Jahr 1653 überliefert (*Ane nott of fische delyurt to Otta Macke*).[44] Aus dieser geht hervor, dass unterschiedliche Fischer dem Kaufmann in fast wöchentlichem Takt in den Monaten Juni, Juli und August 1653 ihre gefangenen Fische lieferten. Diese Fische wurden entweder stückweise oder nach ihrem Wert in Gulden aufgelistet. Der zweite Teil der Rechnung beinhaltet eine Liste von Handelswaren, die Make den Fischern verkaufte, vor allem Bier, Tabak und Fischereiutensilien.

Auffälligerweise erwähnt die Rechnung weder Schulden noch sind gestrichene Einträge zu erkennen, die auf die Tilgung von Krediten hinweisen würden. Dies wirft die Frage nach der Handelspraxis auf, die hinter den Einträgen in der

42 Ebd., S. 94f., 124, 153f. Siehe Donaldson 1958, S. 66.

43 CBS, S. 16f., 93f.

44 SA D12/110/9.

Rechnung stand. Einen Hinweis liefert der Aussteller der Rechnung, Andro Greig. In einem Brief seiner Hand aus dem Jahr 1655 an den Baron von Burgh, einen shetländischen Grundherrn, ist mehr über den Handelsablauf zu erfahren. Greig, der mit *your honnored humble servand* unterschreibt, unterrichtet seinen Herrn darin von der geringen Menge Fisch im selben Jahr (*ther is verie evill fishing in this cuntry the yeir*), die seine Pächter gefangen hatten. Unter anderem wurde der Fischfang von dreien seiner Boote bei den Skerries (einer Gruppe kleiner Inseln im Osten Shetlands) an Otto Make geliefert.[45] Es handelte sich hier also aller Wahrscheinlichkeit nach um eine Fischereigesellschaft eines shetländischen Grundbesitzers, auf dessen Rechnung die Transaktionen in der Abrechnung stattfanden. Auch wenn einzelne Fischer als Zulieferer oder Verbraucher namentlich erwähnt werden, handelten sie im Dienst des Herrn von Burgh.[46] Vermutlich wurden die Fischlieferungen und die von Make gekauften Waren am Ende der Handelssaison Ende August miteinander verrechnet. Da Make den Shetländern weitaus weniger Waren verkauft hatte als sie ihm an Fischen geliefert hatten, beglich er die restliche Summe mit Geld.[47] Es ist schwierig, hierin ein Kreditsystem nach Bergener oder isländischem Vorbild zu sehen. Die Verrechnung beider Seiten wurde zwar erst kurz vor Abfahrt des Kaufmanns durchgeführt, wahrscheinlich aus praktischen Gründen, aber für ausstehende Kredite, die erst bei seiner Rückkehr im nächsten Jahr getilgt wurden, gibt es keine Anhaltspunkte.

Vor allem ist hier ein wichtiger Unterschied zur Situation auf Island und in Nordnorwegen zu erkennen: Der Fischfang fand nicht im Winter statt, sondern im Sommer, während die Kaufleute vor Ort waren. Der Grund für diesen Unterschied ist wahrscheinlich in den unterschiedlichen Bedingungen für die Herstellung von Trockenfisch zu suchen. Das Trocknen von Fischen ohne Zugabe von Salz erfordert lange Winter, weswegen Island und die nördlichen Regionen Norwegens dafür hervorragend geeignet sind.[48] Auf den Shetlandinseln sind die Bedingungen wegen der südlicheren Lage weniger geeignet, aber die Zugabe von Salz macht es möglich, auch unter ungünstigeren Umständen Fisch zu trocknen. Unter Einfluss der deutschen Kaufleute wurde daher die Salztrocknung im 16. Jahrhundert die gängige Produktionsmethode. Da Salz von guter Qualität auf den Inseln jedoch nicht vorhanden war, musste es von den Kaufleuten zunächst eingeführt werden. Sie salzten die von den Fischern frisch gelieferten Fische während ihrer

45 NMS, ms. 569, Hibbert Ware Papers.

46 Möglicherweise ist dies ein frühes Beispiel einer *haaf fishing*-Unternehmung, die sich vor allem im 18. Jh. nach dem Verschwinden der deutschen Kaufleute aus Shetland bildeten. Die Fischer waren in diesen Gesellschaften bei den Grundherren verschuldet, die ihnen die Fischausrüstung lieferten. Vgl. Fenton 1978, S. 571–573; Smith 1984, S. 55–60.

47 Shaw 1980, S. 174.

48 Barrett 2016, S. 4.

Anwesenheit im Sommer selbst ein, wie John Brand es in seiner Beschreibung der Inseln 1701 erwähnt.[49] Tatsächlich wurde das Verbot der Einfuhr von Salz auf fremden Schiffen bei der Vereinigung der Königreiche Schottland und England 1707 von Zeitgenossen als Hauptgrund für das Ende der Präsenz der deutschen Kaufleute in Shetland gesehen.[50] Da der Fischfang in Shetland im Sommer statt im Winter stattfand, gab es für die deutschen Kaufleute weniger Anreize, ihre Waren auf Kredit zu verkaufen. Anders war es bei räumlicher Distanz (wie zwischen Nordnorwegen und Bergen) oder wenn die Kaufleute während der Herstellung nicht vor Ort waren (wie in Island). Dann stellte die mangelnde Kontrolle über die Herstellung des wichtigsten Handelsproduktes Trockenfisch einen wichtigen Grund dar, um mittels Kreditvergabe die Stockfischhersteller an sich zu binden und so die Lieferung zu sichern.

5 Die Rolle des Geldes

Wir haben bereits gesehen, wie Otto Make für die Fischlieferungen der Shetländer teilweise mit Geld bezahlte. Tatsächlich scheint Geld – anders als in Island – in den Geschäften der deutschen Kaufleute in Shetland eine große Rolle gespielt zu haben, jedenfalls im 17. Jahrhundert. Im überwiegenden Teil der Quellen, die in irgendeiner Weise Schulden erwähnen, handelt es sich um Geldschulden – manchmal um große Summen. So ist aus dem Testament vom Pfarrer Robert Suentoun in Wais 1612 zu erfahren, dass er unter anderem Schulden bei drei *Dutchman* (deutschen Kaufleuten) hatte, in Höhe von mehr als 57, 22 bzw. 40 Pfund, wie es in seinem Rechnungsbuch (*compt buik*) nachzulesen sei. Im Testament wird nicht erwähnt, was er auf Kredit erhalten hatte.[51] Häufiger als Schulden von Shetländern bei deutschen Kaufleuten sind allerdings Schulden von deutschen Kaufleuten bei Shetländern erwähnt, unter anderem in Schuldbriefen. Oft geht es dabei um Schulden beim Vogt der Inseln, in den Quellen als *Sheriff*, *Sheriff depute* oder *Sheriff principal* bezeichnet. So bezeugen zwei Schuldbriefe aus dem Jahr 1613, dass Bremer Kaufleute dem Vogt Matthew Finlayson 30 Angels bzw. 120 schottische Pfund schuldig waren. In beiden Fällen war der Pfarrer Andro Edmestoun auf der Insel Yell als Bürge berufen.[52] Eine Schuld von 140 alten Reichstalern des Bremer Kaufmanns Henrick Windells beim selben Vogt aus dem Jahr 1618, wofür zwei shetländische Grundherren sowie der Pfarrer Gilbert Mowat von Northmavine bürgten, wurde

49 Brand 1701, S. 131 f.

50 Smith 2019, S. 150; Rössner 2008, S. 120; Shaw 1980, S. 181.

51 NRS CC17/2/2, S. 357 f.

52 SD 1612–1637, Nr. 82 f.

im folgenden Jahr getilgt. In letzterem Fall wird die Schuld als Kredit für 14 Fässer Butter bezeichnet, die Windells von Finlayson bekommen hatte.[53]

Es fällt auf, dass es sich meistens um Butterlieferungen handelt, für die deutsche Kaufleute sich bei Shetländern verschuldet hatten, sofern die Ware überhaupt genannt wird. Diese Butter wurde als Steuer eingenommen und von den Grundherren und Steuereintreibern (*Tacksmen*) an ausländische Kaufleute weiterverkauft.[54] Wegen ihrer schlechten Qualität war sie als Nahrungsmittel nicht geeignet, sondern wurde höchstens als Schmiermittel für Wagenräder benutzt.[55] Es gibt auch Hinweise darauf, dass deutsche Kaufleute die Butter nicht immer gerne als Handelsware annahmen. So beauftrage der *Tacksman* David Murray of Clarden seinen Diener Andro Mowat 1682, *to use all possible means*, um die shetländische Butter bei den deutschen Kaufleuten loszuwerden, was darauf hindeutet, dass er nicht davon ausging, dass die Kaufleute ihm die Butter gerne abkauften.[56] Es stellt sich also die Frage, warum sich die Bremer und Hamburger ausgerechnet für Butterlieferungen verschuldeten und warum das für sie wichtigere Handelsgut Fisch im Kontext der Kreditbeziehungen kaum erwähnt wird. Möglicherweise hängt dies mit den verfügbaren Quellen zusammen: Butter wurde als Steuereinnahme vor allem von den größeren Grundherren und den Machthabern gehandelt. Für Fisch wird angenommen, dass die Kaufleute ihn den Fischern direkt abkauften.[57] Letztere waren wahrscheinlich weniger kapitalkräftig und deswegen nicht in der Lage, größere Fischmengen auf Kredit abzugeben. Außerdem ist die Wahrscheinlichkeit kleiner, dass sie schriftliche Zeugnisse hinterlassen haben. Allerdings waren auch einige Grundbesitzer im Fischhandel aktiv, wie die schottische Rechnung aus dem Jahr 1653 zeigt.

Ein zweiter Grund für häufige Verschuldungen der Deutschen bei den Autoritäten waren Zölle. Der Sheriff John Neven zog 1666 bis 1668 gegen seine Schuldner vor Gericht. Dies betraf sechs Kaufleute aus Hamburg, darunter Otto Make, und sieben aus Bremen, die aufgrund von Einfuhrzöllen (*Cocquet duties*) verschuldet waren. Manche dieser Schulden gingen bis 1651 zurück.[58] Die ständige Erhöhung der Zolltarife für ausländische Kaufleute – ein Ausdruck merkantilistischer Handelspolitik – kann dazu geführt haben, dass die Bremer und Hamburger unter finanziellen Druck gerieten und immer abhängiger von Krediten wurden. Dies zeigen auch Schulden deutscher Kaufleute für Zollzahlungen an David Murray im späten 17. Jahrhundert.[59]

53 Ebd., Nr. 369, 405.

54 Shaw 1980, S. 173.

55 Fenton 1978, S. 440; Donaldson 1958, S. 28.

56 Bressay, Gardie House Archives, GHA/bi/797.

57 Shaw 1980, S. 174; Smith 1984, S. 17.

58 NRS, CS15/418, 8. Februar 1668.

59 Zickermann 2013, S. 87 f.; Shaw 1980, S. 181.

Insgesamt entsteht der Eindruck, dass viele deutsche Kaufleute in Shetland im Laufe des 17. Jahrhunderts quasi dauerhaft für Zölle, Butter und andere Dinge verschuldet waren. Es scheint gängige Praxis gewesen zu sein, dass die Kaufleute Geldzahlungen erst bei ihrer Rückkehr im nächsten Jahr oder noch später tätigten. In einem Brief von Patrick Blair an seinen Herrn William, den Earl of Morton, aus dem Jahr 1665 erwähnt dieser, dass er unter anderem einige Fässer Öl an die Hamburger Kaufleute verkauft hatte, weil dies sicherer war, als sie selbst in Booten zu verschiffen. Obwohl das hieß, dass ein Teil der verkauften Waren erst im nächsten Jahr bezahlt wurde, war dies ein sicheres Geschäft (*the securitie is good*).[60] Die Sicherheit dieser Kreditvergaben für den Kreditor beruhte wahrscheinlich darauf, dass sich Shetländer für die Kaufleute verbürgten, wie unter anderem aus den shetländischen Gerichtsprotokollen ersichtlich ist.

Insgesamt war die Abhängigkeit der Shetlandinseln vom deutschen Geld wahrscheinlich der Grund dafür, dass Kredite für große Summen oft an deutsche Kaufleute vergeben wurden. In vielen Quellen wird die unzureichende Geldzufuhr der deutschen Kaufleute nach Shetland in einzelnen Jahren beklagt oder die große Bedeutung dieser Zahlungen betont. So schreibt John Arnot 1604 an Earl Patrick von Orkney, dass er im selben Jahr nur wenig Silber in Shetland bekommen konnte, weil die *Dutchemen* [Deutsche] *come not weill provydit.*[61] Ähnliche Beschwerden findet man 1640 in den Briefen des *Tacksman* Andro Smith an seinen Bruder Patrick.[62] Der Zufluss des deutschen Geldes war nicht nur für Shetland wichtig, sondern spielte auch für die Wirtschaft der Orkney-Inseln eine bedeutende Rolle, weil mit dem Geld das für Shetland notwendige Getreide der Orkneys bezahlt wurde. So schreibt John Brand 1701, dass *as Zetland could not well live without Orkneys Corns, so neither could Orkney be so well without Zetlands Money,*[63] welches von den Deutschen dorthin gebracht wurde.

6 Netzwerke der Schuldentilgung

Mehrere Quellen des 17. Jahrhunderts ermöglichen nicht nur einen Einblick in die Kreditvergabe zwischen ausländischen Kaufleuten und Inselbewohnern, sondern geben auch Hinweise auf die Wege und Methoden der Schuldentilgung. Auffällig ist dabei, dass dies oft nicht nur eine einfache Transaktion zwischen Schuldner

60 OA D38/2542, Nr. 10, 19. Juni 1665.

61 NRS, RH9/15/107, Nr. 4.

62 NRS, GD190/3/234/4; GD190/3/234/6.

63 Brand 1701, S. 73f. Vgl. Shaw 1980, S. 166.

und Gläubiger darstellte, sondern dass die Schuldentilgung über eine oder mehrere Zwischenpersonen im In- und Ausland verlaufen konnte.

Wichtig ist hier die übliche Organisationsform des Handels in der sogenannten *maschup* oder *mascope(y)*.[64] Wie aus den bereits oben erwähnten Bremer Dokumenten über den Verkauf dieser *maschups* aus den Jahren 1557 und 1575 ersichtlich ist, konnten Kredite und Schulden im Namen der Gesellschaft bestehen. Auch in den beiden deutschen Schuldbüchern zum Islandgeschäft wird dies deutlich: Wurde das Schuldbuch von Clawes Monnickhusen nur von einer Person geführt, so wurde das Schuldbuch der Oldenburger Islandhandelsgesellschaft für die ganze Gesellschaft angelegt.

Allerdings sind die genauen Beziehungen zwischen deutschen Kaufleuten und ihren Vertretern, die auf Shetland ihre Schulden tilgten, nicht immer nachzuvollziehen. Ein Admiralitätsgericht in Gord auf der Insel Papa Stour forderte 1646 den Erben des Hamburger Kaufmanns Dirick Brandt auf, dessen Schulden in Höhe von 320 Pfund an James Mowat of Olaberrie zurückzubezahlen. Die Hälfte sollte sein Bruder Hans bezahlen, derzeit Kaufmann auf Papa Stour, die andere Hälfte *Jeurgen Castensone* (Jurgen Carstensen), der als *factor and servitor* des verstorbenen Dirick und *uplifter and compter of and for his debtis in anno 1645* genannt wird. Die genaue Konstruktion bleibt wegen Papierschäden unklar, aber sicher ist, dass auch der Hamburger Kaufmann Burger Wirtman involviert war, welcher als *outrigger* (Ausreeder) und Partner bezeichnet wird.[65] Unsicher ist also, ob Castensone vollwertiges Mitglied in Brandts Handelsgesellschaft war oder nur in ihrem Dienst stand, was durch die Worte *factor* und *servitor* suggeriert wird.

Ebenso geht aus einem Memorandum des *tacksman* Andro Smith aus dem Jahr 1639 hervor, dass er einem Yan Sour, *factor* für Albert Raddke und Hans Westerman aus Hamburg, Butter im Wert von 550 Talern verkauft hatte.[66] Sour kehrte im Folgejahr nicht nach Shetland zurück, sondern stattdessen ein anderer namentlich nicht genannter ‚Faktor' mit einer Quittung für die Bezahlung der Summe an Joshua Averie in Hamburg.[67] Mit Yan Sour ist wahrscheinlich Johan Suer gemeint, der 1639 als Schiffer im Spendenregister der St.-Annenbruderschaft der Islandfahrer auftaucht, zu der auch die Shetlandfahrer gehörten.[68] Im selben Register wird im nächsten Jahr ein *Rathgens und Westermans Schip* aufgelistet,[69] Albert Rathgen und Hans Westerman waren also offenbar die Reeder. Ob Johan

64 Cordes 1998, S. 264–266; Jahnke 2016, S. 111–113. Für die *maschup* im Nordatlantikhandel siehe Holterman 2020, S. 331–336.

65 OA, SC11/5/1646/1.

66 NRS, GD190/3/235/1.

67 NRS, GD190/3/234/4.

68 StAH, 612-2/5, 2, Bd. 2, fol. 20r.

69 Ebd., fol. 22v.

Suer Mitglied ihrer Handelsgesellschaft war oder nur für eine Reise von ihnen angeheuert worden war, bleibt wiederum unklar, obwohl die zweite Möglichkeit zu vermuten ist.

Wie schon am Beispiel Johan Suers zu sehen ist, wurden ausstehende Schulden nicht immer direkt an die Gläubiger in Shetland ausgezahlt. Auch hier wurden Mittelsmänner in anderen Städten eingesetzt. So sollten auch die Schulden verschiedener deutscher Kaufleute beim *Tacksman* David Murray für Zölle aus dem Jahr 1677 in London oder Edinburgh bezahlt werden.[70] Zweifellos geschah dies nicht direkt bei den Gläubigern, sondern bei nicht näher bekannten Vertrauten.

Nicht selten konnten die Schulden sogar in den deutschen Hafenstädten bezahlt werden, nämlich bei britischen Kaufleuten oder deren Geschäftspartnern, die sich dort niedergelassen hatten.[71] Eine Schuld von 60 Reichstalern von Johan Detken und Harbert Wiesen aus Bremen beim Sheriff John Dick konnte entweder an Dick selbst, seine ‚Faktoren' in Leith und Edinburgh, oder an Archibald Messour in Bremen bezahlt werden.[72] Auf ähnliche Weise sollten 1647 Daniel Westerman, Hans Brand und Jurgen Carstensen ihre Schuld von 200 Reichstalern bei James Mowat of Ollaberrie an die ‚Faktoren' von William Dick of Braid in Hamburg bezahlen.[73]

Die Möglichkeit, Schulden im Shetlandhandel in Hamburg oder Bremen zu tilgen, ging auf die Entwicklung zurück, dass sich im Laufe des 16. und 17. Jahrhunderts immer mehr schottische und englische Kaufleute in den deutschen Hafenstädten niederließen.[74] Eine wichtige Rolle spielten hier die englischen *Merchant Adventurers*, eine Gesellschaft englischer Fernkaufleute, die seit 1567 mit Unterbrechungen in Hamburg eine Niederlassung unterhielten.[75] So war der bereits erwähnte Joshua Averie, dem Johan Suer 1639 seine Schulden bezahlt hatte und davon eine Quittung nach Shetland schickte, Geschäftsführer der *Merchant Adventurers* in Hamburg.[76]

Im selben Jahr 1639 gab es mindestens einen weiteren Fall, in dem ein deutscher Kaufmann Butter auf Kredit von den shetländischen *tacksmen* erhalten hatte. Aus einem Schreiben des Bremer Kaufmanns Cordt Warneke an William Stirling in Edinburgh vom März 1640 geht hervor, dass er in Shetland von George Sinclair of Rapnes (Orkney) für 500 Reichstaler Butter auf Kredit gekauft und seine

70 Zickermann 2013, S. 88.

71 Ebd.

72 SD 1612–1637, Nr. 1150.

73 SA GD144/185/10.

74 Dazu Zickermann 2013.

75 Ehrenberg 1896, S. 76–158; Baumann 1990.

76 Zickermann 2013, S. 86f.

Schuld am 29. November 1639 mittels einer Zahlung an Joshua Averie in Hamburg beglichen hatte. Averie sollte Stirling das Geld schicken, der es wiederum an William Dick oder an Patrick, den Bruder von Andro Smith, bezahlen sollte.[77] Aus anderen Quellen ist mehr über diese Konstruktion zu erfahren: Die Brüder Andro und Patrick Smith waren zusammen mit George Sinclair die *subtacksmen* von Shetland und Orkney. Sie standen im Dienst des *principall tacksman* William Dick of Braid, eines sehr vermögenden Kaufmanns orkadischer Abstammung in Edinburgh, mit politischen Beziehungen zur englischen Regierung und Handelsbeziehungen zum Baltikum und dem Mittelmeergebiet.[78] William Stirling in Edinburgh war zudem der Schwager der Smith-Brüder;[79] laut Anrede in seinem Brief (*unbekanter freundt*) kannte Warneke ihn nicht persönlich.

7 Fazit

Angesichts der Relevanz des Kreditsystems der deutschen Kaufleute in Bergen und Island ist Friedlands Einschätzung, dass es ein solches System auch im deutschen Handel mit den Shetlandinseln gegeben haben muss, leicht nachzuvollziehen. Die Aufforderungen der Bremer und Hamburger an ihre Kunden, ihre Schulden zu bezahlen, wie aus den shetländischen Gerichtsprotokollen ersichtlich ist, könnte man als Hinweis auf die Existenz eines solchen Kreditsystems interpretieren. Gegen die Existenz eines Kreditsystems in Shetland spricht jedoch die Liste von Fischlieferungen an den Hamburger Kaufmann Otto Make aus dem Jahr 1653. Hier sind keine Hinweise auf die Vergabe von Krediten zu erkennen. Auch sonstige Quellen, die Kredite im Shetlandhandel erwähnen, ergeben ein von der Situation in Bergen oder Island abweichendes Bild: In den meisten Fällen sind es die Bremer und Hamburger, die bei den *tacksmen* und Grundherren auf den Inseln verschuldet sind. Es handelt sich um Geldschulden statt um Tauschhandel, und es geht um große Summen statt um Mikrokredite.

Hier ist nochmals auf die großen Unterschiede zwischen Shetland, Nordnorwegen und Island hinzuweisen, trotz aller naturräumlichen, geographischen und sozio-ökonomischen Ähnlichkeiten der Regionen. So ist die Übergabe der Inseln an Schottland 1469 möglicherweise bedeutend gewesen für die schnelle Loslösung Shetlands aus dem Bergener Stapelsystem, das von den Privilegien des dänisch-norwegischen Königs abhing. Obwohl die alten Verbindungen mit Bergen auch

77 NRS, GD190/3/151, Nr. 3; GD190/3/234, 18. März 1640.

78 NRS, GD190/3/232/6. Zu William Dick: Henderson 1888.

79 NRS, GD190/3/208, Bestandsbeschreibung.

in späteren Jahrhunderten wichtig blieben,[80] ist es möglich, dass die politische Loslösung der Inseln von Skandinavien es leichter machte, alte Handelsmuster zu durchbrechen.

Entscheidender waren aber wahrscheinlich die Unterschiede in der Fischfang- und Verarbeitungssaison. Während diese in Island und Nordnorwegen im Winter stattfand, scheint die Fangzeit in Shetland im Sommer gelegen zu haben. Dies ermöglichte es den deutschen Kaufleuten, Ein- und Verkäufe direkt miteinander zu verrechnen und mehr Kontrolle über die Produktion des Salzfisches auszuüben, was die Notwendigkeit der Kreditvergabe wahrscheinlich verringerte. Zudem ist die große Nachfrage nach Geld auf den Inseln entscheidend für die Kreditverhältnisse auf den Shetlandinseln, besonders im 17. Jahrhundert.

Ebenso wie in Island waren die deutschen Kaufleute aufgrund einer fehlenden eigenen Institution auf den Inseln von der Zusammenarbeit mit der Obrigkeit, der gesellschaftlichen Oberschicht und der Kirche abhängig. Über die örtlichen Gerichte und Bürgschaften der Pfarrer und Grundherren waren die ausländischen Kaufleute in die Inselgemeinschaften eingebunden. Die dadurch entstandenen Beziehungen und Netzwerke bekamen nicht zuletzt durch die Vergabe von Krediten in beide Richtungen einen dauerhaften Charakter. Die Tilgung der Kredite über Mittelsmänner in Schottland, England und Deutschland bieten zudem einen Einblick in das internationale Beziehungsgeflecht, in das die Deutschen durch ihre Schulden und Kredite eingebunden waren.

Es stellt sich jedoch die Frage, inwieweit eben diese Beziehungen das Bild der Kreditbeziehungen der deutschen Kaufleute in Shetland verzerren. Immerhin sind die meisten Quellen durch die Gerichte, Steuereintreiber und die Obrigkeit erstellt worden, die große geldbasierte Kredite vergaben. Mangels Quellen der Kaufleute selbst, die einen Einblick in den genauen Geschäftsablauf des Fischhandels bieten könnten, ist unsere Sicht auf mögliche kleinteilige Kreditbeziehungen zu den Fischern verstellt. Entsprechend schwierig ist eine Einschätzung, ob bzw. inwiefern ein Kreditsystem nach Bergener und isländischem Vorbild bestand.

Zudem bleibt die Frage, inwieweit sich das Bild aus den Quellen des 17. Jahrhunderts auf frühere Epochen übertragen lässt. Gerade im 17. Jahrhundert änderten sich die sozio-ökonomischen Bedingungen auf den Inseln grundlegend: Der Einfluss schottischer und englischer Kaufleute wuchs, örtliche Grundbesitzer wurden selbst im Handel tätig, dazu kamen zunehmende Schwierigkeiten für den Handel der Deutschen wie die merkantilistische britische Handelspolitik, steigende Zollsätze, Seeräuberei und Kriegsgeschehen auf der Nordsee.[81] In diese Zeit fällt auch die zunehmende Handelstätigkeit schottischer und englischer Kaufleute in

80 Shaw 1980, S. 178.

81 Ebd., S. 173–182; Smith 2019, S. 149f.

den norddeutschen Hafenstädten, allen voran Hamburg. Die Vergabe von großen Krediten an deutsche Kaufleute scheint deswegen eine typisch shetländische Angelegenheit des 17. Jahrhunderts zu sein, wofür in Bergen und Island keine Parallelen zu sehen sind.

Zur Ausgangsfrage dieses Artikels zurückkehrend, ist nur eine Schlussfolgerung zu ziehen: Es ist gut möglich, dass die deutschen Kaufleute in Shetland ein Kreditsystem nach dem Bergener Modell benutzten, aber konkrete Beweise gibt es dafür kaum. Umso vorsichtiger sollte man sein, an die mögliche Existenz eines solchen Systems weitreichende Aussagen zu knüpfen, zum Beispiel wenn Brian SMITH die späte Entwicklung einer eigenen Kaufmannschaft auf den Shetlandinseln der lähmenden Wirkung des vermeintlichen Verlagssystems der Deutschen zuschreibt.[82] Sicher ist jedenfalls, dass Kredite im deutschen Handel mit Shetland sehr weit verbreitet waren und eine wichtige Rolle in den wechselseitigen Beziehungen zwischen den Kaufleuten und den Inselbewohnern spielten.

Literaturverzeichnis

Quellen

AÍ = Acta comitiorum generalium Islandiæ. Alþingisbækur Íslands. Sögufélag gaf út. Bd. 2. Reykjavík 1912.

Brand, John: A Brief Description of Orkney, Zetland, Pightland Firth and Caithness. Edinburgh 1701.

Bressay, Gardie House Archives: GHA/bi/797.

CBS = The Court Book of Shetland, 1602–1604. Hrsg. v. Gordon Donaldson. Edinburgh 1958.

DI = Diplomatarium Islandicum – Íslenzkt Fornbréfasafn, sem hefir inni að halda Bréf og Gjörninga, Dóma og Máldaga, og aðrar Skrár, er snerta Ísland eða Íslenzka Menn. 16 Bde. Hrsg. v. Jón Sigurðsson u. a. Reykjavík 1857–1952.

HR = Hanserecesse. Die Recesse und andere Akten der Hansetage. 4 Abt. Hrsg. v. Karl Koppmann u. a. Leipzig 1870–1970.

HUB = Hansisches Urkundenbuch. Bd. 3: 1343–1360. Hrsg. v. Konstantin Höhlbaum. Halle a. d. Saale 1882–1886.

NMS = Edinburgh, National Museum of Scotland: ms. 569.

NRS = Edinburgh, National Records of Scotland: CC17/2/2, CS15/418, GD190 und RH9/15/107.

OA = Kirkwall, Orkney Library & Archive (OA): D38/2541/17 und SC11/5/1646/1.

Oldenburg, Stadtarchiv, Best. 262–1, Nr. 3: Rechnungsbuch auf Island, 1585.

SA = Lerwick, Shetland Archives (SA): D12/110/9 und GD144/185/10.

SD 1195–1579 = Shetland Documents 1195–1579. Hrsg. v. John H. Ballantyne u. Brian Smith. Lerwick 1999.

SD 1580–1611 = Shetland Documents 1580–1611. Hrsg. v. John H. Ballantyne u. Brian Smith. Lerwick 1994.

82 Smith 2019, S. 148.

SD 1612–1637 = Shetland Documents 1612–1637. Hrsg. v. John H. Ballantyne. Lerwick 2016.

StAB = Bremen, Staatsarchiv: 2-R.11.ff.; 2-R.11.kk.; 2-W.9.b.10; 7, 2051 und 2053.

StAH = Hamburg, Staatsarchiv: 111-1 Senat, Cl. VII Lit. Kc. no. 11 Handel mit Island (Islandica), Vol. 2 (1535–1560); 612–2/5 Kaufmannsgesellschaft der Islandfahrer, Annenbruderschaft, 1520–1842.

Forschungsliteratur

Ásgeirsson, Ásgeir u. Ólafur S. Ásgerisson: Saga Stykkishólms 1596–1845. Kauphöfn og verslunarstaður. Stykkishólmur 1992.

Baasch, Ernst: Die Islandfahrt der Deutschen: namentlich der Hamburger, vom 15. bis 17. Jahrhundert (Forschungen zur hamburgischen Handelsgeschichte 1). Hamburg 1889.

Barrett, James H.: Medieval Sea Fishing, AD 500–1550. Chronology, Causes and Consequences. In: Ders. u. David C. Orton (Hgg.): Cod & Herring. The Archaeology of Medieval Sea Fishing. Oxford 2016, S. 250–272.

Baumann, Wolf R.: The Merchants Adventurers and the Continental Cloth-Trade (1560s–1620s). Berlin, Boston 1990.

Beutin, Ludwig: Alte bremische Handlungsbücher. In: Bremisches Jahrbuch 34 (1933), S. 118–130.

Bruns, Friedrich: Die Lübecker Bergenfahrer und ihre Chronistik (Hansische Geschichtsquellen N. F. 2). Berlin 1900.

Cordes, Albrecht: Spätmittelalterlicher Gesellschaftshandel im Hanseraum (Quellen und Darstellungen zur hansischen Geschichte N. F. 45). Wien, Köln, Weimar 1998.

Donaldson, Gordon: Shetland Life under Earl Patrick. Edinburgh 1958.

Ehrenberg, Richard: Hamburg und England im Zeitalter der Königin Elisabeth. Jena 1896.

Fenton, Alexander: The Northern Isles. Orkney and Shetland. Edinburgh 1978.

Friedland, Klaus: Der hansische Shetlandhandel. In: Ders. (Hg.): Stadt und Land in der Geschichte des Ostseeraums. Wilhelm Koppe zum 65. Geburtstag überreicht von Freunden und Schülern. Lübeck 1973, S. 66–79.

Friedland, Klaus: Hanseatic Merchants and Their Trade with Shetland. In: Donald J. Withrington (Hg.): Shetland and the Outside World 1469–1969 (Aberdeen University Studies Series 157). Oxford 1983, S. 86–95.

Gardiner, Mark: The Character of Commercial Fishing in Icelandic Waters in the Fifteenth Century. In: James H. Barrett u. David C. Orton (Hgg.): Cod & Herring. The Archaeology of Medieval Sea Fishing. Oxford 2016, S. 80–90.

Gardiner, Mark u. Natascha Mehler: Introduction. German Trade in the North Atlantic. In: Dies. u. Endre Elvestad (Hgg.): German Trade in the North Atlantic c. 1400–1700. Interdisciplinary Perspectives (AmS-Skrifter 27). Stavanger 2019, S. 9–24.

Gunnarsson, Gisli: Monopoly Trade and Economic Stagnation. Studies in the Foreign Trade of Iceland 1602–1787. Lund 1983.

Hammel-Kiesow, Rolf: Quellen zur Lübecker Bergenfahrt im 17. Jahrhundert aus den Beständen des Archivs der Bergenfahrerkompanie zu Lübeck und des Hansischen Kontors zu Bergen in Norwegen. In: Antjekathrin Graßmann (Hg.): Das Hansische Kontor zu Bergen und die Lübecker Bergenfahrer. International

Workshop Lübeck 2003 (Veröffentlichungen zur Geschichte der Hansestadt Lübeck B 41). Lübeck 2005, S. 116–139.

Hammel-Kiesow, Rolf: Die Politik des Hansetags. Möglichkeiten und Grenzen gemeinsamer Politik am Beispiel des Nordatlantikhandels. In: Ders. u. Stephan Selzer (Hgg.): Hansischer Handel im Strukturwandel vom 15. zum 16. Jahrhundert. Trier 2016, S. 183–208.

Hammel-Kiesow, Rolf: The North Atlantic Trade with Iceland, Shetland, Orkney and the Faroes and the Policy of the Hanseatic Diet. In: Natascha Mehler, Mark Gardiner u. Endre Elvestad (Hgg.): German Trade in the North Atlantic c. 1400–1700. Interdisciplinary Perspectives (AmS-Skrifter 27). Stavanger 2019, S. 27–42.

Henderson, T. F.: Dick, Sir William. In: Oxford Dictionary of National Biography, Bd. 15 (1888), S. 18f.

Hofmeister, Adolf E.: Das Schuldbuch eines Bremer Islandfahrers aus dem Jahre 1558. Erläuterung und Text. In: Bremisches Jahrbuch 80 (2001), S. 20–50.

Hofmeister, Adolf E.: Bremen's Trade with the North Atlantic, c. 1400–1700. In: Natascha Mehler, Mark Gardiner u. Endre Elvestad (Hgg.): German Trade in the North Atlantic c. 1400–1700. Interdisciplinary Perspectives (AmS-Skrifter 27). Stavanger 2019, S. 53–62.

Holterman, Bart: The Fish Lands. German Trade with Iceland, Shetland and the Faroe Islands in the Late 15th and 16th Century. Berlin 2020.

Jahnke, Carsten: Mit Strukturen von gestern auf Märkte von morgen? Hansische Kaufleute und deren Handelsorganisation an der Wende vom 15. zum 16. Jahrhundert. In: Rolf Hammel-Kiesow u. Stephan Selzer (Hgg.): Hansischer Handel im Strukturwandel vom 15. zum 16. Jahrhundert (Hansische Studien 25). Trier 2016, S. 101–136.

Koch, Friederike Christiane: Forschungsergebnisse über die erste Orgel in Skálholt/Südisland. In: Island. Zeitschrift der Deutsch-Isländischen Gesellschaft e. V. Köln und der Gesellschaft der Freunde Islands e. V. Hamburg 3/1 (1997), S. 42–45.

Lampen, Angelika: Fischerei und Fischhandel im Mittelalter. Wirtschafts- und sozialgeschichtliche Untersuchungen nach urkundlichen und archäologischen Quellen des 6. bis 14. Jahrhunderts im Gebiet des Deutschen Reiches. Husum 1997.

Nedkvitne, Arnved: The German Hansa and Bergen 1100–1600 (Quellen und Darstellungen zur hansischen Geschichte N. F. 70). Köln 2014.

Ridell, Linda: Shetland's German Trade – on the Verge of Colonialism?. In: Northern Scotland 10 (2019), S. 1–19.

Rössner, Philipp Robin: Scottish Trade with German Ports, 1700–1770. A Sketch of the North Sea Trades and the Atlantic Economy on Ground Level (Studien zur Gewerbe- und Handelsgeschichte der vorindustriellen Zeit 28). Stuttgart 2008.

Shaw, Frances J.: The Northern and Western Islands of Scotland. Their Economy and Society in the Seventeenth Century. Edinburgh 1980.

Skivenes, Arne: "So Long – and Thanks for All the Fish!". The German Wharf Fish Trade as Seen in Bergen. Archival Sources. In: Antjekathrin Graßmann (Hg.): Das Hansische Kontor zu Bergen und die Lübecker Bergenfahrer. International Workshop Lübeck 2003 (Veröffentlichungen zur Geschichte der Hansestadt Lübeck B 41). Lübeck 2005, S. 94–109.

Smith, Brian: Shetland and Her German Merchants, c. 1450–1710. In: Natascha

Mehler, Mark Gardiner u. Endre Elvestad (Hgg.): German Trade in the North Atlantic c. 1400–1700. Interdisciplinary Perspectives (AmS-Skrifter 27). Stavanger 2019, S. 147–152.

Smith, Hance D.: Shetland Life and Trade, 1550–1914. Edinburgh 1984.

Wubs-Mrozewicz, Justyna: The Bergenfahrer and the Bergenvaarders. Lübeck and Amsterdam in a Study of Rivalry c. 1440–1560. In: Antjekathrin Graßmann (Hg.): Das Hansische Kontor zu Bergen und die Lübecker Bergenfahrer. International Workshop Lübeck 2003 (Veröffentlichungen zur Geschichte der Hansestadt Lübeck B 41). Lübeck 2005, S. 206–230.

Wubs-Mrozewicz, Justyna: Traders, Ties and Tensions. The Interactions of Lübeckers, Overijsslers and Hollanders in Late Medieval Bergen (Groninger Hanze Studies 3). Hilversum 2008.

Zickermann, Kathrin: Across the German Sea: Early Modern Scottish Connections with the Wider Elbe-Weser Region (The Northern World 62). Leiden 2013.

Nathanael Busch

Zur Bewertung von Kreditbeziehungen in der deutschen Literatur des Mittelalters am Beispiel des ‚Iwein' Hartmanns von Aue

Abstract In Hartmann von Aue's novel, there is a remarkable passage during the final duel between the table knights Iwein and Gawein in which the fight is described using metaphors from the semantic field of moneylending. Analysing the use of credit terminology in such a prominent place can provide new perspectives on the materiality of credit relations in two respects. On the one hand, the use of this terminology suggests that the audience was already familiar with the underlying credit mechanisms around 1200 which raises the question of the social valuation of the metaphor. On the other hand, although money is actually being talked about, it is not about money, but about the distribution of honour. Credit and repayment are viewed positively; this does not yet correspond to the devaluation of the usurer in later literature.

Keywords Hartmann von Aue; 'Iwein'; Credit; Duel; Metaphor; Honour

1 Kampf mit Wörtern

Wer Geld hat, kommt in die Hölle. Das muss ein Wucherer erfahren, der, obwohl kinderlos, im Sterben liegend fortwährend ausruft: *Bringet my myne leuen kindere, dat se my trosten.*[1] Verwundert graben

1 Der Große Seelentrost, 9. Gebot, 18. Exempel, S. 249.

Kontakt

Prof. Dr. Nathanael Busch,
Universität Marburg,
Deutsche Philologie des Mittelalters,
Deutschhausstraße 15,
D-35032 Marburg,
buschn@uni-marburg.de
https://orcid.org/0000-0001-9683-113X

 Nathanael Busch: Zur Bewertung von Kreditbeziehungen in der deutschen Literatur des Mittelalters am Beispiel des ‚Iwein' Hartmanns von Aue. In: Das Mittelalter 2022, 27(2), 370–389. Heidelberg: Heidelberg University Publishing. DOI: https://doi.org/10.17885/heiup.mial.2022.2.24663

die Umstehenden auf seine Anweisung ein Loch in den Schlafzimmerboden und stoßen auf eine Kiste, in der sich seine vermeintlichen Kinder befinden: ein Haufen Silber und Gold. Als der Wucherer stirbt, kriechen aus der Öffnung im Boden auf einmal unzählige Würmer, die den Leichnam verzehren. Die Figur des Wucherers wird in dieser kurzen Erzählung in ein denkbar schlechtes Licht gerückt. Er hat Mitmenschlichkeit durch angehäufte Reichtümer ersetzt, für die er die eigentümliche Bezeichnung ‚Kinder' gebraucht; erbärmlicher noch, sie sind für ihn ohne fremde Hilfe nicht mehr zugänglich und im Moment des Todes ohnehin nutzlos geworden. Für seinen Leib gibt es kein Entrinnen. Die Würmer als Zeichen der Verwesung zeigen, dass die irdischen Reichtümer vergeblich zusammengerafft wurden, und deuten auf die Hölle hin, in der seine Seele enden wird.

Diese Geschichte findet sich im ‚Großen Seelentrost', einer niederdeutschen Exempelsammlung des 14. Jahrhunderts. Ähnliche Darstellungen des Wucherers – er ist nicht individualisierte Figur, sondern wiederkehrender Typus – sind in der spätmittelalterlichen Literatur gängig. Ein Panorama, wie es die kürzlich erschienene Anthologie zum Thema ‚Geld in der Literatur des Mittelalters' bietet, zeigt zwar, wie facettenreich die einschlägigen Texte sind, doch die Geschichte aus dem ‚Großen Seelentrost' weicht von der Wahrnehmung des Geldes im Gros der Texte nicht ab.[2] Geld und alle, die es besitzen, werden fast durchgängig negativ bewertet; wer es verleiht, verschreibt sich dem Teufel. Vereinfacht gesagt, gibt es in literarischen Texten des Mittelalters drei Modi des Umgangs mit Geld und dessen Verleih: verdammen, verlachen und verschweigen.[3] Man verflucht die Gewinnsüchtigen, parodiert sie oder aber man schweigt[4] über das alltäglich gewordene Geld. In der negativen Bewertung der Kreditgeschäfte schlägt sich jener kirchliche Diskurs in der spätmittelalterlichen Literatur nieder, der insbesondere mit den Armutsbewegungen popularisiert wurde: Aus der biblischen Lehre wird ein kanonisches Verbot, auch nur geringe Zinsen bzw. *wuocher* für verliehenes Geld zu nehmen, abgeleitet.

Trotz dieses Verbots weiß die Wirtschaftsgeschichte von vielfältigen Kreditformen im Mittelalter zu erzählen.[5] Es gab zahlreiche Akteure, zeitweise auch kirchliche, die sich am Geschäft beteiligten; aus dem kirchlichen Verbot gingen Ausnahmen und Privilegien hervor.[6] Hinweise auf Kreditbeziehungen finden

2 Busch u. Fajen 2021. Aufgenommen wurden nur vollständige Texte und auch nur solche, die Geld nicht bloß erwähnen; Exempla blieben unberücksichtigt (ebd., S. XXIII). Der in diesem Aufsatz diskutierte Abschnitt aus dem ‚Iwein' wurde in der Anthologie nicht berücksichtigt.

3 Ebd., S. XIX–XXII.

4 Zum Beispiel entsteht die Liebeslyrik des ‚Dolce Stile Novo' just in jenen italienischen Städten, in denen auch die großen Banken und Handelshäuser ansässig sind.

5 Vgl. z. B. Gilomen 1990.

6 Gilomen 2018.

sich im pragmatischen Schrifttum wie zum Beispiel in juristischen Texten oder Urkunden, die in einer gewissen Spannung zur abwertenden Darstellung etwa des eingangs genannten Wucherer-Exemplums stehen. Es wäre ausführlicher zu erarbeiten, wie diese Spannung zwischen diskursiver Ablehnung und nüchterner Praxis im Kreditregime zu erklären ist, ob sie sich etwa aus einem Deutungskampf erklärt oder ob sie aus zeitgenössischer Sicht nicht als widersprüchlich empfunden wurde. In dieser Hinsicht bemerkenswert sind die (vergleichsweise) seltenen und frühen Fundstücke, in denen das Kreditwesen nicht problematisiert erscheint.[7]

Eine bedeutende und zugleich schwierige Stelle, in der Kreditbeziehungen weder verdammt noch verlacht werden, findet sich im ‚Iwein' Hartmanns von Aue, einem um 1200 entstandenen Artusroman, der zu den beliebtesten mittelhochdeutschen Erzähltexten gehört. Er berichtet von einem Ritter, der sich nach einer Verfehlung eine neue Identität als ‚Löwenritter' erkämpft. Insgesamt spielen Geld und Kredit in vergleichbaren Werken der höfischen Literatur kaum eine Rolle. Die für die Reisen eines Ritters benötigten finanziellen Mittel bleiben weitgehend ausgeklammert;[8] wenn Geld thematisiert wird, dann erscheint es als handlungsauslösendes Motiv einer (ungerechtfertigten) Tributforderung.[9] Deshalb ist die fragliche Stelle von herausgehobenem Interesse. Sie findet sich kurz vor dem Ende des Romans, als Iwein in einen Zweikampf mit Gawein verwickelt wird, bei dem sich die vollgerüsteten Freunde nicht erkennen. Die Darstellung des Kampfes ist gegenüber der französischen Vorlage Chrétiens de Troyes (dort Verse 5991–6205) markant verändert worden: Die eigentliche Handlung des Showdowns hat Hartmann nicht nur verlängert – der Kampf umfasst mit Vor- und Nachbereitung rund 800 Verse –, sie wird auch vom Erzähler mehrfach durch Exkurse unterbrochen. An einer Stelle beschreibt er die Kampfhandlungen mit Kreditterminologie, mit Metaphern aus dem Bereich der Ökonomie also, die nicht der Wiedergabe von geldbezogenen Tätigkeiten dienen, sondern der Umschreibung von Schwerthieben. Das Austeilen der Hiebe wird mit dem Verleihen und Zurückzahlen von Geld in Beziehung gesetzt.

---

7 Bekannt ist über die hier diskutierte Stelle hinaus beispielsweise die wundersame Geldvermehrung in der ‚Gregorius'-Erzählung Hartmanns von Aue, in der ein Abt einen geringen Betrag über mehrere Jahre zu einem beträchtlichen Vermögen mehrt; vgl. Hölzle 1977. Weitgehend unberücksichtigt geblieben ist dagegen das Minnelied 8 des Rost, Kirchherr zu Sarnen, bei dem Kredit bei einem Pfandleiher mit der Liebe zu einer Frau enggeführt wird (Die Schweizer Minnesänger, S. 263f.). Im weiteren Umfeld wäre auch die Beschreibung eines prächtigen städtischen Marktes, auf dem voll beladene Wechselbänke aufgebaut sind, im niederländischen ‚Perchevael' zu sehen (De Middlenederlandse *Perceval*-traditie, V. 249–251, S. 241).

8 Schneider 2017, S. 179f.

9 Peters 2017; im ‚Iwein' findet sich eine solche Tributforderung bei den Damen von der Jungfraueninsel auf der sogenannten ‚Burg zum schlimmen Abenteuer'.

Dieses Bild erscheint in zweifacher Hinsicht bemerkenswert. Einerseits zeugt die Verwendung der Kreditterminologie von einem (wenn auch begrenzten) Wissen um die zugrundeliegenden lebensweltlichen Praktiken. Andererseits erscheint sie für die Beschreibung eines Kampfes auf den ersten Blick unangemessen. Diesen beiden Aspekten möchte ich im Folgenden nachgehen. Zunächst soll herausgearbeitet werden, auf welche Praktiken in der Textstelle angespielt wird. Im Anschluss ist zu überlegen, was diese Metaphorik für die Erzählung leistet, das nicht hätte anders ausgedrückt werden können. Gefragt werden soll also nach der Funktion der Ausdrücke im Kontext. Weil die Stelle zentral für den vorliegenden Zusammenhang ist, sei sie vollständig zitiert.[10]

si entlihen kreftiger slege	Sie liehen mehr kraftvolle Schläge aus,
mê dan ich gesagen mege,	als ich es berichten kann,
âne bürgen und âne pfant,	(taten es aber) ohne jede Absicherung,
und wart vergolten dâ zehant.	und dort wurde auf der Stelle zurückgezahlt.
Swer gerne giltet, daz ist guot:	Es ist lobenswert, wenn einer eine Schuld bereitwillig begleicht,
wan hât er borgennes muot,	denn, wenn er borgen möchte,
sô mac er wol borgen.	dann ist er leicht dazu in der Lage zu borgen.
daz muosen sî besorgen,	Sie mussten dafür Sorge tragen,
swer borget und niht gulte,	dass, wenn einer borgt, aber nicht zurückzahlt,
daz er des lîhte engulte.	er möglicherweise einen Schaden davonträgt.
borgetens âne gelten,	Würden sie ohne Rückzahlung borgen,
des vorhten sî engelten;	dann hätten sie Angst vor dem Schaden;
wand ers ofte engiltet	weil einer oftmals einen Schaden davon hat,
swer borc niene giltet.	wenn er das Geborgte nicht begleicht.
sî hetens dâ engolten,	Sie hätten dort einen Schaden davon gehabt,
dane wurde borc vergolten;	wäre das Geborgte nicht zurückgezahlt worden;
dâ von ir ietweder galt	deshalb beglich ein jeder von ihnen seine Schulden,
daz ers an lobe niht engalt.	damit er keinen Ruhm einbüßte.
sî muosen vaste gelten	Sie mussten rasch die Schuld begleichen,
vür des tôdes schelten	um der öffentlichen Bloßstellung durch den Tod
und vür die scheltære	und durch Schmähdichter zu entgehen,
bœser geltære.	die die säumigen Schuldner anprangern.
si entlihen bêde ûz voller hant,	Sie liehen beide mit Überfluss aus
und wart nâch gelte niht gesant:	und man brauchte nicht nach Rückzahlung zu schicken:
wand sî heten ûf daz velt	Denn sie hatten beide auf den Kampfplatz
beide brâht ir übergelt	mehr als ihre Rückzahlung[11] gebracht
und vergulten an der stat	und zahlten auf der Stelle

10 Hartmann von Aue: Iwein. Hrsg. v. Benecke u. Lachmann. Die Übersetzung dient der Dokumentation meines Textverständnisses. Hervorhebungen sowie die Gliederungsstriche stammen von mir. Zur Stelle allgemein vgl. die Literaturhinweise bei Gebert 2019, S. 178 f., Anm. 272.

11 Zur Bedeutung des Wortes *übergelt* siehe unten Abschnitt 3 auf der Höhe von Anm. 27.

mê und ê dan man sî bat.	mehr und früher zurück, als man sie gebeten hatte.

verlegeniu müezekheit	Träge Untätigkeit
ist gote und der werlte leit:	ist Gott und der Welt ein Ärgernis:
dâne lât sich ouch nieman an	Darauf lässt sich auch nur
niuwan ein ***verlegen*** *man.*	ein träger Mensch ein.
Wer gerne lebet nâch êren,	Wer bereitwillig für seinen Ruf lebt,
der sol vil starke kêren	der soll entschlossen
alle sine sinne	sein ganzes Denken
nâch etelîchem gewinne,	auf viele Gewinne richten,
dâ mit er sich wol bejage	damit er sich angemessen beschäftigt
und ouch vertrîbe die tage.	und auch die Zeit vertreibt.
alsô heten sî getân:	Auf diese Weise taten sie es:
ir leben was niht verlân	Ihr Leben war nicht verschenkt
an deheine ***müezekheit****.*	an irgendeine Untätigkeit.
in was beiden vil leit	Es verdross sie beide,
swenne ir tage giengen hin	wann immer ihre Tage dahingingen
daz sî deheinen gewin	ohne einen Gewinn
an ir koufe envunden,	in ihrem Geschäft zu erzielen,
des sî sich underwunden.	das sie betrieben.

sî wâren zwêne mære	Die zwei waren berüchtigt
karge wehselære	als durchtriebene Geldwechsler
und entlihen ûz ir varende guot	und liehen ihre bewegliche Habe
ûf einen seltsænen muot.	in ungewöhnlicher Absicht aus.
sî nâmen wuocher dar an	Sie nahmen (zwar) Zins daran
sam zwêne werbende man:	wie zwei Geschäftsmänner:
sî pflâgen zir gewinne	(Doch) für ihren Gewinn hatten
harte vremder sinne.	sie sehr merkwürdige Vorstellungen.
dehein koufman hete ir site,	Benähme ein Kaufmann sich wie sie,
ern verdurbe dâ mite:	ginge er damit pleite.
dâ wurden sî rîche abe.	Sie aber wurden damit reich.
si entlihen nieman ir habe,	Wenn sie jemandem ihren Besitz liehen,
in enwære leit, galt er in.	waren sie verärgert, wenn er ihn zurückzahlte.
nû sehent ir wie selch gewin	Nun werdet ihr sehen, wie ein solcher Gewinn
ieman gerîchen mege.	jemanden reich machen kann.
da entlihen sî stiche und slege	Dort liehen sie Stiche und Hiebe
beide mit swerten und mit spern:	sowohl mit Schwertern als auch mit Lanzen;
desn moht sî nieman gewern	das konnte ihnen niemand
vol unz an daz halbe teil:	auch nur zur Hälfte bezahlen:
des wuohs ir êre und ir heil.	Dadurch wuchsen ihr Ansehen und ihr Erfolg.
ouch was ir wehsel sô gereit	Auch war ihr Wechsel so verfügbar,
daz er nie wart verseit	dass er nie
manne noch wîbe,	irgendwem versagt worden wäre,
sine wehselten mit dem lîbe	der nicht zu Lebzeiten
arbeit umb êre.	Mühe gegen Ansehen getauscht hätte.
sine heten nie mêre	Sie hatten noch nie
in alsô kurzen stunden	in so kurzer Zeit
sô vollen gelt vunden:	vollständige Rückzahlung erhalten:

si entlihen nie einen slac	Sie liehen keinen Schlag aus,
wan dâ der gelt selb ander lac.	ohne dass die andere Seite ihn zurückgezahlt hätte.
die schilte wurden dar gegeben	Die Schilde wurden daran gegeben
ze nôtpfande vür daz leben:	als unfreiwilliges Pfand für das Leben:
die hiuwens drâte von der hant.	Die schlugen sie sogleich aus den Händen.
done heten sî dehein ander pfant	Da hatten sie kein weiteres Pfand
niuwan daz îsen alsô bar:	als das blanke Eisen:
daz verpfanten sî dar.	Das verpfändeten sie daran.
ouch enwart der lîp des niht erlân	Auch wurde ihren Leben nicht erspart,
ern müese dâ ze pfande stân:	dort zu Pfande zu stehen:
den verzinseten sî sâ.	Für diese entrichteten sie sofort den Zins.
die helme wurden eteswâ	Die Helme wurden allenthalben
vil sêre verschrôten,	ganz und gar zerhauen,
daz die meilen rôten	dass die Panzerringe rot wurden
von bluote begunden,	von Blut,
wande sî vil wunden	denn sie empfingen viele Wunden
in kurzer stunt enpfiengen	in kurzer Zeit,
die niht ze verhe engiengen.	die nicht tödlich waren.

Die Textstelle kann in drei Teile unterteilt werden. Im Zentrum des ersten Abschnitts (7145–7170) steht das ‚Zurückgeben' (mhd. *gelten*), das ganze 17-mal in verschiedenen Formen genannt wird (im Textausschnitt unterstrichen) und zumeist noch im Reim erscheint. Der zweite Abschnitt (7171–7188) entfernt sich von der Metaphorik der Rückzahlung und bewertet das Tätigsein allgemein. Zentraler Begriff ist die *verlegeniu müezekheit* (fett ausgezeichnet), also die Untätigkeit wohl im Sinne der *acedia*. Der Übergang zum letzten Abschnitt (7189–7234) ist nicht mehr gleichermaßen scharf unterscheidbar wie derjenige vom ersten zum zweiten, und der dritte Teil kreist auch nicht mehr um einen einzigen Begriff. Fließend geht der Gedankengang über zu den Tätigkeiten eines *wehselære* (Begriffe doppelt unterstrichen): *gewin, wehsel, kouf, pfant* (hinzu kommen Wörter aus dem weiteren Feld der Kreditterminologie wie *guot, habe, wuocher, verzinsen*).

2 Ökonomische Eigentümlichkeiten

Die Abschnittsgliederung verdeutlicht, dass mit der Metaphorik ein eigenwilliger Gedankengang von der Rückzahlung über das Tätigsein zum Geldverleih einhergeht, der einen genaueren Blick auf die Verwendung der Terminologie erforderlich macht. Hartmann zündet zur Beschreibung des Kampfes ein rhetorisches Feuerwerk, was sich etwa an der mehrfachen Epipher *gelten* zeigt. Die Wortwiederholung ist schwer zu übersetzen, weil die semantische Polyvalenz der Wörter fruchtbar gemacht wird, sie werden nicht immer im gleichen Sinn verwendet, sondern Hartmann spielt mit der Bedeutungsvielfalt. Im neuen ‚Mittelhochdeutschen Wörterbuch' wurden für *gelten* ganze fünf Spalten reserviert, in denen

13 Bedeutungen unterschieden werden, ausgehend von „Schuld zurückzahlen", aber auch einfach „bezahlen", über „eintragen" bis hin zu „um etw. gehen" oder „gültig sein".[12] Insbesondere ist hier wie auch bei anderen Wörtern in diesem Textausschnitt nicht immer ersichtlich, ob die wörtliche oder die übertragene Bedeutung zum Ausdruck kommt. Stets sind zwei Ebenen zu bedenken: Es bleibt uneindeutig, wie zu verstehen ist, wenn Hiebe ‚ausgeliehen' und ‚mit Zinsen' zurückerstattet werden. Trotz der Länge der Stelle bleibt sogar unklar, auf welche Handlungen sich die Metapher vom ‚Rückzahlen' bezieht; Hartmann hält eine Erklärung, ob es sich um die Abwehr oder um den Gegenschlag handelt, nicht für erforderlich.

Im ersten Abschnitt heißt es zunächst lapidar, dass die beiden Kontrahenten sich unzählige Schläge gegenseitig ausleihen, die sie sogleich zurückzahlen. Hartmann hat diese Metapher nicht erfunden, sondern sie stammt aus dem gängigen Fundus der Kampfdarstellung in der höfischen Literatur.[13] Da geben Helden zurück, was sie schuldig sind, sie verkaufen ihr Leben für den Ruhm oder das Himmelreich, man bekommt Wunden, bis man keine mehr kaufen will. Was die Verwendung der Metapher im ‚Iwein' auszeichnet, ist die stoffliche Ausdehnung eines Gedankens, den andere Dichter in einem einzigen Satz formulieren. Das zentrale Wort vom *gelten* bezieht sich zunächst auf die Rückgabe von Geliehenem, doch im genannten Wörterbucheintrag finden sich darüber hinaus Belege in anderen Kontexten; die Verbindung zwischen den Belegstellen – und damit auch der Ursprung des Wortes ‚Geld' – liegt nicht bloß im Kreditwesen, sondern geht auf „jegliche leistung die zu entrichten ist"[14] zurück. Beim *gelten* wird von zwei Parteien ein Wert ausgehandelt, sei es als Wert einer Handelsware, die etwas gilt, sei es als ausgelobter Turnierpreis oder auch – wie an dieser Stelle – bei der vereinbarten Rückgabe. Diese Verhandlung muss feststellen, ob das Zurückgegebene dem Verliehenen entspricht oder ob Wertverluste zum Beispiel durch Abnutzung, Verbrauch oder Verderbnis kompensiert werden müssen.

Das zugehörige Substantiv ‚Geld' ist zwar schon in althochdeutscher Zeit belegt,[15] aber es wird noch nicht im finanzwirtschaftlichen Sinne als Abstraktum gebraucht, sondern es bezieht sich auf die Handlung der Rückgabe im Sinne einer gemeinschaftlichen Zuschreibung von Wert. Folglich ist es nicht eindeutig, ob in der ganzen ‚Iwein'-Stelle überhaupt von ‚Geld' gesprochen wird. Wenn allerdings auf das Verliehene Zinsen genommen werden können (7193 u. ö.), ist wohl von einem monetären Kontext auszugehen; ferner weist Markus Stock darauf hin, dass

12 Bohnert 2022.

13 Bode 1909, S. 293 f., nennt Belege u. a. aus dem ‚Herzog Ernst', der ‚Kudrun', aus dem ‚Eneasroman', dem ‚Willehalm' und dem ‚Gauriel'.

14 Art. Geld.

15 Zur Etymologie Stock 2005; Greule 1989, S. 36.

Hartmann die „Materialität des Zahlungsmittels" hervortreten lässt, der „Schritt von der Zahlung hin zum Material, mit dem bezahlt wird", daher kurz ist.[16] Aus diesen Gründen ist anzunehmen, dass der Kampf nicht mit dem Verleih eines beliebigen Gegenstands beschrieben wird, sondern mit dem Bild des Borgens und Rückzahlens von Münzen.[17]

Auffällig im Kontext von Geld aber ist die Bewertung dieses Bildes: Wenn Hartmann zunächst sentenzenhaft davon spricht, das *gelten* sei *guot*, sofern es *gerne* erfolgt (7147), dann spricht er aus moralischer Perspektive. Die Metaphern des *entlîhen* und *gelten* beziehen sich auf einen wechselseitigen Vorgang. Es ist im ersten Abschnitt noch nicht von Wucher oder Zinsen die Rede, sondern lediglich von der Rückgabe dessen, was man sich ausgeliehen hat. Damit ist nicht, zumindest an dieser Stelle noch nicht, das Zinswesen in positives Licht gestellt, sondern die Rückzahlung, denn es wird nicht thematisiert, ob Verleihen verwerflich sei, sondern es wird die Perspektive des Schuldners eingenommen. Die Sentenz bezieht sich nicht nur auf die Richtigkeit der aktuellen Rückzahlung, sondern diese bereitet auch den Boden für eine künftige Leihe: Durch die bereitwillige Rückzahlung ergibt sich eine Kreditwürdigkeit, durch die man einer weiteren Leihe sorglos entgegensehen kann (*wol borgen*, 7149). Anlass zur Besorgnis bestünde nur, wenn man Verliehenes nicht zurückzahlt, denn dann wäre, wie es 7152 heißt, *engelten* zu befürchten („für etwas büßen, bezahlen, bestraft werden, Schaden erleiden"[18]). Die beiden Kämpfer, sagt Hartmann, hätten die geliehenen Schwertstreiche durchaus *vergolten*, damit sie nicht *an lobe* Schaden erleiden müssten. Dieser Schaden würde öffentlich gemacht, indem der Schuldner durch professionell vorgetragene Spottverse der Lächerlichkeit preisgegeben wird.[19] Beide Parteien sind an einer ordnungsgemäßen Rückzahlung interessiert, denn ein guter Schuldner hat nicht nur den Nutzen des Kredits, sondern verbessert auch seinen Ruf und vermeidet öffentliche Schmähung. Es ist die Logik des Eigennutzes.[20]

---

16 Stock 2005, S. 53.

17 In der Übersetzung oben wurde deshalb *gelten* nicht mit „zurückgeben", sondern mit „zurückzahlen" übersetzt.

18 Runow 2013. Das Wort ist schwer abzugrenzen von der Negation „nicht *gelten*".

19 Dass Spruchdichter mit Spottgedichten auf Missstände hinwiesen, ist bekannt und wird von ihnen teils selbst thematisiert (z.B. Bruder Wernher: Sangsprüche, 68, V. 10–12, S. 581: *die wîle unde ich gerüeren mac die zungen, | sô tuon ich mit gesange schîn, | ob ich ein schelten prüeven kan den alten unde den jungen*). Spott, den eine ausgebliebene Zahlung nach sich gezogen hätte, lässt sich aber in der Forschung zum Thema schwer finden; vgl. z.B. Ilgner 1976; Frenz 2006; Müller 2017.

20 Die Metapher der Rückzahlungspflicht wird zuletzt auch auf das angemessene Verhalten von Ehepartnern übertragen; Laudine gibt an, sie habe gegenüber Iwein nicht mehr getan als einer, der zur rechten Zeit Geliehenes zurückgibt (7995–7997).

Der zweite Abschnitt beginnt abrupt durch die Nennung eines Begriffs aus einem anderen Diskurs, *verlegeniu müezekheit* (7171). Dieser Abschnitt arbeitet nicht mit Wortwiederholung und ist leichter zu verstehen. Scheinbar geht es nicht mehr um Rückzahlung, sondern um sinnvolle Lebensführung, erst später wird beides miteinander verbunden werden. Wiederum hat es disziplinierenden Charakter, wenn negative Verhaltensmuster bloßgestellt werden („nur ein träger Mensch würde …"). Negativfolie ist ein *verlegen man*, der nicht danach strebt, sein Ansehen in der Gesellschaft (*êre*) zu mehren. Es liegt nahe, hier an Hartmanns ersten Artusroman, ‚Erec', zu denken, in dem ein Ritter vor lauter Verliebtheit seine ritterlichen Pflichten vergisst und sich im Bett ‚verliegt'. Die Figur des Erec ist zuvor im ‚Iwein'-Roman als Negativbeispiel genannt worden (2787–2798); tatsächlich ist es sein jetziger Kampfgegner Gawein, der seinem Freund Iwein schon früh in der Handlung empfiehlt, sein Leben anders zu führen als jener.

Die Thematisierung von *müezekheit* ist von Burkhard Hasebrink und Rebekka Becker in den Kontext einer Verständigung über Muße gestellt worden.[21] Hartmann, so kann von ihnen gezeigt werden, wertet den Begriff ab, weil er ihn in die Nähe der *acedia* stellt, aber zur ‚Untätigkeit' verengt. Eine so verstandene Muße zeigt sich als Ursache einer ‚Krise' im Abenteuerweg der Ritter. Beide Kämpfer erscheinen gerade deshalb vorzüglich, weil sie kaum einen Tag ohne *gewin* aushalten. Hartmann spielt mit der Doppeldeutigkeit dieses Wortes, das sich sowohl auf einen Sieg im Kampf als auch auf einen kaufmännischen Ertrag etwa aus Kreditgeschäften beziehen kann. Die erste Bedeutung erinnert an den Erfolg, den beide Figuren auf ihren Abenteuerfahrten haben. Die zweite Bedeutung dagegen, die kaufmännische, steht konträr zur Bewertung von Krediten, wie sie sich in gelehrt-lateinischen Schriften findet – etwa bei Thomas von Aquin und seinem Schüler Aegidius von Lessines, im kanonischen Recht des ‚Gratian' oder in den ‚Sentenzen' des Petrus Lombardus – und wie sie in den eingangs genannten Exempla popularisiert wurde.[22] Aus kanonischer Sicht gilt der Wucherer geradezu als Zeitdieb, wohingegen in Hartmanns Text die richtige Weise, mit der man *vertrîbe die tage* (7180), just am Ertrag ablesen kann. Zeit könne laut dem ‚Iwein' nur dann angemessen verbracht werden, wenn sie nicht bloß mit einer erfüllenden Tätigkeit ausgestaltet wird, sondern diese Tätigkeit muss ausdrücklich gewinnbringend sein (7178). Zeit sinnvoll zu verbringen bedeute, einen Mehrwert aus einem Geschäft zu erzeugen. Ein Geschäft ohne Gewinn dagegen sei für die Ritter verdrießlich (7184–7188). Es ist auffällig, dass auch Hartmann über Zeit spricht, nur zu einem entgegengesetzten Urteil kommt und die heftigere Rückzahlung nicht als Raub ansieht. Freilich wird er sich nicht bewusst gegen eine kirchliche Position gestellt

21 Hasebrink 2014, S. 110–115; Becker 2019, S. 107–115.

22 Gilomen 2018, S. 412; Le Goff 1988, S. 40; ders. 2011, S. 103–115; Busch u. Fajen 2021, S. XV.

haben, sondern die gegensätzliche Bewertung von Kreditgeschäften ist eher so aufzufassen, dass die Deutung im Fluss gewesen sein wird.

Da im zweiten Abschnitt bereits der *gewin* als Gegengewicht zur *müezekheit* genannt wird, ist der Übergang zum dritten Abschnitt, der den *kouf* zur Sprache bringt, fließend, er ist aber spätestens mit der Nennung von *karge wehselære* (7190) vollzogen, da hier ein neuer Bildbereich aufgerufen wird. Der dritte Abschnitt nimmt die Metapher des Verleihens der Hiebe aus dem ersten Abschnitt auf, beschreibt die Ritter nun aber als zwei Geschäftsleute – *koufman* und *wehselære* werden praktisch synonym verwendet. Damit wendet sich die Rede der Perspektive des Verleihenden zu: Die Ritter sind Schuldner und Gläubiger zugleich. Es ist zu beachten, dass der Erzähler keinen Vergleich zieht, er also nicht sagt, die Ritter würden sich ‚wie' zwei Händler benehmen, sondern er identifiziert sie als Akteure der Geldwirtschaft. Als Wechsler nehmen sie Zins (*wuocher*). Doch Hartmann bricht das Bild an einer entscheidenden Stelle ironisch, da ein Verleiher mit ihrer Absicht nichts verdienen würde: *si entlihen nieman ir habe, | in enwære leit, galt er in* (7200 f.). Eigentlich wäre das Bild damit ad absurdum geführt, denn wenn eine bestimmte Tätigkeit einen Beruf definiert, ist die Ausübung dieser Tätigkeit notwendig für die Verwendung der Bezeichnung. Händler, die nicht das tun, was einen Händler bestimmt, sind auch keine Händler mehr. Doch Hartmann hält konsequent an der Beschreibung der Ritter als Geschäftsleute fest. Geschickt wählt er Wörter, die sowohl im Kontext des Kampfes als auch im Kreditwesen verständlich sind: *gewern* (7206) kann sowohl „bezahlen" als auch „abwehren" bedeuten. Als *gereit* (7209) ist der Wechsel nicht nur „wertvoll", sondern erfolgt auch „bereitwillig" und ist für alle „verfügbar", die ihn in Anspruch nehmen wollen. Die Ritter teilen aus, erwarten aber nicht, dass das Verliehene zurückkäme, was sie vom *koufman* unterscheidet. Schon die schiere Menge des Verliehenen ließe sich nicht zurückzahlen. Der Ökonomik des Händlers wird ein „Prinzip der Verschwendung" entgegengestellt,[23] bei dem die Ritter umso mehr Ansehen gewinnen, je mehr sie verausgaben. Zuletzt wird mit dem *pfant* ein weiterer Begriff eingeführt, der zeigt, dass der Bereich der Kreditwirtschaft noch nicht verlassen ist. Das Pfand dient im Kreditwesen zunächst als Sicherheit für Säumnis oder Ausfall der Rückzahlung, nicht selten entsteht aber auch aus der vertraglich geregelten Nutzung des Pfandes ein Gewinn für den Gläubiger.[24] An dieser Stelle ist das Pfand die Bedingung für die Fortführung des Geschäfts, denn der Einsatz wird im Kampf fortlaufend erhöht. Trotz der verschwenderischen Ausgabe von Hieben werden erst Schild, dann Schwert und zuletzt das nackte Leben als Pfand für den Handel eingesetzt (7219–7227).

---

23 Vogt 1994, S. 302 f.; Friedrich 2005, S. 129 f.

24 Neschwara 2004 ff.

In allen drei Abschnitten müssen weder die Terminologie noch die zugrundeliegenden Praktiken erklärt oder eingeführt werden. Es ist anzunehmen, dass ein Publikum, das diese Verse hörte, basal mit den Praktiken vertraut war. Es handelt sich nicht um lehrhaft vermittelte Wissensbestände, die auffällig herausgestellt werden mussten oder mit denen sich der Autor brüsten konnte, sondern offenbar um Alltagswissen, das keiner Erläuterung bedurfte. Zahlung, Pfand und ausgebliebene Rückzahlung sind, wenn der Autor sie auf diese Weise nennen kann, in der öffentlichen Kommunikation nichts Ungewöhnliches. Der literarische Text ist durchaus als Quelle für solches Alltagswissen anzusehen, auch wenn diese Behauptung mehr Fragen aufwirft, als sie beantwortet. Unklar bleibt der Grad der Vertrautheit und vor allem stellt sich die Frage nach der Zusammensetzung des Publikums, über das man nur mutmaßen kann.[25] Den Rezipienten wird bekannt gewesen sein, dass nicht alle Schulden bedient wurden, und insbesondere werden sie mit den Ritualen der öffentlichen Schmähung vertraut gewesen sein. Für ein adliges Publikum um 1200 war die Kreditwirtschaft in ihren Grundzügen Teil der öffentlichen Kommunikation und eine nicht geleistete Rückzahlung wurde mit einem sozialen Nachteil verbunden.

Welche Praktiken ruft die Textstelle auf? Der erste Abschnitt nennt das Risiko ausbleibender Rückzahlungen, mithin die sich daraus ergebende soziale Ächtung des säumigen Zahlers. Die Rede fragt im Anschluss danach, wie Tätigkeit, die mit Kreditterminologie in Zusammenhang gebracht wird, angemessen bewertet wird: Umtriebige Gewinnerzielung wird grundsätzlich positiv aufgefasst und von Trägheit abgegrenzt. Zuletzt, im dritten Abschnitt, wird die Verleihung mit Zins und Pfand aufgerufen. Vorausgesetzt wird dabei, dass das Zurückgegebene mit dem Verliehenen nicht identisch, sondern ihm lediglich äquivalent sein muss. Nur deshalb kann man überhaupt davon sprechen, dass Schwertstreiche ‚zurückgegeben' werden können. Offen bleibt, was die Aushandlung von *pfant* und *gelten* für die Erzählung leistet.

25 Zum Problem des Publikums höfischer Literatur z. B. Bumke 1986, S. 700–709, 842. Mertens (Hartmann von Aue: Gregorius, Der arme Heinrich, Iwein. Hrsg. u. übers. v. Mertens, S. 1046) beurteilt die Frage nach dem lebensweltlichen Zusammenhang optimistischer: „Hartmann zeigt seine Kenntnisse der Geldwirtschaft, die am Hof der durch den Silberbergbau finanzstarken Zähringer wichtig waren, die auch aus den Zöllen und Abgaben der Kaufleute Gewinn anzogen." Einzuwenden ist allerdings, dass Hartmann keine Gönner nennt, die Abhängigkeit von den Zähringern also weder bewiesen noch widerlegt werden kann; auch stellt Hartmann seine Kenntnisse der Geldwirtschaft nicht aus, sondern setzt voraus, dass sie verstanden werden.

3 Was bringt Ansehen?

Die Metapher vom Borgen und Rückzahlen im ersten Abschnitt wird in der Forschung weithin so gedeutet, dass sie die „Ausgeglichenheit des Kampfes zwischen Iwein und Gawein“ zum Ausdruck bringt.[26] Die Ebenbürtigkeit beider Kontrahenten steht außer Frage, ist sie doch der Hintergrund, vor dem sich der Kampf vollzieht; erst bei Einbruch der Nacht muss er unterbrochen werden, weil keiner der beiden Kämpfer dem anderen unterliegt. Doch die Metapher vom Borgen und Rückzahlen geht nicht in der Gleichrangigkeit auf. Vielmehr ist an die moralische Anforderung zu erinnern, wonach den Spott oder gar den Tod zu erwarten hat, wer nicht angemessen heimzahlen kann, denn die implizierten Forderungen hätten auch dann ihre Gültigkeit, wenn einer von ihnen besser mit dem Schwert umgehen könnte als der andere. Es zeichnet einen guten Ritter aus, dass er nicht nur seinen Gegner zu besiegen sucht, sondern auch auf angemessene Erwiderung eingestellt ist, weil er, was er einsteckt, selbst wiederum zurückgeben muss. Die Verse des ersten Abschnitts stellen folglich noch nicht die Ebenbürtigkeit beider Kämpfer heraus, sondern thematisiert wird die Einstellung des einzelnen Kämpfers, der einen dauerhaften Nachteil zu erwarten hat, wenn er nicht angemessen auf einen Schlag reagiert.

Eine Steigerung erfährt der Kampf im zentralen Wort vom *übergelt* (7168), das in den vorliegenden Übersetzungen unterschiedlich aufgefasst wird: „Kapital und Zinsen“ (Cramer),[27] „Aufgeld“ (Wehrli, Mertens),[28] „Zins und Zinseszins“ (Krohn)[29] bzw. in den Stellenkommentaren „Zins für das entliehene Kapital“[30]. Das Wort ist ausgesprochen selten belegt; würde es sich um einen klar identifizierbaren Terminus der Kreditwirtschaft handeln, wie es die Übersetzungen suggerieren, dann wäre das Lemma wohl auch im ‚Deutschen Wörterbuch‘ oder im ‚Wörterbuch der mittelhochdeutschen Urkundensprache‘ zu finden. Doch die wenigen Belege deuten eher auf eine Abhängigkeit vom ‚Iwein‘ hin.[31] Das Wort sieht wie eine Ad-hoc-Bildung nach dem Muster von *widergelt* (‚Rückerstattung‘)

---

26 Eikelmann u. Reuvekamp 2012, S. 112.

27 Hartmann von Aue: Iwein. Übers. v. Cramer, S. 129.

28 Hartmann von Aue: Iwein. Übers. v. Wehrli, S. 461; Hartmann von Aue: Gregorius, Der arme Heinrich, Iwein. Hrsg. u. übers. v. Mertens, S. 711.

29 Hartmann von Aue: Iwein. Hrsg. u. übers. v. Krohn, komm. v. Schnyder, S. 469.

30 Hartmann von Aue: Gregorius, Der arme Heinrich, Iwein. Hrsg. u. übers. v. Mertens, S. 1045; Hartmann von Aue: Iwein. Hrsg. u. übers. v. Krohn, komm. v. Schnyder, S. 608.

31 Es findet sich bloß eine vergleichbare Kampfmetapher in Wolframs von Eschenbach: Willehalm, 241, 3, S. 410 (*er engæb in strîtes übergelt*). Interessanter ist Heinrichs von Neustadt ‚Gottes Zukunft‘, 2783, S. 373, als Metapher für Christus (*Da man dez lebens uber gelt | Uz fürte an daz felt*) sowie Ruschart: Der Minne Klaffer, l 210, S. 341 (*aller ding ain über gelt | tunckti mich din güti*).

aus; es entspricht keiner eingeführten Kreditterminologie, sondern zeigt eine Menge an, mit der die vertraglichen Verpflichtungen überstiegen werden (was der Begriff ‚Aufgeld' am ehesten ausdrücken würde, der aber im heutigen Sprachgebrauch anders verwendet wird); das Possessivpronomen (*ir übergelt*) betont die Abhängigkeit vom Vermögen der einzelnen Kämpfer.

Dieses *übergelt* ist die Scharnierstelle zwischen dem ersten und dem dritten Abschnitt. Laut dem genannten ‚Prinzip der Verschwendung' benehmen sich die Ritter nicht wie normale Wucherer und Schuldner, sondern indem sie als Wucherer und Schuldner zugleich agieren, geben sie anders, als man unter kreditwirtschaftlichen Gesichtspunkten von ihnen erwarten würde: Sie verleihen ohne den Wunsch nach Rückgabe mehr, als der andere im besten Fall zurückzahlen kann (7206 f.), und sie zahlen mehr Zinsen, als im Kredithandel vorgesehen wäre (7170). Die Logik, mit der die Ritter dennoch reich werden, besteht darin, dass sie nicht um Geld, sondern um eine andere Währung kämpfen: Sie tauschen *arbeit umb êre* (7213). Das *übergelt* wird nicht nur zur Bereicherung des Gläubigers, sondern auch zur Bereicherung des Leihenden bezahlt. Ludgera Vogt hat einleuchtend darlegen können, dass „Verschwendung als symbolische Investition aufzufassen ist", in der die Kämpfer keiner „profanen Händlerökonomik" unterliegen.[32] Neben die Geldökonomie des Kaufmanns wird eine Ökonomie des symbolischen Kapitals gestellt, bei der ein Ritter umso mehr *êre* bekommt, je mehr *arbeit* er investiert hat. Die Schläge sind nicht verschwendet, sondern sie zahlen sich aus, weil sie das gesellschaftliche Ansehen mehren. Einem Müßiggänger fällt es nicht in den Schoß, da man sich aktiv darum bemühen muss. Die Überlegenheit der Ritter besteht darin, dass sie mehr geben, als vom anderen gefordert wird.

Die Kreditterminologie hat dabei eine wichtige Funktion, die gut anhand einer Metapher zu erkennen ist, die ebenfalls von der Verausgabung von Reichtümern spricht. Die mittelhochdeutschen Kampfbeschreibungen kennen eine andere Metapher der großzügigen Verteilung von Schwertschlägen, wie es zum Beispiel im ‚Trojanischen Krieg' Konrads von Würzburg heißt: *der slege si wurden milte* (31 140).[33] Die Kämpfer verteilen gleich einem vorzüglichen Fürsten, der nicht mit seiner Habe geizt, freigebig Hiebe. Hartmann aber spricht nicht von *milte*, sondern von *borgen*, einem Vorgang, der nicht Gabe (und Gegengabe) betont, sondern zur Rückerstattung verpflichtet, also erst nach einem zweiten Schritt vollständig ist. Anders als das Bild von der *milte* des Kämpfers ist der bei Hartmann gezeichnete Ritter als Wucherer – selbst wenn er gerne auf die Rückzahlung verzichten möchte – auf Gegenseitigkeit angewiesen. Die *êre* wird nicht einfach

32 Vogt 1994, S. 303, im Anschluss Friedrich 2005, S. 130 und Becker 2019, S. 114.

33 Konrad von Würzburg: Der Trojanische Krieg, 31 140, S. 371. Ähnlich: Heinrich von dem Türlin: Diu Crône, 4289; Wigamur 1833; Ulrich von Türheim: Rennewart, 23 533; Otte: Eraclius, 5086 f.; Seifrits Alexander, 5785. Zur *milte* Krause 2005.

nur erarbeitet, sie wird gemeinschaftlich ausgehandelt, wie der Preis eines Kredits. Dahinter stehen komplizierte Operationen, die eine Vergleichbarkeit zwischen Unvergleichbarem herstellen. Man muss zunächst den Sinn der Leihe verstehen und in einem zweiten Schritt in der Lage sein, den Tausch von *arbeit* und *êre* mit dem Wechsel von Geld in Verbindung zu bringen. In dieser Verhandlung kommt kein ritterliches Abenteuer und kommt auch kein Zufall mehr vor, sondern man weiß, was man zu tun hat, um sein Ansehen in der Gesellschaft zu steigern. Die kaufmännische Gewinnlogik wird, auch wenn sie von einer spezifisch adligen Logik überboten wird, zu einer Größe, an der man sich orientiert.

Unbefriedigend bleibt, dass die Feststellung, der Kampf ziele auf *êre*, eine reichlich banale Aussage ist, die den narrativen Aufwand der knapp 100 Verse kaum rechtfertigt, ja nicht einmal die Metapher wäre dafür zwingend erforderlich. Laut Sandra Linden bietet ein solcher Exkurs „keine Verständnishilfe für eine besonders undurchsichtige Handlungssituation [...]. Das diskutierte Problem liegt also nicht auf der Handlungsebene, sondern wird erst vom Exkurs produziert [...].“[34] Man wird das Gefühl nicht los, dass Hartmann sich in eine Metapher verliebt und dann darin verrannt hat. Sicherlich hat die Länge dieses Kreditexkurses zunächst auch eine poetologische Seite. Mit der gewitzten Kampfbeschreibung zeigt sich Hartmann als Autor, der sein Handwerkszeug beherrscht. Beispielsweise hat die exponierte Verwendung des Wortes *gelten* Becker zu der Annahme gebracht, die auffällige Wiederholung spiegele lautmalerisch die Geschwindigkeit des Schlagabtauschs zwischen Iwein und Gawein wider.[35] Mehr noch, mit der enormen Ausdehnung der Kampfbeschreibung kann man auch bei Hartmanns Poetik von einer ‚Erzählökonomie der Verschwendung‘ sprechen. Durch die immer neuen Schleifen und Verästelungen seines Bildes gibt auch er mehr aus, als für die bloße Beschreibung nötig wäre. Deshalb gilt auch für ihn, was er über seine Figuren sagt: Je mehr Mühe er aufwendet, umso höher wird sein Preis ausfallen.

Doch was die Funktion des Kreditexkurses für die Handlung angeht, so ist seiner Länge kaum beizukommen, ginge es nur um eine einfache Aussage, die man auch und sogar besser ohne Metapher hätte sagen können. Erforderlich ist daher ein Blick auf den Kontext. Der Kampf zwischen Iwein und Gawein ist unübersichtlich; die eigentliche Kampfhandlung macht nicht einmal ein Viertel der Textstrecke aus. Obschon der Erzähler frühzeitig ankündigt, sich bei der Darstellung des Kampfes kurz zu fassen (6939), ergeht sich Hartmann immer wieder in Exkursen, die scheinbar nichts mit der Handlung zu tun haben. Gleichwohl zeigt sich ein stringenter Aufbau des Kampfes:

---

34 Linden 2017, S. 171. Die Feststellung bezieht sich auf den vorangehenden Minne-Hass-Exkurs, ist aber gleichermaßen für die besprochene Textstelle gültig.

35 Becker 2019, S. 112.

6881–6938:	Ankunft und Beginn des Kampfes
6939–7008:	*Erzählerische Vorbereitung des Kampfes*
7009–7014:	Kampfhandlung
7015–7074:	*‚Exkurs' minne und haz*
7075–7142:	Kampfhandlung
7143–7227:	*‚Exkurs' Kreditmetaphorik*
7228–7245:	Kampfhandlung
7246–7253:	Pause
7254–7272:	Wiederaufnahme Kampfhandlungen
7273–7342:	Sorge der Zuschauer
7347–7369:	Sonnenuntergang: Unterbrechung des Kampfes
7370–7721:	Erkennen Iweins und Klärung der Streitsache

Anlass für den Kampf ist ein Rechtsstreit um das Erbe des Grafen vom Schwarzen Dorn. Der Erzähler lässt keinen Zweifel, dass das hinterlassene Land dessen beiden Töchtern zustünde (5638), doch die ältere Schwester will es der jüngeren mit einem Gerichtskampf abnehmen, für den sie den besten Kämpfer am Artushof, Gawein, hat gewinnen können.[36] Aus diesem Kontext ergeben sich drei Aspekte für die Bewertung der Kreditmetaphorik.

1. Recht: Fortlaufend wird der Versuch unternommen, eine gütliche Einigung herbeizuführen. Doch selbst Artus vermag den Kampf nicht mit einem Machtwort zu beenden, sondern er unterliegt dem Recht. Er kann nur bitten, dass die ältere Schwester zur Einsicht kommt, doch diese bleibt siegesgewiss, weil sie Gawein auf ihrer Seite weiß. Mag sie auch auf Ebene der Handlung dadurch im Recht bleiben, disqualifiziert sie sich durch ihr unfreundliches und habgieriges Benehmen. Von diesem Rechtsrahmen und der moralischen Bewertung des Erbkonflikts sieht die Kreditmetaphorik ab; sie bezieht sich nicht mehr auf den Gerichtskampf, sondern dieser wird bloßer Anlass für die ausgedehnte Aushandlung von *êre*. Das ist insofern bemerkenswert, als offenbar auch ein Kampf für eine falsche Sache den Ruhm des Stellvertreters mehren kann. Auch aus dieser Perspektive werden Kreditgeschäfte wiederum in einem positiven Licht dargestellt.

2. Erkennen: Ein großer Aufwand wird betrieben, damit die Figuren nicht wissen, gegen wen sie kämpfen. Iwein erscheint in Rüstung und nennt seinen Namen nicht; selbst sein Merkmal, den Löwen, hat er zurückgelassen. Auch Gawein kommt inkognito auf den Kampfplatz. Die Freunde sind, so heißt es mit einer biblischen Sentenz, mit sehenden Augen blind (7058). Obschon der Kampf

36 Weshalb Gawein für sie kämpft, wird nicht weiter erklärt. Die Konstellation – kampfstarke Freunde duellieren miteinander – ist wohl für die Konstruktion erforderlich. Immerhin will er unerkannt bleiben und spricht der älteren Schwester nach dem Kampf das Recht ab (7625 f.).

mit dem unerkannten Freund ein beliebtes Erzählmotiv ist,[37] wird hier nicht die schicksalhafte Tragik, mit der das Motiv gewöhnlich einhergeht, betont, sondern der Mangel an Erkenntnis herausgestellt. Im Exkurs, der der Kreditmetaphorik vorangeht, überlegt der Erzähler, wie *minne* (Liebe, Zuneigung, Freundschaft) und *haz* (Feindseligkeit) in ein *vaz* (Gefäß) passen. Die Antwort zielt auf Erkenntnis: Sie passen in ein Gefäß, indem die Freunde nicht wissen, gegen wen sie kämpfen. Innerhalb der Handlung ist es wiederum auffällig, dass sich die Figuren erst im Dunkeln erkennen. Der Kampf muss bei Einbruch der Nacht unterbrochen werden. Gawein und Iwein verfluchen den Tag, weil sie ihrem Tod nie näher waren, und loben die Nacht. Tatsächlich bringt, entgegen der gewohnten Licht-Dunkelheit-Metaphorik, die Nacht ihnen die Erkenntnis, weil sie nicht mehr kämpfen können, sondern miteinander reden müssen. Für den Exkurs zur Kreditmetaphorik ist die Konstellation insofern wichtig, als der Kampf ohne Erwartungshaltung stattfindet: Die ausgedehnte Bewertung der ‚Handelsware' erfolgt ohne Ansehen der Person. Ihre ‚Kreditwürdigkeit' bezieht sich nicht nur auf einen sozialen Status, sondern beruht auf einem Leistungsprinzip, das mit diesem Status einhergeht. Iwein und Gawein wissen zwar nicht um die Identität ihres Gegners, wohl aber erkennen sie sich gegenseitig als besondere Kämpfer an (6916); sie können auf ihre bloße Kampfkraft reduziert werden und sind im Kampf als besondere Ritter wahrzunehmen.

3. Gewinn: Anders geht es dem Rezipienten, der von Anfang an mit mehr Informationen versorgt wird als die Figuren. Er weiß, wer in der Rüstung der Kontrahenten steckt, und betrachtet das Geschehen mit mehr Abstand, ohne dass ihm der Ausgang bekannt wäre. Ironisch kündigt der Erzähler vorab an, sich kurz fassen zu wollen angesichts der Tapferkeit beider Kämpfer (6939–6951), doch die langen Exkurse zeigen, dass es nicht nur auf den Sieg ankommt. Aus dieser besonderen Kampfkonstellation, so betont der Erzähler, geht in jedem Fall ein Schaden hervor. Wer gewinnt, bleibt *mit sige sigelôs*, weil er seinen Freund erschlagen hat (7070, ebenso 6911, 6937). Im Kampf gegen einen Freund zeigt sich, dass das Modell des *êre*-Gewinns wertlos ist, wenn es bloß um den Sieg ginge. Die Kontrahenten sind, so wird immer wieder betont, gleich gute Kämpfer. Sie kämpfen nicht unredlich, zielen also beispielsweise nicht auf Pferde oder Knie (7119, 7140), und zuletzt erklären sie sich beide selbst zum Verlierer. Sie kämpfen zwar anlässlich der Klärung eines Rechtsstreites, aber ihre Motivation besteht darin, ihre *êre* im Kampf zu mehren (6954). Dieser Widerspruch zwischen Ablehnung und Bedienung des Modells wird nicht aufgelöst, er erklärt sich vielmehr aus der fortwährenden Thematisierung von *êre* im Roman von den ersten Zeilen an. In einer Definition, die zu Beginn des Romans ein anderer Ritter äußert, wird die bloße kämpferische

37 Harms 1963.

Überlegenheit als Ursache der Wertsteigerung angesehen.[38] Doch diese Definition sieht Kämpfe vor, von denen niemand einen Gewinn hat; ohne wirklichen Nutzen vergeuden sie und kosten im schlimmsten Fall das Leben. Zweikampf darf also nicht bloße ‚Verschwendung' sein, nicht bloß auf den Sieg zielen, sondern die Beteiligten müssen mit dem Kampfpartner angemessen umgehen. Und es muss ein angemessener Kampfpartner sein: Wenn man Räuber besiegt, wie es Erec tut, sichert man wohl sein Überleben, nicht aber seine *êre*.

So leistet der Exkurs in seiner ganzen Länge etwas, was ohne die Kreditmetaphorik nicht sagbar gewesen wäre. Sie bringt zum Ausdruck, weshalb die Kämpfer ihr Ansehen steigern können, obschon der rechtliche Rahmen des Kampfes dafür unpassend erscheint. Der Roman bleibt in seinem Endkampf nicht beim Tausch von *arbeit* gegen *êre* oder in jener alten Vorstellung vom Sieg des Stärkeren über den Schwächeren stehen. Sie werden ergänzt durch das Bild des Kreditvorgangs, bei dem beide Partner im Streben nach *gewin* einen angemessenen Preis aushandeln, der sogleich überboten werden kann. Zwar sähe der Wucherer-Ritter am liebsten gar keine Rückzahlung, doch es bliebe ein schlechtes Geschäft, wenn nicht doch etwas zurückkäme, das man dann wiederum steigern kann. Wie es beim Zins möglich ist, dass Geld gleichsam aus dem Nichts mehr Geld wird, so kann die *êre* gesteigert werden durch die richtige Art des Kämpfens mit dem richtigen Gegner – nicht bloß durch einen vermeintlichen Sieg, der unweigerlich einen Verlust nach sich zöge. Anders als beim eingangs genannten Wucherer kommt es beim Abschlusskampf auf menschliche Gemeinschaft an, der zurückzugeben, was man ihr schuldig ist, ein Ritter sich fortwährend bemühen muss.

Literaturverzeichnis

Quellen

Bruder Wernher: Sangsprüche. Hrsg. v. Ulrike Zuckschwerdt (Hermaea 134). Berlin, Boston 2014.

Busch, Nathanael u. Robert Fajen (Hgg.): allmächtig und unfassbar. Geld in der Literatur des Mittelalters (Relectiones 9). Stuttgart 2021.

Der große Seelentrost. Ein niederdeutsches Erbauungsbuch des vierzehnten Jahrhunderts. Hrsg. v. Margarete Schmitt (Niederdeutsche Studien 5). Köln, Graz 1959.

Hartmann von Aue: Gregorius, Der arme Heinrich, Iwein. Hrsg. u. übers. v. Volker Mertens (Deutscher Klassiker Verlag im Taschenbuch 29). Frankfurt a. M. 2008.

Hartmann von Aue: Iwein. Hrsg. u. übers. v. Rüdiger Krohn, komm. v. Mireille Schnyder (Reclam Bibliothek). Stuttgart 2011.

38 In der bekannten Aventiure-Definition Kalogreants heißt es *gesige aber ich im an, | sô hât man mich vür einen man, | und wirde werder danne ich sî* (535–537).

Hartmann von Aue: Iwein. Hrsg. v. Georg Friedrich Benecke u. Karl Lachmann. Neu bearb. v. Ludwig Wolff. Bd. 1: Text. 7. Ausg. Berlin 1968.

Hartmann von Aue: Iwein. Übers. v. Max Wehrli (Manesse Bibliothek der Weltliteratur). Zürich 1988.

Hartmann von Aue: Iwein. Übers. v. Thomas Cramer (de Gruyter Texte). 4., überarb. Aufl. Berlin, New York 2001.

Heinrich von dem Türlin: Diu Crône. Kritische mittelhochdeutsche Leseausgabe mit Erläuterungen. Hrsg. v. Gudrun Felder. Berlin, Boston 2012.

Heinrichs von Neustadt ‚Apollonius von Tyrland' nach der Gothaer Handschrift, ‚Gottes Zukunft' und ‚Visio Philiberti' nach der Heidelberger Handschrift. Hrsg. v. Samuel Singer (Deutsche Texte des Mittelalters 7). Berlin 1906 (ND Dublin, Zürich 1967), S. 331–452.

Konrad von Würzburg: Der Trojanische Krieg. Hrsg. v. Adelbert von Keller (Bibliothek des Litterarischen Vereins 44). Stuttgart 1858.

De Middlenederlandse *Perceval*-traditie. Inleiding en editie van de bewaarde fragmenten van een Middlenederlandse vertaling van de *Perceval* of *Conte du Graal* van Chrétien de Troyes, en de *Perchevael* in de *Lancelotcompilatie*. Hrsg. v. Soetje Ida Oppenhuis de Jong (Middlenederlandse Lancelotromans 9). Hilversum 2003.

Otte: Eraclius. Hrsg. v. Winfried Frey (Göppinger Arbeiten zur Germanistik 348). Göppingen 1983.

Ruschart: Der Minne Klaffer. In: Deutsche Versnovellistik des 13. bis 15. Jahrhunderts. Hrsg. v. Klaus Ridder u. Hans-Joachim Ziegeler. Bd. 3. Berlin 2020, S. 335–359 (Nr. 94; Bearbeiterin: Gudrun Felder).

Die Schweizer Minnesänger. Nach der Ausgabe v. Karl Bartsch neu bearb. u. hrsg. v. Max Schiendorfer. Bd. 1: Texte. Tübingen 1990.

Seifrits Alexander. Aus der Straßburger Handschrift. Hrsg. v. Paul Gereke (Deutsche Texte des Mittelalters 36). Berlin 1932.

Ulrich von Türheim: Rennewart. Aus der Berliner und Heidelberger Handschrift. Hrsg. v. Alfred Hübner (Deutsche Texte des Mittelalters 39). Berlin 1938 (ND Berlin, Zürich 1966).

Wigamur. Kritische Edition – Übersetzung – Kommentar. Hrsg. v. Nathanael Busch. Berlin, New York 2009.

Wolfram von Eschenbach: Willehalm. Text, Übersetzung, Kommentar. Hrsg. v. Joachim Heinzle (Deutscher Klassiker Verlag im Taschenbuch 39). Frankfurt a. M. 2009.

Forschungsliteratur

Art. Geld. Jacob u. Wilhelm Grimm: Deutsches Wörterbuch. Bd. 5. Leipzig 1882, Sp. 2908.

Becker, Rebekka: Muße im höfischen Roman. Literarische Konzeptionen des Ausbruchs und der Außeralltäglichkeit im „Erec", „Iwein" und „Tristan" (Otium 12). Tübingen 2019.

Bode, Friedrich: Die Kamphesschilderungen in den mittelhochdeutschen Epen. Diss. Greifswald 1909.

Bohnert, Nils: gelten. In: Kurt Gärtner, Klaus Grubmüller u. Karl Stackmann (Hgg.): Mittelhochdeutsches Wörterbuch. Bd. 2. Stuttgart 2022, Sp. 377–382.

Bumke, Joachim: Höfische Kultur. Literatur und Gesellschaft im hohen Mittelalter. München 1986.

Eikelmann, Manfred u. Silvia Reuvekamp (Hgg.): Handbuch der Sentenzen und Sprichwörter im höfischen Roman des 12. und 13. Jahrhunderts. Bd. 1: Einleitung und Artusromane bis 1230. Berlin, Boston 2012.

Frenz, Dietmar: Kunstvolles Schmähen. Frühe toskanische Dichtung und mittellateinische Poetik (Beihefte zur Zeitschrift für Romanische Philologie 333). Tübingen 2006.

Friedrich, Udo: Die ‚symbolische Ordnung' des Zweikampfs im Mittelalter. In: Manuel Braun u. Cornelia Herberichs (Hgg.): Gewalt im Mittelalter. Realitäten – Imaginationen. München 2005, S. 117–152.

Gebert, Bent: Wettkampfkulturen. Erzählformen der Pluralisierung in der deutschen Literatur des Mittelalters (Bibliotheca Germanica 71). Tübingen 2019.

Gilomen, Hans-Jörg: Wucher und Wirtschaft im Mittelalter. In: Historische Zeitschrift 250 (1990), S. 265–301.

Gilomen, Hans-Jörg: Das kanonische Zinsverbot und seine theoretische und praktische Überwindung? Mitte 12. bis frühes 14. Jahrhundert. In: Werner Maleczek (Hg.): Die römische Kurie und das Geld. Von der Mitte des 12. Jahrhunderts bis zum frühen 14. Jahrhundert (Vorträge und Forschungen 85). Ostfildern 2018, S. 405–447

Greule, Albrecht: Zur Lexikographie der althochdeutschen Verben am Beispiel von *geltan*. In: Ders. u. Uwe Ruberg (Hgg.): Sprache, Literatur, Kultur. Studien zu ihrer Geschichte im deutschen Süden und Westen (Festschrift Wolfgang Kleiber). Stuttgart 1989, S. 29–45.

Harms, Wolfgang: Der Kampf mit dem Freund oder Verwandten in der deutschen Literatur bis um 1300 (Medium aevum 1). München 1963.

Hasebrink, Burkhard: Zwischen Skandalisierung und Auratisierung. Über *gemach* und *muoze* in höfischer Epik. In: Ders. u. Peter Philipp Riedl (Hgg.): Muße im kulturellen Wandel. Semantisierungen, Ähnlichkeiten, Umbesetzungen (linguae & litterae 35). Berlin, Boston 2014, S. 107–130.

Hölzle, Peter: Kapitalakkumulation im ‚Gregorius' Hartmanns von Aue. In: Wolfram-Studien 4 (1977), S. 152–172.

Ilgner, Rainer: Scheltstrophen in der mittelhochdeutschen ‚Spruchdichtung' nach Walther. Diss. Bonn 1976.

Krause, Berenike: Die milte-Thematik in der mittelhochdeutschen Sangspruchdichtung. Darstellungsweisen und Argumentationsstrategien (Kultur, Wissenschaft, Literatur 9). Frankfurt a. M. u. a. 2005.

Le Goff, Jacques: Wucherzins und Höllenqualen. Ökonomie und Religion im Mittelalter. Übers. v. Matthias Rüb. Stuttgart 1988 (franz. Originalausg. Paris 1986).

Le Goff, Jacques: Geld im Mittelalter. Übers. v. Caroline Gutberlet. Stuttgart 2011 (franz. Originalausg. Paris 2010).

Linden, Sandra: Exkurse im höfischen Roman (Münchener Texte und Untersuchungen zur deutschen Literatur des Mittelalters). Wiesbaden 2017.

Müller, Mario: Verletzende Worte. Beleidigung und Verleumdung in Rechtstexten aus dem Mittelalter und aus dem 16. Jahrhundert (Hildesheimer Universitätsschriften 33). Hildesheim u. a. 2017

Neschwara, Christian: Art. Pfandrecht. In: Handwörterbuch zur deutschen Rechtsgeschichte. 2. Aufl., Bd. 4 (2004 ff.), Sp. 529–541.

Peters, Ursula: *zins* und *gülte*. Zur Ökonomie der Landleihe in der höfischen Dichtung. In: Internationales Archiv für Sozialgeschichte der deutschen Literatur 42 (2017), S. 1–50.

Runow, Holger: engelten. In: Kurt Gärtner, Klaus Grubmüller u. Karl Stackmann (Hgg.): Mittelhochdeutsches Wörterbuch. Bd. 1. Stuttgart 2013, Sp. 1636–1638.

Schneider, Almut: Zwischen *avaritia* und *curiositas*. Wahrnehmungsweisen von Geld im Mittelalter und Früher Neuzeit. In: Susanne Peters (Hg.): Geld. Interdisziplinäre Sichtweisen. Wiesbaden 2017, S. 175–201.

Stock, Markus: Von der Vergeltung zur Münze. Zur mittelalterlichen Vorgeschichte des Wortes Geld. In: Ders. u. Klaus Grubmüller (Hgg.): Geld im Mittelalter. Darmstadt 2005, S. 34–51.

Vogt, Ludgera: Ehre in traditionalen und modernen Gesellschaften. Eine soziologische Analyse des „Imaginären“ anhand zweier literarischer Texte. In: Dies. u. Arnold Zingerle (Hgg.): Ehre. Archaische Momente in der Moderne. Frankfurt a. M. 1994, S. 291–315.

Martina Hacke

Studentenbriefe als Quelle zur Erforschung des mittelalterlichen Kreditwesens

Die Darlehen von Bruno und Basilius Amerbach im Paris zu Beginn des 16. Jahrhunderts

Abstract One of the important sources for research into student credit relationships in the Middle Ages and Early Modern Times are letters by scholars. Only a small number of them from medieval times have survived. There is a bundle from two students from the time just after the turn of the 15th century, which concerns Bruno and Basilius Amerbach, who came from Basle and studied in Paris. Their correspondence is part of that of the well-known printer Johann Amerbach († 1513). It is possible to tell from these letters how Bruno and Basilius financed their studies in Paris, namely because they took out loans from specific persons there. This practice can be traced on the basis of the letters of the scholars. Here it concerned informal loans, the granting of which had been structured around the situation-related needs of the two young people. However, the substructure was based on the commercial contacts of their father and the networking structures derived from them. They arose from persons who were in the service of Johann Amerbach but also followed their own business activities, in the course of which they had to overcome the spatial distances between Basle and Paris. Hence the loans constituted a personal link between the two young people and their parents, and the letters were the tangible medium of both the family connection and the specific practice regarding loans.

Keywords Letters of Students; Loans of Students; University of Paris; Paris; Basel

Kontakt

Martina Hacke,
Martina.Hacke@uni-duesseldorf.de
https://orcid.org/0000-0003-3922-1778

 Martina Hacke: Studentenbriefe als Quelle zur Erforschung des mittelalterlichen Kreditwesens. Die Darlehen von Bruno und Basilius Amerbach im Paris zu Beginn des 16. Jahrhunderts. In: Das Mittelalter 2022, 27(2), 390–409. Heidelberg: Heidelberg University Publishing. DOI: https://doi.org/10.17885/heiup.mial.2022.2.24664

An mittelalterlichen Universitäten gab es eine rege Kreditpraxis. Darlehen lassen sich früh nachweisen: So regelte bereits Friedrich II. (1194–1250) 1224 für die Universität Neapel den Umgang mit Schulden von Scholaren.[1] Aber nicht nur in dem Land, in dem sich das mittelalterliche Bankwesen entwickelte, gab es ein universitäres Kreditwesen, sondern auch nördlich der Alpen. Während eine Untersuchung der institutionellen Kreditverhältnisse etwa an der Universität von Paris dank der günstigen Quellenlage ohne Schwierigkeiten möglich wäre,[2] so gilt dies nicht für einzelne Magister oder Scholaren. Um ihre Kredittätigkeit verstehen zu können, ist es nötig, auf Quellen zurückzugreifen, die außerhalb der Universität entstanden sind. Hier bietet sich die Gattung der Briefe an, da sie solche Informationen enthalten.

1 Die Briefe von Bruno und Basilius Amerbach während ihrer Pariser Studienzeit

Eine an Zahl und Aussagekraft einmalige Menge von Briefen von Studenten der Universität von Paris findet sich für den Beginn des 16. Jahrhunderts.[3] Es handelt sich um die Briefe von Bruno (1484–1519) und Basilius (1488–1535) Amerbach,[4] die zwischen 1501 und 1508 dort studierten.[5] Ihre Briefe sind deshalb erhalten, weil sie untrennbarer Teil der Kaufmannskorrespondenz ihres Vaters waren,[6] des berühmten Basler Verlegers und Druckers Johann Amerbach (ca. 1441–1513).[7] Als Drucker hatte sich Amerbach 1475 in Basel niedergelassen und dort mit Johann Petri (1441–1511) und später mit Johann Froben (ca. 1460–1527) eine Verlagssozietät

1 Vgl. ‚Per scientiarum haustum et seminarium doctrinarum', S. 164–169 (1224 Juni 5), S. 168.

2 Liber Procuratorum Nationis Anglicanae; Liber Procuratorum Nationis Gallicanae; Liber Procuratorum Nationis Picardiae; Liber Receptorum Nationis Anglicanae; Five Years of Accounts; vgl. dazu Monfrin 1972. Zur Finanzierung an mittelalterlichen Universitäten vgl. Verger 2005. Zur Lage der Universität von Paris zu Beginn des 16. Jhs. gibt es lediglich Teilstudien, von denen hier nur drei zu nennen sind, welche die wichtige ältere Literatur anführen: Kouamé 2004; Farge 2007; Verger 2016.

3 Haskins 1958.

4 Welti 1985a; ders. 1985b; Scarpatetti 2001a; ders. 2001b.

5 Amerbachkorrespondenz 1942, Nr. 127–299, 322–383. Englische Übersetzungen fertigte Halporn, The Correspondence of Johann Amerbach, an (S. 151–205).

6 Jenny 1983, S. 221.

7 Zur Familie der Amerbachs vgl. The Correspondence of Johann Amerbach, S. 137–206; zuletzt Sebastiani 2014a; Grace 2015.

geleitet.[8] Sie produzierten Bücher in hoher Qualität und machten Basel zu einem Zentrum des humanistischen Buchdrucks.[9]

Die Studentenkorrespondenz von Bruno und Basilius reicht von Juni 1501 bis März 1508, mit einer Lücke zwischen März bis September 1506, als die beiden nach Abschluss ihrer Magisterprüfung im April erst einmal nach Basel reisten.[10] Von den 267 Briefen der Amerbachkorrespondenz, die der Herausgeber Alfred Hartmann für den Zeitraum 1501 bis 1508 auswählte, kann circa ein Drittel als ‚Studienkorrespondenz' gelten, nämlich 75. 31 davon schrieben Bruno und Basilius,[11] die restlichen 44 der Vater Johann, die Mutter Barbara Ortenberg († 1513), die Schwester Margarete (1490–1541) und wenige andere Personen.[12] Sicher gab es ursprünglich mehr, doch sind fast nur diejenigen Schreiben erhalten, die in Basel bei der Familie einliefen.

Die Briefe verbanden die einzelnen Mitglieder der Familie miteinander. Die Eltern gebrauchten sie oft als Erziehungsmittel. Die Söhne dagegen holten sich damit Rat und Verständnis ein, nutzen sie aber auch als Medium des Erwachsenwerdens, über das sie Konflikte mit ihren Eltern austrugen. Die Briefe sind Artefakte einer materiellen Kultur,[13] durch die trotz der Abwesenheit einzelner Mitglieder das Familienleben aufrechterhalten werden konnte.

Die Briefe Johanns sind in ihren geschäftlichen Passagen im Stil bürgerlicher Missiven verfasst.[14] Wo er seine Rolle als Vater einbringt, sind sie persönlicher und ähneln damit denen des Bruno und des Basilius, die aber in Hinsicht auf die Themen und den Aufbau den Regeln folgten, die in der *Ars dictaminis*, der Kunst des Schreibens für die Anfertigung von mittelalterlichen Scholarenbriefen galten.[15] Die Mutter und die Schwester schreiben gefühlvoller und spontaner. Die Amerbachkorrespondenz dokumentiere gelebtes Leben des 16. Jahrhunderts in Einzelheiten, die sonst vielleicht nirgendwo überliefert seien, schreibt ihr Herausgeber Beat Rudolf Jenny.[16] Zu diesem Leben zählen auch die Darlehen, die Bruno und Basilius in ihrer Studienzeit aufnahmen. Viele der Schreiben – ebenso einige von väterlichen

---

8 Hieronymus 1997; Sebastiani 2018.

9 Zu den Editionen von Amerbach vgl. van der Haegen 1998, S. 97–155; Günthart 2020, S. 443–458; Sebastiani 2014b; Burkart 2016.

10 Vgl. Amerbachkorrespondenz 1942, Nr. 305, S. 290; Nr. 392, S. 358 f.; The Correspondence of Johann Amerbach, S. 204.

11 Welti 1985c; Lendorff 1967; Signori 2001, S. 153 f., bes. S. 148; Hacke 2022, S. 366, Diagr. 53.

12 Hacke 2022, S. 367, Diagr. 54.

13 Haasis 2015; Schmidt 2018; vgl. Daybell 2012.

14 Jenny 1983, S. 205 f., 218. Zur Abgrenzung von ‚Briefen' und ‚Missiven' vgl. Teuscher 1994, S. 366 f.; Bruggmann 2010/11, S. 16–18.

15 Hacke i. E. b.

16 Jenny 1983, S. 218; zum Briefwechsel vgl. zuletzt Amerbachkorrespondenz 2010.

Geschäftsfreunden, insbesondere des Nürnberger Verlegers Anton Koberger (1440–1513)[17] – handeln von finanziellen Transaktionen. Zusammengenommen zeigen sie somit eine Kreditpraxis, die im Folgenden beschrieben werden soll.[18]

Bruno und Basilius verfügten in Paris nie über viel Bargeld. Einer der Gründe dafür war, dass sie ungeübt im Umgang mit Geld waren. Als sie im Sommer 1501 in Paris ankamen,[19] waren sie 13 und 16 Jahre alt. Es war nicht das erste Mal, dass sie getrennt von ihrer Familie lebten. Bereits von 1497 bis 1500 hielten sie sich im oberrheinischen Schlettstadt auf, wo sie die dortige Lateinschule besuchten.[20] In Paris integrierten die Eltern, die sorgfältig auf die Sicherheit ihrer Kinder achteten, sie in das große berufliche Netzwerk Johanns, das aus Agenten, Geschäftspartnern und Freunden der Familie bestand.[21] Der wichtigste persönliche Betreuer der Kinder während der ersten Jahre wurde Johannes Blumenstock genannt Heidelberg, Agent von Johann Amerbachs Freund Anton Koberger.[22] Strukturell beteiligt an den finanziellen Transaktionen waren außerdem Johann Wattenschnee (ca. 1485–ca. 1524) und Wolfgang Lachner (ca. 1460/1465–1518), Agenten für Amerbach in Paris und Lyon. Ihre Zuständigkeit lag vor allem im Aufrechterhalten der Verbindung zwischen den Jugendlichen und den Eltern zwischen Paris und Basel.[23]

Die finanzielle Verantwortung für Bruno und Basilius delegierte Johann Amerbach an Ludwig Ber (1479–1554),[24] einen Basler, der zu diesem Zeitpunkt in den *Artes* unterrichtete. Ihm mussten Bruno und Basilius bis zum Magisterabschluss regelmäßig ein Ausgabenheft vorweisen,[25] das sich der Vater, der Paris gut kannte, da er selbst dort seinen Magister Artium gemacht hatte,[26] zur Kontrolle nach Basel senden ließ.[27]

---

17 Zu Koberger vgl. Hase 1869; Keunecke 2013; Briefbuch der Koberger. Die Briefe von Koberger, welche die Amerbachs betreffen, nahm Hartmann in seiner Edition auf, jedoch in der Regel nur als Regest. Daher sind u. U. beide Editionen zu nennen.

18 Grundlage der folgenden Darstellung ist das Kapitel ‚Geld' bei Hacke 2022, S. 383–391.

19 Zu ihrer Studienzeit vgl. bereits Fechter 1846; Febvre 1983. Zum Studentenleben in Paris vgl. Samaran 1949; zum Studentenleben im Mittelalter vgl. Moulin 1991; Müller 1996; Matschinegg 2009.

20 Amerbachkorrespondenz 1942, Nr. 75, S. 84.

21 Hacke i. E. a.

22 Briefbuch, Nr. 35, S. XXXIX; Amerbachkorrespondenz 1942, Nr. 125, S. 118 f. (Regest); vgl. auch ebd., Nr. 134, S. 125, Nr. 160, S. 148 f.; vgl. The Correspondence of Johann Amerbach, S. 150.

23 Hacke 2019.

24 Burckhardt 1900.

25 Amerbachkorrespondenz 1942, Nr. 130, S. 123, auch Nr. 225, S. 213 f.

26 Vgl. Geldner 1982, S. 667; Liber Receptorum Nationis Anglicanae, Sp. 64, 37 f.; Sp. 346, 9 f.

27 Amerbachkorrespondenz 1942, Nr. 256, S. 242; Nr. 158, S. 146. Vgl. auch Nr. 201, S. 190 f.; Nr. 203, S. 191 f.; Nr. 214, S. 201; Nr. 256, S. 242.

2 Die Ausgaben von Bruno und Basilius während ihres Studiums in Paris

Zu den regelmäßigen Ausgaben von Bruno und Basilius zählte die Miete, die für viele Studenten in Paris ein finanzielles Problem war.[28] Bruno und Basilius konnten in Kollegien wohnen, was teurer war, als sich ein Zimmer in der Stadt zu nehmen.[29] Ihr erstes Kollegium war das von Sainte-Barbe. Dort arbeitete auch ihr Lehrer Matthaeus de Loreyo,[30] der dann zum Kollegium Lisieux wechselte, wohin sie ihm im Oktober 1502 folgten.[31] Dort gefiel es ihnen aber nicht, so dass sie im Frühjahr 1504 ins Kollegium Bourgogne zogen.[32] Als Bruno später allein Theologie studierte, lebte er im Kollegium Boncourt.[33] Der Internatsplatz (*portio*, seltener *pensio*, frühes Neuhochdeutsch *portz*) bestand aus der Unterkunft mit Verpflegung und einem Feuerplatz.[34] Dafür zahlten beide für ein Jahr jeweils 16 Écus,[35] was 21⅔ rheinischen Gulden entsprach.

Der zweitgrößte Posten war mit 20 Écus pro Jahr[36] die Entlohnung des Tutors, der die beiden zusammen mit drei anderen Baslern Studenten täglich im Collège unterrichtete.[37] Für ihren Diener Johannes Nibling war auch aufzukommen, was jedoch Johann Amerbach persönlich übernahm.[38] Die Prüfungsgebühren waren hoch und Bruno und Basilius zählten als Kinder eines Verlegers nicht zu den *pauperes*, die davon befreit waren. 1504 war es eine Burse für die *determinatio*, die Disputation vor dem Baccalaureat in den *Artes*, zu jeweils acht Sous,[39] 1505 eine für das Baccalaureat selbst und schließlich eine für die Magisterprüfung.[40] Beide Bursen kündigten sowohl die Jugendlichen als auch ihr Lehrer am Kollegium

---

28 Jourdain 1877; Durbin 2004/05. Zur Immobiliensituation in der Stadt vgl. zuletzt Bove, Descamps, Roux u. a. 2014; vgl. insbesondere Roux 1989.

29 So schrieb es Bruno am Ende seiner Studienzeit seinem Vater; Amerbachkorrespondenz 1942, Nr. 343, S. 322.

30 Gabriel 1987, S. 41–45.

31 Amerbachkorrespondenz 1942, Nr. 174, S. 161–163.

32 So lautet die Adresse eines Briefes von Johann an seine Söhne von 1504; vgl. ebd., Nr. 225, S. 213; Nr. 234, S. 220.

33 Ebd., Nr. 330, S. 307.

34 Vgl. Art. Portio; Quicherat 1860, S. 74; Amerbachkorrespondenz 1942, Nr. 358, S. 333.

35 Vgl. zum Écu Roma Valdés 2012, S. 7 f.

36 Amerbachkorrespondenz 1942, Nr. 130, S. 122.

37 Ebd., Nr. 127, S. 119 f.

38 Ebd., Nr. 225, S. 214.

39 Vgl. Renaudet 1916, S. 496, Anm. 4; Amerbachkorrespondenz 1942, Nr. 250, S. 237, Anm. 5. Ein Sous entsprach zwölf Deniers bzw. 1/36 Écu au soleil und 3/36 Deniers bzw. 1/20 Livre tournois.

40 Amerbachkorrespondenz 1942, Nr. 238, S. 224; Nr. 250, S. 236; Nr. 257, S. 243.

Bourgogne Guillaume Jourdan 1505 dem Vater an.[41] Von anderen Studenten ist zu lesen, dass sie für diesen Zweck eigens einen Boten nach Hause sandten.[42] Damit konnten sie auch den Eltern zeigen, dass es endlich mit dem Studium voranging. Für acht Sous, die Bruno und Basilius jeweils 1504 für die *determinatio* vorbrachten, hätten sie zusammengenommen fast ein halbes Hemd kaufen können.[43]

Die Jugendlichen brauchten außerdem Geld für den täglichen Bedarf, für Bücher, Schuhe, Hosen und Hemden.[44] 20 Hemden kosteten sie 20 Écus, genauso viel wie der Tutor im ganzen Jahr. Hinzu kamen unvorhergesehene Ausgaben, wie im Frühherbst 1505 für Ärzte, Apotheker und Medikamente.[45] Vermutlich hatten Bruno und Basilius auch Kosten, die sie nicht in ihrem Ausgabenheft vermerkten. Dazu gehört vermutlich nicht das Essen, das sie in Tavernen zu sich nahmen, aber sicher der Wein, den Basilius mit seinem Basler Kommilitonen Eucharius Holzach dem Jüngeren (1486–1458) zeitweise bis zum Zustand der Trunkenheit zu sich nahm.[46]

Ein Vergleich der Ausgaben von Bruno und Basilius mit denjenigen eines deutschen Studenten, den Maximilian I. (1459–1519) an den Hof Philipps des Schönen von Kastilien (1478–1506) gesendet hatte und dessen Studien in Louvain und Paris er finanzierte,[47] zeigt Gemeinsamkeiten, soweit es die Kleidung und das Geld für den Apotheker und den Arzt im Krankheitsfall betrifft. Es kommen bei ihm jedoch noch Tücher und Bettwäsche hinzu, die bei den Amerbachs nicht genannt sind, sei es, dass sie diese Gebrauchsgegenstände aus der Heimat erhielten, sei es, dass sie ihnen in den Kollegien zur Verfügung standen. Es gibt aber einen weiteren großen Unterschied: Während der deutsche Student immer wieder Kosten für die Versendung von Boten anführt, ist dies kein Thema in den Briefen von Bruno und Basilius. Denn Boten standen ihnen in ausreichender Zahl kostenfrei zur Verfügung.

Insgesamt verbrauchten die Amerbachsöhne pro Studienjahr 50 rheinische Gulden,[48] beide zusammen in den ersten drei Studienjahren 300 Gulden (225 Écus),[49] pro Jahr also 75 Écus. Im Vergleich dazu zahlte die Pariser Einwohnerin Perrette Duplys 1496 50 Livres tournois für ein Haus auf der Rue Michel-le-Comte,[50] also

41 Ebd., Nr. 250, S. 236.

42 Vgl. etwa Liber Procuratorum Nationis Anglicanae, Bd. 1, Sp. 263f., Anm. 5.

43 Amerbachkorrespondenz 1942, Nr. 323, S. 301. Vgl. Anm. 89.

44 Briefbuch, Nr. 71, S. LXXXVII; Amerbachkorrespondenz 1942, Nr. 198, S. 189.

45 Amerbachkorrespondenz 1942, Nr. 283, S. 266–268.

46 Ebd., Nr. 281, S. 264. Zu den Tavernen in Paris vgl. Champion 1912; Vincent-Cassy 2004.

47 Les dépenses d'un étudiant allemand.

48 Amerbachkorrespondenz 1942, Nr. 225, S. 213.

49 Ebd., Nr. 348, S. 326.

50 Minutier central, Nr. 2875, S. 342.

fast drei Viertel von dem, was ein Jahr Studium für eine Person in Paris Anfang des 16. Jahrhunderts kostete.[51]

3 Die Bereitstellung von Geldern während des Studiums

Johann Amerbach finanzierte das Studium seiner Söhne, weil ihm deren Ausbildung am Herzen lag. Ein Magister in den Künsten war eine gute Voraussetzung für eine Tätigkeit in einem Verlagshaus. Tatsächlich arbeiteten beide Söhne später als Philologen und Editoren in seinem Betrieb.[52] Ihren Unterhalt verdienten sie sich in Paris nicht und waren damit auf das Geld des Vaters angewiesen. Aber wie kamen sie an das Geld?

Es gab in Paris seit dem ersten Drittel des 13. Jahrhunderts Lombarden als Geldverleiher, die Handel und Geldgeschäfte mit Depositenbanken und Leihanstalten betrieben.[53] Zu den eher kleineren Unternehmen zählte hier die Sieneser Kaufmannskompanie des Adeligen Ciampolo Gallerani (ca. 1260–ca. 1340).[54] In seinen erhaltenen Rechnungsbüchern von 1307 bis 1308 finden sich als Gläubiger wichtige Personen wie Raoul de Harcourt († 1307),[55] der 1280 das gleichnamige Kollegium in Paris gründete,[56] aber auch Unbekannte wie ein Pedell, eine Art von Hausmeister, der Universität von Paris.[57] Es kam also vor, dass Angehörige der Universität von Paris auf Kredite von Lombarden zurückgriffen. Aber trotz des großen Einflusses italienischer Handelshäuser entwickelte sich Paris im 14. und 15. Jahrhundert nicht zu einer Stadt der Banken.[58] Jean Favier erklärte dies mit den Unsicherheiten des Hundertjährigen Krieges und des Bürgerkrieges, welche die Italiener abgeschreckt hätten. Wichtige Funktionen im Geldgeschäft wie Wechselstuben hätte zudem die Verwaltung der Stadt Paris selbst übernommen.[59]

In einer Stadt, in der es keine Banken gab,[60] mussten also andere Wege beschritten werden, um an Geld zu kommen, wenn keines vorhanden war. In der

51 Zu den Vergleichen vgl. Tab. 47 bei Hacke 2022, S. 588 f.

52 The Correspondence of Johann Amerbach, S. 34.

53 Lehoux 1954.

54 Giorgi 1998; vgl. die Karte „Zones d'activité Gallerani de la compagnie des Gallerani" von Genicot 2016, S. 234, Nr. 10b.

55 Les livres des comptes des Gallerani, Bd. 2, S. 211 f. mit Anm. 5 (Fond Gaillard Nr. 635) vgl. Nobes 1982; Cella 2009.

56 Euvrard u. Fusellie 1980.

57 Les livres des comptes des Gallerani, Bd. 1, S. 180.

58 Vgl. auch Arnoux 2005.

59 Favier 1970; ders. 1973; Roover 1968; vgl. ferner Dubois 1991.

60 Claustre 2013.

Regel sah das so aus: Der Scholar setzte ein Schreiben an seinen Vater auf: *Primum carmen scolarium est petitio expensarum, nec umquam erit epistola que non requirat argentum* wusste der berühmte Meister der *Artes dictaminis* Boncompagno da Signa (ca. 1170–ca. 1240).[61] Für solche Briefe gab es Formulare,[62] wie sie auch in der von Turcan-Verkerk herausgegebenen Sammlung von Scholarenbriefen zu finden sind.[63] Dann versandte der Scholar den Brief per Bote in die Heimat.[64] Auch Bruno und Basilius griffen seit ihrer Schulzeit in Schlettstadt auf dieses Verfahren zurück.[65] An der Universität von Paris gab es eigens für diesen Zweck seit der Mitte des 14. Jahrhunderts einen von ihren Nationen eingerichteten Botendienst: Die Boten der gallischen, pikardischen, normannischen und englisch-deutschen Nation transportierten für die Scholaren und Magister Briefe, Pakete und vor allem Geld.[66] Je nach Entfernung der Heimat war das aber aufwendig und gefährlich, von Überfällen auf Boten ist hin und wieder zu lesen.[67] Vor allen Dingen dauerte es seine Zeit, bis das Geld da war. Was war, wenn es zu spät kam?

Wenn Bruno und Basilius sofort Geld brauchten, wandten sie sich an eine Person in Paris, die ihr Vater als Treuhänder bestimmt hatte: *qui seruabit pecunias vestras*, wie Amerbach an einer Stelle schreibt.[68] Bei diesen Darlehensgebern handelte es sich zum einen um die beiden persönlichen Betreuer von Bruno und Basilius, um die genannten Ludwig Ber und Johann Heidelberg. Nachdem die Brüder aber nach drei Jahren Johann Heidelberg in dieser Funktion ablehnten,[69] übernahm der aus einem Zürcher Geschlecht stammende Kaspar Pfister diese Aufgabe.[70] Aber er geriet im April 1505 in geschäftliche Schwierigkeiten und war nicht mehr liquide, so dass er sich zurückzog.[71] Statt seiner zog Amerbach den Buchhändler Magnus hinzu.[72]

61 Boncompagno da Signa, Testi, Nr. XV, 2, 1, S. 40; vgl. Haskins 1958, S. 8, Anm. 1. Zur Person vgl. Boncompagno da Signa 2022.

62 Vgl. Thymo von Erfurt (Wolff 1911), Nr. 1a, S. 9.

63 Turcan-Verkerk 1993, S. 676f. (A 2), 678 (A 5f.), 680 (A 12), 685 (A 26, B 1), 695 (B 32f.), 696 (B 34), 697 (B 37f.), 698f. (B 42), 699 (B 44), 700f. (B 49), 701 (B 51f.). Vgl. Vulliez 2016.

64 Nach dem Scholarenbrief im ‚Codex Epistolaris Johannis Regis Bohemiae' sandte der Vater seinem Sohn einmal in der Woche Geld zu; Briefe des Königs Johann von Böhmen, Nr. 134, S. 58.

65 Schlettstadt: Amerbachkorrespondenz 1942, Nr. 107, S. 106 (indirekt); Paris: Hacke 2022, Tab. 37, S. 368; Diagr. 57, S. 377.

66 Hacke 2022, S. 100–103.

67 Vgl. Liber Procuratorum Nationis Anglicanae, Bd. 3, Sp. 779.

68 Amerbachkorrespondenz 1942, Nr. 265, S. 251.

69 Ebd., Nr. 254, S. 240; Briefbuch, Nr. 88, S. CXII.

70 Vgl. zu ihm Amerbachkorrespondenz 1942, Nr. 134, S. 127, Anm. 2.

71 Ebd., Nr. 257, S. 243.

72 Ebd., Nr. 266, S. 253.

Diese Personen fungierten als Gelddepot, wie ein Konto mit Guthaben im modernen Sinne. Das Problem aber war, dass dieses ‚Konto' nicht immer gedeckt war. In diesem Fall mussten Bruno und Basilius von dem Treuhänder ein Darlehen aufnehmen, von denen insgesamt wenigstens neun nachweisbar sind (Tab. 1).[73]

Wie an der Auflistung zu erkennen ist, liegt die höchste Summe, die Basilius und Bruno erhielten, bei 300 Gulden. Ein weiteres Mal war der gleiche Betrag nicht allein für sie gedacht, sondern für alle Basler, mit denen sie zusammen studierten. Das kleinste Darlehen lag bei einem Gulden. Die Leihgaben konnten also auch recht gering sein.

Für diesen Leihvorgang finden sich in den Briefen unterschiedliche, je nach Sprache des jeweiligen Briefes, lateinische oder deutsche Begriffe. Das Darlehen bzw. der geschuldete Betrag ist in den Briefen bezeichnet mit *debita* (Schulden) oder *mutuum* (Darlehen).[74] Das Zur-Verfügung-Stellen des Darlehens ist ausgedrückt mit den Worten *subuenire*,[75] (*mutuum*) *dare*,[76] *expedire* oder *geben*.[77] Die Aufnahme oder Übernahme des Darlehens heißt auch *accipere* (*pecuniam*),[78] *accipere mutuum* (Darlehen übernehmen),[79] ferner ist von *sie sindt schuldig gesin* (schuldig geworden)[80] oder *gelcz gelichen, dargelichen* (Geld geliehen) die Rede.[81] Die Rückgabe des Darlehens wird mit den Formulierungen *expensio referre* oder *persolvere debita, si qua contraxistis* bezeichnet.[82]

Die Rückzahlung des Darlehens geschah auf zwei Wegen. Zum einen gab es die Möglichkeit, dass Boten das Geld nach Paris brachten. Das geschah meistens von Basel aus, wo die Amerbachs ihre Heimat hatten. Unter den Personen, die diese Geldtransporte übernahmen,[83] sind drei besonders nennenswert. Der eine ist Johann Wattenschnee,[84] der drei Viertel aller Geldsendungen von Basel nach

---

73 Es gibt ein paar Unsicherheiten in der Zählung, weil manchmal nicht klar ist, ob eine in verschiedenen Briefen genannte Summe dieselbe oder nur die gleiche ist, ob es sich also um ein oder zwei Darlehen über die gleiche Summe handelt. Insgesamt jedoch wird es sich um die Untergrenze der Zahl der Darlehen handeln, denn Hartmann hat nicht alle Briefe ediert und außerdem sind viele Briefe verloren gegangen.

74 Amerbachkorrespondenz 1942, Nr. 265, S. 251; ferner Nr. 270, S. 256; Nr. 283, S. 266; Nr. 286, S. 269; Nr. 361, S. 334; Nr. 369, S. 340.

75 Ebd., Nr. 225, S. 213; Nr. 257, S. 243; Nr. 299, S. 283.

76 Ebd., Nr. 286, S. 269; Nr. 361, S. 334.

77 Ebd., Nr. 225, S. 213; Nr. 254, S. 240.

78 Ebd., Nr. 246, S. 231; Nr. 265, S. 251; Nr. 283, S. 266.

79 Ebd., Nr. 369, S. 340.

80 Ebd., Nr. 274, S. 259.

81 Ebd., Nr. 218, S. 207f.

82 Ebd., Nr. 256, S. 242; Nr. 265, S. 251.

83 Vgl. Hacke 2022, Tab. 43, S. 387.

84 Hacke 2020b; dies. 2021, S. 287–296; dies. 2020a.

Tabelle 1 | Darlehen für Basilius und Bruno Amerbach. Nach Hacke 2022, S. 385, Tab. 42.

Datum der Quelle	Kreditgeber in Paris	Betrag	Empfänger	Übergabezeitpunkt	Nr. (Edition Hartmann)
[1502] Juli 3	Johann Heidelberg	2 Gulden	Bruno	nach Ankunft des Briefes	158
1502 Juli 23	Johann Heidelberg	300 Gulden	Basilius und Bruno und die anderen jungen Männer	vor Ankunft des Briefes	162
1503 Juni 24	Johann Heidelberg	300 Gulden	Basilius und Bruno?	vor Weihnachten 1502	198, 202
1503 Okt. 28	Johann Heidelberg	50 Gulden	Basilius und Bruno	vor Ankunft des Briefes	209
1504 März 19	[Johann Heidelberg]	Geld	Basilius und Bruno	vor Ankunft des Briefes	219
1504 Juni 6	Kaspar Pfister	1 Krone oder 1 Gulden bei Bedarf	Basilius und Bruno	nach Ankunft des Briefes	225
1505 Mai 22	Ludwig Ber oder der Buchhändler Magnus	[falls noch etwas fehle]	Basilius und Bruno	nach Ankunft des Briefes	265 f.
1505 Juli 7	Ludwig Ber	[für den Prinzipial, den Arzt, den Apotheker, Schulden]		vor Absendung des Briefes	274
Basilius und Bruno sind in Basel; Bruno kehrt allein nach Paris zurück					
1507 Nov. 30	Ludwig Ber, Magnus oder Johann Heidelberg	nach Bedarf – falls Schabeller oder sein Onkel nicht da seien		nach Ankunft des Briefes	361

Paris übernahm, der zweite sein Onkel Conrad[85] und der dritte Wolfgang Lachner. Lachner und Johann Wattenschnee waren bekannte Personen des Druckgewerbes, die vor allem als reisende Buchhändler (sogenannte Buchführer) Druckwerke auf Messen und Märkten verkauften. Lachner war sehr geschäftstüchtig und trat wiederholt auch als Geldverleiher auf.[86] Sowohl Wattenschnee als auch Lachner hatten bereits 1489 ein Botenamt für die deutsche Nation der Universität von Paris übernommen.[87] Diesen Personen vertraute Amerbach Geld für den Transport nach Paris an, wobei Wattenschnee und Lachner oft Hand in Hand arbeiteten. Meistens sorgte Lachner für das Geld. Er beauftragte Wattenschnee, Bruno Geld zu übergeben, etwa Ende Oktober 1506 einen Betrag von 16 Goldstücken.[88] Lachner wies als Geldgeber die Zahlungen an, im Unterschied zu Wattenschnee, der sie transportierte. Johann Amerbach gab Lachner manchmal Geld, bevor es Wattenschnee nach Paris brachte: So händigte er ihm 1507 auf der Frankfurter Ostermesse 16 Franken aus,[89] die Lachner an Wattenschnee weiterreichen sollte, bei dem Bruno Geld aufgenommen hatte.[90] Wattenschnee beförderte nicht nur Geld, sondern auch Pakete und Briefe,[91] darunter solche, welche die Kreditvergabe einfädelten und organisierten. Das waren etwa Nachrichten der Jugendlichen an den Vater über die Aufnahme eines Darlehens oder Informationen des Vaters zur Rückzahlung des geborgten Geldes.

Aber es gab noch einen zweiten Weg, auf dem Darlehen zurückerstattet wurden. Er bestand darin, dass Anton Koberger den Darlehensbetrag mit Geschäftsschulden verrechnete. Dies zeigen zwei Briefe von Koberger an Johann Amerbach vom Oktober 1503 und vom März 1504. Im ersten schreibt Koberger, dass Amerbach ihm nicht das Geld geben solle, das er in Paris für seine Söhne benötige, sondern dass er dieses Geld für die Produktion des ‚Hugo' verwenden wolle.[92] Gemeint waren damit die Aufzeichnungen von Hugo von Saint-Cher (ca. 1200–1263), einem der einflussreichsten Bibelkommentatoren des Mittelalters. Die Verrechnung

---

85 Hacke 2022, Diagr. 58, S. 388.

86 Regesten zur Geschichte des Buchdrucks, 2, Nr. 1376, S. 39; ferner 1, Nr. 611, S. 90; Nr. 626, S. 92; Nr. 715, S. 110; Nr. 737, S. 113; Nr. 781, S. 123; Nr. 828 f., S. 132; Nr. 833, S. 133; Nr. 841, S. 134; Nr. 858, S. 139; Nr. 875, S. 141 f.; Nr. 949, S. 150 f.; Nr. 997, S. 157; 2, Nr. 1881, S. 38.

87 Liber Procuratorum Nationis Anglicanae, Bd. 3, Sp. 710.

88 Amerbachkorrespondenz 1942, Nr. 323, S. 301.

89 Bei dem *franc* wird es sich um einen *Franc à pied* handeln, eine Goldmünze mit einem Gewicht von 3,885 oder 3,826 Gramm, die einem Livre tournois entsprach (Duplessy 1988, Bd. 1, S. 12). Ein Livre tournois hatte den Wert von 20 Sous. Ein Hemd kostete die Amerbachsöhne 36 Sous und 3 Deniers.

90 Amerbachkorrespondenz 1942, Nr. 337, S. 318; Nr. 348, S. 326.

91 Vgl. Hacke 2022, Tab. 38, S. 376; Tab. 40, S. 379.

92 Briefbuch, Nr. 76, S. XCIII; Amerbachkorrespondenz 1942, Nr. 206, S. 194 (Regest); Nr. 218, S. 207 f.

mit Geschäftsauslagen bezog sich, soweit es Bruno und Basilius betraf, auf das Darlehen von über 300 Gulden, das der Angestellte von Anton Koberger, Johann Heidelberg, ihnen und anderen Basler Studenten in Paris geliehen hatte.[93]

Die Darlehen von Bruno und Basilius unterlagen keinen fixen Normen und Vorschriften, es gab keine Verträge oder Tilgungsvereinbarungen. Vielmehr bestand eine Abhängigkeit von konkreten Anlässen und zufälligen Konstellationen. Das gilt für beide Parteien, die Darlehensnehmer und die Darlehensgeber. Wurden die Jugendlichen beispielsweise krank, dann brauchten sie Geld für einen Arzt und Medizin und mussten sich, wenn das Konto beim Treuhänder leer war, Geld leihen – und zwar sofort. Wenn ihr Vater Geldboten zur Rückzahlung der Darlehen nach Paris sandte, dann tat er das von denjenigen Orten aus, an denen er die Nachricht über das Darlehen erhalten hatte – das musste nicht zwangsläufig Basel sein. Der Darlehensgeber Koberger wiederum verrechnete Darlehen mit Geschäftsgeldern, wenn sich dazu eine Gelegenheit bot, also wohl dann, wenn er selbst Amerbach Geld schuldete. Insgesamt betrachtet scheint die Handhabung der Darlehen – jedenfalls soweit es die Briefe verraten – recht locker vonstattengegangen zu sein, obwohl es sicher heute nicht mehr erhaltene Rechnungsbücher gab, die die genaueren Abrechnungen dokumentierten.

4 Wechsel

Im Rahmen der Darlehenspraxis ist auch die Vergabe von Wechseln zu sehen. Einen solchen ließ Johann Amerbach im Frühherbst 1505 seinen Söhnen zukommen, weil es sich um einen sehr hohen Betrag handelte, nämlich um 200 rheinische Gulden (150 Écus). Davon konnten zwei Studenten zwei Jahre lang leben. Der Grund war, dass Bruno und Basilius krank waren und hohes Fieber hatten, so dass sie ihr ganzes Geld für Ärzte, Apotheker und Medikamente ausgeben mussten. Als Johann Amerbach davon erfuhr, gab er in Basel dem Kaufmann Jakob Breitschwert 200 rheinische Gulden und erhielt dafür einen Schuldschein des Nürnberger Kaufmanns Nicolaus Stillen.[94] Der sagte dem Überbringer in Paris 150 goldene Écus zu. Es handelte sich also wahrscheinlich um ein Indossament, auf dessen Rückseite – *en dos* – die Ermächtigung der neuen Person vermerkt war. Damit wurde die Forderung auf eine andere Person übertragen und durch eine Unterschrift bekräftigt.[95] Danach sandte Johann einen mit einem Beglaubigungsschreiben versehenen Boten mit dem Wechsel nach Paris. Brieflich erklärte

---

93 Briefbuch, Nr. 24, S. XXVI f.; Amerbachkorrespondenz 1942, Nr. 103, S. 104 (Regest).

94 Amerbachkorrespondenz 1942, Nr. 283, S. 266–268.

95 Denzel 1994, S. 101.

er Bruno ausführlich, wie sein Bruder und er mit dem Wechsel, der als solcher nicht selbst erhalten ist, umzugehen hätten: Sie sollten ihn nicht persönlich bei Nicolaus Stillen einreichen, sondern das Ludwig Ber überlassen.

Johann Amerbach war in finanziellen Transaktionen erfahren und dazu zählte auch die Möglichkeit, betrogen zu werden. Daher war er vorsichtig, wenn es um hohe Summen ging – insbesondere weil seine Kinder unerfahren waren. Der Wechsel war eine Ausnahme, die mit der Notsituation zu erklären ist, die eine sofortige Hilfe nötig machte.

5 Fazit

Die Funktion der Darlehen bestand darin, dafür zu sorgen, dass Bruno und Basilius während ihres Studiums fern der Heimat keine Geldnot litten und bei Bedarf unmittelbar auf Bares zurückgreifen konnten. Es waren die Berufsbeziehungen von Johann Amerbach, die es ihm erlaubten, Personen in Paris damit zu beauftragen, Darlehen zur Verfügung zu stellen. Sie gehörten zu seinem kaufmännischen Berufsnetzwerk des Druckgewerbes, wie etwa Johann Heidelberg, oder – wie Ludwig Ber – zum Freundeskreis. Infolge seiner Handelskontakte unterhielt Amerbach eine ständige Verbindung zwischen Basel und Paris, die vor allem die beiden Buchführer Wattenschnee und Lachner aufrechterhielten. Die Vergabe der Darlehen in Paris durch Johann Heidelberg im Auftrag von Anton Koberger erfüllte aber nicht nur eine geschäftliche Funktion, sondern auch eine soziale. Heidelberg kümmerte sich nicht allein um die finanzielle Situation von Bruno und Basilius, sondern umsorgte sie auch an Eltern statt. Die soziale Verpflichtung ergab sich aus der Geschäftsfreundschaft zwischen Anton Koberger und Johann Amerbach. Gemeinsamen Werten wie soziale Verantwortung lagen ‚Treue und Glauben' als Grundlage kaufmännischer Tätigkeit zugrunde.

Die Darlehenspraxis der Amerbachs war nur in einer gut vernetzten und erfolgreichen Kaufmannsfamilie realisierbar, und damit waren Bruno und Basilius unter diesem Gesichtspunkt privilegierte Scholaren. Anderen Studenten standen diese Möglichkeiten nicht zur Verfügung. Deren Versorgung mit Bargeld war unter Umständen schwierig zu bewerkstelligen, vor allem wenn ihr Heimatort weit entfernt lag. An der Universität von Paris standen ihnen für diesen Zweck immerhin kostenlos die Boten der Nationen zur Verfügung, doch dies erlaubte nur eine grundlegende Kommunikation, die von der Qualität der Botenverbindungen, über welche die Amerbachs verfügten, weit entfernt war.

Die Stadt Paris war ein wichtiger Geschäftsort, nicht zuletzt aufgrund der Studenten, die wirtschaftlich einflussreich waren. Denn durch sie strömte Bargeld aus den Heimatorten in die Stadt, wie sich zeigt, wenn man den Weg verfolgt, den das Geld von den Familien der Studenten hin zu deren Studienort zurücklegte. Im

Falle der Amerbachs war dieser Transportweg durch finanzielle und geschäftliche Transaktionen, durch Wechsel und Darlehen und die Verrechnung von Darlehen mit Geschäftsguthaben in die Welt der Wirtschaft eingebunden. Die Darlehen verbanden nicht allein die Eltern mit ihren Kindern, die Zentren Basel und Paris, sondern auch die Welt der Universität mit der Welt der Wirtschaft. Für das 13. und 14. Jahrhundert ist gezeigt worden, dass und wie sich an der Universität von Paris als Folge des Umgangs der Universitätsangehörigen mit Geld neue Vorstellungen von Geld entwickelten.[96] Welche Auswirkungen die Darlehenspraxis an den Universitäten, deren Erforschung für die mittelalterliche Zeit und das 16. Jahrhundert gerade angefangen hat, auf die akademischen Lehren ihrer Zeit hatten, ist noch zu klären.

Die Briefe zeigen in Hinsicht auf die Sichtbarkeit der Kreditpraxis keineswegs die gleiche Qualität wie sonstige wirtschaftshistorische Quellen. Die Darlehen bestanden ausschließlich aus Geld und betrafen keine anderen Objekte; auch liegen in den Briefen keine Angaben zu einer Laufzeit von Krediten vor, ebenso nicht zu Sicherheiten, Verzinsungen oder Vertragsarten. Vielmehr handelte es sich um informelle Darlehen. Ihre Vergabe war auf die situationsgebundenen Bedürfnisse der beiden Jugendlichen in der fremden Stadt zugeschnitten. Die Substruktur der Vergabe gründete auf den Handelskontakten ihres Vaters und den ihnen unterlegten Netzwerkstrukturen. Sie wurden getragen von Personen, die im Dienste von Johann Amerbach standen oder ihrer eigenen kaufmännischen Tätigkeit folgten. Für diese Tätigkeit mussten sie die räumlichen Distanzen zwischen Basel und Paris überwinden, wodurch die Briefe zirkulieren konnten. Die Kredite selbst konstituierten ein persönliches Band zwischen den Jugendlichen und ihren Eltern, die Briefe waren materielle Träger sowohl der familiären Bindung als auch der spezifischen Darlehenspraxis.

96 Langholm 1992; Kay 1998, S. 6 f.; Marmursztejn 2007.

Literaturverzeichnis

Quellen

Die Amerbachkorrespondenz. Bd. 1. Hrsg. v. Alfred Hartmann. Basel 1942.

Boncompagno da Signa: Testi riguardanti la vita degli studenti a Bologna nel sec. XIII (dal Boncompagnus 1). Hrsg. v. Vigilio Pini. Bologna 1968.

Briefbuch der Koberger. In: Oscar von Hase (Hg.): Die Koberger. Eine Darstellung des buchhändlerischen Geschäftsbetriebes in der Zeit des Überganges vom Mittelalter zur Neuzeit. 2. Aufl. Leipzig 1885 (ND 3. Aufl. Amsterdam u. a. 1967), Anhang.

Briefe des Königs Johann von Böhmen, seiner Verwandten und anderer Zeitgenossen. Hrsg. v. Theodor Jacobi. Berlin 1841.

The Correspondence of Johann Amerbach. Early Printing in Its Social Context. Hrsg. v. Barbara Halporn. Ann Arbor MI 2000, S. 151–205.

Les dépenses d'un étudiant allemand aux universités de Louvain et de Paris. In: Revue du Nord 9/36 (1923), S. 287 f.

Five Years of Accounts (1494–95 through 1498–99) from the Fourth Book of The Receptors of the German Nation at the University of Paris. Unveröff. Transkription v. John Graham McGinley. MA Diss. Univ. of Notre Dame 1973.

Liber Procuratorum Nationis Anglicanae (Alemanniae) in Universitate Parisiensi. Bd. 1–2. Hrsg. v. Heinrich Denifle u. Émile Chatelain. Paris 1894–1897.

Liber Procuratorum Nationis Anglicanae (Alemanniae) in Universitate Parisiensi. Bd. 3. Hrsg. v. Charles Samaran, Émile A. van Moé u. Susanne Vitte. Paris 1935.

Liber Procuratorum Nationis Gallicanae (Franciae) in Universitate Parisiensi. Hrsg. v. Charles Samaran u. Émile A. van Moé. Paris 1942.

Liber Procuratorum Nationis Picardiae in Universitate Parisiensi. Hrsg. v. Charles Samaran u. Émile A. van Moé. Paris 1938.

Liber Receptorum Nationis Anglicanae (Alemanniae). Bd. 1: 1425–1494. Hrsg. v. Astricus Ladislas Gabriel u. Gray Cowan Boyce. Paris 1964.

Les livres des comptes des Gallerani. Hrsg. v. Georges Bigwood u. Armand Grunzweig. 2 Bde. Brüssel 1961–1962.

Minutier central des notaires de Paris. Minutes du XVe siècle de l'étude XIX. Inventaire analytique. Hrsg. v. Claire Béchu, Florence Greffe u. Isabelle Pebay. Paris 1993.

„Per scientiarum haustum et seminarium doctrinarum". Storia dello Studium di Napoli in età sveva. Hrsg. v. Fulvio Delle Donne. Bari 2010.

Regesten zur Geschichte des Buchdrucks bis zum Jahre 1500. Aus den Büchern des Staatsarchivs, der Zunftarchive und des Universitätsarchivs in Basel. Hrsg. v. Karl Stehlin. In: Archiv für Geschichte des Buchdrucks 11 (1888), S. 5–182 (1), 12 (1889), S. 6–70 (2).

Forschungsliteratur

Amerbachkorrespondenz. In: Sulamith Gehr, Fritz Nagel u. Barbara von Reibnitz (Hgg.): Editionen in Basel. Begleitpublikation zur Ausstellung. Basel 2010, S. 10 f.

Arnoux, Mathieu, Caroline Bourlet u. Jérôme Hayez: Les lettres parisiennes du carteggio Datini: première approche du dossier. In: Mélanges de l'École française de Rome. Moyen-Age 117/1 (2005), S. 193–222.

Art. Portio. In: Lexicon Latinitatis Nederlandicae Medii Aevi, Bd. 6 (1998), S. 3712 f.

Boncompagno da Signa. In: Enciclopedia Treccani. https://www.treccani.it/enciclopedia/boncompagno-da-signa_%28Dizionario-Biografico%29/ (Zugriff: 09.01.2022).

Bove, Boris, Benoît Descamps, Simone Roux u. a.: Sources foncières et marché immobilier à Paris (XIIIe–XVIe siècles). In: Caroline Bourlet (Hg.): Prix, salaires et fortunes à Paris (13e–15e siècles): outils pour une histoire économique. Ménestrel 2015. http://www.menestrel.fr/IMG/pdf/sources_foncieres_b_bove.pdf (Zugriff: 08.06.2022).

Bruggmann, Thomas: „Unser fruntlich willig dienst zuo vor". Nachrichtenübermittlung zwischen Konstanz und St. Gallen 1451 bis 1470. Mit einem Anhang: Transkriptionen der zwischen Konstanz und St. Gallen von 1451 bis 1470 versandten Missiven. Lizenziatsarbeit. Universität Zürich 2010/11. https://www.academia.edu/6726059/Unser_fr%C3%BCntlich_willig_dienst_zuo_vor (Zugriff: 10.05.2022).

Burckhardt, August: Die Familie Baer. In: Freunde vaterländischer Geschichte (Hgg.): Basler Biographien. Bd. 1. Basel 1900, S. 59–89.

Burkart, Lucas: Gelehrte und Buchdrucker. Oder: Wie der italienische Humanismus in Basel ins gedruckte Buch fand. In: Ders., Camillo von Müller u. Johannes von Müller (Hgg.): Sprezzatura. Geschichte und Geschichtserzählung zwischen Fakt und Fiktion. Göttingen 2016, S. 230–237.

Cella, Roberta: La documentazione Gallerani-Fini nell'archivio di stati di Gent (1304–1309). Florenz 2009.

Champion, Pierre: Liste de Tavernes de Paris d'après des documents du XVe siècle. In: Bulletin de la Société de l'Histoire de Paris et d'Île-de-France 39a (1912), S. 259–267.

Claustre, Julie: Vivre à crédit dans une ville sans banque (Paris, XIVe–XVe siècle). In: Le Moyen Âge 119/3–4 (2013), S. 567–596.

Daybell, James: The Material Letter in Early Modern England. Manuscript Letters and the Culture and Practices of Letter-Writing, 1512–1635. Houndmills, New York 2012.

Denzel, Markus: La Practica della Cambiatura. Europäischer Zahlungsverkehr vom 14. bis zum 17. Jahrhundert. Stuttgart 1994.

Dubois, Henry: Crédit et banque en France aux deux derniers siècles du Moyen Âge. In: Banchi pubblici, banchi privati e monti di pietà nell'Europa preindustriale. Bd. 2. Genua 1991, S. 731–779.

Duplessy, Jean: Les monnaies françaises royale de Hugue Capet à Louis XVI (987–1793). 2 Bde. Paris 1988–1989.

Durbin, Bertrand: La crise du logements des étudiants à Paris au 13ème siècle. Unveröff. Mémoire, DEA d'histoire du droit, de l'économie et de la société. Paris 2004–2005.

Euvrard, Maurice u. Étienne Fusellier: Du Collège d'Harcourt, 1280 au Lycée Saint-Louis, 1980. Paris 1980.

Farge, James Knox: Sources and Problems Facing the Prosopographer of the University of Paris in the Early Modern Era. In: History of the Universities 22/2 (2007), S. 14–27.

Favier, Jean: La société parisienne et l'activité bancaire au XVe siècle. In: Bulletin de la Société de l'Histoire de Paris et de l'Île de France 97 (1970), S. 28–30.

Favier, Jean: Une ville entre deux vocations. La place d'affaires de Paris au XVe siècle. In: Annales 28/5 (1973), S. 1245–1279.

Febvre, Lucien: L'apprentissage parisien des Amerbach. In: Ders. (Hg.): Au cœur religieux du XVIe siècle. 2. Aufl. Paris 1983, S. 185–192.

Fechter, Daniel A.: Das Studienleben in Paris zu Anfang des XVI. Jahrhunderts. Nach Briefen einiger Basler, welche daselbst studirten. In: Beiträge zur vaterländischen Geschichte 3 (1846), S. 147–179.

Gabriel, Astrik Ladislas: University Career of Matheus de Loreyo. Academic Liaison between Jodocus Clichtoveus and Humanist Bishop Johannes Gosztonyi. In: Hungarian Studies 3 (1987), S. 41–45.

Geldner, Ferdinand: Amerbach-Studien. In: Archiv für Geschichte des Buchwesens 23 (1982), Sp. 661–692.

Genicot, Léopold: Le XIIIe siècle européen. Paris 2016.

Giorgi, Andrea: Ciampolo Gallerani. In: Enciclopedia Treccani. Dizionario Biografico degli Italiani, Bd. 51 (1998). https://www.treccani.it/enciclopedia/ciampolo-gallerani_(Dizionario-Biografico) (Zugriff: 09.01.2022).

Grace, Philip: Affectionate Authorities. Fathers and Fatherly Roles in Late Medieval Basel. London 2019.

Günthart, Romy: Drucke(n) fürs Seelenheil. Johannes Amerbachs deutschsprachige Publikationen. In: Johanna Thali u. Nigel F. Palmer (Hgg.): Raum und Medium. Literatur und Kultur in Basel in Spätmittelalter und Früher Neuzeit. Berlin, Boston 2020, S. 443–458.

Haasis, Lucas: Papier, das nötigt und Zeit, die ~~drängt~~ übereilt. Zur Materialität und Zeitlichkeit von Briefpraxis im 18. Jahrhundert und ihrer Handhabe. In: Arndt Brendecke (Hg.): Praktiken der Frühen Neuzeit. Akteure – Handlungen – Artefakte. Köln, Weimar, Wien 2015, S. 305–319.

Hacke, Martina: Zur Kommunikation zwischen Paris und Basel zu Beginn des 16. Jahrhunderts. Ein Blick auf die Verbindung von Stadt zu Stadt der Familie Amerbach. In: Martin Holý, Michaela Hrubá u. Tomás Sterneck (Hgg.): Die frühneuzeitliche Stadt als Knotenpunkt der Kommunikation. Münster 2019, S. 111–120.

Hacke, Martina: Messengers of the University of Paris on the Paths of Humanism? In: Clémence Revest u. Cécile Caby (Hgg.): Les Parcours de l'humanisme. Mobilités professionnelles et expansion culturelle à la Renaissance (Diasporas. Circulation, migrations, histoire). Lyon 2020a, S. 63–81.

Hacke, Martina: The Messengers of the Nations of the University of Paris and the Book Trade (Late Fifteenth and Sixteenth Century). In: Anja-Silvia Goeing, Glyn Parry u. Mordechai Feingold (Hgg.): Early Modern Universities. Networks of Higher Learning. Leiden 2020b, S. 313–332.

Hacke, Martina: Messagers de l'Université de Paris et circulation des livres juridiques imprimés (fin 15s.–début 16s.). L'example de Jean Cabiller. In: Maria Alessandra Bilotta (Hg.): Medieval Europe in Motion 3. The Circulation of Jurists, Legal Manuscripts and Artistic, Cultural and Legal Practices in Medieval Europe (13th–15th Centuries). Palermo 2021, S. 287–296.

Hacke, Martina: Die Boten der Nationen der Universität von Paris im Mittelalter. Husum 2022.

Hacke, Martina: Agents as a Connection between the Book. Markets of Basle, Paris and Lyons in the Period of the Transition from the Middle Ages to Modern Times. Taking the Example of Agents of Johann Amerbach 1501–1513. In: Silvia Hufnagel (Hg.): Paper Stories. Paper and Book. History in Post-Medieval Europe [i.E. a].

Hacke, Martina: Die Briefe der Familie Amerbach in der Pariser Studienzeit von Bruno und Basilius (1502–1506/8). Aspekte ihrer Medialität. In: Arno Strohmeyer (Hg.): Die Medialität des Briefes. Diplomatische Korrespondenz im Kontext frühneuzeitlicher Briefkultur [i.E. b].

Haegen, Pierre van der: Basler Wiegendrucke. 2. Aufl. Basel 1998.

Hase, Oscar von: Die Koberger. Buchhändler-Familie zu Nürnberg. Leipzig 1869.

Haskins, Charles: The Life of Medieval Students as Illustrated by Their Letters. In: The American Historical Review 3 (1897–1898, ND 1963), S. 203–229; überarbeitete Fassung in: Ders., Studies in Mediaeval Culture. New York 1929 (verb. ND 1958, 1965), S. 1–35.

Hieronymus, Frank: 1488 Petri – Schwabe 1988. Eine traditionsreiche Basler Offizin im Spiegel ihrer frühen Drucke. 2 Bde. Basel 1997.

Jenny, Beat Rudolf: Die Amerbachkorrespondenz. Von der humanistischen Epistolographie zur bürgerlichen Briefstellerei. In: Franz Josef Worstbrock (Hg.): Der Brief im Zeitalter der Renaissance. Weinheim 1983, S. 204–225.

Jourdain, Charles M.-G.-B.: La taxe des logements dans l'Université de Paris. In: Mémoires de la Société de l'histoire de Paris et de l'Île-de-France 4 (1877), S. 140–154.

Kay, Joel: Economy and Nature in the Fourteenth Century. Money, Market Exchange and the Emergence of Scientific Thought. Cambridge 1998.

Keunecke, Hans-Otto: Anton Koberger. Familie und Verwandtschaft. Geschäftlicher Erfolg und soziale Stellung. In: Mitteilungen des Vereins für Geschichte der Stadt Nürnberg 100 (2013), S. 99–148.

Kouamé, Thierry: Au miroir de la scolastique. Le modèle universitaire parisien au XVe siècle. In: Claude Gauvard u. Jean-Louis Robert (Hgg.): Être Parisien. Paris 2004, S. 307–324.

Langholm, Odd: Economics in the Medieval Schools. Wealth, Exchange, Value, Money and Usury According the Paris Theological Tradition, 1200–1350. Leiden 1992.

Lehoux, Françoise: À Paris sous Philippe VI. Les opérations d'un Lombard. In: Annales 9/1 (1954), S. 55–62.

Lendorff, Gertrud: Kleine Geschichte der Baslerin. 2. Aufl. Basel, Stuttgart 1967, S. 52–61.

Marmursztejn, Elsa: L'autorité des maîtres. Scolastique, normes et société au XIIIe siècles. Paris 2007.

Matschinegg, Ingrid: Aspekte der Alltagsorganisation in studentischen Lebensumgebungen am Beginn der frühen Neuzeit. In: Barbara Krug-Richter u. Ruth-E. Mohrmann (Hgg.): Frühneuzeitliche Universitätskulturen. Kulturhistorische Perspektiven auf die Hochschulen in Europa. Köln 2009, S. 97–108.

Monfrin, Jacques: A propos du Livre du Receveur de la Nation Anglaise de l'Université de Paris. In: Bibliothèque de l'École des Chartes 130 (1972), S. 237–248.

Moulin, Léo: La vie des étudiants au Moyen Age. Paris 1991.

Müller, Rainer A.: Studentenkultur und akademischer Alltag. In: Geschichte der Universität in Europa. Bd. 2. München 1996, S. 263–286.

Nobes, Christopher: The Gallerani Account Book of 1305–1308. In: The Accounting Review 57/2 (1982), S. 303–310.

Quicherat, Jules: Histoire de Sainte-Barbe. Collège, communauté, institution. 3 Bde. Paris 1860–1864.

Renaudet, Augustin: Préréforme et humanisme à Paris pendant les premières guerres d'Italie (1494–1517). Paris 1916.

Roma Valdés, Antonio: Un écu d'or au soleil inconnu au nom de François Ier. In: Revista Numismática OMNI 4 (2012), S. 7 f.

Roover, Raymond de: Le marché monétaire à Paris du règne de Philippe le Bel au début du XVe siècle. In: Comptes rendus des Séances de l'Académie des Inscriptions et Belles-Lettres 112/4 (1968), S. 548–558.

Roux, Simone: Le coût du logement ordinaire à Paris au XVe siècle. In: Jean-Claude Maire Vigueur (Hg.): D'une ville à l'autre. Structures matérielles et organisation de l'espace dans les villes européennes (XIIIe–XVIe siècle). Rom 1989, S. 243–263.

Samaran, Charles: La vie estudiantine à Paris au Moyen-Age. In: Louis Halphen (Hg.): Aspects de l'université de Paris. Paris 1949, S. 103–131.

Scarpatetti, Beat von: Amerbach, Basilius der Ältere. In: Historisches Lexikon der Schweiz (Version vom 17.07.2001a). https://hls-dhs-dss.ch/de/articles/015304/2001-07-17 (Zugriff: 09.01.2022).

Scarpatetti, Beat von: Amerbach, Bruno. In: Historisches Lexikon der Schweiz (Version vom 17.07.2001b). https://hls-dhs-dss.ch/de/articles/015299/2001-07-17 (Zugriff: 09.01.2022).

Schmidt, Sahra: Brief. In: Susanne Scholz u. Ulrike Vedder (Hgg.): Handbuch Literatur & materielle Kultur. Berlin, Boston 2018, S. 392–394.

Sebastiani, Valentina: Childhood and Emotion in a Printing House (1497–1508). In: Claudia Jarzebowski u. Thomas Max Safley (Hgg.): Childhood and Emotion. Across Cultures 1450–1800. London 2014a, S. 143–156.

Sebastiani, Valentina: Die kulturelle, geistige und materielle Bedeutung des Bündnisses zwischen Humanismus und Druckwesen in Basel von 1477 bis 1513. In: Christine Christ-von Wedel, Sven Grosse u. Berndt Hamm (Hgg.): Basel als Zentrum des geistigen Austauschs in der frühen Reformationszeit. Tübingen 2014b, S. 79–95.

Sebastiani, Valentina: Johann Froben, Printer of Basel. A Biographical Profile and the Catalogue of His Editions. Leiden 2018.

Signori, Gabriela: Vorsorgen – Vererben – Erinnern. Kinder- und familienlose Erblasser in der städtischen Gesellschaft des Spätmittelalters. Göttingen 2001.

Teuscher, Simon: Bernische Privatbriefe aus der Zeit um 1500. Überlegungen zu ihren zeitgenössischen Funktionen und zu Möglichkeiten ihrer historischen Auswertung. In: Mélanges de l'École française de Rome Moyen Âge 105/2 (1993): Lettres d'étudiants de la fin du XIIIe siècle. Les saisons du dictamen à Orléans en 1282, S. 651–714.

Verger, Jacques: Besoins et ressources financières des universités et des collèges en France et en Angleterre des origines à 1800. In: Rainer Christoph Schwinges (Hg.): Finanzierung von Universität und Wissenschaft. Basel 2005, S. 15–32.

Verger, Jacques: La place de Paris dans le réseau des universités européennes vers 1500. In: Olivier Sanchi u. Luigi-Alberto

Millet (Hgg.): Paris, carrefour culturel autour de 1500. Paris 2016, S. 17–28.

Vincent-Cassy, Mireille: Les habitués des tavernes parisiennes à la fin du Moyen Âge ou les plaisirs partagés. In: Claude Gauvard u. Jean-Louis Robert (Hgg.): Être Parisien. Paris 2004, S. 231–250.

Vulliez, Charles: Entre théorie et pratique de l'écrit. Les maîtres en dictamen français des années centrales du XIIe siècle et le traitement de la carta. In: Pierre Chastang, Patrick Henriet u. Claire Soussen (Hgg.): Figures de l'autorité médiévale. Paris 2016, S. 153–167.

Welti, Manfred: Basilius Amerbach. In: Contemporaries of Erasmus. A Biographical Register of the Renaissance and Reformation. Bd. 1. Toronto 1985a, S. 42.

Welti, Manfred: Bruno Amerbach. In: Contemporaries of Erasmus. A Biographical Register of the Renaissance and Reformation. Bd. 1. Toronto 1985b, S. 46.

Welti, Manfred: Margarete Amerbach. In: Contemporaries of Erasmus. A Biographical Register of the Renaissance and Reformation. Bd. 1. Toronto 1985c, S. 48.

Wolff, Peter: Der Briefsteller des Thymo von Erfurt und seine Ableitungen. Bonn 1911.

Elisabeth Gruber

Kelche, Pelze und Korallen

Pfandobjekte als soziale Marker im städtischen Gefüge Wiens im 15. Jahrhundert

Abstract Credit relationships represent specific forms of social interactions between money-lending actors. The actors involved are expected to trust each other both institutionally and personally, which also touches on the aspect of security. Objects – both mobile and immobile – are becoming the focus of interest as key components of security. Objects used to strengthen the relationship of trust refer to the social and cultural dimensions of credit transactions. Here, this aspect is be examined using the example of the municipal financial administration of the city of Vienna.

Beyond the representative character of the objects, different categories of security practice seem to reinforce each other. Social status and creditworthiness are activated just as much as the possibilities of the objects' usability. It will therefore be important to ask what role is attributed to these proxy or pawned objects on the basis of the cultural significance of their materials, their form or their contexts of origin, and what significance or function they had for specific credit practices in the social frame of reference and within the framework of the interaction of the actors involved.

Keywords Urban History; Social Relations; Materiality; Objects

Kontakt

MMag. Dr. Elisabeth Gruber,
Universität Salzburg,
Institut für Realienkunde des Mittelalters und der frühen Neuzeit, Interdisziplinäres Zentrum für Mittelalter und Frühneuzeit, Körnermarkt 13,
A-3500 Krems/Donau,
elisabeth.gruber2@sbg.ac.at
https://orcid.org/0000-0003-1286-8256

 Elisabeth Gruber: Kelche, Pelze und Korallen. Pfandobjekte als soziale Marker im städtischen Gefüge Wiens im 15. Jahrhundert. In: Das Mittelalter 2022, 27(2), 410–429. Heidelberg: Heidelberg University Publishing. DOI: https://doi.org/10.17885/heiup.mial.2022.2.24665

1 Einleitung

Kreditbeziehungen stellen spezifische Formen sozialer Beziehungen dar, die zwischen geldgebenden und geldleihenden Akteuren etabliert werden. Vertrauen als Beschreibung von Beziehungsverhalten muss zunächst durch die Durchsetzung gewisser Normen wie Zuverlässigkeit etabliert werden, um als tragfähiges Konzept für die Bereitstellung von materiellen Ressourcen zu funktionieren. Diesem Aspekt soll am Beispiel der städtischen Finanzverwaltung der Stadt Wien nachgegangen werden. Dort wurde etwa ab der Mitte des 15. Jahrhunderts eine besondere Form der Inventarisierung von Vermögenswerten vorgenommen. Unter der Rubrik ‚Remanenzen' fanden monetäre Außenstände und offene Forderungen aus Steuerleistungen Eingang in die jährlichen Abrechnungen. Diese wurden durch den Einsatz spezifischer Gegenstände getilgt oder zumindest deren Fälligkeit auf einen späteren Zeitpunkt verschoben. Neben standardisierten Metallgefäßen finden sich Objekte mit besonderen Wertzuschreibungen, wie etwa Korallenrosenkränze, goldene Kreuze, vergoldete Schalen oder Pelze, die auf berufliche oder soziale Kontexte hinweisen.

Bei der Durchsicht der Beispiele wird rasch deutlich, dass sich Geldwert und Wert der als Pfand eingesetzten Objekte nicht zwangsläufig entsprechen mussten. Über den stellvertretenden Charakter der Objekte hinaus scheinen dabei unterschiedliche Kategorien der Sicherungspraxis virulent zu werden. Sozialer Status und zuerkannte Kreditwürdigkeit werden dabei ebenso aktiviert wie Möglichkeiten der Verwertbarkeit der eingesetzten Gegenstände. Es wird daher zu fragen sein, welche Rolle diesen Stellvertreter- bzw. Pfandobjekten aufgrund der kulturellen Bedeutung ihrer Materialien, ihrer Form oder ihrer Entstehungskontexte zuerkannt wurde und welche Bedeutung oder Funktion ihnen für spezifische Kreditpraktiken im sozialen Bezugssystem und im Rahmen der Interaktion der beteiligten Akteure zukam.

2 Kredit und Pfand im Wien des 15. Jahrhunderts

Wie auch andernorts, stellte die Kredit- und Schuldenwirtschaft ein wichtiges Instrument der spätmittelalterlichen Wirtschaft in Wien dar.[1] Die Absicherung gegen den Ausfall des Kredits konnte etwa über Zugriffsrechte auf Liegenschaften oder über den

---

1 Gilomen 2011; Landolt 2004 für Schaffhausen; Weber 2017 für Augsburg; Signori 2021 für Basel. Die Kreditwirtschaft im spätmittelalterlichen Wien wurde bisher lediglich aus der Perspektive der über das Grundbuchsamt registrierten Liegenschaftsbelastungen einer eingehenderen Untersuchung unterzogen. Czeike 1950 wertete die Quelle hinsichtlich der Besicherung von Grundstücken in Zusammenhang mit Kreditgeschäften beispielsweise für das 15. Jh. aus; Ehrenböck 1932 nahm sie in Bezug auf jüdische Darlehensgeschäfte in den Blick. Eine Auswertung bezüglich der Auswirkungen des Pestjahres 1381 auf den Immobilienmarkt insgesamt nahm Haffner 2016 vor.

Einsatz von beweglichen Gütern (Pfänder) erfolgen. Stadt und Landesfürst standen auch noch weitere Formen der Kreditsicherung zur Verfügung: die Verpfändung von Steuereinnahmen, die Anordnung von Zwangsanleihen oder die Vergabe von Ämtern, Rechten und Privilegien als Gegenleistung für Geldkredite. Die mit dieser Praxis verbundene Überlieferung ist jedoch schwieriger zu fassen.[2]

Meist sind Kreditgeschäfte – so auch für das spätmittelalterliche Wien – vor allem hinsichtlich jener Geldgeschäfte häufiger überliefert, wenn deren Absicherung über die Belastung von Realitätenbesitz erfolgte. Diese Praxis ist neben Einzeldokumenten in Form von Schuldbriefen in den Urkundenreihen ab der Mitte des 14. Jahrhunderts durch die Einrichtung des städtischen Grundbuchsamtes als Ort und Instrument der Rechtssicherung systematisch dokumentiert. Dort erfassten vom Rat bestellte Grundbuchsherrn durch urkundliche Sicherung mittels Grundsiegel und darauf basierendem Eintrag in die städtischen Amtsbücher – Kaufbuch, Gewähr- und Satzbuch sowie Verbotsbuch – sämtliche Veränderungen hinsichtlich der Besitz- und Belastungsverhältnisse von Liegenschaften im Bereich des städtischen Burgfriedens.[3] Während die Veränderungen von Besitzverhältnissen im Kauf- bzw. Gewährbuch erfasst wurden, fanden die Verfügungsbeschränkungen sowie Belastungen von Realitätenbesitz Eingang in die sogenannten Verbots- bzw. Satzbücher.[4] Beim Satzdarlehen diente ähnlich dem Hypothekardarlehen die Immobilie als Sicherung; das Burgrecht stellte hingegen eine Reallast dar, die dauerhaft auf der Immobilie des Rentenverkäufers lastete. Damit wird allerdings nur jener Teil der Wiener Kreditwirtschaft in der Grundbuchsüberlieferung abgebildet, dessen Sicherstellung mittels Reallasten erfolgte.[5]

Weitaus schwieriger zu fassen sind jene Kredite, die mittels Pfand abgesichert wurden. Diese Praxis wurde meist durch Schuldverschreibungen dokumentiert, die nach Einlösung des Pfandes getilgt wurden. In Einzelfällen – etwa im Kontext von Streitfällen – können aber auch dafür Belege gefunden werden. So liehen etwa das Ehepaar Margarethe und Konrad Poppenberger, Bürger in Wien, einen Betrag von 100 Ungarischen Goldgulden und setzen dafür als Sicherheit einen silbernen Männergürtel ein.[6] Thomas von Tyrna hingegen versetzte für 60 Pfund Pfennige zehn Dreilinge Wein in Eichen- und Fichtenfässern, die im Keller eines Hauses am Kienmarkt gelagert wurden, und der Bürger Hans Strasser versetzte

2 Gilomen 2011, S. 109; zu verschiedenen Formen der Kreditsicherung siehe den Beitrag von Lienhard Thaler in diesem Band.

3 Die ältesten erhaltenen Grundbücher liegen in Form einer Edition vor: Staub 1898, ders. 1911, ders. 1921. Im 15. Jh. wurden das Kauf- und Verbotsbuch in das Gewer- und Satzbuch integriert.

4 Im Detail Haffner 2016, bes. S. 15–22 für das 14. Jh.; Czeike 1950, S. 31 f. für das 15. Jh.

5 Haffner 2016, S. 53–65.

6 Lampel 1923, S. 35 f., Nr. 14.503 (1429 Februar 18).

eine Reihe von silbernen und goldenen Pfandobjekten, deren genaue Beschreibung auf einem nicht mehr überlieferten *zedel* aufgelistet worden war.[7]

Sehr viel ausführlicher fiel die Beschreibung der eingesetzten Pfänder im Fall eines sich über längere Zeit hinziehenden Streitfalls zwischen dem im Wien des 15. Jahrhunderts äußerst einflussreichen Bürger und Kaufmann Niklas Teschler und Barbara, der Witwe Antons von Prag.[8] Barbara hatte Teschler für ein Darlehen in Höhe von 29 Pfund Pfennigen eine Anzahl an Objekten als Pfand übergeben. 1440 suchte Teschler nun beim Stadtgericht in Wien um Ermächtigung zu deren Verkauf an, nachdem Barbara nach einem weiteren Aufschub der Schuldentilgung nicht nachgekommen war. Die Streitsache wurde schließlich im November 1440 entschieden und die Details des Sachverhaltes – darunter auch die vollständige Pfandliste – mittels eines Entscheides des Stadtgerichtes Wien abgeschlossen. Die als Pfand überlassenen Objekte wurden inventarähnlich aufgelistet: An erster Stelle werden Gegenstände aus Edelmetall sowie Schmuck genannt, daran anschließend Briefe und Bücher, Kleidungsstücke, Andachtsgegenstände sowie eine Reihe von Wäschestücken.[9] Bemerkenswert ist die Zusammenstellung der Einzelobjekte: ein kleines Lederetui mit einem vergoldeten Agnus Dei, eine vergoldete Büchse, ein kleiner mit Perlen verzierter Beutel, in dem zwei kleine (Gold-) Gulden enthalten sind, ein kleines Goldkreuz, eine kleine vergoldete Kupfertafel, ein in Silber gefasster roter Stein – wohl ein Rubin – und ein kleines Silberkreuz. Die Briefe und die beiden deutschsprachigen Pergamenthandschriften werden in kleinen Behältnissen sowie einer Truhe aufbewahrt. Zu den Kleinodien gehören wohl auch das vergoldete Tragealtärchen (*hulczeine tavel, vergold mit zwein pildern*) und eine nicht näher bezeichnete Reliquie (*in ainem serchlein vermacht mit heiltuem*). Leintücher, Tischtücher, zwei gemusterte Seidenärmel, italienisches Leintuch, ein Hemd und ein leerer Pfeffersack bilden den textilen Abschluss der Pfandliste.[10]

Die aus der urkundlichen Überlieferung des 15. Jahrhunderts herausgegriffenen Beispiele zeigen, dass nicht nur Formen der Kreditabsicherung mittels Pfand Eingang in die Archive gefunden haben, sondern durchaus auch manche in diesem Kontext erstellte Pfandverzeichnisse. Darüber hinaus ließen sich wohl auch Testamente und Nachlassinventare hinsichtlich dieser Fragestellung auswerten. So weist etwa das 1397 im Wiener Stadtbuch eingetragene Testament des Bürgers Peter Neundorffer eine Reihe von Objekten auf, die er zu Lebzeiten als Pfand an unterschiedliche Geldgeber versetzte und die nun in den testamentarischen

7 Ebd., S. 186, Nr. 14.941 (1442 Dezember 17); S. 1, Nr. 14.353 (1421 Jänner 05).

8 Perger 1967/69, S. 130; Lampel 1923, S. 152f., Nr. 14.857 (1440 November 18).

9 Zur Systematik von Inventaren mobiler Güter siehe Antenhofer 2020.

10 Lampel 1923, S. 153, Nr. 14.857 (1440 November 18).

Bestimmungen Erwähnung fanden. Neben Teilen der Rüstung wie Harnisch, Handschuhe aus Metall und eine Armbrust gingen Stiefel, Kleiderstoffe, Kleidungsstücke, darunter ein *padmantl*, sowie Kürschnerware und Silbergürtel in den Besitz der Kreditgeber über. Die Menge an Tuchen und Textilien, die als verpfändet ausgewiesen sind, lassen den Verstorbenen im beruflichen Umfeld des Tuchhandels vermuten.[11] Berufsspezifische Pfandobjekte rücken auch im Stiftbrief der Universität Wien ins Zentrum, wenn vom ausdrücklichen Verbot die Rede ist, Bücher ohne Wissen des Rektors zu verpfänden.[12] Auch wenn die formlosen Absprachen zwischen Kreditnehmern und Kreditgebern im Bereich des Kleinkredites nur wenig systematisch überliefert sind, scheinen sie doch für die Bewertung von Kreditpraktiken im städtischen Raum eine nicht zu vernachlässigende Praxis zu sein.[13]

Die dritte Variante von Kreditnahme, die Verpfändung von Steuereinnahmen, Anordnung von Zwangsanleihen oder die Vergabe von Ämtern gegen Leistung monetärer Vorschüsse wurde von den habsburgischen Landesfürsten intensiv genutzt. So suchte beispielsweise Albrecht V. dem massiv steigenden Finanzbedarf mit einschlägigen Maßnahmen beizukommen, der durch die aktive und finanzielle Unterstützung seines zukünftigen Schwiegervaters König Sigismund im Kampf gegen die Hussiten sowie die daran anschließende Hochzeit mit Elisabeth von Luxemburg entstanden war.[14] Von der Einhebung einer außerordentlichen Weinsteuer bis hin zur Aufnahme von großen Darlehen bei den landesfürstlichen Städten ob und unter der Enns wurde die größte Leistung wohl von der Stadt Wien aufgebracht.[15] Ein von Sigismund selbst für einen Teilbetrag eingesetztes Silbergeschirr wird weiter unten noch zur Sprache kommen. Die Involvierung der Stadt als Kreditgeber für den Stadtherrn und Landesfürsten öffnet jedoch wieder den Blick auf die Systematik der städtischen Buchführung – sowohl hinsichtlich der finanziellen Belange als auch hinsichtlich der rechtlichen Absicherung. Einträge im Stadtbuch zur Kreditsicherung finden sich ebenso wie die Dokumentation der Pfandobjekte in den Kammeramtsrechnungen des 15. Jahrhunderts.

---

11 Derndarsky 2007, S. 225, mit einer Auswertung von in Wiener Testamenten (1395–1397) genannten Sachgütern. Hinsichtlich der Überlieferung von Testamenten und Nachlassinventaren von Angehörigen der Universität Wien siehe Maisel 1991. Die Erforschung von Nachlassinventaren im stadtbürgerlichen Kontext ist für die österreichischen Städte noch immer ein Desiderat. Einen ersten Einstieg bietet Sandgruber 1987.

12 Tuisl 2014, S. 86.

13 Signori 2021, S. 34–36 am Beispiel Basel.

14 Zur Schulden- und Kreditpolitik Albrechts im Kontext der Hussitenkriege und der Hochzeit siehe Elbl u. Ziegler 2016, dort auch die wichtigsten Hinweise zum aktuellen Stand der Albrecht-Forschung.

15 Brunner 1929, S. 242 f.; Seidl 1997, S. 53–65, zu Wien bes. 58; 62 f.

Mit der Reihe der im Rahmen der städtischen Verwaltung Wiens verfassten Rechnungsbücher liegt eine für österreichische Verhältnisse vergleichsweise umfangreiche Überlieferung an spätmittelalterlichen Stadtrechnungen vor.[16] Abgesehen von einem singulär überlieferten Band aus dem 14. Jahrhundert sind damit – beginnend mit dem Jahr 1443 – 57 Bände vorhanden, die die spätmittelalterliche Finanzgebarung der Stadt bis 1500 abdecken.[17] Deren inhaltliche Struktur folgte während des gesamten Zeitraums beinahe unverändert auch andernorts gebräuchlichen Prinzipien. Nach der meist rubrizierten Nennung der buchführenden Akteure und des Rechnungsjahres folgen die Verzeichnung der Einnahmen einschließlich ausständiger Forderungen, Barbestände und spezifischer Einkünfte der Stadt, darunter jene aus den Steuern und Mauten sowie den diversen städtischen Ämtern (Waage, Grundbuch, Brücken, Haus- und Grundbesitz, Markteinrichtungen etc.). Die Auflistung der Ausgaben beginnt mit diversen Zahlungsverpflichtungen wie außerordentlichen Leistungen und Anleihen sowie verschiedenen Ausgaben des städtischen Haushaltes. Neben der finalen Gegenüberstellung von Einnahmen und Ausgaben schließen die jährlichen Aufzeichnungen mit der Dokumentation des Schuldenstandes und kurzen Übersichten über den Besitz an Kleinodien und sonstigen Wertgegenständen.[18]

Ab dem Jahr 1449 lässt sich unter der Rubrik Einnahmen eine bisher noch nicht dokumentierte Praxis erkennen, die in den darauf folgenden Jahren bis zur Jahresrechnung 1458 kontinuierliche Fortsetzung fand.[19] Die entsprechenden Abschnitte wurden mit Formulierungen wie *So haben wir auf unser innemen gelegt die hernachgeschriben remanenz die noch ausstent auf menigern geltern, darumb pfant sind, so die steurherrn an beraits gelts stat von der gewondlichen steur wegen den vordern kamrern und si uns darnach* [...] *ubergeben habent*[20] eingeleitet, um die daran anschließende Zusammenstellung an Schuldnerinnen und Schuldnern, deren Außenstände und die angenommenen Pfänder zu dokumentieren. Die für die Einbringung der *gewondlichen* Steuer, also der auf bürgerlichen Besitz angeschlagenen Stadtsteuer, zuständigen Steuerherrn hatten den amtshabenden Stadtkämmerern anstelle von Geldbeträgen Pfandobjekte übergeben, die zu Beginn des Rechnungsjahres zunächst als Einnahmen dokumentiert wurden

16 Einen ersten Überblick für Österreich bieten Rausch 1965 sowie Just 2004.

17 Wien, Stadt- und Landesarchiv, B1/1. Reihe, Oberkammeramtsrechnungen, Bd. 1–57.

18 Eine umfangreiche inhaltliche Analyse der Wiener Kammeramtsrechnungen des Mittelalters wurde bereits von Brunner 1929 vorgelegt. Mit den frühneuzeitlichen Beständen hat sich Pils 1994 befasst. Zahlreiche Einzelstudien konsultierten die Rechnungsüberlieferung punktuell für spezifische Fragestellungen, beispielsweise in Auswahl: Seidl 1997; Perger 2002; Gruber 2019.

19 Uhlirz 1895, Nr. 15.241 (1449); 15.260 (1451); 15.265 (1452); 15291 (1455); 15296 (1456); 15.312 (1457).

20 Uhlirz 1896, Nr. 15.211, S. 142f.

und zumindest für einige Jahre auch am Jahresende als Objektbesitz der Stadt ausgewiesen wurden.

Die Festsetzung der ordentlichen Steuer erfolgte auf Basis der erhobenen Vermögenswerte, die in Form von Steuerlisten festgestellt wurden. Aus der Perspektive der städtischen Verwaltung dienten die Steuerlisten dazu, in übersichtlicher Form den Bestand an Verpflichtungsleistungen der Hausbesitzer (bzw. aller weiteren Bewohner einer Liegenschaft) zu dokumentieren und deren Erbringung zu kontrollieren. Dieser funktionale Aspekt scheint in manchen Fällen auch die Struktur der Einträge zu beeinflussen. So ließ beispielsweise der Stadtrat von Wien regelmäßig sogenannte Steueranschläge erstellen, um alle Steuerpflichtigen zu erfassen. Einer der ältesten datiert aus dem ersten Viertel des 16. Jahrhunderts und betrifft das Widmerviertel. Die durch die Steuereinnehmer erstellte Auflistung folgte der Zuordnung der Haushaltsvorstände zum jeweiligen Stadtviertel, in dem diese wohnten.[21]

Während der jährlich eingehobene Steuersatz in der ersten Hälfte des 15. Jahrhunderts vier Pfennige pro Pfund an Vermögenswerten betrug, wurde dieser im Jahr 1449 verdoppelt auf acht Pfennige pro Pfund. 1465 und 1466 erfolgte eine Reduktion des Steuersatzes um 25 Prozent, aber erst mit der 1526 eingesetzten Steuerordnung wurde der Steuersatz reguliert und festgeschrieben. Diesem Status entspricht auch das überlieferte Steuerbuch des Widmerviertels 1526.[22]

Gemäß der inhaltlichen Ausrichtung spätmittelalterlicher Rechnungsführung, die vor allem dazu diente, die rechnungsführenden Amtsträger zu kontrollieren und gegenüber demjenigen, dessen Vermögen er verwaltete, zu entlasten, wurde auch die in Form eines Pfandes abgegoltene Steuerschuld entsprechend dokumentiert und als Einnahme – *remanenz* – verbucht.[23] Darauf zielt auch die Bedeutung des Begriffs ‚Remanenz' ab, wenn der am Ende der Abrechnungsperiode entstandene Rechnungsrest damit bezeichnet wird. In eine ähnliche Richtung verweist auch das dazu passende Verb ‚remedieren', das im ‚Deutschen Rechtswörterbuch' als „etwas in seiner guten Ordnung wiederherstellen" ausgewiesen wird.[24]

Die Praxis, offene Schulden durch übergebene oder verschriebene Objekte, immobile (Hypothek) wie mobile (Kredit) Güter mittels Pfand abzusichern, ist sowohl zeitlich als auch räumlich weit verbreitet. Eigener Besitz ist dabei eine

---

21 Ertl 2020, S. 19; zu den Auswertungsmöglichkeiten des Feuerstättenverzeichnisses bes. S. 44–78.

22 Brunner 1929, S. 78–87, bes. 83. Dazu auch Ertl 2021, bes. S. 33–37.

23 Dies hat neuerdings Zeilinger 2018 am Beispiel der Windsheimer Rechnungsbücher eindrücklich dargestellt. Allgemein zur Finanzverwaltung siehe etwa Fouquet 2010.

24 Art. Remanenz.

der wichtigsten Voraussetzungen: *pfand setzen mag ein iegleicher der aigens gůt hat,* wie Bruder Berthold in seiner Rechts-Summe formuliert.[25]

Anstelle der eigentlichen Geldschuld wird in einer solchen Transaktion dem Gläubiger ein Vermögensobjekt zur Sicherung überlassen.[26] Damit oblag diesem das Recht, das Pfandobjekt selber zu besitzen und die damit verbundenen Rechte solange auszulösen, bis die offene Schuld beglichen wurde. Bevor schließlich das Pfand verwertet werden konnte, musste es eine bestimmte Zeit aufbewahrt werden. Während dieses Zeitraums konnte der Schuldner den offenen Schuldbetrag begleichen und das Pfand wieder auslösen. Rechtsgültigkeit wird diesem Akt der Pfandauslösung nur dann zugesprochen, wenn er im Beisein einer dazu berechtigten Person erfolgt. Im Wiener Stadtrechtsbuch, das in das erste Drittel des 14. Jahrhunderts datiert wird, heißt es dazu: *setzt ein man ein phant mit seines purchtherren hant, und wenn der tag chümpt, das er lösen schol, die lasung schal nindert geschechen, denn vor dem purchherren.*[27]

Bei der Verpfändung von mobilen Gütern stellte deren Wert bzw. Bewertung einen wichtigen Aspekt dar. Das Verhältnis zwischen Pfandwert und Forderung musste ausgewogen sein. So konnte etwa der Wert von Pfandgegenständen aus Silber oder Gold äquivalent mit der Höhe offener Forderungen angesetzt werden. Beim Sachwert anderer Gegenstände musste hingegen die Forderung um ein Drittel höher als die Pfandsumme sein.[28]

Auf den ersten Blick wird mit den verzeichneten Pfandlisten nun eine etablierte Praxis greifbar, die auch andernorts zahlreiche Entsprechung findet. Im konkreten Fall der Wiener Rechnungsbücher treten Personen in den Vordergrund, die ihre Steuerleistungen mittels Pfandes ausgleichen. Die Akteure des Kammeramtes hingegen dokumentieren die Leistungen auf der Habenseite ihrer

---

25 *Pfand setzen mag ein iegleicher der aigens gůt hat, vnd ze pfant versetzen bewegleichs gůt vnd vnbewegleichs, vnd auch daz frucht pringt, alz åcker gårten wisen holtz vich, vnd auch daz niht frucht pringt*; zit. nach: Art. Pfand, Sp. 670. Für das Territorium des Herzogtums Österreich finden sich in den Entwürfen der Landesordnungen des 16. und 17. Jhs. eingehende Bestimmungen zum Pfandrecht. Vgl. dazu Wesener 1973, der zahlreiche Rechtssätze für das 14. und 15. Jh. anführt, dabei aber hauptsächlich auf die Verpfändung von Liegenschaften Bezug nimmt. Zum Pfandrecht allgemein siehe Planitz 1912, bes. S. 535–548. Eine Reihe von Studien haben sich mit der Frage der Pfandleihe in Städten an konkreten Beispielen auseinandergesetzt (in Auswahl): Carboni u. Muzarelli 2012; Terpstra u. Carboni 2012; Smail 2016; Skambraks 2018; Weber 2021, bes. S. 245–260.

26 In der 1608 als Entwurf verschriftlichten Landordnung des Landes ob der Enns wird in Teil 3, der vertragsrechtlichen Fragen gewidmet ist, unter Titel 22 ausführlich auf bewegliche und unbewegliche Pfänder verwiesen; Landtafel ob der Enns (Sammlung Chorinsky; handschriftliche Abschrift der Pergamenthandschrift Nr. 187, 386 Bl., Bischöfliche Bibliothek zu Gleink, Oberösterreich), Linz, OÖ Landesarchiv, D 775. Online: http://repertorium.at/qu/1608_ooeltfl_linz.html#T (Zugriff: 13.02.2022).

27 Schuster 1873, Art. 136, S. 125.

28 Art. Pfand, Sp. 670.

Verzeichnisse und müssen gleichzeitig für die ordnungsgemäße Verwahrung der verpfändeten Gegenstände sorgen. Darüber schweigen jedoch die Aufzeichnungen. Ein zweiter Blick auf diese Informationen erhellt einen weiteren Aspekt städtischer Verflechtungsgeschichte, der sich in den Beziehungsnetzen zwischen Akteuren der städtischen Funktions- und Ratselite, hausbesitzenden Einwohnern und Artefakten zeigt. Diesen soll nun weiter nachgegangen werden.

3 Personen und Objekte

Im Zeitraum zwischen 1447 und 1458 verzeichnen die Wiener Kammerherrn 191 Personen, die – teils nur in einem einzigen Jahr, teils mehrfach – 343 Wertgegenstände als Pfand einsetzen. Der Umstand, als Steuerschuldner der Stadt gelistet zu sein, lässt auf deren soziale Stellung als Stadtbürger mit Immobilienbesitz schließen, zu deren Verpflichtungen die Entrichtung der jährlichen – ordentlichen wie außerordentlichen – Steuerleistungen gehörte.[29] Eine große Anzahl der gelisteten Personen wird auch in der urkundlichen Überlieferung dieses Zeitraums greifbar, etwa durch die Beglaubigung von Rechtsakten, wo sie als Siegler auftreten. Der Riemer Michael Praunsberger beispielsweise, der 1449 einen Becher und 1551 einen Silberbecher einsetzt, ist an einigen Rechtsakten beteiligt. 1448 hatte er mit seiner Gattin Margarethe, der Tochter des Glockengießers Erhard Neunkirchner, die Höhe ihrer gegenseitigen Morgengaben vereinbart.[30] Als einer von zwei Testamentsvollstreckern sorgte er ein andermal für die Einrichtung einer Seelenmesse in der Hauptpfarrkirche St. Stephan und trat als Auskunftsperson in Grundbuchsangelegenheiten auf.[31]

Besonders in Urkunden, mit denen Immobilientransfers, wie etwa der Kauf von Liegenschaften, die Eintragung von Renten oder die Feststellung von Rechtsansprüchen beglaubigt werden, werden die in den Pfandlisten genannten Akteure sichtbar. So sichert etwa Martin Schrot die von seiner Gattin erhaltene Heimsteuer unter anderem mit dem aus dem Nachlass seines Verwandten Ulrich Schrot ererbten Haus nahe des Friedhof von St. Peter ab.[32] Ein Jahr später setzt er für seine offene Steuerschuld einen vergoldeten Pokal ein. Andere Akteure werden in Kaufbriefen von Liegenschaften in der Stadt genannt, wenn deren räumliche Verortung spezifiziert wird. So besitzt etwa der Schneider und Ratsherr Ulrich Fochter, der

29 Erst mit der 1526 eingeführten Neuordnung des Steuersystems in Wien wurden auch jene Bewohner der Stadt steuerpflichtig, die nicht über Grundbesitz in der Stadt verfügten; Brunner 1929, S. 85.

30 Uhlirz 1900, Nr. 3.274 (1448 September 13), S. 298 f.

31 Ebd., Nr. 3.357 (1450 März 15), S. 315; Nr. 3.077 (1445 Mai 7), S. 256 f.

32 Ebd., Nr. 3.350 (1450 Februar 9), S. 313 f.

1448 und 1449 jeweils einen silbernen Becher als Pfand für seine Steuerschuld eingesetzt hat, ein Haus *bei der burgk* im bereits erwähnten Widmerviertel.[33] Auch das Haus des Ratsherrn Stephan Gibing, der 1451 und 1454 jeweils eine vergoldete Krause und 1455 einen ‚Kopf' – ein Trinkgefäß – einsetzt, kann urkundlich verortet werden. Es befindet sich in der Münzerstraße (heute: Bauernmarkt).[34] In der Krugstraße (heute: Krugerstraße) erwarb Gibing ein weiteres Haus; ein Stadel zwischen dem Rotenturm und dem Biberturm befand sich ebenfalls in seinem Besitz.[35] Hausbesitz am Haarmarkt (heute: Teil der Rotenturmstraße) wurde auch für Jörg von Nikolsburg verzeichnet, der drei Seidenschleier als Pfand einsetzte.[36] Die Beispiele ließen sich fortsetzen, Erwähnung soll aber noch die Möglichkeit von Hausbesitz außerhalb der Stadtmauer finden, etwa im Fall von Jörg Kohler, der ein Haus vor dem Werdertor *under den Vischern zu Wienn* (heute: die am Donaukanal gelegenen Teile des Schottenrings) besitzt.[37] 1448 setzt er einen vergoldeten Pokal für eine offene Steuerschuld in Höhe der nicht ganz unerheblichen Forderung von 15 Pfund Pfennigen ein. Auch Peter Grünpeck, der als Flötzer/Flößer Holzhandel betrieb, hatte dort Hausbesitz.[38] Seine Pfandsumme betrug in den Jahren von 1449 bis 1451 33 Pfund Pfennige; einen silbernen Gürtel, den Fuß eines Kreuzes in Silber sowie den (vielleicht silbernen) Deckel eines Trinkgefäßes setzte er dafür ein.

Weitere Wohnadressen der Pfandgeber lagen am Hohen Markt, in der Weihburggasse, in der Wollzeile, in der Schiltgasse, in der Strauchgasse oder beim Friedhof St. Peter, allesamt in zentraler Lage der Stadt. Eine nicht erhebliche Anzahl an Pfandgebern sind Mitglieder des städtischen Rats, wenn auch nicht immer zum Zeitpunkt ihrer Nennung in den Pfandlisten. Vom Zimmermann Peter Aschböck, der 1456 eine vergoldete Schale einsetzt, ist seine Mitgliedschaft im Rat für das Jahr 1463 belegt; Thomas Eckenperger tritt 1453 und 1456 bis 1457 als Ratsherr in Erscheinung, 1455 sowie zwischen 1458 und 1460 oblagen ihm die Grundbuchsagenden. Seine Pfandeinlage erfolgte 1451 in Form eines unspezifizierten Bechers und während seiner Funktion als Ratsherr 1456 mit einem silbernen Gürtel. Auch der Kaufmann Jörg Episauer, der als Ratsherr, Stadtrichter und Stadtkämmerer in städtischen Ämtern wichtige Vertrauensfunktionen ausübte, verpfändete 1454 vier edelsteinbestückte goldene Ringe (*ainer mit aim saffir, der ander mit aim boles, der dritt mit aim granetl und ain widl*) zur Begleichung seiner Steuerschuld. Just in diesem Jahr übte er allerdings keine dieser Funktionen aus. Ebenso versetzte der

33 Ebd., Nr. 3.228 (1447 September 27), S. 288.

34 Ebd., Nr. 2.987 (1444 Mai 11), S. 239; Nr. 3.742 (1457 Oktober 23), S. 401.

35 Ebd., Nr. 3.178 (1446 Juli 23), S. 277, sowie Krause 2013, S. 81.

36 Uhlirz 1900, Nr. 3.278 (1448 November 8), S. 299.

37 Ebd., Nr. 3.680 (1456 September 13), S. 387.

38 Ebd., Nr. 2.973 (1444 Februar 13), S. 235; Perger 1988, S. 204, Anm. 3.

Kaufmann Niklas Ponhalm, 1448 und 1450 als Brückenmeister für die Einhebung der Brückenmauten zuständig, für zehn Pfund einen goldenen Ring.[39] Und auch der Kürschner Jörg Waldner beglich offene Forderungen in Höhe von 29 Pfund mit einem diamant- und rubinbestückten goldenen Ring.[40]

Dieser erste Befund zeigt bereits, dass nicht nur die Pfandgeber sozial eingeordnet werden können (als einflussreichen sozialen Gruppen der Stadt angehörend), sondern dass auch die verpfändeten Gegenstände auf die beruflichen Kontexte der Schuldner verweisen können. Das Spektrum der von den Goldschmieden eingesetzten Pfandobjekte reicht von einfachen und silbernen bzw. vergoldeten Bechern über unterschiedlich gefertigte Gürtel bis hin zu einer silbernen Patene und verschiedenen Ringen. Die Kürschner verpfändeten ebenso wie die Schneider Standardgegenstände wie Becher, beide setzten aber auch Gegenstände aus ihrem Warensortiment ein: die Kürschner Fuchspelze und Gürtel, die Schneider Gürtel. Von den 121 Personen, zu denen Angaben zu deren Beruf eingetragen wurden, übten beispielsweise 16 das Goldschmiedehandwerk, 14 das Kürschner- und weitere 14 das Schneiderhandwerk aus. Die Anzahl an Kramern (6), Messerern (5), Schustern (5) und Tuchmachern (5) lag demgegenüber weit darunter. Insgesamt machten diese Berufsgruppen mit 54 Prozent knapp mehr als die Hälfte der unter den Pfandgebern vertretenen Berufsgruppen aus (Graphik 1).

In der Zusammenschau der als Pfand ausgewiesenen Gegenstände zeigt sich eine besonders große Gruppe an Objekten, nämlich jene der Becher aus Buntmetall und Silber in unterschiedlichen Ausführungen, etwa Becher mit und ohne Deckel, vergoldete Becher oder Becher mit einer Trinköffnung. Von den insgesamt 131 als Pfand eingesetzten Bechern werden 59 Stück als Silberbecher konkretisiert. Mit ihnen wird ein Wert von 247 Pfund Pfennigen ausgeglichen.

Am Beispiel der meistvertretenen Objektgruppen, der Silbergeschirr, insbesondere in Form von Bechern, sowie Kürschnerwaren und Textilien umfasst, sollen nun abschließend einige Überlegungen zur materiellen und kulturellen Wertigkeit von Pfandobjekten angestellt werden (Graphik 2). In den bereits genannten Richtlinien zur Qualität von mobilen Pfändern wurde der Materialwertigkeit von Silber und Gold eindeutig Vorrang zugewiesen. Sie konnten zu einem vorhersehbaren Wert verkauft werden und unterlagen in der Regel keinen größeren Preisschwankungen. Silbergeschirr genoss damit auch als mobiles Anlagegut hohes Ansehen, das wohl auch in stadtbürgerlichen Kreisen als Erbgut gerne weitergegeben wurde. Eine Auswertung des ersten Bandes der Wiener Testamentsbücher enthält dazu eine Reihe von Belegen. Angaben zur Weitergabe von Silbergeschirr als Ensemble, in einzelnen Bestandteilen, etwa Silberköpfe oder schalen, an enge

39 Perger 1988, Nr. 48, S. 171.

40 Uhlirz 1900, Nr. 3.313 (1449 Juli 18), S. 306.

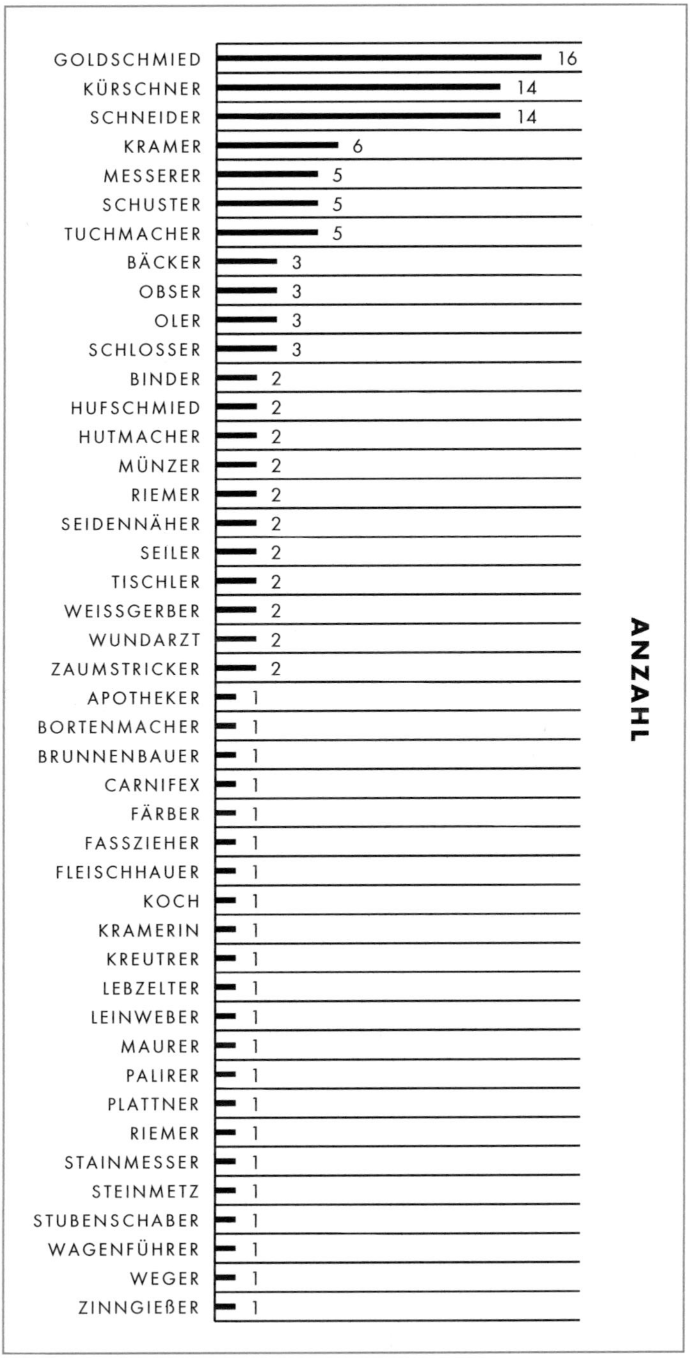

Graphik 1 | Verteilung der in den Pfandlisten genannten Berufsgruppen.
Entwurf: E. Gruber.

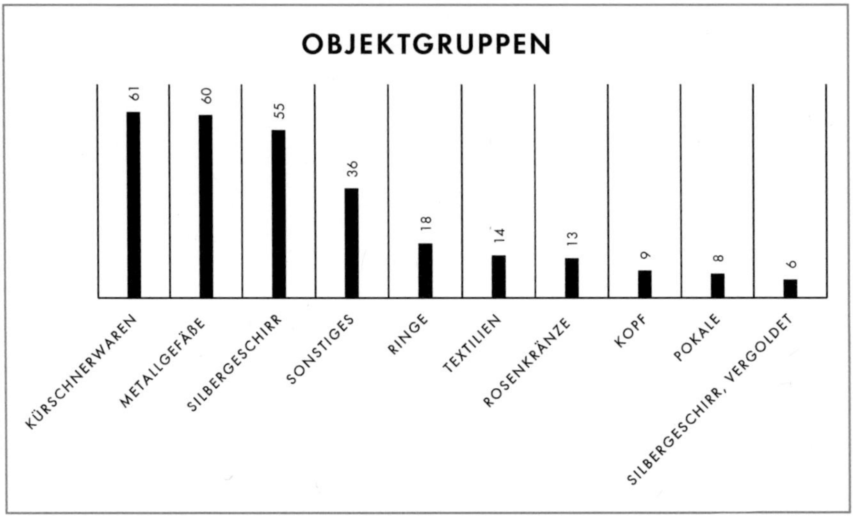

Graphik 2 | Verteilung der in den Pfandlisten genannten Objektgruppen. Entwurf: E. Gruber.

Familienmitglieder oder nahe (Geschäfts-)Partner finden sich ebenso häufig wie die Kombination von Kleinodien (Schmuck) und Silbergeschirr.[41]

Dies galt nicht nur für die soziale Gruppe der Stadtbürger. Die in den Wiener Kammeramtsrechnungen des 15. Jahrhunderts etwa zehn Jahre lang dokumentierte Praxis der Einbringung offener Steuerschulden mittels Pfandobjekten aus Silber hatte bereits einige Jahre zuvor ein prominentes Vorbild. 1435 übergab Kaiser Sigismund dem Bürgermeister, dem Rat und den Bürgern der Stadt Wien als Absicherung für die ihm vorgestreckte Summe in Höhe von 3.750 Pfund Wiener Pfennigen ein als Silbergeschirr bezeichnetes Objektensemble zu Pfand.[42] Die als *klaynod* bezeichneten Gegenstände wurden nun im Turm des Rathauses verwahrt.[43] Sollte eine Auslösung bis zum gesetzten Datum nicht erfolgen, erhielten die Pfandnehmer die Erlaubnis, es entsprechend zu verwerten. Die Angelegenheit schien aber nicht ohne Konflikte abgeschlossen worden zu sein, denn fünf Jahre später erhob Elisabeth, die Tochter des inzwischen verstorbenen Sigismund, Ansprüche auf den über die Darlehenssumme hinausgehenden Restwert des

41 Lutz 1983, S. 160–166.

42 Wien, Stadt- und Landesarchiv, Eisenbuch, fol. 98r. Regest aus: Opll 1999, S. 55; Brunner 1929, S. 161 f., 243; Opll 1993, S. 14–16.

43 Opll 1993, S. 15, dort mit Quellenangabe.

Geschirrs.[44] Die Kleinodien waren nach dem Tod Sigismunds durch den Stadtrat verkauft worden, um die offene Geldforderung auszugleichen.[45]

Das hier als Pfandgabe durch den Stadtherrn und Landesfürsten Sigismund übergebene Silbergeschirr verweist wohl in mehrfacher Hinsicht auf Praktiken der Kreditvergabe und Kreditnahme. Silber wurde sowohl aus wirtschaftlicher und rechtlicher als auch aus kultureller Sicht ausreichend absichernde Funktion zugesprochen, dies galt sowohl für den Materialwert als auch für daraus gefertigte Gegenstände.[46] Die besonders im städtischen Raum verbreitete Gepflogenheit des ‚Ehrenweins' verweist auf die hohe kulturelle Bedeutung des Trinkens und den damit in Zusammenhang stehenden Gefäßen unterschiedlicher Dimension, Machart und Materialität. Die als ‚Köpfe' bezeichneten Behältnisse wurden in Gewichts- und Wertkategorien angefertigt und an dem jeweiligen Beziehungsnetzwerk angehörige Personen und Personengruppen weitergegeben bzw. in Empfang genommen. Davon zeugen auch die Sammlungen von Huldigungssilber, die – meist in Form von Inventaren, seltener als Objekte – überliefert sind, wie Ines Elsner in ihrer Arbeit über das Huldigungssilber der Welfen-Herzöge gezeigt hat. Die von den untertänigen Städten übergebenen Präsente aus Silber vermitteln einen Eindruck der kulturellen wie ökonomischen Bedeutung dieser Praxis sowohl für den Geber als auch den Empfänger.[47] Diese Praxis ist ebenso in den Wiener Rechnungsbüchern – wenn auch in weitaus geringerem Umfang – zu verfolgen. Auch dort wurde der eine oder andere Vermerk angebracht mit dem Hinweis auf die Weitergabe von nicht wieder ausgelösten Pfandgegenständen.[48]

Mit Kürschnerwaren und Textilien können zwei weitere Objektgruppen identifiziert werden, die zwar nicht der ‚harten Währung' von Gegenständen aus Silber entsprachen, aber dennoch als Pfandobjekte beliebt waren. Während das 1451 eingesetzte Altartuch oder der 1456 verpfändete Ärmel aus Damast singulären Charakter aufweisen, so sind mit Borten und Gürteln eine größere Anzahl an dem Bereich der Kleidung zuordenbaren Objekten zu konstatieren. In unterschiedlichen Ausstattungen werden mit Silber beschlagene Borten und Gürtel ebenso gelistet wie Schleier aus Seide, Seidentücher und ein Messgewand. Eindeutig handelt es sich hier um qualitativ hochwertige Materialien, deren Gebrauchs- und Repräsentationswert wohl im Vordergrund stehen. Als mobile Werte können sie auch bei

44 Uhlirz 1900, Nr. 2.740 (1440 Juni 25), S. 183.

45 Brunner 1929, S. 243.

46 Es ist leider nicht näher spezifiziert, zu welchem Bestand das von Sigismund übergebene Silbergeschirr gehörte, vermutlich aber stammte es aus der herzoglichen Schatzkammer. Zur Bedeutung von Silber und Silbergeschirr als Wertanlage im Kontext von Morgengabe und Brautschatz vgl. Antenhofer 2022, bes. S. 691–694; zur Bewertung bes. S. 1047–1049.

47 Elsner 2020, bes. S. 318; vgl. dazu auch Paravicini 2014, hier bes. S. 96–102.

48 Uhlirz 1896, Nr. 15.260, S. 150.

hohem Materialwert ohne größere Umstände wieder veräußert werden. Weniger bedeutsam ist hier wohl die Eigenschaft von Kleidung und Textilien als Wertaufbewahrungsmittel für Stadtbewohner, denen der Zugang zu anderen ökonomischen Sicherheiten versperrt ist, wie dies Valentin Groebner für Kleidung feststellt.[49] In den Testamenten der Wiener Bürger hingegen scheinen sich Kleidergaben hoher Beliebtheit zu erfreuen, besonders häufig findet sich auch hier verarbeitete Kürschnerware. Mäntel aus unterschiedlichen Pelzarten wie Marder-, Fischotter-, Fuchs-, Kaninchen-, Haselmaus-, Hasen-, Hamster-, Iltis- und Lammfelle wurden im Kreis nahestehender Personen vererbt.[50]

4 Anstelle eines Fazits: ein Zwischenbefund

Mit der Auflistung von eingegangenen Wertgegenständen als Pfandobjekte für ausstehende Steuerleistungen in den Wiener Kammeramtsrechnungen liegt ein Quellenbefund vor, der für die Frage nach ökonomischer und kultureller Bedeutung von mobilen Objekten, die als Pfand eingesetzt werden, interessante Aufschlüsse gibt. Dazu kommt, dass es sich bei der vorgestellten Praxis nicht um einzelne Individualkredite handelt, sondern um ein Interaktionsfeld zwischen städtischer Verwaltung und steuerpflichtigen Stadtbürgern. Weder der eine noch der andere Sachverhalt ist für den nordalpinen Raum ausreichend erforscht, um Vergleiche anzustellen. Anders als in Schaffhausen, an dessen Beispiel Oliver Landolt auf die Praxis der Gewährung von Kleinkrediten aus dem Überschuss der Stadtkasse gegen Überlassung von Wertgegenständen – auch hier silberne Becher, goldene Ringe, Safran, Wein, aber ebenso hinterlegte Rentenbriefe – hingewiesen hat, werden in Wien Pfandobjekte lediglich für offene Steuerschulden angenommen.[51] Dennoch lassen sich einige vorläufige Schlüsse daraus ziehen.

Im Sinne eines durch ein mobiles Pfand abgesicherten Kreditverhältnisses – und genau das liegt im konkreten Fall auch vor – müssen bestimmte Rahmenbedingungen bereits aktiv wirksam sein, um das Beziehungsverhältnis zwischen Schuldner (Stadtbürger), Kreditgeber (Steuerherrn) und den unterschiedlichen Wertigkeiten der Pfandgegenstände stabil zu halten.

Vertrauen ist dabei eine maßgebliche Grundlage für die Wirksamkeit dieses Beziehungsverhältnisses. Im mittelhochdeutschen Bedeutungsfeld nimmt das Verb ‚vertrauen‘ auf ein Bündel an Begriffen Bezug, das von ‚stark‘, ‚fest‘, ‚hart‘ bis hin zu ‚Treue‘ und ‚Trost‘ reicht. Die historische Bedeutung des aktiven

---

49 Groebner 2004, S. 173.

50 Lutz 1983, S. 153–160.

51 Landolt 2004, S. 438f.

,Vertrauen haben' verweist damit in den Bereich der verbindlichen Verpflichtung und der sanktionierten Treue. Von den beteiligten Akteuren wird gegenseitiges institutionelles wie persönliches Vertrauen erwartet, das sich auch auf den Aspekt der Absicherung bezieht.[52] Die zur Stärkung des Vertrauensverhältnisses eingesetzten Objekte verweisen zudem auf soziale und kulturelle Dimensionen von Kreditgeschäften.

„Schulden setzen Menschen und Institutionen in Beziehungen zu einander", formuliert Silke MEYER in ihrem Beitrag zur kulturellen Logik der Verschuldung.[53] Damit kann diese spezielle Form des Steuerkredits ebenso als eine Art Wissen verstanden werden, das die Integrität der beteiligten Personen voraussetzt und das eines Aktes an sozialer Kommunikation bedurfte, der über unterschiedliche Medien transportiert wurde.[54] Es konnte gezeigt werden, dass einer ganzen Reihe von Steuerschuldnern die Überlassung eines Pfandes gewährt wurde, die hinsichtlich ihrer sozialen, ökonomischen und politischen Stellung als vertrauenswürdig erschienen. Umgekehrt brachte diese Gruppe an Personen auch das Wissen um die sorgfältige und korrekte Aufbewahrung und Abwicklung der Transaktion durch die städtischen Verwaltungsorgane ein. Als maßgebliche Bestandteile der Kreditsicherung rücken damit Objekte – mobil wie immobil – in den Blick des Interesses.

Damit wird ein weiterer Aspekt dieses Beziehungsverhältnisses aktiviert. Mit Marcel MAUSS können Kreditbeziehungen auch als Form von Gabe und Gegengabe verstanden werden.[55] Der Austausch von Gaben lässt die Etablierung einer exklusiven Beziehung zwischen separierten Gruppen vermuten. Die Gabe verpflichtet den Beschenkten zu einer Gegengabe, über die wechselseitig entstehenden Obligationen werden nicht zuletzt auch Hierarchien stetig ausgehandelt und nötigen zu fortwährender Gemeinschaft.[56] Die vorgestellten Steuer-Pfand-Beziehungen entwickeln damit kohäsive Kraft und schaffen Netzwerke der Verpflichtung. Die integrative Funktion für die beteiligten Akteure wird zudem durch die Auswahl der Objekte abgebildet und abgesichert. Silber in unterschiedlicher Verarbeitung, hochwertige Stoffe und Pelze sowie verschiedene andere Waren repräsentieren die überregionale Vernetzung und wirtschaftliche Potenz der städtischen Elite. Mit deren Materialität werden ökonomische Werte, aber auch kulturelle Marker angesprochen, die in der Lage sind, das Vertrauensverhältnis zwischen den beiden Kreditpartnern über längere Zeit aufrechtzuerhalten.

---

52 Weltecke 2003, S. 73–76.

53 Meyer 2017, S. 26.

54 Muldrew 1998, S. 194 f.

55 Mauss 1990, S. 18.

56 Hahn 2019; Hoffmann 2016; Kohl 2016; Mühlherr 2016.

Literaturverzeichnis

Quellen

Lampel, Josef: Regesten aus dem k. und k. Haus-, Hof- und Staatsarchive (Quellen zur Geschichte der Stadt Wien. 1. Abt. 7). Wien 1923.

Linz, OÖ Landesarchiv, D 775. Online: http://repertorium.at/qu/1608_ooeltfl_linz.html#T (Zugriff: 13.02.2022).

Schuster, Heinrich M. (Hg.): Das Wiener Stadtrechts- oder Weichbildbuch. Wien 1873.

Staub, Franz (Bearb.): Grundbücher der Stadt Wien. Bd. 1: Die ältesten Kaufbücher (1368–1388) (Quellen zur Geschichte der Stadt Wien, 3. Abt.). Wien 1898.

Staub, Franz (Bearb.): Grundbücher der Stadt Wien. Bd. 2.: Gewerbuch B (1373–1419) – Verbotbuch (1373–1399) (Quellen zur Geschichte der Stadt Wien, 3. Abt.). Wien 1911.

Staub, Franz (Bearb.): Grundbücher der Stadt Wien. Bd. 3: Satzbuch A1 (1373–1388) (Quellen zur Geschichte der Stadt Wien, 3. Abt.). Wien 1921.

Uhlirz, Karl (Bearb.): Urkunden und Regesten aus dem Archive der k. k. Reichshaupt- und Residenzstadt Wien. 2. Theil: 1440–1690. In: Jahrbuch der Kunsthistorischen Sammlungen des Allerhöchsten Kaiserhauses 17/2 (1896), S. 102–234.

Uhlirz, Karl (Bearb.): Verzeichnis der Originalurkunden des städtischen Archives 1412–1457 (Quellen zur Geschichte der Stadt Wien, 2. Abt. 2). Wien 1900.

Wien, Stadt- und Landesarchiv, B1/1. Reihe, Oberkammeramtsrechnungen, Bd. 1–57.

Wien, Stadt- und Landesarchiv, Eisenbuch.

Forschungsliteratur

Antenhofer, Christina: Inventories as Material and Textual Sources for Late Medieval and Early Modern Social, Gender and Cultural History (14th–16th Centuries). In: Medieval and Early Modern Material Culture Online 7 (2020): Textual Thingness/Textuelle Dinghaftigkeit, S. 22–46. https://doi.org./10.25536/20200702 (Zugriff: 01.09.2022).

Antenhofer, Christina: Die Familienkiste. Mensch-Objekt-Beziehungen im Mittelalter und in der Renaissance. 2 Bde. Ostfildern 2022.

Art. Pfand. In: Deutsches Rechtswörterbuch. Wörterbuch der älteren deutschen Rechtssprache, Bd. 10 (2001), Sp. 668–684.

Art. Remanenz. In: Deutsches Rechtswörterbuch. Wörterbuch der älteren deutschen Rechtssprache, Bd. 11 (2003), Sp. 863.

Brunner, Otto: Die Finanzen der Stadt Wien von den Anfängen bis ins 16. Jahrhundert. Wien 1929.

Bužek, Václav: Wertgegenstände als Medien zur Inszenierung des sozialen Status im bürgerlichen und adeligen Milieu zu Beginn der Neuzeit. In: Elisabeth Vavra (Hg.): Vom Umgang mit Schätzen. Internationaler Kongress, Krems an der Donau, 28. bis 30. Oktober 2004 (Veröffentlichungen des Instituts für mittelalterliche Realienkunde Österreichs 20). Wien 2007, S. 269–287.

Carboni, Mauro u. Maria Giuseppina (Hgg.): In pegno. Oggetti in transito tra valore d'uso e valore di scambio (secoli XIII–XX). Bologna 2012.

Czeike, Felix: Die Darlehensgeschäfte im Bereich der Stadt Wien und ihre Quellen im 15. Jahrhundert (1438–1473). 2 Bde. Diss. Wien 1950.

Derndarsky, Christa: Analyse von Testamenten aus den Jahren 1395–1397 aus den Wiener Stadtbüchern unter besonderer Berücksichtigung der vermachten Sachgüter. Masterarbeit. Wien 2007.

Ehrenböck, Hertha: Das jüdische Darlehensgeschäft auf Liegenschaften in Wien im späteren Mittelalter. Ein Beitrag zur Wirtschaftsgeschichte der Juden in Österreich. Diss. Wien 1932.

Eibach, Joachim u. Inken Schmidt-Voges (Hgg.): Das Haus in der Geschichte Europas. Ein Handbuch. Berlin u. a. 2015, S. 215–232.

Elbel, Petr u. Wolfram Ziegler: *Am schwarczen suntag mardert man dieselben juden, all die zaigten vill guets an under der erden.* Die Wiener Gesera: eine Neubetrachtung. In: Helmut Teufel u. Pavel Kocman (Hgg.): „Avigdor, Benesch, Gitl". Juden in Böhmen, Mähren und Schlesien im Mittelalter. Samuel Steinherz zum Gedenken (1857 Güssing – 1942 Theresienstadt). Brünn u. a. 2016, S. 201–268.

Elsner, Ines: Quid pro Quo?! Städtische Huldigungssilberpräsente an die Welfen des Neuen Hauses Lüneburg 1520–1706. In: Matthias Müller u. Sascha Winter (Hgg.): Die Stadt im Schatten des Hofes? Bürgerlich-kommunale Repräsentation in Residenzstädten des Spätmittelalters und der Frühen Neuzeit. 2. Symposium des Projekts „Residenzstädte im Alten Reich (1300–1800)" der Akademie der Wissenschaften zu Göttingen. Mainz, 14.–16. September 2017 (Residenzenforschung N. F. Stadt und Hof 6). Ostfildern 2020, S. 297–330.

Ertl, Thomas: Wien 1448. Steuerwesen und Wohnverhältnisse in einer spätmittelalterlichen Stadt. Göttingen 2020.

Fouquet, Gerhard: Zur öffentlichen Finanzverwaltung im späten Mittelalter. In: Christian Hesse, Klaus Oschema u. Manuela Gloor (Hgg.): Aufbruch im Mittelalter – Innovationen in der Gesellschaft der Vormoderne. Studien zu Ehren von Rainer C. Schwinges. Ostfildern 2010, S. 69–86.

Gilomen, Hans-Jörg: Der Kleinkredit in spätmittelalterlichen Städten. Basel und Zürich im Vergleich. In: Rudolf Holbach (Hg.): Städtische Wirtschaft im Mittelalter. Festschrift für Franz Irsigler zum 70. Geburtstag. Köln 2011, S. 109–148.

Groebner, Valentin: Mobile Werte, informelle Ökonomie. Zur „Kultur" der Armut in der spätmittelalterlichen Stadt. In: Otto Gerhard Oexle (Hg.): Armut im Mittelalter (Vorträge und Forschungen 58). Ostfildern 2004, S. 165–187.

Haffner, Thomas: Der Wiener Immobilienmarkt und die Pest von 1381. Masterarbeit. Wien 2016.

Hahn, Hans-Peter: The Value of Things, Pragmatically, Symbolically and Emotionally. Some Remarks on Object Appreciation. In: Gerhard Jaritz u. Ingrid Matschinegg (Hgg.): My Favourite Things. Object Preferences in Medieval and Early Modern Material Culture (Geschichte: Forschung und Wissenschaft 55). Wien 2019, S. 21–34.

Hoffmann, Ulrich: Griffel, Ring und andere „ding". Fetischisierung und Medialisierung der Liebe in Floris-Romanen des Mittelalters und der Frühen Neuzeit. In: Anna Mühlherr, Heike Sahm, Monika Schausten u. a. (Hgg.): Dingkulturen (Literatur – Theorie – Geschichte 9). Berlin 2016, S. 358–388. https://doi.org/10.1515/9783110450972-014 (Zugriff: 14.01.2022).

Just, Thomas: Österreichische Rechnungen und Rechnungsbücher. In: Josef Pauser, Martin Scheutz u. Thomas Winkelbauer (Hgg.): Quellenkunde der Habsburgermonarchie (16.–18. Jahrhundert). Ein exemplarisches Handbuch. Wien, München 2004, S. 457–467.

Kohl, Karl-Heinz: Dinge, die verbinden. Ritueller Gabentausch in Situationen des First Contact. In: Anna Mühlherr, Heike Sahm, Monika Schausten u. a. (Hgg.): Dingkulturen (Literatur – Theorie – Geschichte 9). Berlin 2016, S. 69–82. https://doi.org/10.1515/9783110450972-014 (Zugriff: 14.01.2022).

Krause, Heike: Die mittelalterliche Stadtmauer von Wien. Versuch einer Rekonstruktion ihres Verlaufs. In: Claudia Theune (Hg.): Stadt – Land – Burg. Festschrift für Sabine Felgenhauer-Schmiedt zum 70. Geburtstag (Internationale Archäologie. Studia honoraria 34). Rahden 2013, S. 79–88.

Landolt, Oliver: Der Finanzhaushalt der Stadt Schaffhausen im Spätmittelalter (Vorträge und Forschungen, Sonderbd. 48). Ostfildern 2004.

Lutz, Hermine: Alltagskultur und Lebensverhältnisse im Spiegel der Wiener Testamentsbücher (18. November 1395 bis 11. Dezember 1403). Diss. Wien 1983.

Maisel, Thomas: Testamente und Nachlassinventare Wiener Universitätsangehöriger in der Frühen Neuzeit. Beispiele und Möglichkeiten ihrer Auswertung. In: Frühneuzeit-Info 2 (1991), S. 61–75.

Meyer, Silke: Das verschuldete Selbst. Narrativer Umgang mit Privatinsolvenz. Frankfurt a. M., New York 2017.

Mauss, Marcel: Die Gabe. Form und Funktion des Austauschs in archaischen Gesellschaften. Frankfurt a. M. 1990 (Originalausg. 1923–24).

Muldrew, Creg: Zur Anthropologie des Kapitalismus. In: Historische Anthropologie 6/2 (1998), S. 167–199.

Mühlherr, Anna: Einleitung. In: Dies., Heike Sahm, Monika Schausten u. a. (Hgg.): Dingkulturen (Literatur – Theorie – Geschichte 9). Berlin 2016, S. 1–21. https://doi.org/10.1515/9783110450972-014 (Zugriff: 14.01.2022).

Opll, Ferdinand: Zur spätmittelalterlichen Sozialstruktur von Wien. In: Jahrbuch des Vereins für Geschichte der Stadt Wien 49 (1993), S. 7–87.

Opll, Ferdinand: Das große Wiener Stadtbuch, genannt „Eisenbuch". Inhaltliche Erschließung. Wien 1999.

Perger, Richard: Niklas Teschler und seine Sippe. In: Jahrbuch des Vereins für Geschichte der Stadt Wien 23/25 (1967/69), S. 108–182.

Perger, Richard: Die Wiener Ratsbürger 1396–1526. Ein Handbuch. Wien 1988.

Perger, Richard: Die Baugeschichte des Wiener Schrannengebäudes nach schriftlichen Quellen. In: Jahrbuch des Vereins für Geschichte der Stadt Wien 57/58 (2002), S. 269–299.

Pils, Susanne C.: Die Wiener Oberkammeramtsrechnung. In: Wiener Geschichtsblätter 49 (1994), S. 58–60.

Rausch, Wilhelm: Das Rechnungswesen der österreichischen Städte von den Anfängen bis zur Mitte des 16. Jahrhunderts. In: Bericht über den achten österreichischen Historikertag in St. Pölten. Wien 1965, S. 119–131.

Sandgruber, Roman: Zwischen Tanzhaus und Spital: Komponenten des städtischen Alltags. Alltag und materielle Kultur. In: Alfred Köhler u. Heinrich Lutz (Hgg.): Alltag im 16. Jahrhundert (Wiener Beiträge zur Geschichte der Neuzeit 14). Wien 1987, S. 23–44.

Schmidt-Funke, Julia A.: Städtische Wohnkulturen in der Frühen Neuzeit. In: Eibach u. Schmidt-Voges 2015, S. 215–232.

Seidl, Johannes: Stadt und Landesfürst im frühen 15. Jahrhundert. Studien zur Städtepolitik Herzog Albrechts V. von Österreich (als deutscher König Albrecht II.) 1411–1439 (Forschungen zur Geschichte der Städte und Märkte Österreichs 5). Linz 1997.

Signori, Gabriela: Kleinkredite im städtischen Wirtschaftsleben des ausgehenden 15. Jahrhunderts. In: Vierteljahrschrift für Sozial- und Wirtschaftsgeschichte 108/1 (2021), S. 30–56. https://doi.org/10.25162/vswg-2021-0002 (Zugriff: 23.08.2022).

Skambraks, Tanja: Zwischen Kooperation und Konkurrenz. Jüdische Pfandleihe und Monti di Pietà in Italien. In: Gerhard Fouquet u. Sven Rabeler (Hgg.): Ökonomische Glaubensfragen. Strukturen und Praktiken jüdischen und christlichen Kleinkredits im Spätmittelalter (Vierteljahrschrift für Sozial- und Wirtschaftsgeschichte. Beihefte 242). Stuttgart 2018, S. 99–120.

Smail, Daniel L.: Legal Plunder. Households and Debt Collection in Late Medieval Europe. Cambridge MA 2016.

Tuisl, Elisabeth: Die Medizinische Fakultät der Universität Wien im Mittelalter. Von der Gründung der Universität 1365 bis zum Tod Kaiser Maximilians I. 1519. Göttingen 2014.

Weber, Maria: Geld und Schulden als nervus rerum in der Stadt des Spätmittelalters. In: Inge Hülpes u. Falko Klaes (Hgg.): Die Stadt des Mittelalters an der Schwelle zur Frühen Neuzeit. Beiträge des interdisziplinären (Post-)Doc-Workshop des Trierer Zentrums für Mediävistik im November 2017 (Mittelalter. Interdisziplinäre Forschung und Rezeptionsgeschichte. Beihefte 1), S. 89–111. https://mittelalter.hypotheses.org/12998 (Zugriff: 02.06.2022).

Weltecke, Dorothea: Gab es „Vertrauen“ im Mittelalter? Methodische Überlegungen. In: Ute Frevert (Hg.): Vertrauen. Historische Annäherungen. Göttingen 2003, S. 67–90.

Wesener, Gunter: Zur Entwicklung des Pfandrechts in den altösterreichischen Ländern. In: Werner Ogris u. Gerhard Frotz (Hgg.): Erlebtes Recht in Geschichte und Gegenwart. Festschrift Heinrich Demelius zum 80. Geburtstag. Wien 1973, S. 257–280.

Zeilinger, Gabriel: Rechnung – Schrift – Serie. Der Überlieferungsbeginn der Windsheimer Stadtrechnungen 1393/94 und Möglichkeiten ihrer Analyse. In: Michael Rothmann u. Helge Wittmann (Hgg.): Reichsstadt und Geld. 5. Tagung des Mühlhäuser Arbeitskreises für Reichsstadtgeschichte, Mühlhausen 27. Februar bis 1. März 2017. Petersberg 2018, S. 269–280.

Fabian Kümmeler

Kerbhölzer als Objekte materieller Kultur in den Kreditbeziehungen von Hirten im venezianischen Dalmatien des 15. Jahrhunderts

Abstract This article examines tally sticks (*tessera*) as objects of contractual practice and accountability in credit relations between animal owners and herders in 15th-century Venetian Dalmatia. The statutory herding contract (*societas animalium*) between animal owners and herders marked the fundamental socio-economic form of organising pastoral credit relations. On the island of Korčula, the lengthwise-split tally stick was a legal instrument for documenting and proving contract-based herding societies as acts of exchange and mutual compensation. Moreover, both in court and in social interaction, it served as a material symbol of the socio-economic symbiosis between herders and economic elites. Korčula's extensive archival records facilitate a cultural, microhistorical perspective on pastoral contractual and accounting practices and the use of tally sticks as objects of pragmatic writing and instruments of accounting in the animal-related credit relations in late medieval Venetian Dalmatia.

Keywords Tally Sticks; Livestock Lease; Agistment; Pastoralism; Venetian Dalmatia

Kontakt

Dr. Fabian Kümmeler, Österreichische Akademie der Wissenschaften (ÖAW), Institut für die Erforschung der Habsburgermonarchie und des Balkanraumes (IHB), Georg-Coch-Platz 2, A-1010 Wien, fabian.kuemmeler@oeaw.ac.at https://orcid.org/0000-0002-5223-5325

Am 20. August 1427 forderte der Korčulaner Kleriker Don Marco Marsich von den Hirten Xivoe Tonixich und Parvos Bercovich die Abrechnung ihrer Hüteverträge sowie die Herausgabe seiner Tiere und seines Anteils an der übrigen Herde. Xivoe jedoch legte vor dem kommunalen Richtergremium der Insel unter Vorsitz des venezianischen

Fabian Kümmeler: Kerbhölzer als Objekte materieller Kultur in den Kreditbeziehungen von Hirten im venezianischen Dalmatien des 15. Jahrhunderts. In: Das Mittelalter 2022, 27(2), 430–451. Heidelberg: Heidelberg University Publishing. DOI: https://doi.org/10.17885/heiup.mial.2022.2.24666

Comes Mateo Foscarini Einspruch ein. Er könne Don Marco weder Vieh noch einen Anteil der von ihm erwirtschafteten Erträge übergeben, da er nie für ihn als Hirte gearbeitet habe. Dessen Forderung könne sich nur an besagten Parvos richten, mit dem Don Marco einen Hütevertrag (*societas animalium*) geschlossen hatte, während er mit dem Kleriker niemals ein Kerbholz (*tessera*) nach Sitte der Hirten hatte.[1]

Ausgehend von diesem Rechtsstreit eröffnet der vorliegende Beitrag einen materialgesättigten kulturgeschichtlichen Blick auf Kerbhölzer als Objekte pragmatischer Schriftlichkeit in den ländlichen Kreditbeziehungen im venezianischen Dalmatien des 15. Jahrhunderts. Dazu untersucht der Beitrag das selbst im adriatisch-italienischen Überlieferungskontext reichhaltige und bis dato unedierte Quellenkorpus der dalmatinischen Insel Korčula (*Curzola*). Dieses umfasst ein breitgefächertes Spektrum an Quellen zur ländlichen Geschichte der Insel im 15. Jahrhundert; von Ratsprotokollen und Dogenbriefen über Gerichts-, Verwaltungs- und Notariatsakten bis zu Ermittlungsakten über Viehdiebstähle und Meldungen von Weideschäden.[2]

Die ländlichen Kredit- und Schuldenbeziehungen im mittelalterlichen Westeuropa sind in ihren sozialen und ökonomischen Wechselwirkungen und Verflechtungen ungeachtet aller verbliebenen Desiderata, etwa im Bereich stärker kulturgeschichtlich geprägter Zugänge, vergleichsweise umfassend untersucht worden.[3] Dagegen wirkt der Forschungsstand selbst zu den quellenreichen Regionen Südosteuropas, wie dem Ostadriaraum, bestenfalls bescheiden. Die mittelalterlichen Kreditbeziehungen, die auch hier in einer Vielzahl von Kontexten quer durch alle sozialen Schichten sowohl monetäre als auch nicht-monetäre Formen (vor allem Handels-, Arbeits- und Konsumkredite) mit unterschiedlichsten Konditionen annahmen, wurden trotz der umfangreichen Überlieferung kommunaler Archive bisher lediglich punktuell erforscht. Abgesehen von Ignacij Vojes grundlegenden Studien zum Kredithandel in Ragusa (Dubrovnik) und dessen Umland zwischen 1282 und 1500 ist die Forschungslage von wenigen einschlägigen Aufsätzen geprägt, darunter Tomislav Raukars Abhandlung des Kredithandels in Split im 14. Jahrhundert und Ozren Kosanovićs Untersuchung desselben in Rijeka in der ersten Hälfte des 15. Jahrhunderts.[4] Insbesondere Erkenntnisse über

1 Zadar, Državni Arhiv u Zadru, Općina Korčula. Commune insulae et civitatis Curzolae, 1338–1797 (nachfolgend: HR-DAZD-11), 6/6.3, fol. 32r (20.8.1427).

2 Kümmeler 2021a, S. 59–64. Vgl. Schmitt 2019; Dokoza 2009; Foretić 1940.

3 Berthe 1998; Briggs 2009; Claustre 2014; Fontaine 2008; Fouquet 2016; Gilomen 2010; Irsigler 2016; Signori 2019; Skambraks u. a. 2019; Teuscher 2014.

4 Voje 1976; ders. 2003; Raukar 2007; Kosanović 2014.

ländliche Kreditbeziehungen im mittelalterlichen Ostadriaraum bilden weiterhin ein Desiderat.[5]

In den letzten beiden Jahrzehnten gewann mit dem Konzept der materiellen Kultur[6] auch die historische Kerbholzforschung an Dynamik. Im Sinne der mittelalterlichen Sachkulturforschung widmete sich Ludolf KUCHENBUCH den Kerbhölzern als Objekten ‚pragmatischer Rechenhaftigkeit' und deren Verwendung und Symbolik in Situationen sozioökonomischer Interaktion.[7] In seiner sprach- und notationsgeschichtlichen Monographie über numerisches Wissen und Zählen im mittelalterlichen Nordwesteuropa untersuchte Moritz WEDELL die Materialität und Funktionalität von Kerbhölzern und betonte deren Einsatz als protoschriftliche Medien in Kredit- und Handelsbeziehungen sowie vor Gericht.[8] In der globalgeschichtlichen Aufarbeitung der Verbreitung, Materialität und Verwendung von Kerbhölzern in den Kreditbeziehungen vom Achämenidenreich bis ins europäische Mittelalter wiesen Wouter HENKELMAN und Margaretha FOLMER ferner auf die bereits im 13. Jahrhundert bezeugte Kerbholzpraxis im venezianischen Kommunikationsraum hin.[9] Für Südosteuropa lieferte Nena ŽIDOV zudem einen Überblick über Form, Verwendung und Verbreitung von Kerbhölzern, übersah das mittelalterliche Hirtenwesen in Dalmatien aber ebenso wie zuvor Franjo ŠKARPA in seiner Ethnographie des dalmatinischen Kerbholzes.[10]

Mit Blick auf Korčula wird nun zunächst die sozioökonomische Vertragspraxis der *societates animalium* untersucht und anschließend der darauf basierende Umgang mit Kerbhölzern in den tierbezogenen Kreditbeziehungen und Rechenschaftspraktiken im Spannungsfeld zwischen statutarer Rechtsordnung und venezianischer Jurisdiktion herausgearbeitet. Zudem wird die soziale, rechtliche und wirtschaftliche Bedeutung des Kerbholzes als materieller Ausdruck pastoraler Vertrags- und Kreditbeziehungen im Bezugssystem zwischen Kreditgebern (Tiereigner) und -nehmern (Hirten) beleuchtet. Die Dichte der Korčulaner Überlieferung ermöglicht dabei eine kulturhistorische Perspektive in bisweilen mikrohistorischer Nahsicht auf den praktischen Umgang mit Kerbhölzern und den ihnen zugeschriebenen Stellenwert als Vertragsdokument und Rechtsinstrument in den pastoralen Kreditbeziehungen im venezianischen Dalmatien.

---

5 Kümmeler 2021a, S. 47–57.

6 Hahn 2019.

7 Kuchenbuch 1999; ders. 2002.

8 Wedell 2011, S. 183–304.

9 Henkelman u. Folmer 2016, S. 143–157, 216–218.

10 Židov 2010; Škarpa 1933.

1 Venedig, Korčula und das ‚schwarze und weiße Gold der Hirten'[11] im 15. Jahrhundert

Nach einer Zeit als venezianisches Lehen (1254–1358) sowie unter ungarischer Vorherrschaft (1358–1420) unterstellte sich die Inselkommune von Korčula im April 1420 gegen vertragliche Anerkennung ihres 1265 kodifizierten Statuten- und Gewohnheitsrechts erneut der venezianischen Oberherrschaft. Als unmittelbar an die Republik Ragusa angrenzender südlichster venezianischer Hafen in Dalmatien erfuhr Korčula in der Folge eine umfassende Eingliederung in die politischen Strukturen und Fernhandelsnetzwerke Venedigs (Abb. 1). Zugleich behielt die Insel ihre engen Handelskontakte mit dem balkanischen Festland, mit dem neapolitanischen Apulien und mit katalanischen Kaufleuten bei.[12]

Wirtschaftlich war die waldreiche Karstinsel mit ihren großen Acker- und Weideflächen von der Forst-, Land- und Viehwirtschaft geprägt. Ihre Exportlizenzen (*contralittere*) verzeichneten neben Holz, Pech und Marmor vor allem Agrarerzeugnisse (Wein, Feigen und Mandeln) und in zunehmendem Maße tierische Produkte wie Käse, Leder und Wolle.[13] Besonders Lammfelle waren im letzten Viertel des 15. Jahrhunderts ein zentrales Exportgut und beliefen sich allein 1475 auf über 25.000 Stück.[14] Auch der Export von Käse verzeichnete deutliche Zuwächse und stieg von 7,3 t (1475) bis auf 27,3 t (1497).[15] Das Hirtenwesen bildete damit einen Eckpfeiler der Korčulaner Wirtschaft, auch wenn es kaum die Dimensionen der im weitläufigen Hinterland der dalmatinischen Küstenstädte betriebenen Transhumanz erreichte.[16]

In weiten Teilen des venezianischen Adriaraums spitzten sich während des Spätmittelalters die soziopolitischen Spannungen zwischen den Patriziern und den von politischer Teilhabe ausgeschlossenen *populares* zu.[17] Gleichwohl sind die im europäischen Spätmittelalter nördlich der Alpen weitverbreiteten Formen der Hörigkeit, Schollenbindung und Grund- oder Gutsherrschaft sowie des Frondienstes und des Feudalismus auf Korčula im 15. Jahrhundert ebenso wenig nachweisbar wie die auf dem nahegelegenen balkanischen Festland üblichen jahrzehntelangen Erbpachtverträge byzantinischer Prägung (Emphyteuse). Stattdessen formte die städtische und ländliche Bevölkerung Korčulas eine kommunal verfasste

11 In Anlehnung an Kaser 1992, S. 295.

12 Kümmeler 2021a, S. 93–120; ders. 2020a, S. 289–297.

13 Kümmeler 2021a, S. 382.

14 Fabijanec 2017, S. 862.

15 Fabijanec 2013, S. 150.

16 Kümmeler 2021b, S. 28 f., 38 f.

17 Foretić 1977, S. 249–263.

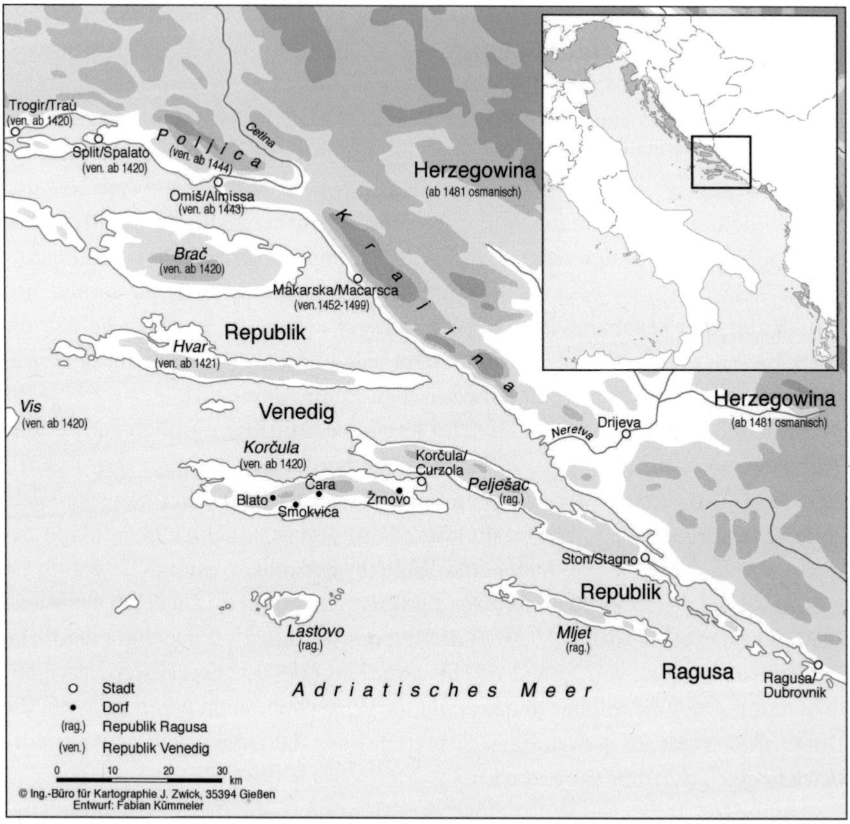

Abb. 1 | Korčula und Umgebung in der zweiten Hälfte des 15. Jahrhunderts. Ing.-Büro für Kartographie Joachim Zwick, Gießen, nach einem Entwurf von Fabian Kümmeler.

Gesellschaft adriatisch-italienischer Prägung. Als Teil der *communitas* genoss auch die ländliche Inselbevölkerung die in Dalmatien übliche persönliche Freiheit, stand aber vielfach in sozioökonomischen Abhängigkeitsverhältnissen meist auf Basis kurzfristiger Arbeitsverträge in Form des dalmatinischen Kolonats.[18]

Als sesshafte Dorfbewohner gehörten auf Korčula auch die Hirten zur *communitas*. Allen Bewohnern der Insel stand ungeachtet ihres sozialen Status – *cives* wie *habitatores*, *nobiles* wie *populares* – grundsätzlich frei, gemäß ihrer *libertas pascendi* die kommunalen Weiden zu nutzen und sich als Hirte zu betätigen. Einzig Inselfremde (*forenses habitantes extra insulam*) benötigten dazu eine explizite Genehmigung des Großen Rates von Korčula – der Versammlung aller ratsfähigen

18 Kümmeler 2020b, S. 199–201; Steindorff 2017, S. 31, 37–41. Zum dalmatinischen Kolonat Dokoza 2009, S. 71–87; Defilippis 2001, S. 17–38; Foretić 1940, S. 270–281.

Patrizier der Insel, die Statutengesetze erließ, kommunale Amtsträger einsetzte und bis 1442 auch den venezianischen Rektor der Insel wählte. Die kommunalen Weiden im karstigen Hügelland der Insel und auf den umliegenden Eilanden nutzten die Hirten überwiegend zur Sommerweide, während sie die *pro pasculis animalium* ausgewiesenen Areale auf dem fruchtbaren Gemeindegrund der Dörfer von September bis April für ihre umzäunten Winterstallungen bevorzugten.[19] Als Hirten treten aus den Korčulaner Quellen zumeist Angehörige der einfachen männlichen Landbevölkerung hervor, die in einem der vier Dörfer oder in den wenigen über die Insel verteilten Weilern lebten. Gelegentlich finden sich auch Patrizier und (junge) Frauen (*puella custodrix animalium*) unter den Hirten.[20] Die einschlägigen lateinischen, italienischen und slawischen Quellenbegriffe zur Bezeichnung von Hirten, insbesondere *pastor/pastore* (lat./ital.), *custos* (lat.), *conductore* (ital.) und *povozcia* (slaw.), dienten im Sinne der Statuten als tätigkeitsbezogene und nicht als soziale Zuschreibung.[21]

2 Die *societas animalium* als mittelalterliche Kreditbeziehung

Im venezianischen Dalmatien erfolgte die Verstellung von Schafen und Ziegen weitestgehend über das Instrument der vertragsbasierten *societas animalium* zwischen einem Tiereigner und einem oder mehreren Hirten. Der sozietäre Hütevertrag markierte die grundlegende statutenrechtliche und sozioökonomische Organisationsform pastoraler Geschäfts- und Kreditbeziehungen. Im Prinzip gaben wohlhabende Eigner (vor allem städtische und ländliche Patrizier, Kleriker, Kaufleute und Bauern) eine abgezählte Menge Vieh für einen vorab definierten Zeitraum von einem bis sieben Jahren an einen Hirten aus dem ländlichen Raum. Als statutarer Fixpunkt des Hirtenjahres markierte der 15. August (Mariä Himmelfahrt) den Start- und Endtermin der Verträge ebenso wie den Stichtag für die jährliche Gewinn- und Verlustrechnung laufender Hüteverträge.[22] Der Hirte weidete und versorgte die Tiere und deren Nachwuchs unter zuvor miteinander verhandelten Konditionen auf den kommunalen Weiden der Insel. Auf dieser Basis hütete ein Hirte neben seinen eigenen Tieren bisweilen Vieh verschiedener Eigner in seiner Herde über Entfernungen von bis zu 25 km (im Falle von Blato seltenst auch bis zu 40 km). Die Größe der Herden reichte von wenigen Dutzend Schafen und Ziegen bis zu etwa 500 Tieren pro Hirten. Auf Korčula verwendeten die Hirten

19 Kümmeler 2021a, S. 119, 256 f., 335–344; ders. 2020b, S. 199–201.

20 HR-DAZD-11, 10/13.1, fol. 26v (13.5.1443). Vgl. ebd., 6/6.8, fol. 3r (31.8.1430).

21 HR-DAZD-11, 13/22.1, fol. 202r (s. d., ca. 22.–24.5.1453).

22 Zur Saisonalität des Hirtenlebens: Kümmeler 2021b, S. 40–47; ders. 2021a, S. 335–349.

im 15. Jahrhundert Glöckchen zur Lokalisation zumindest der Leittiere sowie Brandzeichen auf den Ohren der Tiere, um deren Besitzer zu identifizieren.[23]

Die dalmatinische Hütegesellschaft folgte im Prinzip Angelus' de Periglis zeitgenössischer Definition der *societas, ad quam alter pecuniam alter operam dat*, und lässt sich angesichts der sozialen Vielfalt der tierbesitzenden Vertragspartner mit den von Gerhard Fouquet für das Mittelalter fruchtbar gemachten Überlegungen Mark Häberleins sowohl den symmetrischen als auch den asymmetrischen ländlichen Kreditbeziehungen zuordnen.[24] Die vertragliche Prägung wies innerhalb Dalmatiens mit Blick auf die Laufzeit, die Entlohnung der Hirtenarbeit und die Sicherung des investierten Viehs sowie die Aufteilung der Erträge (Wolle, Milch, Käse, Jungtiere) und Verlustrisiken (Tod, Diebstahl, Flurschäden) jedoch teils lokale Unterschiede auf.[25] Die auf Zeit geschlossene *societas animalium* stand in einem Zusammenhang mit dem assoziativen Charakter der venezianischen *soccida*, der *baux à cheptel* der provenzalischen *mégerie* und der *gasaille* aus dem Languedoc. Zudem wies sie strukturelle und terminologische Ähnlichkeiten mit der *commenda*, bei der der Einsteller das Risiko für Viehverluste und -schäden befristet für die Laufzeit der Übereinkunft allein trug, mit dem geteilten Risiko der *compagnia* und mit den vertragsgesellschaftlichen Zusammenschlüssen im maritimen Fernhandel (*societas maris, collegantia*) auf.[26]

Mit Julie Claustre und Hans-Jörg Gilomen lassen sich derartige Vertragsverhältnisse als Schuldenverhältnis sowie als „auf Kredit abgestützte Zusammenarbeit" verstehen.[27] Eine solche Kreditbeziehung umfasste nach Claustre eine bestimmte Menge an Gütern, mitunter als im monetären Wert konkretisiertes Kapital, eine Rückgabepflicht sowie einen vorab definierten zeitlichen Rahmen. Über letzteren und die entsprechenden materiellen und personellen Verpflichtungen und Garantien entstand oftmals eine enge Bindung auf Zeit zwischen individuellen bzw. institutionellen Kreditgebern und -nehmern. Durch die Verpflichtung des Hirten zur Hütetätigkeit auf Zeit lassen sich die sozietären Hüteverträge Dalmatiens zur Gruppe des Arbeitszeitkredites rechnen.[28] Insbesondere in einer kleinen mittelalterlichen Inselgesellschaft wie jener von Korčula waren

---

23 Kümmeler 2021b, S. 40–47; ders. 2021a, S. 322–324. Zur Viehverstellung als *societas* Wackernagel 1923, S. 1 f., 10–13.

24 Zitiert nach Wackernagel 1923, S. 11. Zu den ländlichen Kreditbeziehungen Fouquet 2016, S. 20–22.

25 Kümmeler 2021b, S. 35 f.

26 Ebd., S. 34–38; Orlando 2019, S. 116–124; Burri 2019, S. 356–365; Skambraks u. a. 2019, S. 156–159; Gilomen 2010, S. 55–60; Caucanas 2005, S. 205–208; Rippmann 1990, S. 218; Wackernagel 1923, S. 10–13.

27 Gilomen 2010, S. 57.

28 Claustre 2014, S. 38.

solche Kreditbeziehungen stets in das vielschichtige und dynamische ländliche Gesellschaftsgefüge der Insel eingebunden, welches personell wie institutionell eng mit der machtpolitischen Elite und dem städtischen Milieu verflochten war. Die große Aufmerksamkeit, die die kommunale Verwaltung und Gerichtsbarkeit Korčulas den Vertrags- und Kreditbeziehungen im Hirtenwesen widmete, spiegelte nicht nur ein Bewusstsein für die wirtschaftliche Bedeutung der Viehwirtschaft wider, sondern auch eines für die Fragilität des auf dem Vertrauen und der Verlässlichkeit aller Protagonisten beruhenden sozioökonomischen Beziehungsgeflechts der Insel.[29]

Bis 1417 orientierte sich die Ausgestaltung der Hüteverträge auf Korčula vorwiegend an gewohnheitsrechtlichen Praktiken, obwohl Statuten der Insel die Weidepraxis der Hirten bereits ab dem 13. Jahrhundert straf- und zivilrechtlich regulierten.[30] Das pastorale Gewohnheitsrecht fand spätestens seit dem frühen 14. Jahrhundert auch außerhalb der Insel als Modell für die Vertragsbeziehungen der ostadriatischen Viehverstellung Anwendung, wie ein Vertrag *ad tenendum, pascendum et nutriendum secundum usum Curçole* zeigt, der am 1. Mai 1328 auf der Insel Lastovo zwischen einem ragusanischen Tiereigner und einem lokalen Hirten geschlossen wurde.[31] Auch im nahen Ragusa waren die Viehverstellungsverträge *ad soccidam seu societatum* als Kreditbeziehung gestaltet. Deutlich wird dies in einem Vertrag vom 9. November 1425, in dem der Versteller Ratchus den Hirten Pribil und Radilo für drei Jahre insgesamt 100 Schafe und Ziegen, fünf Kühe und sechs Rinder *dedit et locavit* [...] *ad soccidam*. Das investierte *capitale* – die Tiere, jedoch ohne deren Geldwert auszuweisen – verblieb vollständig im Eigentum des *patrono*, während der Ertrag (*fructus et fetus animalium*) hälftig zwischen dem Hirten (*pastor*) und dem Versteller (*locator*) geteilt wurde.[32]

Auf Korčula verabschiedete der Große Rat im August 1417 das neue Statutengesetz ‚De ordine ad dandum pascendi animalia'. Dieses definierte klare Regeln für die Ausgestaltung der Hüteverträge und damit ebenso für die Verantwortlichkeiten von Hirten und Tiereignern wie für die pastoralen Geschäftsbeziehungen der Insel insgesamt. Ein Kernstück der Novelle war die Festschreibung des sozietären Charakters der Hüteverträge, wenn auch asymmetrisch, zwischen Eigner (*patronus*) und Hirte (*pastor*) in Form der *societas animalium*.[33] Dadurch konnten sich beide Partner einer vertraglichen Hütegesellschaft vor Gericht ungeachtet ihrer sozioökonomisch ungleichen Stellung auf die gleiche Rechtslage berufen.

---

29 Kümmeler 2021a, S. 364–410.

30 Ebd., S. 324f.

31 Foretić 1940, S. 296.

32 Arhivska građa 2019, Nr. 3233 (9.11.1425), S. 889. Zur *soccida* als Kreditform Gilomen 2010, S. 57; Kurtović 2013, S. 37–44.

33 Statuta Curzulae 1877, S. 65.

Ähnlich der Halbpacht verblieben die Tiere bei der Viehverstellung auf Korčula im alleinigen Eigentum des Verstellers, während der Hirte für die Dauer des Vertrages seine Arbeitsleistung für die Hütung und Versorgung der Tiere in die *societas animalium* einbrachte. Die Kernaufgabe des Hirten war es, die Tiere zu weiden, zu versorgen, zu melken, zu scheren, deren Nachwuchs aufzuziehen und rechtschaffen Rechnung über sie zu führen, ergo mit dem Kapital der Herde *secundum consuetudinem pastorum* Erträge zu erwirtschaften.[34] Die Statuten verteilten das Risiko pastoraler Kreditbeziehungen auf beide Vertragsparteien gleichermaßen. Der Hirte hatte jedes fehlende Herdentier mit zwei ungebrandmarkten Jungtieren zu ersetzen, genoss aber das Vorrecht, diese Schulden aus der Nachzucht zu begleichen, bevor der Ertrag der übrigen Jungtiere vertragsgemäß aufgeteilt wurde. Während der Versteller somit das ursprüngliche Kapital seiner Herde gesichert und verjüngt sah, schmälerten die zum Ersatz herangezogenen Jungtiere den zu teilenden Ertrag nach dem Prinzip der Teilung von Gewinn und Verlust.[35]

Konkret mussten die Laufzeit der Verträge, die Entlohnung der Hirtenarbeit (Naturalien oder Geld als Lohn oder Kredit) und die Aufteilung der erwirtschafteten Erträge (Käse, Milch, Wolle, Jungtiere, Leder und Fleisch) ausgehandelt werden. Wie dies genau zu geschehen hatte, war seitens der Statuten nicht vorgeschrieben und wurde von Tiereignern und Hirten daher flexibel gestaltet.[36] Im Frühjahr 1428 verpflichtete sich der Hirte Bogdan Tulia, beginnend ab dem 15. August für je acht Quarta Wein und Hirse, ein Schaf und eine Ziege im ersten Jahr sowie ein zusätzliches Tier in jedem weiteren Jahr insgesamt fünf Jahre lang die Herde von Ser Blaxius zu weiden.[37] Am 14. Mai 1431 kam Ser Marinus Micaelis mit dem Hirten Paulus Letilovich und dessen Brüdern überein, dass diese für einen jährlichen Lohn von 25 Hyperper, fünf Modi Gerste und je zehn Tierhäuten seine Herde hüten werden.[38] Im Jahr 1448 einigten sich die Brüder Mixa und Zuane de Piero mit dem Hirten Milat, dass dieser ihre Tiere für Kleidung, Nahrung und einen Jahreslohn von acht Hyperper mit seiner eigenen Herde weide, anständig für sie sorge und rechtschaffen über sie Rechnung führe:

---

34 HR-DAZD-11, 12/20.1, fol. 23v (s. d., 1448); ebd., 9/12.1, fol. 46r (27.8.1446), 106v–107r (16.8.1447). Zur Halbpacht und Viehverstellung Rippmann 1990, S. 217–223; Wackernagel 1923, S. 1 f., 10–13, 19–22.

35 Statuta Curzulae 1877, S. 65, 92; Kümmeler 2021b, S. 44 f.; ders. 2021a, S. 234 f., 357–361, 371 f.

36 Vorab festgelegte Quotenleistungen des Hirten finden sich nicht; Kümmeler 2021b, S. 37 f.; ders. 2021a, S. 330–333.

37 HR-DAZD-11, 6/6.3, fol. 40av (24.8.1428). Das Hohlmaß einer Korčulaner Quarta ist unklar; in Zadar entsprach sie Mitte des 15. Jhs. rund 26 Litern, in Venedig dagegen 125 Litern; Kümmeler 2021a, S. 296.

38 HR-DAZD-11, 6/6.8, fol. 13v (14.5.1431). Zum Hyperper und den im venezianischen Dalmatien zirkulierenden Silbermünzen Kümmeler 2021a, S. 162.

> *fo acordato per nostro famiglo per pascular li nostri animali, e lui esse pagato al'ano yperperi 8 e li vestide e le spexe de bucha, e passer e governar li animali, e haver bona cura desi e consignar bona raxon desi per che anche cum li nostri animali pasculavo li soi.*[39]

Mit Einverständnis seines Vertragspartners konnte ein Hirte zudem weitere Hirten als Teilhaber in die bestehende *societas* aufnehmen. Der ursprüngliche pastorale Vertragspartner stieg dadurch zum Oberhirten (*celnich*) auf, dem es oblag, die von ihm angeworbenen Unterhirten (*socius*) aus seinem Ertragsanteil zu entlohnen. Der eigentliche Kreditnehmer der *societas* wurde somit zugleich zum Kreditgeber der ihm untergeordneten Hirten, während die bisweilen vielschichtigen vertraglichen Abhängigkeiten ihren materiellen Ausdruck in einer komplexen Ordnung aufeinander bezogener Kerbhölzer fanden.[40] Auf Korčula förderte man die Einbindung teilhabender Hirten durch steuerliche Anreize wie die Beschränkung der vom Oberhirten zu leistenden Zehntabgabe auf ein einziges Lamm oder Zicklein, das vom Bischof persönlich einzusammeln war.[41]

Unter den Korčulaner Hüteverträgen finden sich in Verbindung mit dem Arbeitszeitkredit bisweilen auch monetäre Kredittransaktionen.[42] Meist bekam der Hirte zu Vertragsbeginn einen höheren Betrag als zinslosen Kredit geliehen, den er bis zu einem vereinbarten Termin oder spätestens bis zum Vertragsende zurückbezahlen musste. Dafür akzeptierte er entweder einen reduzierten Ertragsanteil oder verzichtete auf einen ansonsten jährlich oder zu Vertragsende in Geld oder Naturalien ausbezahlten Lohn. Letzteres tat der Hirte Anthonius Dobrichievich, der am 16. August 1447 eine Herde des Archidiakons Don Junius übernahm, die er zusammen mit seinem eigenen Vieh *secundum consuetudinem pastorum bene diligenter et fideliter* und unter der üblichen jährlichen Ertragsbeteiligung zu weiden versprach.[43] Zudem bestätigte er den Erhalt eines Darlehens in Höhe von 33 Hyperper in bar (*numeratis*) und versprach, die Summe *integraliter reddere sine aliqua exceptione iuxta consuetudinem pastorum.*[44] Diese an eine *societas* gebundenen Langzeitkredite boten dem Hirten raschen Zugang zu Bargeld, welches existenzsichernd wirkte und dem lokalen Wirtschaftskreislauf diente. Die Versteller,

---

39 HR-DAZD-11, 12/20.1, fol. 23v (s. d., 1448).

40 Kümmeler 2021a, S. 331–333; Dokoza 2009, S. 103 f.

41 Statuta Curzulae 1877, S. 80.

42 Die Verbindung der *societas* mit monetären Krediten zeigt sich besonders in Split, wo galt, *quod socij possint facere credentias et debita recipere et id quod per aliquem illorum factum fuerit siue in dando, siue in recipiendo, perpetuam obtineat firmitatem*; Statuta Spalati 1998, S. 580. Vgl. Skambraks u. a. 2019, S. 161 f.

43 HR-DAZD-11, 9/12.1, fol. 106v–107r (16.8.1447).

44 Ebd., fol. 107r (16.8.1447).

als Kreditgeber, profitierten von der billigeren Arbeitskraft und der langfristigen Kreditsicherung durch die enge sozioökonomische Bindung zwischen Eigner und Hirten als Vertragspartner.

Die parallele Überlieferung gesonderter monetärer Kreditabkommen im Korčulaner Bestand nähren angesichts der vielfältig und flexibel gestalteten *societates animalium* Zweifel an der These von Serđo Dokoza, dass der Zweck der Hüteverträge primär darin bestanden habe, monetäre Kredite zu erhalten.[45] Dies unterstreicht besonders die Nutzung der *societas animalium* als Form vertragsbasierter Vergesellschaftung unter Hirten, bei der die beteiligten Hirten oftmals zugleich investierten und hüteten. Eine solche schlossen die Hirten Paulus Vidosevich und Stipcus Pervosich aus Blato am 16. August 1435, als sich Stipcus verpflichtete, das bereits unter einem gemeinsamen Brandzeichen gehaltene Vieh der beiden für drei Jahre zu hüten, während Paulus ihm für den Bedarfsfall die tatkräftige Unterstützung zweier Hirten zusicherte.[46] Diese vertragsbasierte Vergesellschaftung unter Hirten fand sich auch auf Brač (*soceda*), wo diese stets gesammelt die Winterstallung des Hirten zu beziehen hatte, der die meisten Tiere stellte.[47]

3 Kerbholz und *tessera* im venezianischen Dalmatien

Das Kerbholz erscheint in den Quellen des venezianischen Dalmatiens überwiegend als *tessera* (*texera*), während es auf dem Festland jenseits des venezianischen Einflussbereiches unter dem slawischen Begriff *raboš* bzw. *rovaš* bekannt ist. Über das Kerbholz als Instrument einer vertragsbasierten Kreditbeziehung im Hirtenwesen hinaus umfasste der Begriff der *tessera* weitere Verwendungskontexte, die stets ein aus Holz gefertigtes Objekt bezeichneten.[48] Als militärische Anweisung, oft auf Holztäfelchen, fand er sich im Sommer 1446 auf Hvar, wo die *tesserae* im Kriegsfall zur Mobilmachung ausgeschickt werden sollten, und im April 1487 auf Korčula, wo sie für einige Insulaner die Immunität von der Galeerenpflicht im Kriegsfalle aufhoben.[49] Als hölzernes Los oder Wahlmarke fand die *tessera* neben der bei Ratswahlen üblichen *ballota* ferner Anwendung bei der Wahl und

45 Dokoza 2009, S. 105. Auch Raukar 2007, S. 271–281, ordnet nur eine geringe Anzahl der monetären Kredittransaktionen im mittelalterlichen Split dem Hirtenwesen zu. Zu Korčula Kümmeler 2021a, S. 331f.

46 HR-DAZD-11, 7/8.1, fol. 12r (16.8.1435).

47 Brački statut 2006, S. 338.

48 Henkelman u. Folmer 2016, S. 152–155; Vilfan 1961, S. 191, 212, 219, 245, 274, 300.

49 Listine 1890, S. 248; Statuta Curzulae 1877, S. 201.

Nachwahl bestimmter Amtsträger, etwa bei der Richterwahl auf Korčula oder in Šibenik, wo *quilibet officialis Communis Sibenici* [...] *eligetur per ballotas, vel per tesseras.*[50]

In Kreditbeziehungen in Trogir entschied die *tessera* als Los, welche kommunalen Schätzer (*extimatores*) die Besitztümer zahlungsunfähiger Schuldner zwecks Pfändung und Begleichung der Schulden zu taxieren hatten.[51] Im Falle insolventer Schuldner beauftragte man in Šibenik *per tesseram* einen der kommunalen Richter mit der öffentlichen Versteigerung der Besitztümer eines Debitors.[52] In den Kreditbeziehungen zwischen Ragusa und der Hum, die später in der Herzegowina aufging, entschied die *tessera* als hölzernes Los die Reihenfolge, in der die Stundung, Verrechnung und Rückzahlung von Schuldverhältnissen vor Gericht verhandelt wurden.[53] Auch in pastoralen Kreditbeziehungen bediente man sich der Entscheidung per Los oder Übereinkunft: Angesichts zahlungsunfähiger Versteller, die Weidepachtgebühren in Höhe von 24.359 Librae schuldeten, entschied Venedig, die bestehenden individuellen Pachtverträge aufzulösen und die einst an Venedig abgetretenen Weideflächen auf Rab in der Kvarner Bucht der dortigen *communitas* gegen eine Jahresrente von 3.000 Libri zu übertragen. Die Inselgemeinde sollte die Weiden nach Bedarf parzellieren und *per texeras vel concordium inter cives illius loci secundum qualitatem et conditionem ac necessitatem ipsorum civium ad tempus annorum cinque usque decem* unterverpachten, während die Schuldner ihre Verbindlichkeiten über acht Jahre in jährlichen Raten zurückzahlen sollten.[54]

Als Kerbholz im Sinne eines Objektes pragmatischer Rechenhaftigkeit (Kuchenbuch) fand die *tessera* neben dem Hirtenwesen vor allem in den kommunalen Verwaltungen der dalmatinischen Städte und Inseln Verwendung. In Trogir begleiteten Kerbhölzer spätestens seit dem 14. Jahrhundert den Prozess der Lagerhaltung – von der Einlagerung über die Kontrolle bis zur Ausgabe der Waren – sowohl als Vorstufe der pragmatischen Schriftlichkeit als auch parallel zur Buchführung der Kanzlei. Der halbjährlich vom Rat der Stadt gewählte *massarius* verantwortete unter anderem die Verwaltung der vier kommunalen Getreide- und Salzlager und damit indirekt auch die Nahrungsmittelversorgung der Bevölkerung. Die Lager befanden sich im Comespalast hinter doppelt gesicherten Türen, die der *massarius* nur in Begleitung des Comes betreten konnte, der über den zweiten Schlüssel verfügte. Dabei war es der (Vertreter des) Comes, der *tesseras secum portet*

50 Statuta Sibenici 1982, S. 132. Vgl. ebd., S. 2, 113, 126, 140; Statuta Curzulae 1877, S. 104.

51 Statuta Tragurii 1915, S. 214 f. Das Prinzip griff auch im Falle öffentlicher Erbteilungen, die von unabhängigen *partitores* vorgenommen und per Losverfahren (*tesere*) verteilt wurden; ebd., S. 160.

52 Statuta Sibenici 1982, S. 161 f.

53 Liber Statutorum 2002, S. 226.

54 Listine 1890, S. 144.

et signet ordinate illam blavam et salem quod dicti massarij miserint vel extraserint de palacio supradicto, et sic referat domino comiti ut ipsam blavam et salem scribere faciat cancellario communis.[55] Dem *massarius* oblag es *causa tenendi tesseras ad mensurationes* umgekehrt, auf die korrekte Abmessung und Dokumentation der eingelagerten und ausgegebenen Mengen Getreide und Salz zu achten.[56]

In Ulcinj ist das Kerbholz zudem in sozio-administrativen Kreditbeziehungen belegt. Ein Schreiben Venedigs an die *communitas Dulcigni* vom 28. Oktober 1440 skizziert die in der Hafenstadt gepflegte Praxis, dass Geldstrafen für nicht geleistete Stadtwachedienste nicht einzeln bezahlt, sondern auf Kerbhölzern vermerkt, aufsummiert und zu einem späteren Zeitpunkt beglichen wurden: *Et quando che alchun falla* [*a far la guarda*], *quello non se fa pagar ma fa texera, fazandosse puo pagar in suma de quelo ha scrito o messo in tessera.*[57]

4 Kerbhölzer als Objekte pastoraler Vertragskultur

Als grundlegende Organisationsform pastoraler Geschäfts- und Kreditbeziehungen im venezianischen Dalmatien materialisierte sich die vertragliche *societas animalium* vor Gericht wie in der sozioökonomischen Interaktion zwischen Versteller und Hirten vor allem in der Verwendung von Kerbhölzern. Die Korčulaner Hüteordnung von 1417 verpflichtete jeden Versteller, unmittelbar bei der Übergabe der Herde mit seinem pastoralen Gegenüber ein Kerbholz anzufertigen (*statim inter se teneatur facere tesseram*).[58] Dieses war noch am Ort der Übergabe zunächst mit Kerben zu versehen und anschließend der Länge nach in zwei ungleich große Teile zu spalten, wobei der Versteller den größeren Teil des Kerbholzes behielt, während der Hirte den kleineren Teil an sich nahm: *et facta tessera, quod maior pars ipsius tessere debet remanere apud patronum, seu patronos.*[59]

Im dalmatinischen Hirtenwesen dienten Kerbhölzer als „mnemopraktische, zeitüberbrückende Alltagswerkzeuge im Umgang mit Maß und Zahl“, auf denen die Hirten und Vieheigner vor allem die Anzahl der übernommenen Tiere dokumentieren und diese Information über Zeit sichern konnten.[60] Durch die Teilung des Kerbholzes verfügten beide Vertragspartner im Hütealltag und vor Gericht über je einen rechtsgültigen und portablen Nachweis ihrer *societas animalium*,

55 Statuta Tragurii 1915, S. 43.

56 Ebd., S. 48.

57 Listine 1890, S. 127.

58 Statuta Curzulae 1877, S. 64.

59 Ebd. Vgl. Kümmeler 2021a, S. 327–329; Defilippis 2001, S. 15; Vilfan 1961, S. 245.

60 Kuchenbuch 1999, S. 319. Vgl. Kümmeler 2021a, S. 327; Irsigler 2016, S. 142.

deren, sobald zusammengefügt, deckungsgleiche Kerbungen die gleichen Vertragsinhalte repräsentierten. Über die Festschreibung der Investition des Verstellers und der Abgeltung der Hütearbeit des Hirten dienten die Kerbhölzer zugleich dem gegenseitigen Ausgleich. Ähnlich einer transportablen und wetterfesten Quittung konnten die Kerbhölzer „dem Vergessen oder der Verfälschung von Mengen bzw. Werten über größere Zeiträume gegensteuern und Termin und Qualität von Gegenleistungen gewährleisten".[61]

Eine Kerbholzhälfte in der kommunalen Kanzlei zu hinterlegen war seitens der Statuten ebenso wenig vorgesehen wie eine zusätzliche notarielle Verschriftlichung der Vereinbarung; der pastoralen Objektwelt Dalmatiens wurde vor Gericht eine rechtliche Qualität zugerechnet. Ausgehend von den zur Schur, die um den Georgstag (23. April) begann und bis Mitte Mai andauern konnte, getroffenen mündlichen Vorvereinbarungen genügte im venezianischen Dalmatien die protoschriftliche Dokumentation pastoraler Kreditbeziehungen auf einem Kerbholz. Im Vergleich zu den Exportzahlen viehwirtschaftlicher Produkte sticht die auffallend niedrige Anzahl an schriftlichen Hüteverträgen in den ansonsten umfangreich erhaltenen Korčulaner Akten ins Auge. Viele der durch die Gerichtsakten belegten *societates animalium* dürften daher nur per Kerbholz als vertragsbasierte Kreditbeziehung rechtsgültig besiegelt worden sein, um die Transaktionskosten der schriftlichen Dokumentation der Hüteverträge (Kanzleigebühren) zu vermeiden.[62] Dies legt den Schluss nahe, dass auf dem Kerbholz neben der Herdengröße auch individuell ausgehandelte Vertragskonditionen, wie die Entlohnung oder die Aufteilung der Erträge, und Schulden durch säumige Lohnzahlungen oder Viehverluste vermerkt worden sein dürften.[63] Als materielle Repräsentanten von Hüteverträgen boten Kerbhölzer somit „als dingliche Belege der Schuldenbeziehung die Möglichkeit, die darin verzeichnete Schuldsumme aktuell zu halten und an Rückzahlungen anzupassen".[64]

Auf der ländlich geprägten Insel Brač, auf der es zwar kein urbanes Zentrum, aber ein eigenes Statutenrecht und ein kommunales Rats- und Verwaltungswesen gab, verbaten die Inselstatuten die Übergabe und Annahme von Weidetieren *sine*

61 Kuchenbuch 1999, S. 306.

62 Auf Korčula diente der vom Großen Rat der Insel gewählte kommunale Kanzlist bis in die zweite Hälfte des 15. Jhs. meist auch als Alleinnotar. Allerdings wurde in der ländlichen Bevölkerung, nicht zuletzt aufgrund der aktiven Einbindung der Dorfbevölkerung in die kommunale Verwaltung des ländlichen Raumes, auch ein bemerkenswertes Maß an amtsbezogener wie privater pragmatischer Schriftlichkeit gepflegt; Kümmeler 2021a, S. 163–165, 199–211; ders. 2021b, S. 31–34.

63 Die dalmatinische Kerbholzpraxis gegen Ende des 19. Jhs. stützt die These; Škarpa 1933; Židov 2010; Henkelman u. Folmer 2016, S. 173f.

64 Weber 2021, S. 21.

tessera.[65] Auch auf Korčulas Nachbarinsel Hvar, einem frühen humanistischen Zentrum Dalmatiens, regelte das Statutengesetz ‚De texera habenda de animalibus' die Handhabung der Kerbhölzer im Hirtenwesen, ohne die keine Hütebeziehung zwischen Versteller und Hirte einzugehen war. Die Regelung stellte die kerbholzlose Übergabe von Tieren durch den Eigner unter Strafe und schrieb auch den Hirten vor, *quod nullus* [...] *pastor possit vel valeat accipere ad pascendum animalia minuta ab aliqua persona nisi cum texera facta inter ipsos.*[66] Das verpflichtende Hinzuziehen von zumindest zwei Zeugen bei der Anfertigung eines Kerbholzes auf Hvar unterstreicht den Charakter des Kerbholzes als Nachweis eines Rechtsgeschäftes. Die Kerbhölzer fungierten auch hier als „protoschriftliche Medien", die durch das enge „Nebeneinander von Schrift und Kerbe" und durch die normativen Vorgaben des Statutenrechts einen „urkundlichen Charakter" gewannen.[67]

Als hölzernes Vertragsdokument machte das Kerbholz die Details und Konditionen einer Hütevereinbarung im wortwörtlichen Sinne greifbar und nachprüfbar. Dem Prinzip von Beweis und Gegenbeweis folgend, bot das gespaltene Kerbholz durch die Kerben und die einmalige Maserung und Splitterung des Holzes den Vertragspartnern einen wetterfesten Schutz vor einseitigen Manipulationsversuchen.[68] Für die kulturgeschichtliche Deutung der Kerbhölzer als Objekte der materiellen Kultur ländlicher Kreditbeziehung ist deren auf Korčula nachgewiesene asymmetrische Spaltung hervorzuheben. Diese bot gegenüber der simpleren Teilung in zwei gleiche Hälften den Vorteil „of having two recognizably *different* parts, which could be assigned different functions (held by, *e.g.*, creditor and debtor)".[69]

5 Kerbhölzer als Objekte pastoraler Rechenschaftspraktiken

Rund um den jährlichen Abrechnungstermin am 15. August materialisierten sich im venezianischen Dalmatien die kalkulativen Rechenschaftspraktiken pastoraler Kreditbeziehungen im Objekt des Kerbholzes.[70] Auf Korčula trafen sich Versteller und Hirten rund um den Stichtag auf den kommunalen Weiden, fügten ihre Kerbhölzer zusammen und zählten die gehüteten Herdentiere, um die Höhe des

65 Brački statut 2006, S. 344.

66 Statuta Lesinae 1882, S. 220.

67 Wedell 2011, S. 288 f.

68 Kümmeler 2021a, S. 327 f.; Henkelman u. Folmer 2016, S. 147.

69 Henkelman u. Folmer 2016, S. 150.

70 Eine Ausnahme bildet Hvar, wo die Abrechnung bereits nach Ende des Winters und Abschluss der Lammung am Tag des hl. Domnius von Split (7. Mai) erfolgte; Statuta Lesinae 1882, S. 221; Kümmeler 2021a, S. 349–364.

Ertrags und etwaiger Regressansprüche zu bestimmen. Auf Hvar hatte der Tiereigner als Kreditgeber bei der Zählung unmittelbar das Kerbholz zu aktualisieren und mit seinem Zeichen zu beglaubigen (*numerata animalia in texera signare de suo signo*).[71] Als Objekt ermöglichte das Kerbholz durch die Kennzeichnung nicht nur die Identifikation der beteiligten Vertragsparteien, sondern wurde von diesen auch regelmäßig wieder zusammengefügt und um weitere Kerbungen ergänzt, was einer laufenden Aktualisierung der Hüteverträge gleichkam.

Die gemeinsame Abrechnung des zurückliegenden Hütejahres eröffnete einen Raum zugleich für den Austrag gegenseitigen Misstrauens und für die Stabilisierung der sozioökonomischen Beziehung zwischen den Vertragspartnern. Die Kerben halfen der Memorisierung beim Zählen und Rechnen sowie bei Kontrollzählungen der Herde im alltäglichen Weidebetrieb, da man den Kerben während des Zählens mit dem Finger folgen konnte. Bei Uneinigkeit über das Ergebnis der gemeinsamen Viehzählung fungierten, noch vor dem Gang vor Gericht, die kommunalen Amtsträger im ländlichen Raum als Mediatoren pastoraler Kreditbeziehungen.

Im August 1448 verweigerten die Hirtenbrüder Marin und Paval Miculich ihrem Versteller aus Sorge vor dessen betrügerischen Absichten die übliche Jahresabrechnung ihrer *societas*, da dieser ihnen *eis portionem animalium et lucri ipsorum* vorenthielt und die Begleichung diverser Geld- und Naturalkredite in Höhe von 20 Hyperper und zwei Soldi verlangte, obwohl er ihnen selbst noch neun Tiere und ein Paar Schweinsledersandalen im Wert von 32 Soldi schuldete.[72] Daher beauftragten sie einen kommunalen Weingartenhüter (*pudarius*), die Herde zu zählen und anhand des Kerbholzes die rechtmäßigen Ertragsanteile zu bestimmen. Dieser lehnte zunächst ab und fragte den Versteller *ubi sunt tui pastores, quare non numerant ipsi*, woraufhin letzterer entgegnete *ego non confido in eis*.[73] Durch das Misstrauen gedrängt, begann der Amtsträger widerwillig mit der Zählung und kam nach einer Weile des Zählens auf ein Ergebnis von 432 oder 433 gehüteten Tieren.[74]

In dem eingangs angeführten Abrechnungsstreit zwischen dem Hirten Xivoe Tonixich und dem Versteller Don Marco Marsich hatte Xivoe angegeben, mit Don Marco in keinem sozietären Hütevertrag zu stehen und ihm daher weder eine Hüteabrechnung noch eine Ertragsbeteiligung zu schulden. Einst aus ärmlichen Verhältnissen stammend, zählte Don Marco in den 1420er Jahren zum Kreis der wohlhabenderen Kleriker im Umfeld des Bischofs von Korčula. Bis zu seinem Tod

71 Statuta Lesinae 1882, S. 221.

72 HR-DAZD-11, 12/20.2, fol. 122v (17.12.1448). Vgl. ebd., 12/20.1, fol. 13v (s. d., Dezember 1448); Kümmeler 2021a, S. 352–356.

73 HR-DAZD-11, 12/20.2, fol. 123v (23.12.1448).

74 Ebd.

1459 eignete sich der wegen seiner raffgierigen Kreditvergabe an die ländliche Bevölkerung bald in Verruf geratene Kleriker auf der Insel ein beachtliches Vermögen an, darunter einige Hektar Weingärten im Wert von über 400 Golddukaten, zehn Häuser und einen Viehbestand von rund 900 Tieren.[75] Xivoe dagegen entstammte einfachen ländlichen Verhältnissen und war zum Oberhirten von Donna Dina, einer einflussreichen Patrizierwitwe, aufgestiegen, deren weit über 400 Schafe und Ziegen sowie einige Maultiere und Pferde zählenden Viehbestand er verwaltete und dadurch seine drei Söhne Gargur, Iuraj und Petar sowie acht weitere Hirten in Lohn und Brot hielt.[76]

Vor Gericht stritten beide darüber, inwiefern das Kerbholz notwendige Voraussetzung für und rechtsgültiger Nachweis eines bestehenden Hütevertrages sei und ihm damit Beweiskraft für dessen Abrechnung und für die Beteiligung an Erträgen der Hirtenarbeit zukomme. Die *tessera* sei nach Sitte der Hirten der materielle Nachweis eines mündlich geschlossenen Hütevertrages, doch Xivoe *negabat non esse nec fuisse eius pastorem* [...] *et cum ipso numquam habuisse tesseram ut moris est pastorum.*[77] Ohne ein geteiltes Kerbholz ließe sich durch Zusammenlegen der beiden Hälften ferner auch kein Anspruch einer Ertragsbeteiligung feststellen, den er dem Kleriker hätte schulden können. Ein Kerbholz, so Xivoe weiter, habe Don Marco nicht mit ihm, sondern nur mit Parvos Bercovich, *cum quo dictus habuisse societatem.*[78]

Don Marco hielt dagegen, dass *Xivoe una cum dicto Parvosio eius esse pastores et cum eis fecisse tesseram*, da sich die beiden Hirten im zurückliegenden Winter gemeinsam eine Winterweide (*simiacum*) geteilt hatten und sein Kerbholz daher folgerichtig für beide Hirten gelten müsse.[79] Die besagte Winterweide wurde jedoch seit Jahrzehnten von Donna Dinas Familie genutzt; ein Vorrecht, welches Dina erst wenige Monate zuvor vor Gericht erfolgreich gegen die Aneignungsversuche des Klerikers durchgesetzt hatte.[80] Im Zuge des Verfahrens hatte sie vorgebracht, dass diese Winterweide üblicherweise von ihrem Oberhirten Xivoe betreut wurde, der für einen Winter ausnahmsweise den Hirten von Don Marco als Weidegenossen aufgenommen hatte (*mio çelnich* [...] *tor in suo compagan Parvos Bercovich pastur de Don Marcho*).[81] Unter Verweis auf das zurückliegende Verfahren und Xivoes Argumentation stellten Comes Mateo Foscarini und die Korčulaner

75 Schmitt 2019, S. 55–62.

76 Kümmeler 2021a, S. 338–344, 350 f., 360 f., 414.

77 HR-DAZD-11, 6/6.3, fol. 32r (20.8.1427).

78 Ebd.

79 Ebd.

80 Kümmeler 2021a, S. 335–344.

81 HR-DAZD-11, 6/6.4, fol. 32av (15.11.1426).

Richter erneut fest, dass Xivoe *non apparet fuisse pastorem ipsius Domini Marci sed solum eius fuisse pastorem dictus Parvoxius Bercovich* und wiesen die Forderungen des Klerikers als haltlos zurück, da er nur mit Parvos ein Kerbholz und damit nur mit diesem eine rechtsgültige vertragliche Hütebeziehung hatte.[82]

6 Fazit

Eine Kulturgeschichte des Kerbholzes als Objekt materieller Kultur und den damit verbundenen Vertrags- und Rechenschaftspraktiken mittelalterlicher Kreditbeziehungen findet im Hirtenwesen des venezianischen Dalmatiens eine reiche Quellenbasis. Die vertragsbasierte *societas animalium* zwischen Tiereigner und Hirte markierte die grundlegende sozioökonomische Organisationsform pastoraler Geschäfts- und Kreditbeziehungen, die sich in der sozialen Interaktion und vor Gericht in der Verwendung von Kerbhölzern materialisierten. Das längsgeteilte Kerbholz diente der rechtsgültigen Dokumentation, dem Nachweis des vertragsbasierten Tauschaktes und dessen gegenseitiger Verrechnung über Zeit vor Gericht.

Greifbar wurde die „kreditive Macht des Kerbholzes"[83] als protoschriftliches Instrument pastoraler Kreditbeziehungen in den Kerben der bipartiten *tesserae*, über die das Holz die Investition des Verstellers ebenso sicherte wie die oft ertragsbasierte Abgeltung der Hüteleistung des Hirten. Seit dem 14. Jahrhundert wurde dem geteilten Kerbholz vor Gericht ein urkundlicher Charakter zuerkannt, der dessen Stellenwert als protoschriftliches Rechtsmittel in der pastoralen Vertragskultur und Rechenschaftspraxis unterstreicht. Die überlieferten Hüteverträge deuten zudem auf eine bisweilen parallele Nutzung von Kerbholz und kommunaler Schriftlichkeit zur Sicherung der Hüteverträge. Um den Preis erhöhter Transaktionskosten suchten die Vertragspartner durch die Schriftform bisweilen eine höhere Rechtssicherheit ihrer Kreditbeziehung gegenüber der materialisierten Mündlichkeit des Kerbholzes im Spannungsfeld zwischen individuellem Misstrauen und Vertrauen in die kommunale Gerichtsbarkeit zu erlangen.

Die pastoralen Kreditbeziehungen im venezianischen Dalmatien wurden besonders durch das räumliche und sozioökonomische Naheverhältnis von Kreditgebern und -nehmern geprägt. Die Korčulaner Quellen zeichnen die Hirten als kreditnehmende Partner der *societates* kaum als wirtschaftlich abhängig und passiv, sondern als Akteure mit beachtlichem Handlungsspielraum von der Vertragsgestaltung bis zu Streitfällen vor Gericht, in denen ‚einfache' Hirten die Zahlung von vorenthaltenen Löhnen und Ertragsanteilen selbst gegen einflussreiche Vertreter

82 HR-DAZD-11, 6/6.3, fol. 32r (20.8.1427).

83 Kuchenbuch 1999, S. 318.

der politischen Elite erfolgreich durchsetzen konnten. Auf der symbolischen Ebene geriet das Kerbholz als Objekt in der sozialen Interaktion dadurch auch zum materiellen Erkennungszeichen pastoraler Kreditbeziehungen zwischen Hirten und der wirtschaftlichen Elite Dalmatiens.

Als Objekt materieller Kultur bot das Kerbholz eine transportable, wetterfeste und relativ fälschungssichere Form pragmatischer Schriftlichkeit, die als Zählhilfe auf der Weide ebenso nutzbar war, wie sie bis zu einem gewissen Grad komplexe Vertragskonditionen dinglich rechtssicher belegbar und über Zeit nachvollziehbar ‚festschreiben' konnte. Die Markierung der Kerbhölzer mit dem *signo* der Vertragspartner förderte deren individuelle Zuordenbarkeit und diente dazu, Anpassungen im Zuge von Verrechnungshandlungen zu beglaubigen. Das Verstehen des bipartiten Kerbholzes als Vertragsdokument und als Instrument pastoraler Rechnungsführung in Kreditbeziehungen – und damit auch das Dekodieren der auf ihm angeordneten Kerben – gehörte zu den kulturellen Grundpraktiken der sozioökonomischen Interaktion ländlicher und städtischer Gesellschaft im venezianischen Dalmatien des 15. Jahrhunderts.

Literaturverzeichnis

Quellen

Arhivska građa za historiju srednjovjekovne Bosne. Ispisi iz knjiga kancelarije Državnog arhiva u Dubrovniku, 1341–1526. Hrsg. v. Esad Kurtović. Sarajevo 2019.

Brački statut. Bračko srednjovjekovno pravo. Hrsg. v. Antun Cvitanić (Svjedočanstva 17). Split 2006.

HR-DAZD-11 = Zadar, Državni Arhiv u Zadru, Općina Korčula. Commune insulae et civitatis Curzolae, 1338–1797, Kartons 6 (ca. 1423–1432); 7 (ca. 1432–1441); 9 (ca. 1445–1450); 10 (ca. 1442–1447; 1456, 1458); 12 (ca. 1448–1453); 13 (ca. 1444–1453; 1478).

Liber Statutorum Civitatis Ragusii compositus anno MCCLXXII. Hrsg. v. Ante Šoljić u. a. Dubrovnik 2002.

Listine o odnošajih izmedju južnoga slavenstva i Mletačke Republike. Bd. 9: 1423–1452. Hrsg. v. Šime Ljubić (Monumenta spectantia historiam Slavorum meridionalium 21). Zagreb 1890.

Statuta Curzulae = Statuta et leges civitatis et insulae Curzulae (1214–1558). Hrsg. v. Jaromir J. Hanel (Monumenta historico-juridica Slavorum meridionalium 1). Zagreb 1877.

Statuta Lesinae = Statuta et leges civitatis Buduae, civitatis Scardonae, et civitatis et insulae Lesinae. Hrsg. v. Šime Ljubić (Monumenta historico-juridica Slavorum meridionalium 3). Zagreb 1882.

Statuta Sibenici = Knjiga statuta, zakona i reformacija grada Šibenika. S popisom poglavlja. Hrsg. v. Slavo Grubišić (Povremena izdanja muzeja grada Šibenika 9). Šibenik 1982.

Statuta Spalati = Statut grada Splita. Splitsko srednjovjekovno pravo / Statuta civitatis Spalati. Ius spalatense medii aevi. Hrsg. v. Antun Cvitanić. Split 1998.

Statuta Tragurii = Statutum et reformationes civitatis Tragurii. Hrsg. v. Ivan Strohal (Monumenta historico-juridica Slavorum meridionalium 10). Zagreb 1915.

Forschungsliteratur

Berthe, Maurice (Hg.): Endettement paysan et crédit rural dans l'Europe médiévale et moderne (Flaran 17). Toulouse 1998.

Briggs, Chris: Credit and Village Society in Fourteenth-Century England. Oxford 2009.

Burri, Sylvain: L'élevage caprin dans le comté de Provence au prisme des contrats d'élevage (XIVe–XVe siècles). In: Lionel Gourichon, Camille Daujeard u. Jean-Philip Brugal (Hgg.): Hommes et Caprinés. De la montagne à la steppe, de la chasse à l'élevage. Antibes 2019, S. 353–376.

Caucanas, Sylvie: À propos des baux à cheptel. Gasailles et arègues en pays d'Aude (XVe–XVIIIe siècle). In: Histoire & Sociétés Rurales 23 (2005), S. 205–216.

Claustre, Julie: Vers une ethnographie des transactions de crédit. La relation de dette à Paris à la fin du Moyen Âge. In: Gabriela Signori (Hg.): Prekäre Ökonomien. Schulden in Spätmittelalter und Früher Neuzeit (Spätmittelalterstudien 4). Konstanz 2014, S. 35–51.

Defilippis, Josip: Dalmatinska poljoprivreda u prošlosti (Biblioteka znanstvenih djela 114). Split 2001.

Dokoza, Serđo: Dinamika otočnog prostora. Društvena i gospodarska povijest Korčule u razvijenom srednjem vijeku (Biblioteka znanstvenih djela 161). Split 2009.

Fabijanec, Sabine Florence: Proizvodnja i trgovina sira u Dalmaciji krajem srednjeg i početkom ranom novog vijeka. In: Zbornik Odsjeka za povijesne znanosti Zavoda 31 (2013), S. 127–160.

Fabijanec, Sabine Florence: Le rôle économique des îles croates médiévales. In: Jordi Ibarz Gelabert, Enric Garcia Domingo, Inma González Sánchez u. a. (Hgg.): Proceedings of the 4th Mediterranean Maritime History Network Conference. Barcelona, 7–9 May 2014. Barcelona 2017, S. 857–876.

Fontaine, Laurence: Die Bauern und die Mechanismen der Kreditvergabe. In: Gabriele B. Clemens (Hg.): Schuldenlast und Schuldenwert. Kreditnetzwerke in der europäischen Geschichte (1300–1900). Trier 2008, S. 109–130.

Foretić, Vinko: Otok Korčula u srednjem vijeku do godine 1420. Zagreb 1940.

Foretić, Vinko: Borbe između pučana i plemića na Korčuli u 15. i 16. stoljeću. In: Radovi Zavoda za hrvatsku povijest 10 (1977), S. 249–274.

Fouquet, Gerhard: Kredit in der ländlichen Gesellschaft und Wirtschaft während des späten Mittelalters. In: Ders. u. Kurt Andermann (Hgg.): Zins und Gült. Strukturen des ländlichen Kreditwesens in Spätmittelalter und Frühneuzeit (Kraichtaler Kolloquien 10). Epfendorf 2016, S. 17–39.

Gilomen, Hans-Jörg: Kredit und Innovation im Spätmittelalter. In: Christian Hesse u. Klaus Oschema (Hgg.): Aufbruch im Mittelalter – Innovationen in Gesellschaften der Vormoderne. Studien zu Ehren von Rainer C. Schwinges. Ostfildern 2010, S. 35–68.

Hahn, Hans Peter: Materielle Kultur? Fragestellungen, Entwicklungen, Potenziale. In: Medieval and Early Modern Material Culture Online 5 (2019), S. 5–19. https://

doi.org/10.25536/20190502 (Zugriff: 31.10.2022).

Henkelman, Wouter F. M. u. Margaretha L. Folmer: Your Tally is Full! On Wooden Credit Records in and after the Achaemenid Empire. In: Kristin Kleber u. Reinhard Pirngruber (Hgg.): Silver, Money and Credit. A Tribute to Robartus J. van der Spek on the Occasion of his 65th Birthday (PIHANS 128). Leiden 2016, S. 133–239.

Irsigler, Franz: Kreditverweigerung auf dem Lande. In: Kurt Andermann u. Gerhard Fouquet (Hgg.): Zins und Gült. Strukturen des ländlichen Kreditwesens in Spätmittelalter und Frühneuzeit (Kraichtaler Kolloquien 10). Epfendorf 2016, S. 133–145.

Kaser, Karl: Hirten, Kämpfer, Stammeshelden. Ursprünge und Gegenwart des balkanischen Patriarchats. Wien 1992.

Kosanović, Ozren: Kreditna trgovina u Rijeci u prvoj polovini 15. stoljeća. In: Radovi Zavoda za hrvatsku povijest 46 (2014), S. 179–221.

Kuchenbuch, Ludolf: Kerbhölzer in Alteuropa. Zwischen Dorfschmiede und Schatzamt. In: Balázs Nagy u. Marcell Sebők (Hgg.): The Man of Many Devices, Who Wandered Full Many Ways. Festschrift in Honor of János M. Bak. Budapest 1999, S. 303–325.

Kuchenbuch, Ludolf: Pragmatische Rechenhaftigkeit? Kerbhölzer in Bild, Gestalt und Schrift. In: Frühmittelalterliche Studien 36 (2002), S. 469–490.

Kümmeler, Fabian: Mediator inter eos cathellanos et fideles nostros. A Korčulan Perspective on the Kingdom of Naples and the Catalans in the 15th Century. In: Radovi Zavoda za hrvatsku povijest 52 (2020a), S. 287–319.

Kümmeler, Fabian: The World in a Village. Foreigners and Newcomers on Late Medieval Korčula. In: Irena Benyovsky Latin u. Zrinka Pešorda Vardić (Hgg.): Towns and Cities of the Croatian Middle Ages. The City and the Newcomers. Zagreb 2020b, S. 195–211.

Kümmeler, Fabian: Korčula. Ländliche Lebenswelten und Gemeinschaften im venezianischen Dalmatien (1420–1499) (Südosteuropäische Arbeiten 165). Berlin, Boston 2021a.

Kümmeler, Fabian: L'archipel des bergers. Le pastoralisme dans les Balkans médiévaux et l'Adriatique orientale. In: Histoire & Sociétés Rurales 56 (2021b), S. 23–53.

Kurtović, Esad: Ad usum boni pasculatoris et boni viri. Uzgoj konja u dubrovačkom zaleđu kroz prizmu ugovora o uzgoju. In: Husnija Kamberović (Hg.): Spomenica Ibrahima Karabegovića. Zbornik radova. Sarajevo 2013, S. 35–68.

Orlando, Ermanno: Spalato, 1420–1479. Strutture e pratiche di una comunità urbana (Schriften zur Balkanforschung 2). Venedig, Wien 2019.

Raukar, Tomislav: Splitska kreditna trgovina XIV. stoljeća. In: Ders.: Studije o Dalmaciji u srednjem vijeku. Odabrane studije. Split 2007, S. 263–283.

Rippmann, Dorothee: Bauern und Städter. Stadt-Land-Beziehungen im 15. Jahrhundert. Das Beispiel Basel, unter besonderer Berücksichtigung der Nahmarktbeziehungen und der sozialen Verhältnisse im Umland (Basler Beiträge zur Geschichtswissenschaft 159). Basel, Frankfurt a. M. 1990.

Schmitt, Oliver Jens: Korčula sous la domination de Venise au XVe siècle. Pouvoir, économie et vie quotidienne dans une île dalmate au Moyen Âge tardif. Paris 2019. https://books.openedition.org/cdf/6261 (Zugriff: 31.10.2022).

Signori, Gabriela: Risikovermeidung. Der Platz der Sicherheiten im städtischen Kreditwesen des 15. Jahrhunderts. In: Benjamin Scheller (Hg.): Kulturen des Risikos im Mittelalter und in der Frühen Neuzeit (Schriften des Historischen Kollegs 99). Berlin 2019, S. 125–145.

Skambraks, Tanja u. a.: Introduction into the Study of Money and Credit. In: Ulla Kypta, Julia Bruch u. Tanja Skambraks (Hgg.): Methods in Premodern Economic History. Case Studies from the Holy Roman Empire, c. 1300– c. 1600. Basingstoke 2019, S. 131–185.

Škarpa, Franjo: Raboš u Dalmaciji. In: Zbornik za narodni život i običaje južnih Slavena 29 (1933), S. 169–183.

Steindorff, Ludwig: Recht als Mittel zur Schaffung städtischer Identität. Das Beispiel der dalmatinischen Städte im Spätmittelalter. In: Julia Ellermann, Dennis Hormuth u. Volker Seresse (Hgg.): Politische Kultur im frühneuzeitlichen Europa. Festschrift für Olaf Mörke zum 65. Geburtstag. Kiel 2017, S. 27–42.

Teuscher, Simon: Schulden, Abhängigkeiten und politische Kultur. Das Beispiel der Kleinstadt Thun im Spätmittelalter. In: Gabriela Signori (Hg.): Prekäre Ökonomien. Schulden in Spätmittelalter und Früher Neuzeit (Spätmittelalterstudien 4). Konstanz 2014, S. 243–262.

Vilfan, Sergij: Pravna zgodovina slovencev. Od naselitve do zloma stare Jugoslavije. Ljubljana 1961.

Voje, Ignacij: Kreditna trgovina u srednjovjekovnom Dubrovniku. Sarajevo 1976.

Voje, Ignacij: Poslovna uspešnost trgovcev v srednjeveškom Dubrovniku. Ljubljana 2003.

Wackernagel, Jacob: Die Viehverstellung. Eine Sonderbildung der spätmittelalterlichen Gesellschaft, dargestellt auf Grund italienischer, französischer und deutscher Quellen. Weimar 1923.

Weber, Maria: Gemeinsames Abrechnen als kalkulative Praktik. Handlungssequenz in der Kleinkreditpraxis in Augsburg um 1500. In: Vierteljahresschrift für Sozial- und Wirtschaftsgeschichte 108 (2021), S. 5–29.

Wedell, Moritz: Zählen. Semantische und praxeologische Studien zum numerischen Wissen im Mittelalter. Göttingen 2011.

Židov, Nena: Rovaši. Zbirka Slovenskega etnografskega muzeja. Ljubljana 2010.

Felix Rösch

Archäologische Zeugnisse zum mittelalterlichen Kreditwesen

Abstract From a medieval archaeological perspective, obvious sources for evidence of credit are limited or only indirectly available. This is even more true for the Early and High Middle Ages and the regions of Northern Europe, where even the written sources provide little evidence of pledged objects or means of payment. Nevertheless, a number of artefacts found mainly in (proto) urban trade centers can be linked to credit systems, or at least to overarching currency areas and the social conceptions attached to them. Besides tally sticks, these are standardized ingots and a weight-related monetary system based on silver. These artefacts can thus be understood not only as part of an economic system, but also as part of a process of social interaction by which routine was established and trustworthiness communicated. Security was an essential requirement for credit transactions, as it was for trade. The paper thus discusses the mobile material sources on the medieval credit economy and the social practices associated with it.

Keywords Credit; Medieval Archaeology; Material Culture; Tally Sticks

Kontakt

Dr. Felix Rösch,
Georg-August-Universität Göttingen,
Seminar für Ur- und Frühgeschichte,
Nikolausberger Weg 15,
D-37073 Göttingen,
Felixlennart.roesch@uni-goettingen.de
https://orcid.org/0000-0001-7951-7456

Die Verfügbarkeit von Krediten spielte im Alltag vieler mittelalterlicher Akteure eine bedeutende Rolle. Gleichzeitig trug ein vitales Kreditwesen zur wirtschaftlichen Stimulanz bei, da es die Abhängigkeit der Transaktionen von Münzgeld und anderen Währungsäquivalenten oder Wertspeichern

 Felix Rösch: Archäologische Zeugnisse zum mittelalterlichen Kreditwesen.
In: Das Mittelalter 2022, 27(2), 452–474. Heidelberg: Heidelberg University Publishing.
DOI: https://doi.org/10.17885/heiup.mial.2022.2.24667

reduzierte. Dafür war jedoch ein gut funktionierendes Kredit- und Pfandleihsystem unerlässlich, das es ermöglichte, das verliehene Kapital zu dokumentieren, und gleichzeitig die entsprechenden Sicherheiten garantierte.[1]

Aus mittelalterarchäologischer Sicht sind eindeutige Quellen für den Nachweis eines Kreditwesens begrenzt bzw. nur indirekt vorhanden. Dies gilt umso mehr für das frühe und hohe Mittelalter sowie die Regionen Nordeuropas, in denen auch die schriftliche Parallelüberlieferung nur wenig Hinweise auf Pfandobjekte oder Zahlungsmittel liefert. Trotz einer dünnen Datengrundlage wird in diesem Beitrag aufgezeigt, dass der materielle Nachweis von Kreditpraktiken im Mittelalter auch über weniger eindeutige Hinterlassenschaften gelingen kann.

Im Fokus stehen dabei die archäologischen Funde aus den Städten und Handelsplätzen Nordeuropas. Dabei beschränke ich mich nicht stringent auf eine Epoche oder einen geographischen Raum, sondern führe die materielle Evidenz aus breiten Kontexten zusammen. Dies wird als zielführend erachtet, da für Kreditpraktiken relevante Objekte häufig nicht unmittelbar als solche erkannt werden, sondern sich vielmehr nur über Indizien postulieren lassen. So sind (mittelalter-) archäologische Beiträge zur Materialität des Kreditwesens ausgesprochen rar.[2]

Der Beitrag setzt zwei inhaltliche Schwerpunkte, die jeweils zu unterschiedlichen Aspekten von Kreditpraktiken Aufschlüsse erlauben. Der erste Schwerpunkt liegt auf den archäologisch erschlossenen Kerbholzfunden, die mithilfe der wenigen historischen Studien[3] zum Kreditwesen kontextualisiert und diskutiert werden. Sofern die Kerbhölzer als zweigeteilte Exemplare vorliegen, erlauben diese der pragmatischen Schriftlichkeit zuzurechnenden Objekte Rückschlüsse auf die örtliche Durchführung von Kreditpraktiken. Der zweite Schwerpunkt liegt auf Objekten, die für bestimmte Räume als anerkannte universelle Wertspeicher identifiziert werden können, und auf solchen, die über ihre Zeichenhaftigkeit auf Routinisierung von Handelsbeziehungen und Etablierung von sozialen Bindungen schließen lassen oder mit der Kommunikation von Vertrauen und Sicherheit in Verbindung stehen. Es wird argumentiert, dass beide Objektgruppen als Voraussetzung von Kreditpraktiken in Frage kommen können.

---

1 Postan 1928; Roover 1942; Yale University 1979.

2 Einzig Funde aus der Kiewer Rus wurden ausführlicher behandelt. Siehe Noonan u. Kovalev 2000; Kovalev 2007. Zudem hat sich Wedell 2011, S. 194–214, um eine Zusammenstellung archäologischer Funde bemüht.

3 Jenkinson 1911; dies. 1925; Baxter 1989; Wyffels 1988; Kuchenbuch 2002; Wedell 2011, S. 183–287; Henkelman u. Folmer 2016.

1 Kerbhölzer im archäologischen Befund

Unter den materiellen Quellen pragmatischer Schriftlichkeit sind an erster Stelle Kerbhölzer anzuführen. So weit verbreitet Kerbhölzer sind, so unterschiedlich ist ihre Gestalt. Sie reichen von einfachen einseitig gekerbten Ästen über mehrfach genutzte Exemplare von bis zu einem Meter Länge und Stücke mit verschiedenen Kerbtypen bis hin zu solchen mit umfangreicher schriftlicher Ergänzung. Entsprechend vielfältig sind auch ihre Nutzungshorizonte, die in der Forschung zwischen rein spekulativen Praktiken bis hin zu gut belegten Anwendungsgebieten changieren. Allen gemein ist jedoch, dass sie nur in ihrem jeweiligen soziokulturellen Kontext funktionierten, ihr Gebrauch in der nutzenden Gemeinschaft anerkannt war und sie ansonsten wert und zwecklos waren.[4]

Eine der bislang umfassendsten Arbeiten zum Thema Kerbhölzer liefert die Studie von Ludolf Kuchenbuch.[5] Er untersucht sowohl bildliche und schriftliche als auch dingliche Zeugnisse West- und Mitteleuropas, wobei archäologische Funde, abgesehen von den Bryggen-Funden aus Bergen, nicht herangezogen werden. Nach Kuchenbuch gibt es erst ab dem 11. Jahrhundert sichere Hinweise darauf, wofür Kerbhölzer verwendet wurden – früher tauchen die vielfältigen im Mittelalter verwendeten Bezeichnungen der Hölzer zumindest nicht auf. Auch im Osten in der Kiewer Rus sind Anwendungsgebiete erst nach 1000 schriftlich abgesichert.[6] In Westeuropa stammen die frühesten Nennungen aus England und vom nordwestlichen Kontinent. Werden Kerbhölzer hier zunächst im Zusammenhang mit Abgabeerhebungen und Frondiensten genannt, treten sie im 12. Jahrhundert als standardisiertes, zweiteiliges Quittungsinstrument (Exchequer) des Schatzamtes der englischen Krone sowie im Darlehensgeschäft auf. In den beiden folgenden Jahrhunderten erscheint der Kerbholzgebrauch auch im adligen und städtischen Kreditwesen sowie in der Güterverwaltung. In Flandern ist er seit Beginn des 13. Jahrhunderts zunächst in der Grafschaftsverwaltung bekannt, bevor er gegen Ende des Jahrhunderts umfangreich in Handel sowie Transport und Exportkontrolle belegt ist. Ab dem 14. Jahrhundert hat der Kerbholzgebrauch auch die unteren herrschaftlichen Verwaltungsebenen im mitteleuropäischen Raum durchdrungen. Häufige Anwendungsgebiete sind Borgkauf/Kreditkauf, Steuern und Renten. Letztlich bilanziert Kuchenbuch drei soziale Felder, auf denen das Kerbholz zur Anwendung kam: 1. herrschaftliche Haushalte, 2. Handelsgeschehen

4 Jenkinson 1911, S. 368; dies. 1925; Baxter 1989; Kuchenbuch 2002.

5 Kuchenbuch 2002.

6 Allerdings finden sich hier bereits im 10. Jh. zwei Exemplare, die über jüngere Quellen mit einer Funktion als Quittungsinstrument in Verbindung gebracht werden können. Vgl. Noonan u. Kovalev 2000, S. 132–134.

und gewerbliche Arbeitsteilung in der Stadt und 3. dörfliche Arbeitsteilung und Kooperation.[7]

In der Kiewer Rus und hier insbesondere in Nowgorod ist die gut belegte Verwendung der Kerbhölzer sehr vielfältig und verbreitet. Sie durchzog bis auf Unfreie alle Bevölkerungsschichten, wie aus den Pskower Statuten zu entnehmen ist.[8] Im privaten Bereich sind zahlreiche Anwendungsgebiete belegt, prinzipiell „anything that could be borrowed or loaned was recorded on credit tallies."[9] Ferner erwähnen die Statuten, dass Kerbhölzer ab einer Kreditsumme im Wert von einem Rubel (170,1 g Silber) durch zusätzliche Sicherheiten und von einer Aufzeichnung über die Art der geschuldeten Waren begleitet werden müssen, um vor Gericht als Beweismittel zugelassen zu sein. Darüber hinaus kamen sie beim Einlagern fremder Waren, beim Leihen fremden Eigentums sowie bei gemeinsamen (nicht kommerziellen) Unternehmungen zum Einsatz. Es gibt zudem Hinweise darauf, dass sie im öffentlichen Bereich Anwendung fanden. Wie in England wurden sie ab dem 12. Jahrhundert in Nowgorod als Quittungsinstrument von Bürgermeistern (*posadniki*) und Vögten (*virniki*) verwendet, wenn diese Bußgelder, Abgaben und andere Gebühren für die Stadtkasse erhoben. Darüber hinaus ist belegt, dass diese Personengruppen ebenfalls als private Geldverleiher in Erscheinung traten, was – wie oben bereits erwähnt – den Schluss zulässt, dass Kerbhölzer auch für private Transaktionen genutzt wurden.[10]

Unter diesen zahlreichen Nutzungsfeldern sind in Bezug auf das Kreditwesen vor allem zwei Gebiete relevant: 1. die Kreditvergabe, deren frühester Nachweis aus der Kiewer Rus des 11. Jahrhunderts stammt,[11] die in England ab Mitte des 12. Jahrhunderts nachgewiesen ist[12] und die spätestens ab dem 13. Jahrhundert auch in flandrischen Handelsstädten wie Brügge und Antwerpen praktiziert wurde;[13] 2. der Borg- oder Kreditkauf, der in der Kiewer Rus, in England und in den flandrischen Städten belegt ist.[14]

In beiden Fällen kamen zweigeteilte Kerbhölzer – je ein Stück für Kreditor und Debitor – zum Einsatz. Neben der Quittierung von Leistungen und Lieferungen war die Vergabe von Krediten das Hauptanwendungsgebiet für zweigeteilte Kerbhölzer. Dabei wurde die Weitergabe eines Teilstücks auch als Zahlungsmittel

---

7 Kuchenbuch 2002, S. 489.

8 Vgl. Noonan u. Kovalev 2000, S. 123–134.

9 Ebd., S. 132.

10 Ebd., S. 133–135.

11 Ebd., S. 132–134.

12 Jenkinson 1913.

13 Wyffels 1988.

14 Ebd., S. 29; Jenkinson 1911; Kuchenbuch 2002, S. 485 f.; Noonan u. Kovalev 2000, S. 132, 134.

akzeptiert.[15] Die frühesten derartigen Kerbhölzer stammen aus der ersten Hälfte des 10. Jahrhunderts und können regional bis ins frühe 20. Jahrhundert im Einsatz bleiben.[16]

Auf der Grundlage der Studien zu den englischen[17] und flandrischen Handelsstädten,[18] der Kiewer Rus[19] und den Funden aus dem mittelalterlichen Bergen[20] stechen unter den zweigeteilten Exemplaren vier wiederholt auftretende Typen bzw. Macharten heraus, die die Einordnung und den Vergleich des archäologischen Materials erleichtern. Den ersten drei Typen (Abb. 1) ist gemein, dass im unteren Drittel oder Viertel ein Schnitt durch die Hälfte der Dicke des Holzes gesetzt wurde. Bei der Teilung des Holzes in zwei Hälften, die quer zu den Kerben durchgeführt wurde, wurde nur bis zu diesem Schnitt geteilt, so dass ein längeres Stück mit einem Sockel oder Art Griff blieb (engl. *butt-end* oder *projection socket*). Dieses Teilstück, das als ‚Kopf' oder ‚Haupt' und in der englischsprachigen Literatur als *stock* (lat. *stipes*) bezeichnet wird, blieb beim Kreditor, während das flache und kürzere Teilstück als Einsatz oder Einlage (engl. *foil* von lat. *folium*) bekannt ist und an den Debitor ging.[21]

Der erste Typ sind die stark normierten englischen Exchequer Kerbhölzer, von denen über 1 000 Exemplare bekannt sind und die im Rahmen eines hochformalisierten Abrechnungssystems entwickelt wurden. Sie treten im 12. Jahrhundert in England auf und waren bis 1826 in Benutzung. Es gibt fünf verschiedene Kerbentypen, die verschiedene Nominale von 1 p bis £ 1.000 anzeigen. Die Position der Kerben befindet sich dabei immer am oberen, also dem Sockel gegenüberliegenden Ende. Weiterhin weist der Einsatz an der Stelle, wo er in Querrichtung vom Kopfstück getrennt wurde, überwiegend einen stumpfen Winkel auf.[22] Beschriftungen finden sich ab dem 13. Jahrhundert.[23]

Der zweite Typ ist dem ersten sehr ähnlich, nur verfügt der Einsatz hier fast immer über einen spitzen Winkel und die Position der Kerben ist nicht festgelegt. Die Kerben können sich am oberen Ende oder in der Nähe der Schnittkante befinden. Zudem sind die Nominale, zu denen neben Geld auch Waren zu zählen

---

15 Wyffels 1988, S. 68.

16 Grandell 1988, S. 69; Wyffels 1988; Noonan u. Kovalev 2000, S. 132.

17 Jenkinson 1911; dies. 1925.

18 Wyffels 1988.

19 Noonan u. Kovalev 2000.

20 Grandell 1988; Wedell 2011, S. 206–212.

21 Vgl. Jenkinson 1911, S. 374; Kuchenbuch 2002, S. 470.

22 Auch wenn es sich hier um eine „unvarying rule" handeln soll (Jenkinson 1911, S. 372), so gibt es durchaus auch Abweichungen unter den Exchequer-Kerbhölzern, darunter beispielweise Einlagen mit spitzem Winkel, die Typ 2 ähneln.

23 Jenkinson 1911; dies. 1925.

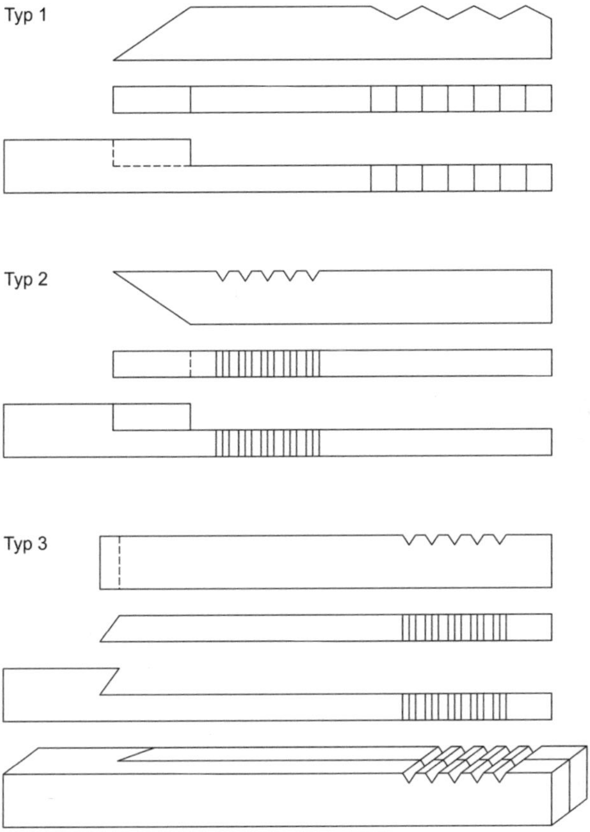

Abb. 1 | Die Kerbholztypen 1–3 in schematischer Darstellung.
Graphik: Hans P. Koch. Rechte beim Verfasser.

sind, nicht genormt, sondern nur zwischen den Parteien bekannt und ab dem 14. Jahrhundert auch oft schriftlich auf den Hölzern oder angehängten Etiketten festgehalten. Hierdurch sind Aufschlüsse über das Verhältnis von Schriftlichkeit und Kerbholznotation möglich. Diese bipartiten Kerbhölzer des zweiten Typs, von denen deutlich über 200 Stück bekannt sind, treten in England als private Kerbhölzer angelehnt an die Exchequer-Hölzer spätesten im frühen 13. Jahrhundert auf.[24]

Auch der dritte Typ ist den ersten beiden Typen ähnlich. Der Kopf ist hier aber durch einen (wenn man von oben auf die gekerbte Seite blickt) schräg nach innen zum Kopfende gezogenen Schnitt von der Einlage getrennt. Es treten zudem

24 Jenkinson 1925, 310 f.

unterschiedliche Kerbentypen, die sich nicht immer am Ende des Kerbholzes und mitunter auf beiden Seiten befinden, und Kopfenden, darunter gelochte und spitz zulaufende, auf. Entsprechende Funde sind aus Bergen und aus flandrischen Prozessakten bekannt.[25]

Unter dem vierten Typ wird hier alles zusammengefasst, was sich nicht genauer einordnen lässt oder keine direkten Parallelen aufweist. Darunter fallen insbesondere auch die Stücke ohne herausgeschnittenen Sockel. Derartige Stücke wurden besonders zahlreich in Nowgorod dokumentiert. Ihnen ist zudem eine häufig auftretende beidseitige Kerbung gemein. Bei jüngeren Exemplaren können zudem Beschriftungen auftreten.[26]

Unter dem archäologisch erfassten Material von mittelalterlichen Fundplätzen finden sich zahlreiche Belege für Kerbhölzer. Sie konzentrieren sich – wenig überraschend – auf solche Plätze, die gute Erhaltungsbedingungen für organische Materialien aufweisen. Neben den Städten mit ihren oft meterdicken und luftabschließenden Schichtpaketen sind dies unmittelbar an Gewässern gelegene Siedlungen. Tiefergehende Auseinandersetzungen mit der Fundgattung der Kerbhölzer sind von archäologischer Seite bislang jedoch nur für Nowgorod vorhanden. Selbst das nach wie vor umfangreichste mittelalterliche Kerbholzkonvolut aus Bergen ist bislang nur ausschnitthaft präsentiert.[27] In der Regel begnügt man sich in der Literatur mit auf wenige Absätze beschränkten Beschreibungen, etwas tiefer gehen nur die Arbeiten von Ulrich Müller[28] und Władysław Filipowiak.[29] Die Bewertung des Materials wird zudem dadurch erschwert, dass das angeführte Material nicht immer vollständig abgebildet oder individuell beschrieben vorliegt.[30]

Zu den frühesten uns bekannten Stücken des nordeuropäischen Mittelalters gehören Kerbholzfunde von der frühmittelalterlichen Wurt Elisenhof, den mittelslawischen Burgen Groß Raden und Scharstorf sowie dem wikingerzeitlichen Handelszentrum Haithabu. Während die beiden Funde von Elisenhof als Messstock und Orakelstäbchen gedeutet werden[31] und ihre Ansprache als Kerbholz generell in Zweifel gezogen wird,[32] handelt es sich bei den beiden Exemplaren aus Groß Raden um einteilige, an den Seiten gekerbte Stöcke, die als Zählinstrumente interpretiert werden.[33] Ähnlich ist auch der Fund von

25 Grandell 1988; Wedell 2011, S. 208; Wyffels 1988.

26 Noonan u. Kovalev 2000, S. 132.

27 Grandell 1982, S. 48–52; ders. 1988; Wedell 2011, S. 268–275.

28 Müller 1996, S. 173–175.

29 Filipowiak 2008, S. 503–509.

30 Vgl. z. B. Meier 1990, S. 130; Westphal 2006, S. 73.

31 Szabó, Grenander Nyberg u. Myrdal 1985, S. 129, 141; Taf. 33, Nr. 260, 263.

32 Müller 1996, S. 173, Anm. 512.

33 Schuldt 1985, S. 185.

der slawischen Inselburg Scharstorf im Holsteinischen, der ein vierkantiges Profil aufweist und mit unterschiedlichen Kerben versehen ist.[34] Aus Haithabu stammt mit 30 in das 9. Jahrhundert zu datierenden Kerbhölzern aus der Siedlung sowie weiteren acht nicht präziser datierbaren aus dem Hafen der wohl größte Fundkomplex des Frühmittelalters. Darunter finden sich Exemplare mit rundem, quadratischem und rechteckigem Querschnitt. Sie sind ausschließlich an den Kanten und nicht an den Seiten gekerbt und liefern darüber hinaus keine Hinweise auf Zweiteilung. Somit muss offen bleiben, wofür sie verwendet wurden.[35] Ein ähnlich breites Spektrum, datierend in das 10. und 11. Jahrhundert, lässt sich auch in Opole feststellen.[36] Eine Ausnahme bildet jedoch ein älteres Stück, das gleich mit vier Reihen von Einschnitten versehen ist, wobei jeder zehnte Einschnitt durch eine zusätzliche Seitenkerbe versehen ist. Das Stück gilt als Nachweis für die Anwendung des Dezimalsystems.[37]

Vom slawischen Handelsplatz Wolin liegen wiederum sieben Kerbhölzer aus der zweiten Hälfte des 10. und der ersten Hälfte des 11. Jahrhunderts vor.[38] Im Gegensatz zu den bereits angeführten Exemplaren handelt es sich hier um runde Stücke mit Griffen und teilweise auch ausgeprägten Köpfen, die eine Vielzahl an kleinen Kerben aufweisen, die in mehreren Reihen parallel zueinander verlaufen. Insgesamt verteilen sich ganze 564 Kerben auf die sieben Hölzer. Unter Bezugnahme auf weitere Quellen werden sie als Rechenhilfe und als Nachweis der Anwendung des Dezimalsystems im slawischen Raum diskutiert. Da die Kerbhölzer mit den meisten Kerben im Hafenareal gefunden wurden, interpretiert Filipowiak[39] sie als Nachweis für Abrechnungen.

Aus Schleswig, dem hochmittelalterlichen Nachfolger Haithabus, liegen sechs Kerbhölzer vor, die sich bisher nur grob in die Zeit zwischen der zweiten Hälfte des 11. und dem 14. Jahrhundert datieren lassen.[40] Eines stammt aus dem Hafenviertel der Grabung Plessenstraße 83/3,[41] die anderen aus der Grabung Schild im Zentrum der Siedlung. Während die meisten Exemplare ähnlich wie in Haithabu an den Ecken gekerbt sind, weist ein Holz Kerben an der Schmalseite auf und verbreitert sich zu einem Ende hin.[42] Es könnte sich hier um das Kopfteil eines bipartiten

---

34 Meier 1990, Taf. 39.2.

35 Westphal 2006, S. 73.

36 Bukowska-Gedigowa u. Gediga 1986.

37 Hołubowicz 1956, S. 286 f.

38 Filipowiak 2008.

39 Ebd., S. 507 f.

40 Saggau 2006, S. 279 f.

41 Vgl. Rösch 2018.

42 Saggau 2006, S. 278, Abb. 53.8.

Kerbholzes des vierten Typs handeln. Zudem lassen zwei unterschiedliche Größen von Kerben gegebenenfalls die Verwendung mehrerer Einheiten vermuten.

Aus Nowgorod stammt mit 570 Kerbholzfunden das nach Bergen zweitgrößte Konvolut ganz Nord- und Osteuropas.[43] Darunter befinden sich allein 74 Exemplare, die den bipartiten Kerbhölzern zuzurechnen sind. Aus anderen Städten der Kiewer Rus, namentlich Rjurikowo Gorodischtsche und Staraja Russa, sind noch weitere vier bipartite Stücke überliefert.[44] Hintergrund der zahlreichen Funde sind nicht nur die historische Bedeutung Nowgorods, sondern vor allem die hervorragende Holzerhaltung und die seit den 1950er Jahren durchgeführten großangelegten Grabungskampagnen.[45]

Im Gegensatz zu den Typen 1–3 weisen die russischen Exemplare keine Sockel auf, so dass sich Einlage und Kopfstück nicht voneinander trennen lassen. Es bleibt auf der Grundlage des publizierten Materials darüber hinaus unklar, ob Kopfstücke überhaupt gezielt geschnitten wurden oder ob sie eher zufällig entstanden. Generell scheinen die Exemplare keine Standardisierung aufzuweisen. Dieser Eindruck deckt sich mit der schriftlichen Überlieferung, die besagt, dass dieses Instrument in allen Bevölkerungsschichten mit Ausnahme der Unfreien zur Anwendung kam und daher kein formalisierter Charakter vonnöten war. Die Kerben waren häufig auf beiden Seiten des Holzes angebracht, was eine spezifische Charakteristik der Nowgoroder Exemplare darstellt, die als doppelte Absicherung gegen Beschädigung interpretiert wird.[46] Diese Argumentation kann vom Verfasser nur bedingt nachvollzogen werden, da die Größe der Kerben sich auf jeder Seite auch unterscheiden kann.[47] Denn wie auch bei den englischen Kerbhölzern legen unterschiedliche Kerbengrößen verschiedene Nominale oder Wareneinheiten nahe. Drei jüngere Exemplare, datierend zwischen 1281 und 1409, sind mit den Angaben zum geliehenen Kapital – genannt werden Roggen, Weizen, Fleisch und Saatgut – versehen. Auch die Namen der Schuldner:innen sind auf insgesamt acht Kerbhölzern erwähnt. Auf einigen Exemplaren der berühmten Birkenrindenbriefe, in Nowgorod zahlreich bei Ausgrabungen gefundene Schriftstücke, ist zudem von verliehenem Fisch und Silber die Rede, deren Menge auf Kerbhölzern festgehalten ist.[48]

Eine weitere Besonderheit unter den Kerbhölzern Nowgorods ist, dass 13 Hölzer bereits gekerbt und an, aber nicht durchgeschnitten aufgefunden wurden. Sie

43 Kovalev 2007, S. 189.

44 Noonan u. Kovalev 2000, S. 132.

45 Thompson 1967; Brisbane 1992; Petrov 2018.

46 Noonan u. Kovalev 2000, S. 132.

47 Ebd., Abb. 2–5.

48 Ebd., S. 134.

datieren aus der zweiten Hälfte des 10. bis in die zweite Hälfte des 12. Jahrhunderts und wurden mehrheitlich in drei zusammenhängenden Bereichen angetroffen, die mit den Residenzen des Nesdinitschi-Miroschkinitschi-Bojaren-Klans in Zusammenhang gebracht werden können, aus dem sich die Vögte und Bürgermeister der Stadt rekrutierten. Wie oben bereits erwähnt, nutzten diese Amtsinhaber Kerbhölzer sowohl offiziell als auch privat.[49]

Bei den anderen 61 Kerbhölzern handelt es sich um einzelne Hälften, die intakt oder in zerbrochenem Zustand vorliegen. Letztere könnten auf ein Begleichen der Schuld deuten, wofür beide Teile des Kerbholzes zerstört wurden – wobei die Praktik im Einzelfall natürlich nicht nachgewiesen werden kann. Angetroffen wurden diese Hälften bei allen größeren Nowgoroder Grabungen in Häusern, auf Plätzen und neben Straßenpflasterungen. Sie datieren von der ersten Hälfte des 11. bis ins 15. Jahrhundert.

Der mit ca. 750 Exemplaren bislang größte archäologische Fundkomplex stammt aus der Bryggen-Grabung in Bergen. Die Funde weisen eine große Bandbreite an Formen auf und datieren zwischen 1130 und 1350. Bisher wurde dieser reiche Materialfundus nur kursorisch abgehandelt.[50] So ist bislang nicht publiziert, welche Typen in welcher Anzahl vorliegen. Axel Grandell[51] geht davon aus, dass ein Großteil der Funde im Zusammenhang mit wirtschaftlichen Aktivitäten steht. Das ist mit Blick auf den Fundplatz verständlich, handelt es sich bei Bryggen doch um ein seit 1100 ausgebautes Hafenviertel, das ab 1356 auch das eponyme Hansekontor *Tyskebryggen* („Deutsche Brücke") beheimatete.[52] Dabei führt er viele der Kerbhölzer auf das Be- und Entladen der Schiffe zurück, bei dem der Warenausgang und eingang jeweils mittels Kerbe auf einem eigenen Holz festgehalten und nach Ende des Vorgangs abgeglichen wurde.

Auf vier verschiedene Typen des Konvoluts geht Grandell genauer ein. Ein Stück, datiert auf die Mitte des 14. Jahrhunderts, das mit dem Landen und Löschen von Schiffen in Verbindung stehen soll, erinnert stark an die Exemplare aus Wolin und Nowgorod. Es ist ebenfalls rund, besitzt einen Griff und einen stark ausgeprägten Kopf. Alle zehn Kerben ist hier ein ‚X' eingeritzt.[53] Bei einem weiteren Stück, im Querschnitt wahrscheinlich lang-rechteckig und um 1200 zu datieren, ist jede vierte Kerbe um eine die ganze Breite des Stückes einnehmende Ritze ergänzt. Es wurde beim Verhandeln von Fellen oder Häuten eingesetzt.[54] In einem dritten,

49 Ebd., S. 133.

50 Grandell 1988; Wedell 2011, S. 206–212, 268–275. Wedell stellt zudem eine Unterteilung des Materials in sechs Typen vor; vgl. Wedell 2011, S. 207–211.

51 Grandell 1988, S. 66 f.

52 Schubert 2002, S. 32 f.; Hansen 2005.

53 Grandell 1988, S. 67, Abb. 1.

54 Ebd., Abb. 2.

um 1300 datierenden Exemplar möchte GRANDELL[55] die Einlage eines englischen Exchequer-Kerbholzes erkannt haben.[56] Zwar besitzt das längsgeteilte Stück einen rechteckigen Querschnitt, es handelt sich aber aufgrund der zweiseitigen, unregelmäßigen Kerbung und fehlenden Passung zum Kopfstück definitiv weder um die Einlage eines englischen Exchequer-Kerbholzes noch um einen privaten Kerbstock aus England.[57] Es erinnert vielmehr an den oben genannten Typ 4 in der Nowgoroder Variante.

Beim letzten Exemplar, das GRANDELL genauer vorstellt, handelt es sich um den Kopf eines bipartiten Kerbholzes vom Typ 3, wie man ihn auch aus den flandrischen Städten kennt. Drei bis sechs Kerbhölzer dieses Typs, datierend zwischen 1250 und 1350, sind bekannt. Rechnet man auch die mindestens fünf von Moritz WEDELL im Fundmagazin von Bergen identifizierten Exemplare hinzu, deren Sockel weniger stark ausgeprägt sind, erhöht sich ihre Zahl noch weiter.[58] Trotz auffälliger Ähnlichkeiten zu den englischen Kerbhölzern sieht GRANDELL[59] ihre Funktion in der Quittierung bei der Lieferung von Waren, da er den Sockel als Stabilisator für die Einlage interpretiert, die nur bei zeitversetztem Einkerben vonnöten sei. Diese Einschätzung lässt sich jedoch eindeutig durch die umfangreiche Quellenlage zu den englischen wie flandrischen Kerbhölzern widerlegen,[60] so dass für diese Exemplare durchaus ein Zusammenhang mit Kreditgeschäften in Betracht gezogen werden kann.

In Konstanz findet sich unter insgesamt drei Exemplaren ein bipartites Kerbholz aus dem 15. Jahrhundert und in Freiburg finden sich unter neun zwei Nachweise von bipartiten Kerbhölzern, die in das späte 13. bzw. etwa Mitte des 15. Jahrhunderts datieren.[61] Beim Stück aus Konstanz handelt es sich um die Hälfte eines längsgeteilten, im Querschnitt runden Kerbstockes mit zehn sägezahnförmigen Kerben.[62] Auch wenn es einen anderen Abschluss aufweist, erinnert es damit etwas an die englischen Einlagen vom Typ 1 und 2. Die beiden Stücke aus Freiburg sind längsgeteilte Stücke von Kerbhölzern mit rechteckigem Querschnitt. Sie sind an einem Ende gerade und weisen neun bzw. elf u- und v-förmige Kerben an den Schmalseiten auf, ohne dass hier ein bestimmtes Muster zu erkennen wäre.

---

55 Ebd., S. 68, Abb. 3.

56 Auch von Morris 2000, S. 2338, ungeprüft für York übernommen.

57 Ähnlich auch die Einschätzung von Wedell 2011, S. 272f.

58 Bei Grandell 1988, S. 71, Anm. 1, sind nur drei der erwähnten sechs Exemplare abgebildet. Ob sich darunter auch die von Wedell 2011, S. 208, Abb. 18, identifizierten Hölzer befinden, muss offenbleiben. Er rechnet alle Kopfstücke bipartiter Kerbhölzer zu seinem Typ 3.

59 Grandell 1988, S. 68f.

60 Jenkinson 1911; dies. 1925; Wyffels 1988.

61 Müller 1996, S. 12, 173–175.

62 Ebd., Kat. 3.32 KN 01/793; Taf. 32.3.

Beim Stück mit den v-förmigen Kerben sind drei Kerben zudem nicht waagrecht, sondern diagonal verlaufend angebracht. Während hinter den unterschiedlichen Kerbungsrichtungen mindestens zwei Einheiten zu vermuten sind, erinnert sowohl der schräge Abschluss als auch die rechteckige Form an die Einlagen von Typ 1. Nur die Machart ist deutlich unsauberer. Für das dritte Exemplar käme hingegen eine Einlage der Typen 2 bis 4 in Frage, da das zweite Ende abgebrochen und damit unbekannt ist.[63]

Je ein bemerkenswertes Kopfteil des 16. Jahrhunderts stammt zudem von der Kornmarktgrabung in Heidelberg und aus einer Latrine in der Wittenberger Altstadt. Bei ersterem handelt es sich um einen runden Kerbstock, an dessen Fußende zwei Kreuzkerben und eine Strichkerbe angebracht sind, letzteres fällt durch ein facettiertes Ende und 23 Kerben auf. Beide Stücke sind mit Beschriftungen versehen, die Hinweise auf Summen und Kreditoren geben. Wie bei den englischen Exchequer-Hölzern und den Funden aus Freiburg und Konstanz ist beim Heidelberger Exemplar die Einlage mit einem stumpfen Winkel vom Kopf getrennt worden. Ähnliche Exemplare sollen auch im Stadtarchiv Ulm hinterlegt sein.[64] Beim Wittenberger Stück ist die Einlage hingegen durch einen v-förmigen Einschnitt vom Kopfstück getrennt worden.[65]

Darüber hinaus sind ins hohe und späte Mittelalter zu datierende Kerbhölzer noch von zahlreichen weiteren Ausgrabungen bekannt, die allesamt nicht auf zweiteilige Stücke schließen lassen.[66] Gleiches gilt nach Einschätzung von Carole A. Morris[67] für Funde aus den englischen Städten London, York, Southampton und King's Lynn, bei denen es sich wohl nicht um bipartite Stücke handelt.

Es lässt sich zusammenfassen, dass es sich beim archäologischen Fundmaterial des frühen Mittelalters in der Regel um einfache Hölzer unterschiedlicher Länge und Querschnitte handelt, die an den Ecken oder Seiten ein- oder mehrfach gekerbt sind. Dabei kommen unterschiedlichste Holzarten zur Anwendung, wobei Hartholz wie Eiche eher vermieden wird. Anders als bei Kuchenbuch, der in seiner Studie bilanziert, dass Kerbhölzer „Bewahr-Geräte, keine Operationswerkzeuge“[68] gewesen seien, ist unter Archäologen, teilweise mit Berufung auf volkskundliche Studien, die Auffassung weit verbreitet, dass es sich vor allem um primitive

63 Ebd., Kat. 3.33 FR 59, 3.34 FR 65; Taf. 32.4, 32.8.

64 Jacob 1992.

65 Ebd.; Rode 2019.

66 Vgl. Gühne 1991, S. 55; Rech 2004, S. 331.

67 Morris 2000, S. 2338 f.

68 Kuchenbuch 2002, S. 490.

Messgeräte handelte.[69] Funktionen als Quittungen oder gar als Kreditinstrumente wurden, mit Ausnahme der Studien zur Kiewer Rus, nur selten in Betracht gezogen.

Aus dem Fundmaterial der einfachen Hölzer stechen die ab dem 10. Jahrhundert bekannten Exemplare mit ausgeprägten deutlichen Griffen und Kleinstkerben aus Wolin, Opole, Nowgorod und Bergen heraus. Durch ihre Dezimalzählsysteme und die Funde in Hafenbereichen erscheint die vorgeschlagene Einordnung in den Kontext von Ladungs- und Warenkontrolle plausibel.

Bipartite Kerbhölzer, und damit auch ein potentieller materieller Nachweis für Kreditgeschäfte, konnten für das Frühmittelalter bislang nur in der Kiewer Rus identifiziert werden. Mit Blick auf die große Zahl unpublizierter Stücke ist jedoch von weiteren Exemplaren aus dieser Epoche auszugehen. Deutlich mehr Kerbhölzer finden sich unter dem archäologischen Fundmaterial ab dem 11. Jahrhundert in Osteuropa und in Westeuropa ab Mitte des 13. Jahrhunderts.

Aufgrund der schriftlichen Überlieferung geht Carlos Wyffels[70] davon aus, dass das bipartite Kerbholz insbesondere im Englandhandel eine zentrale Rolle spielte und dass andere Händlergruppen wie die hansischen Kaufleute ebenfalls seinen Gebrauch kannten. Auch wenn aus den Hansestädten entlang der südlichen Ostseeküste bislang keine Exemplare vorliegen, darf davon mit ziemlicher Sicherheit angenommen werden, dass die Hansekaufleute mit der Verwendung bipartiter Kerbhölzer vertraut waren, da in allen vier Städten, in denen die Hansekontore standen, also London, Brügge, Bergen und Nowgorod, das bipartite Kerbholz verwendet wurde. In Nowgorod haben die hansischen Akteure in der Frühzeit ihrer Aktivitäten wahrscheinlich selbst Kredite von Einheimischen aufgenommen, bis es in der zweiten *Schra* um 1295 bei Strafe untersagt wurde.[71] Dass dabei Kerbhölzer zur Anwendung kamen, ist sehr wahrscheinlich. Gegebenenfalls lassen sich vor diesem Hintergrund auch die Exemplare aus Bergen im Zusammenhang mit dem England- und Russlandhandel verstehen. Offenbleiben muss jedoch nach wie vor, ob und wann hansische Kaufleute und andere nordeuropäische Kaufleutegruppen auch jenseits der Kontore auf dieses Instrument zurückgriffen. Zumindest sind in Bergen und auch in Schleswig noch andere Paarkerbholztypen in Gebrauch. Spätestens ab dem 14. Jahrhundert ist die Verwendung bipartiter Hölzer auch in Mittel- und Westeuropa weit verbreitet.

Dieser Überblick sollte gezeigt haben, dass eine Beschäftigung mit dieser Materialgruppe weiteres Erkenntnispotential birgt. Überall dort, wo Holzfunde systematisch untersucht worden sind, fanden sich häufig auch Nachweise für Kerbhölzer. Es ist davon auszugehen, dass es eine große Dunkelziffer an bisher

69 Szabó, Grenander Nyberg u. Myrdal 1985, S. 129.

70 Wyffels 1988, S. 29.

71 Dollinger 1970, S. 418; Noonan u. Kovalev 2000, S. 144.

unbekannten Hölzern gibt, denen bislang keine weitere Beachtung geschenkt wurde. Sie wurden entweder nicht publiziert oder nur kursorisch als kaum beachtete Beifunde erwähnt. In Kombination mit weiteren systematischen Sichtungen von Akten in Stadtarchiven und musealen Sammlungen lassen sich so wahrscheinlich auch Anwendungspraktiken im Hanseraum jenseits der vier Kontorstädte nachweisen. Eine systematische Aufnahme der Kerbholzfunde, die im Rahmen dieses Beitrags nicht zu leisten ist, wäre in jedem Fall eine lohnenswerte Aufgabe. Darüber hinaus gilt es, ein Bewusstsein unter Archäolog:innen zu schaffen – sowohl im Kontext von Ausgrabungen als auch bei der Auswertung –, Kerbhölzer nicht pauschal als Messgeräte einzuordnen, sondern auch weitergehende Verwendungen und die dahinterstehenden sozialen Praktiken in Betracht zu ziehen, um diese Instrumente in Berichten und Publikation prominenter hervorzuheben und mit lokaler Parallelüberlieferung in Bezug zu setzen.

2 Zur Materialität von Routine und Vertrauen: Grundvoraussetzung für Kreditwürdigkeit?

Wie gezeigt wurde, sind die materiellen Hinterlassenschaften in Form von Kerbhölzern alles andere als eindeutig für das Kreditwesen im Frühmittelalter. Weder lässt sich der Umfang, noch die Art und Weise des Einsatzes in dieser Epoche näher umreißen. Wird aber nach den Voraussetzungen für Kredite gefragt, so lässt sich der Bogen durchaus weiterspannen. So liefern uns eine Reihe von in das frühe Mittelalter datierender Objekte Hinweise darauf, dass sie im Kontext von Interaktions- und Austauschprozessen unter fremden Parteien routinierte Praktiken ermöglichten und Vertrauen symbolisieren sollten. Vertrauen war neben Sicherheiten eine wesentliche Voraussetzung bei der Vergabe von Krediten oder Leihgeschäften, denn Kreditgeschäfte sind neben ökonomischen Handlungen immer auch soziale Interaktionsprozesse, in denen Kreditwürdigkeit durch symbolische Handlungen hergestellt werden kann. Dies war insbesondere dann vonnöten, wenn Personen, in der Regel Kaufleute oder Seefahrer, im fortgeschrittenen Mittelalter auch Pilger, an einem fremden Ort ein Darlehen benötigten. Im Gegensatz zu ansässigen Personen konnten sie nicht ohne Weiteres Referenzen vorweisen und Bürgen benennen. Ansonsten waren materielle Sicherheiten von beträchtlicher Höhe zu leisten.[72] Umso wichtiger dürfte es gewesen sein, an fremden Handelsplätzen Kontakte zu einheimischen Akteuren aufzubauen und sich ihrer Unterstützung zu versichern.

---

72 Heers 2000.

Nach Søren M. Sindbæk äußert sich Routinisierung archäologisch vor allem in standardisierten Handelsobjekten beziehungsweise Waren. So ist weniger ihre Verbreitung als ihr Charakter entscheidend. Durch ihre Anpassung an gemeinsam akzeptierte und die Vergleichbarkeit erleichternde Normen wurden der Austausch unter sich fremden Akteuren vereinfacht und Konflikte reduziert.[73]

Eine solche Ware sind Barren. Im frühmittelalterlichen Ostseeraum treten sowohl Eisen- als auch Messingbarren auf. Für die spezifischen Barrenformen lassen sich weder produktionsprozesstechnische oder transportrelevante Argumente noch solche für die Weiterverarbeitung finden. Ganz im Gegenteil, die Wiederverwendung von Metallresten ist in der Regel einfacher. So ist der Metallbarren kein Resultat technischer Zwänge des Rohmaterialaustauschs, sondern ein soziales Produkt mit hohem Symbolgehalt.[74] Je mehr eine formale Standardisierung von Metallbarren in einer Region fassbar wird, so die Schlussfolgerung Sindbæks, desto höher ist der Grad der Routine.

Im südlichen und westlichen Ostseeraum sind im ausgehenden Frühmittelalter und frühen Hochmittelalter die Barren vom Typ Mästermyr verbreitet, so auch im Barrenhort von Haithabu. Es handelt sich hier um 43 bis 46 cm lange, länglichschmale, plattenförmige Barren, die eine breite Mitte von bis zu 6 cm und schmaler werdende Enden aufweisen. Im korrodierten Zustand liegt ihr Gewicht zwischen 500 und 750 g.[75] Andere, ältere Barrenformen wie die sichelförmigen Exemplare treten hingegen regional begrenzter auf. Sie werden für das wikingerzeitliche Skandinavien auch als Währung diskutiert.[76]

Weiterhin sind Messingbarren in Form länglicher Stangen bekannt. Sie erreichen Längen bis zu 45 cm und ein Gewicht bis 400 g. Etwa drei Viertel aller im Ostseeraum angetroffenen Barren(-fragmente) und Gussformen lassen sich dabei in sechs standardisierte Typen unterteilen. Sie treten im 8. Jahrhundert das erste Mal auf, um dann ab dem 10. Jahrhundert ein weitgehend einheitliches Gewicht aufzuweisen.[77] Diese Entwicklung lässt sich als Routinisierungsprozess verstehen, beginnend bei der durch die materielle Manifestation sozialer Praktiken hergestellten Authentizität hin zu standardisierten Handelsgütern. Ähnlich lässt sich auch die Entwicklung der Eisenbarren deuten.[78]

Ungeachtet des skizzierten Symbolgehalts, der dazu führte, dass durch Routine das Vertrauen in Handelspartner gestärkt zu werden vermochte, war der

73 Sindbæk 2001, S. 50, 59; ders. 2005.

74 Sindbæk 2001, S. 51.

75 Müller-Wille 1980, S. 129–139.

76 Hallinder u. Haglund 1978, S. 30–58.

77 Sindbæk 2001, S. 51–56.

78 Ebd., S. 58.

Metallbarren zweifelsohne auch ein mobiler Wertspeicher, wie die Hortfunde aus Haithabu, Birka und Ribe belegen.[79] Auch zahlreiche andere Gegenstände wurden verborgen, darunter neben Edelmetallen und Rohstoffen auch Werkzeuge.[80] Deutlich häufiger gelangte ab dem 9. Jahrhundert jedoch Silber in Form von Schmuck und Münzen, vor allem aber im zerteilten Zustand, dem sogenannten Hacksilber, in den Boden. Unzählige Horte aus dem gesamten Ostseeraum sind bekannt.[81] Betrachtet man jedoch die Mengen des deponierten Silbers, so wird deutlich, dass es sich hier, von wenigen Ausnahmen abgesehen, keinesfalls um größere Summen handelte.[82] Auch wenn die Menge des in den Ostseeraum strömenden Silbers über das 9. und 10. Jahrhundert ständig zunahm,[83] ist davon auszugehen, dass Landbesitz und Viehbestand über das gesamte frühe Mittelalter die größten Werte blieben.

Allerdings war Silber deutlich wertbeständiger als Vieh, das unter hohem Aufwand versorgt werden musste und von äußeren Faktoren beeinflusst wurde, oder als Landbesitz, der durch Erbteilung geschmälert werden konnte. Die Analyse des Silbers der in Skandinavien bekannten Hortfunde zeigt auf, dass dieses einer hohen Austauschdynamik unterlag, also nicht als zusammenhängender Münz- und Silberbesitz einmalig verborgen wurde. Kaum eine Münze oder ein Schmuckstück fand sich in mehrfacher Ausführung im gleichen Hort.[84] Von daher greifen in der Forschungslandschaft weitverbreitete, aber bei detaillierter Betrachtung eindimensionale Erklärungsmuster für das Anlegen von Hortfunden wie Krisenzeiten, Absicherung oder kultische Handlungen nur bedingt.[85] Vielmehr kristallisierte sich in der jüngeren Forschung die Tendenz heraus, Silber neben seiner Eigenschaft als Wertspeicher eine wichtige Rolle bei der Veränderung der sozialen Position des Einzelnen in der wikingerzeitlichen Gesellschaft zuzuschreiben. So könnte eine der Hauptmotivationen zum Akquirieren von Silber über Handel oder Raub die von den Familien geführten Verhandlungen im Zuge von Heiraten gewesen sein. Eine weitere bedeutende Aufgabe übernahm das Edelmetall durch das Festigen sozialer Bindungen, das über den alltäglichen Umgang und geteilte Wertvorstellungen erzielt wurde.[86] Dies zeichnet sich nicht nur in den wikingerzeitlichen Gesellschaften, sondern ebenso in der erweiterten

79 Ebd., S. 51–55.

80 Steuer 1987, S. 179, Anm. 154; Warnke 1992/93; zusammenfassend Sindbæk 2011, S. 50–52.

81 Zusammenfassend Steuer 1987, S. 123, Anm. 28; Graham-Campbell, Sindbæk u. Williams 2011.

82 Naumann 1987.

83 Steuer 1987, S. 128; Herschend 1989.

84 Herschend 1989; Hårdh 1996.

85 Vgl. dazu Wehner 2019, S. 70–77.

86 Sindbæk 2011.

skandinavischen Welt von Irland bis nach Russland ab, wo das Hacksilber durch seine hohe Mobilität, Teilbarkeit, Transportfähigkeit und Lagereigenschaft ab dem 9. Jahrhundert nicht nur zu einem breit akzeptierten Währungsäquivalent wurde, sondern regelrecht als „social glue"[87] fungierte.

Ein hoher Stellenwert bei der Etablierung sozialer Bindungen kommt dem mit der Gewichtsgeldwirtschaft verbundenen metrologischen System zu, das sich nur wenige Dekaden später im genannten Raum verbreitete. Um das Silber präzise abzuwiegen, wurden standardisierte Waagen und abgestufte Gewichtssätze eingeführt, die archäologisch in großer Zahl im Ostseeraum anzutreffen sind. Unter den Gewichten lassen sich mit den sogenannten Kugelzonengewichten (bronzebeschichtete eiserne Kugeln mit abgeflachten Polen) und Kubooktaedergewichten zwei grundlegende Typen unterscheiden. Die Unterteilung der Gewichte orientierte sich dabei an den Rechen- und Gewichtseinheiten der Geldwirtschaft im islamischen Kalifat – der Region, aus der bis Mitte des 10. Jahrhunderts ein Großteil des Silbers in den Ostseeraum gelangte.[88]

Diese Gewichte wurden nicht nur von in den großen Zentren des Fernhandels ansässigen Akteuren verwendet, sondern auch von Personen in agrarisch geprägten Gemeinschaften. Zudem liegen die Anteile von weiblich bestimmten Skeletten unter den mit Waagen und Gewichten ausgestatteten Gräbern in vielen untersuchten Gräberfeldern zwischen 20 und 50 Prozent, was offenbart, dass Frauen das Wägeequipment genauso wie Männer nutzten. Somit waren sie ebenfalls in die Gewichtsgeldwirtschaft eingebunden.[89]

Es gibt deutliche Hinweise darauf, dass die Gewichte als exakt und zuverlässig wahrgenommen wurden, denn aufgrund ihrer Form, ihres Materials und ihrer feinen Ornamentierung waren sie einerseits schwer zu fälschen, während sie anderseits einen Eindruck von Präzision hervorriefen. Die Gewichtssätze zu verwenden war also mit Vertrauenswürdigkeit konnotiert.[90] Vor diesem Hintergrund lässt sich auch ein weiteres Phänomen erklären. Ab der zweiten Hälfte des 9. Jahrhunderts ist eine sich an den Gewichten orientierende Verzierung von Messgeräten wie Waagen und Messstäben zu beobachten. Hinzu tritt etwa im gleichen Zeitraum ein Untertyp der sogenannten Hufeisenfibeln, dessen Enden mit Kubooktaedergewichten verziert war, auf. Diese speziellen Hufeisenfibeln sind im gesamten Ostseeraum mit Schwerpunkten auf Gotland und in Finnland vertreten und wurden vor allem von Männern, aber auch von Frauen getragen.[91] Die in der

87 Ebd., S. 46.

88 Steuer 1997; Gustin 1997; Brather 2010.

89 Kershaw 2019, S. 132–135.

90 Gustin 2015, S. 31–33.

91 Thunmark-Nylén 2006, S. 96–116.

Regel paarig verwendeten Fibeln fanden sich in Gräbern häufig zusammen mit Gewichtssätzen.[92] Ingrid GUSTIN[93] argumentiert, dass die Fibeln einen physischen Code darstellten, der es Fremden erlaubte, die Zugehörigkeit des Trägers oder der Trägerin zur Gruppe der Kaufleute zu entschlüsseln. Daher lassen sich die Fibeln als Kommunikationsinstrument verstehen, das sich der Vertrauenswürdigkeit, mit denen die Gewichte konnotiert waren, bediente. Sie könnten, wie auch ein in Schleswig angetroffenes Exemplar bezeugt, noch bis ins 13. Jahrhundert hinein im Einsatz gewesen sein.[94]

Ebenfalls in Verbindung mit Vertrauenswürdigkeit stehen sogenannte Ladendrachen, Maskottchen von Schlangen oder Drachen, die im neuzeitlichen Skandinavien über Ladentüren oder Tresen hingen und Gerechtigkeit und Fairness des Inhabers symbolisierten. Das Gleiche gilt für an Waagenenden angebrachte Drachenköpfe. Fünf bis sechs solcher Ladendrachen in Miniaturform, datierend in die zweite Hälfte des 12. und das 13. Jahrhundert, wurden wie die Kerbhölzer bei der Bryggen-Grabung in Bergen geborgen. Womöglich sollten auch sie Rechtschaffenheit symbolisieren oder es handelte sich um persönliche Glücksbringer, denn bereits in vorchristlicher Zeit ist die Verwendung von Schlangen und Drachen als Glückssymbol in Skandinavien verbreitet.[95]

Damit liegen neben symbolhaften Warenarten und einem genormten und als exakt wahrgenommenen Gewichtsgeldsystem auch zeichenhafte Accessoires vor, die den oder die Interaktionspartner:in als vertrauenswürdige Person auswiesen. Dass die kubooktaederverzierten Hufeisenfibeln bis in das 13. Jahrhundert getragen wurden und damit noch 100 Jahre nach dem Verschwinden der Gewichtsgeldwirtschaft, könnte ein Hinweis darauf sein, dass die damit verknüpfte Zeichenebene weiterhin Gültigkeit besaß. Es muss daher in Betracht gezogen werden, dass auch Pfandleiher und Kreditoren sich mit derartigen Symbolen versahen, um gegenüber Fremden ihren Berufsstand und ihre Vertrauenswürdigkeit zu signalisieren.

3 Schlusswort

Es sollte deutlich geworden sein, welches Potential in der archäologisch erfassten Materialität zu Erforschung des mittelalterlichen Kreditwesens liegt, aber auch, welche Limitierungen und Fallstricke es zu beachten gilt. In noch deutlich höherem

92 Gustin 2015, S. 35.

93 Ebd., S. 34–36.

94 Schimmer 2021, S. 103–106.

95 Grandell 1988, S. 70 f., Anm. 2.

Maße als bei anderen Fundgattungen, wie etwa solchen zum Handwerk, ist das mit Kredit und im weiteren Sinne auch Transaktionswesen in Bezug zu setzende Material auf Parallelüberlieferung und historischen Kontext angewiesen. Dafür gilt es nicht nur rechts- und wirtschaftsgeschichtliche Sphären zu berücksichtigen, sondern auch die zeichenhafte Ebene zu erschließen. Erst durch das Synthetisieren der Quellen mit ihrem interpretatorischen Überbau lässt sich das frühe mittelalterliche Kreditwesen materiell wie ideell erfassen.

Ist die Mittelalterarchäologie derart interdisziplinär angelegt, kann sie das Bild des frühen Kreditwesens um weitere Facetten bereichern. Durch die zeitliche und örtliche Gebundenheit der Materialität gelingt es ihr, Fragen nach dem Wann und Wo und durch die Identifizierung dahinterstehender Praktiken und Motive auch nach dem Wer und Wie zu beantworten. Auch würde sich ein vertiefender Blick auf die Aussagekraft archäologischer Quellen zu den Orten, an denen Kreditpraktiken durchgeführt werden, lohnen. Areale wie Marktplätze und Hafenanlagen stehen nicht nur in enger Verbindung zu den hier angeführten, zeichenhaft konnotierten Funden, sondern liefern durch ihre Ausgestaltung die benötigten Voraussetzungen für öffentliche Transaktionen.[96] Die dort generierte Atmosphäre von Sicherheit und Vertrauen dürfte damit geeignete Räume für Kreditgeschäfte geschaffen haben.

Es ist die Hoffnung des Verfassers, dass dieser Beitrag dazu anregt, die angeführten Objekte auch im Kontext von Kreditbeziehungen zu denken. Dies gilt insbesondere für die Kerbhölzer, denen ein deutlich höheres Potential innewohnt als gemeinhin angenommen. Um dieses freizusetzen, bedarf es jedoch weiterer systematischer Aufnahmen und ihre Begleitung durch historische Quellen.

Literaturverzeichnis

Baxter, William T.: Early Accounting, the Tally and the Checkerboard. In: The Accounting Historian's Journal 10 (1989), S. 43–83.

Brather, Sebastian: Silver, Weights and Scales around the Baltic, 8th to 11th Centuries. In: Babette Ludowici (Hg.): Trade and Communication Networks of the First Millennium AD in the Northern Part of Central Europe. Central Places, Beach Markets, Landing Places and Trading Centres (Neue Studien zur Sachsenforschung 1). Stuttgart 2010, S. 143–164.

Brisbane, Mark A. (Hg.): The Archaeology of Novgorod, Russia. Recent Results from the Town and Its Hinterland (The Society for Medieval Archaeology Monograph Series 13). Lincoln 1992.

Bukowska-Gedigowa, Janina u. Bogusław Gediga: Wczesnośredniowieczny gród

96 Vgl. Rösch 2018, S. 239–276; ders. 2019; ders. 2021.

na Ostrówku w Opolu (Polskie badania archeologiczne 25). Breslau 1986.

Dollinger, Philippe: The German Hansa. Stanford 1970.

Filipowiak, Władysław: Wolliner Kerbstöckchen. In: Felix Biermann, Ulrich Müller u. Thomas Terberger (Hgg.): „Die Dinge beobachten …". Archäologische und historische Forschungen zur frühen Geschichte Mittel- und Nordeuropas (Archäologie und Geschichte im Ostseeraum 2). Rahden 2008, S. 503–509.

Grandell, Axel: Karvstocken. En förbisedd kulturbärare. Ekenäs 1982.

Grandell, Axel: Finds from Bryggen Indicating Business Transactions. In: The Bryggen Papers 2 (Supplementary Series 2). Oslo 1988, S. 66–72.

Gühne, Arndt: Stadtarchäologie in Freiberg. Holzfunde (Veröffentlichungen des Landesmuseums für Vorgeschichte Dresden 22). Berlin 1991.

Gustin, Ingrid: Islam, Merchants, or King? Who Was Behind the Manufacture of Viking Age Weights? In: Hans Andersson, Peter Carelli u. Lars Ersgård (Hgg.): Visions of the Past. Trends and Traditions in Swedish Medieval Archaeology (Lund Studies in Medieval Archaeology 19, Riksantikvarieämbetet Arkeologiska undersökningar Skrifter 24). Lund 1997, S. 163–177.

Gustin, Ingrid: Trade and Trust in the Baltic Sea Area during the Viking Age. In: James H. Barrett u. Sarah J. Gibbon (Hgg.): Maritime Societies of the Viking and Medieval World (Society for Medieval Archaeology Monograph Series 37). Leeds 2015, S. 25–40.

Hallinder, Pär u. Kerstin Haglund: Iron Currency Bars in Sweden. In: Kristina Lamm u. Agenta Lundström (Hgg.): Excavations at Helgö V. Stockholm 1978, S. 30–58.

Hansen, Gitte: Bergen c. 800–c. 1170. The Emergence of a Town (The Bryggen Papers. Main Series 6). Bergen 2005.

Hårdh, Birgitta: Silver in the Viking Age. A Regional-Economic study (Acta archaeologica Lundensia 25). Stockholm 1996.

Heers, Johannes: Kreditwesen. In: Lexikon des Mittelalters, Bd. 5 (2000), S. 1581 f.

Henkelman, Wouter F. M. u. Margaretha L. Folmer: Your Tally is Full! On Wooden Credit Records in and after the Achaemenid Empire. In: Kristin Kleber u. Reinhard Pirngruber (Hgg.): Silver, Money and Credit. A Tribute to Robartus J. van der Spek on the Occasion of his 65th Birthday (PIHANS 128). Leiden 2016, S. 133–239.

Herschend, Frands: Vikings Following Gresham's Law. In: Thomas B. Larsson u. Hans Lundmark (Hgg.): Approaches to Swedish Prehistory. A Spectrum of Problems and Perspectives in Contemporary Research (BAR International Series 500). Oxford 1989, S. 373–392.

Hołubowicz, Włodzimierz: Opole w wiekach X–XII. Katowice 1956.

Jacob, Andrea: Das Kerbholz, eine archäologische Schriftquelle. In: Dietrich Lutz (Hg.): Vor dem großen Brand. Archäologie zu Füßen des Heidelberger Schlosses. Stuttgart 1992, S. 17.

Jenkinson, Hilary: Exchequer Tallies. In: Archaeologia or Miscellaneous Tracts Relating to Antiquity 62 (1911), S. 367–380.

Jenkinson, Hilary: William Cade, a Financier of the Twelfth Century. In: The English Economic History Review 28 (1913), S. 208–220.

Jenkinson, Hilary: Medieval Tallies, Public and Private. In: Archaeologia or Miscellaneous Tracts Relating to Antiquity 74 (1925), S. 289–351.

Kershaw, Jane F.: Metrology and Beyond. New Approaches to Viking-Age Regulated Weights. In: Lorenz Rahmstorf u. Edward Stratford (Hgg.): Weights and Marketplaces from the Bronze Age to the Early Modern Period (Weight & Value 1). Kiel, Hamburg 2019, S. 127–138.

Kilger, Christoph: What Viking Merchants Had in Mind. Exploring Islamic Weight Standards and Weighing Practices within Early Medieval Trading Networks. In: Lorenz Rahmstorf, Gojko Barjamovic u. Nicola Ialongo (Hgg.): Merchants, Measures and Money. Understanding Technologies of Early Trade in a Comparative Perspective (Weight & Value 2). Kiel, Hamburg 2021, S. 245–260.

Kovalev, Roman K.: Accounting, Tag and Credit Tallies. In: Mark Brisbane u. Jon G. Hather (Hgg.): Wood Use in Medieval Novgorod. Oxford 2007, S. 189–202.

Kuchenbuch, Ludolf: Pragmatische Rechenhaftigkeit? Kerbhölzer in Bild, Gestalt und Schrift. In: Frühmittelalterliche Studien 36 (2002), S. 469–490.

Meier, Dirk: Scharstorf. Eine slawische Burg in Ostholstein und ihr Umland. Archäologische Funde (Offa-Bücher 70). Neumünster 1990.

Morris, Carole A.: Craft, Industry and Everyday Life. Wood and Woodworking in Anglo-Scandinavian and Medieval York (The Archaeology of York 17. The Small Finds 13). London 2000.

Müller, Ulrich: Holzfunde aus Freiburg/Augustinereremitenkloster und Konstanz. Herstellung und Funktion einer Materialgruppe aus dem späten Mittelalter (Forschungen und Berichte der Archäologie des Mittelalters in Baden-Württemberg 21). Stuttgart 1996.

Müller-Wille, Michael: Ein Barrenhort aus Haithabu. In: Offa 37 (1980), S. 129–145.

Naumann, Hans P.: Warenpreise und Wertverhältnisse im alten Norden. In: Klaus Düwel, Herbert Jankuhn, Harald Siems u. a. (Hgg.): Untersuchungen zu Handel und Verkehr der vor- und frühgeschichtlichen Zeit in Mittel- und Nordeuropa. Teil 4: Der Handel der Karolinger und Wikingerzeit (Abhandlungen der Akademie der Wissenschaften in Göttingen, Philologisch-Historische Klasse. F. 3, 156). Göttingen 1987, S. 374–389.

Noonan, Thomas S. u. Roman K. Kovalev: What Can Archaeology Tell Us about Debts in Kievan Rus'? In: Russian History 27 (2000), S. 119–154.

Petrov, Mikhail I.: Archaeology of Medieval Novgorod in the 21st Century, through the Time of Changes. In: Blickpunkt Archäologie 6 (2018), S. 44–47.

Postan, Michael M.: Credit in Medieval Trade. In: Economic History Review 1 (1928), S. 234–261.

Rech, Manfred: Gefundene Vergangenheit – Archäologie des Mittelalters in Bremen (Bremer archäologische Blätter 3). Bonn, Bremen 2004.

Rode, Holger: Ein frühneuzeitliches Kerbholz aus der Altstadt von Wittenberg. In: Rüdiger Fikentscher (Hg.): Tausch- und Geldkulturen in Europa. Halle a. d. Saale 2019, S. 109–125.

Rösch, Felix: Das Schleswiger Hafenviertel im Hochmittelalter. Entstehung – Entwicklung – Topographie (Zeitschrift für Archäologie des Mittelalters. Beiheft 26). Bonn 2018.

Rösch, Felix: Medieval Marketplaces in Northern Europe. An Overview with an Emphasis on Merchant Seafaring. In: Lorenz Rahmstorf u. Edward Stratford (Hgg.): Weights and Marketplaces from the Bronze Age to the Early Modern Period (Weight & Value 1). Kiel, Hamburg 2019, S. 275–296.

Rösch, Felix: The Technology of Medieval Maritime Trade. An Archaeological Perspective on Northern Germany and Beyond. In: Lorenz Rahmstorf, Gojko Barjamovic u. Nicola Ialongo (Hgg.): Merchants, Measures and Money. Understanding Technologies of Early Trade in a Comparative Perspective (Weight & Value 2). Kiel, Hamburg 2021, S. 69–98.

Roover, Raymond de: Money, Banking and Credit in Medieval Bruges. Italian Merchant-Bankers, Lombards and Moneychangers. Chicago 1942.

Saggau, Hilke E.: Gehauene und geschnitzte Holzfunde aus dem mittelalterlichen Schleswig (Ausgrabungen in Schleswig. Berichte und Studien 17). Neumünster 2006.

Schietzel, Kurt: Spurensuche Haithabu. Dokumentation und Chronik 1963–2013. Neumünster 2014.

Schimmer, Michaela: Der Übergang von Haithabu nach Schleswig im Spiegel der hochmittelalterlichen Funde. Ausgewähltes Fundmaterial der Grabung Hafengang 11 in Schleswig. Diss. Kiel 2021.

Schubert, Ernst: Novgorod, Brügge, Bergen und London. Die Kontore der Hanse. In: Concilium medii aevi 5 (2002), S. 1–50.

Schuldt, Ewald: Groß Raden. Ein slawischer Tempelort des 9./10. Jahrhunderts in Mecklenburg (Schriften zur Ur- und Frühgeschichte 39). Berlin 1985.

Sindbæk, Søren M: An Object of Exchange. Brass Bars and the Routinization of Viking Age Long-Distance Exchange in the Baltic Area. In: Offa 58 (2001), S. 49–60.

Sindbæk, Søren M.: Ruter og rutinisering. Vikingetidens fjernhandel i Nordeuropa. Kopenhagen 2005.

Sindbæk, Søren M.: Silver Economies and Social Ties, Long-Distance Interaction, Long-Term Investments – and Why the Viking Age Happened. In: Ders., James Graham-Campbell u. Gareth Williams (Hgg.): Silver Economies, Monetisation and Society in Scandinavia, AD 800–1100. Aarhus 2011, S. 41–65.

Steuer, Heiko: Der Handel der Wikingerzeit zwischen Nord- und Westeuropa aufgrund archäologischer Zeugnisse. In: Klaus Düwel, Herbert Jankuhn, Harald Siems u. a. (Hgg.): Untersuchungen zu Handel und Verkehr der vor- und frühgeschichtlichen Zeit in Mittel- und Nordeuropa. Teil 4: Der Handel der Karolinger und Wikingerzeit (Abhandlungen der Akademie der Wissenschaften in Göttingen, Philologisch-Historische Klasse. F. 3, 156). Göttingen 1987, S. 113–197.

Steuer, Heiko: Waagen und Gewichte aus dem mittelalterlichen Schleswig. Funde des 11. bis 13. Jahrhunderts aus Europa als Quellen zur Handels- und Währungsgeschichte (Zeitschrift für Archäologie des Mittelalters. Beiheft 10). Köln u. a. 1997.

Szabó, Mátyás, Gertrud Grenander Nyberg u. Janken Myrdal: Die Holzfunde aus der frühgeschichtlichen Wurt Elisenhof (Studien zur Küstenarchäologie Schleswig-Holsteins Serie A, Elisenhof 5). Frankfurt a. M. 1985.

Thompson, Michael W.: Novgorod the Great. Excavations at the Medieval City. London 1967.

Warnke, Dieter: Der Hort eines Edelmetallschmiedes aus der frühslawischen Siedlung Rostock-Dierkow. In: Offa 49/50 (1992/93), S. 197–206.

Wedell, Moritz: Zählen. Semantische und praxeologische Studien zum numerischen Wissen im Mittelalter (Historische Semantik 14). Göttingen 2011.

Wehner, Donat: Artefakt-Netzwerke im östlichen Mitteleuropa an der Schwelle zum hohen Mittelalter. Zur Quantifizierung, Visualisierung und Beschaffenheit überregionaler Kommunikations- und Austauschbeziehungen (Universitätsforschungen zur prähistorischen Archäologie 329). Bonn 2019.

Westphal, Florian: Die Holzfunde von Haithabu (Die Ausgrabungen in Haithabu 11). Neumünster 2006.

Wyffels, Carlos: De kerfstock in onze gewesten. In: Mededelingen van de Koninklijke Academie voor Wetenschappen, Letteren en Schone Kunsten van Belgie 50 (1988), S. 19–39.

Yale University (Hg.): The Dawn of Modern Banking (Publications of the Center for Medieval and Renaissance Studies). New Haven 1979.

FORUM MITTELALTER

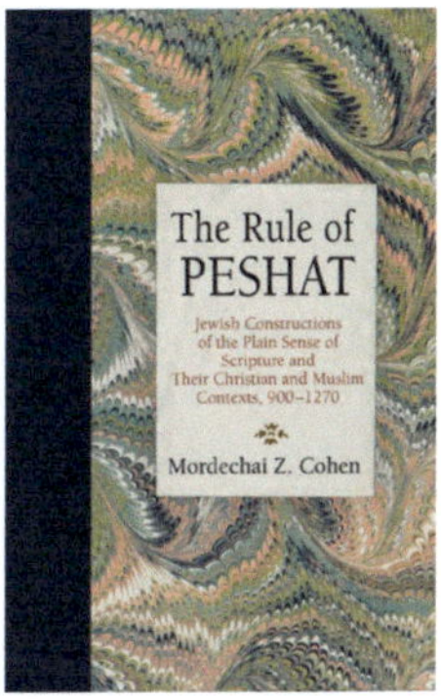

Mordechai Z. Cohen, The Rule of *Peshat*. Jewish Constructions of the Plain Sense of Scripture and Their Christian and Muslim Contexts, 900–1270. Philadelphia, University of Pennsylvania Press 2020. 413 S.

Besprochen von Katrin Kogman-Appel:
Münster, kogman@uni-muenster.de

Peshat, die sich am Wortsinn des Textes orientierende Auslegung der hebräischen Bibel, spielte im mittelalterlichen Judentum eine zentrale Rolle. Einerseits war die Methode des Wortsinns auch im Islam beliebt und jüdische Gelehrte waren sich dessen seit spätestens dem 10. Jahrhundert bewusst. Andererseits entwickelte sich der *peshat* parallel zur Interpretation nach dem *sensus litteralis* der christlichen Tradition und Exegeten dieser Richtung konsultierten gerne die Hauptvertreter des jüdischen *peshat*.

Im Mittelpunkt der Monographie steht – sehr vereinfacht gesprochen – die Tatsache, dass *peshat* nicht immer einfach nur *peshat* ist. Dem Vf. geht es, unter Heranziehung zahlreicher Fallbeispiele, in erster Linie darum, die bei den jüdischen *peshat*-Exegeten zu beobachtenden unterschiedlichen Definitionen von und Perspektiven auf *peshat* herauszukristallisieren. Die acht Kapitel des Buches verfolgen die verschiedenen Formen der *peshat*-Methode chronologisch von ihrem ersten Auftreten im islamischen Kulturkreis im frühen Mittelalter bis ins 13. Jahrhundert. Der Vf. macht es sich unter anderem zur Aufgabe, eine in der Forschung oft dominierende Dichotomie aufzulösen, nämlich der Beschreibung von *peshat* als statisch, fixiert und am sprachlichen Sinn festhängend einerseits und der Charakterisierung von *Midrash*, der in der Spätantike dominanten Methode der narrativen Assoziation, als innovativ, originell und kreativ andererseits. Dagegen spricht, dass auch Wortsinn dynamisch ist und vom jeweiligen kulturellen Kontext abhängt. Zentral ist die Frage nach dem jeweiligen Verhältnis des *peshat* zur midrashischen Hermeneutik. Unterschieden wird zwischen dem „singular *peshat* model", das den *Midrash* so gut wie ganz überwindet, und einer „dual hermeneutic", die ein Gleichgewicht zwischen den Methoden anstrebt (z.B. 271).

Katrin Kogman-Appel: Rezension zu Mordechai Z. Cohen, The Rule of *Peshat*. Jewish Constructions of the Plain Sense of Scripture and Their Christian and Muslim Contexts, 900–1270. In: Das Mittelalter 2022, 27(1), 477–478. Heidelberg: Heidelberg University Publishing. DOI: https://doi.org/10.17885/heiup.mial.2022.2.24668

Im ersten Kapitel geht es um die Anfänge des *peshat* in gaonäischen und karäischen Milieus. Trotz wesentlicher religiöser Unterschiede zwischen diesen Gruppen bedienten sich beide unter syrisch-christlichem sowie islamischem Einfluss (der Vf. spricht von „enculturation“, 33) der rationalistisch-philologischen Methode. Diese fand eine Fortsetzung in der al-andalusischen Schule, so das Thema des zweiten Kapitels. Das dritte Kapitel wendet sich Rashi (Solomon ben Isaac, gest. 1105) zu, der in einem christlichen Umfeld agierte. Cohen beobachtet methodische Parallelen zwischen Rashi und seinem Zeitgenossen Bruno von Köln. Das folgende Kapitel widmet sich Schülern und Nachfolgern Rashis, die sich zunehmend vom *Midrash* entfernen. Das fünfte Kapitel behandelt ein in der bisherigen Historiographie der jüdischen Bibelauslegung vernachlässigtes Thema, nämlich die byzantinische und süditalienische Schule, die sich, so der Vf., unter karäischem Einfluss dem *peshat* zuwandte.

Abraham ibn Ezra (gest. ca. 1165) ist das sechste Kapitel gewidmet. Dieses stellt Ibn Ezra, den ersten Exegeten, der sowohl die al-andalusische als auch die französische Schule kannte, zunächst als den endgültigen Überwinder des *Midrash* dar. Danach wendet sich der Vf. der theologischen Dimension zu, die für einige von Ibn Ezras Kommentaren charakteristisch ist. Der Rolle von Moses ben Maimon (Maimonides, gest. 1204) in der Geschichte des *peshat* ist das siebte Kapitel gewidmet. Unter Rückgriff auf frühere Arbeiten beschreibt Cohen, wie Maimonides' Interpretation des Gesetzes dem *peshat* verpflichtet ist. Das letzte Kapitel setzt sich mit dem exegetischen Werk des Moses ben Nahman (Nahmanides, gest. 1270) auseinander. Dieser benutzte den *peshat* als eine von vier Methoden in einem System, welches noch über die „dual hermeneutic“ hinausgeht. Der Beobachtung, dass dieses System im Dialog mit den *quatuor sensus scripturae* steht, kann man sich nicht entziehen. Dieser Dialog ist eines der zentralen Themen des Kapitels.

Die Ausführungen sind flüssig geschrieben und gehen gleichzeitig ins Detail; zahlreiche Analysebeispiele untermauern die Argumentation. Gleichzeitig liefert Cohen einen breit angelegten Überblick zur mittelalterlichen *peshat*-Exegese. Mitunter allerdings ist der Diskurs mit der laufenden Forschung auf ein Minimum beschränkt. So hätte man in dem Kapitel über Rashbam (Samuel ben Meir) beispielsweise einen intensiveren Dialog mit Hanna Liss' Standardwerk ‚Creating Fictional Worlds. Peshat Exegesis and Narrativity in Rashbam's Commentary on the Torah‘ (2011) erwartet.

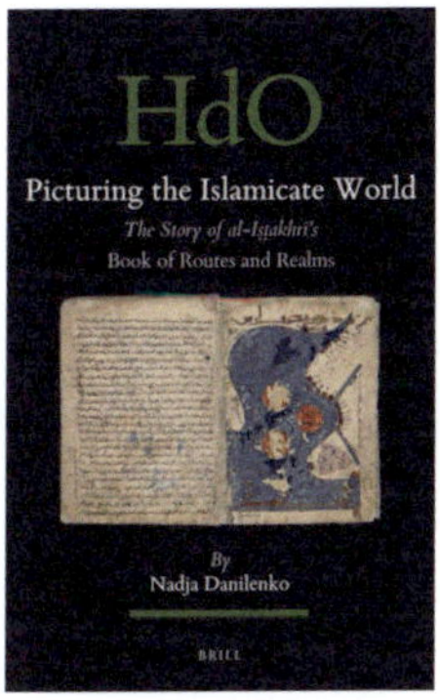

Nadja Danilenko, Picturing the Islamicate World. The Story of al-Iṣṭakhrī's Book of Routes and Realms (Handbook of Oriental Studies 146). Leiden, Boston, Brill 2021. XIV, 301 S. 87 Abb.

Besprochen von Carsten Hoffmann:
Marburg, hoffmanc@staff.uni-marburg.de

Für die Geschichte der Kartographie gibt es wenige so wichtige Quellen wie das ‚Kitāb al-masālik wa-l-mamālik' (‚Buch der Routen und Königreiche') des Persers Abū Iṣḥāq Ibrāhīm ibn Muḥammad al-Iṣṭaḫrī mit seinen 21 beigegebenen Karten. Es fasst das geographische Wissen des 10. Jahrhunderts zusammen und hatte eine kaum übertroffene Wirkung auf die historische Geographie der nachfolgenden Jahrhunderte. Die zahlreichen, teils sehr alten Handschriften zu vergleichen und in eine stemmatische Ordnung zu bringen, ist eine sehr verdienstvolle Aufgabe, der sich Nadja Danilenko in ihrer Dissertation gewidmet hat – eine Aufgabe, die durch die herangereifte digitale Infrastruktur vereinfacht wird, durch welche innerhalb kurzer Zeit eine große Zahl von Textzeugen gesichtet und verglichen werden kann. Ihre Ergebnisse hat Danilenko nicht nur eingehend beschrieben, sondern auch in einer großen Zahl von Abbildungen veranschaulicht, in denen markante Eigenheiten der einzelnen Handschriftengruppen dargestellt und nachgewiesen werden. Nicht zuletzt mithilfe dieser Abbildungen wird es zukünftigen Forscher*innen möglich sein, weitere Zeugen oder Abhängigkeiten in anderen Werken zu entdecken, einzuordnen und nachzuweisen.

Danilenkos Werk enthält darüber hinaus eine Einführung in die geographische Literatur des 10. Jahrhunderts. Darin betont sie unter anderem die Kontinuität ptolemäischer Geographie in der arabischen Überlieferung. Skepsis ist allerdings in Bezug auf die Frage angebracht, ob griechische Karten und Texte durch syrische Kartenwerke übermittelt wurden oder direkt in das Arabische kamen (18). Bis heute gibt es keinen Nachweis für derartige Kartenwerke und Texte in syrischer (mittelaramäischer) Sprache. Auch geht die Einteilung der bewohnten Welt in sieben Klimata nicht auf Ptolemaios von Alexandria (ca. 100–ca. 160 n. u. Z.),

Carsten Hoffmann: Nadja Danilenko, Picturing the Islamicate World. The Story of al-Iṣṭakhrī's Book of Routes and Realms (Handbook of Oriental Studies 146). In: Das Mittelalter 2022, 27(2), 479–480. Heidelberg: Heidelberg University Publishing. DOI: https://doi.org/10.17885/heiup.mial.2022.2.24669

sondern vielmehr auf Poseidonios (135–51 v. u. Z.) zurück (19). Ptolemaios benutzt in seinem bekanntesten astronomischen Werk, dem ‚Almagest', dagegen ein sehr viel präziseres Modell, das ohne die sehr grobe Einteilung in sieben Klimata auskommt. Unzutreffend ist auch die Behauptung, Ptolemaios selbst habe keine Karten gezeichnet (19). Da er ausdrücklich auf seine Quelle Marinos von Tyros rekurriert sowie detaillierte Anweisungen zu verschiedenen Projektionsmethoden gibt und da die Aufstellung des umfangreichen Ortskatalogs mit ihren präzisen Koordinaten ohne eine graphische Visualisierung kaum möglich ist, gibt es kaum Zweifel daran, dass Ptolemaios auch selbst Karten gezeichnet hat.

Große Aufmerksamkeit widmet Danilenko der persischen und osmanischen Überlieferung des ‚K. al-masālik wa-l-mamālik' (89–137, 138–180). Die relativ umfängliche Einführung in die persische Literaturgeschichte hat allerdings keinen Bezug zur Geographie und wäre somit verzichtbar gewesen.

Besonders sehenswert sind die bereits erwähnten zahlreichen Tafeln, darunter insbesondere viele farbige Abbildungen von sehr alten und zum Teil prächtig geschmückten Handschriften, die einen Vergleich mit anderen Werken oder weiteren Exemplaren von al-Iṣṭaḫrī-Karten erlauben. Dazu kommt eine große Zahl von Umrisszeichnungen, die die wichtigsten Merkmale aufgreifen und nicht wenig Mühe erfordert haben müssen. Eine gute Idee ist es auch, die Silhouetten der einzelnen Karten und Kartentypen in eine stemmatische Übersicht im Anhang einzubetten. Leider verzichtet Danilenko darauf, Siglen zu verwenden. Damit sind die Benutzung der Handschriftenübersicht und die Lektüre der textkritischen Analysen im Hauptteil erschwert, auch weil besprochene Handschriften aus dem textkritischen Analyse-Teil nicht mit den emblematischen Silhouetten im Anhang in Verbindung gebracht werden können. Auch wäre es aus meiner Sicht sinnvoller gewesen, stemmatische Übersichtstafeln sowie die vielen Detailinformationen der Handschriftenbeschreibung in die vorderen Kapitel zu integrieren, anstatt sie in den Anhang zu verbannen. Leider versäumt es Danilenko auch, den Wert ihrer eigenen Arbeit konzise und stichhaltig zusammenzufassen. Ihre ‚Conclusion' am Ende präsentiert stattdessen zahlreiche neue Informationen und Einzelheiten, so dass der zusammenfassende Charakter fehlt.

Trotz dieser Kritikpunkte bleibt festzuhalten, dass die Darstellung der Überlieferung des ‚Kitāb al-masālik wa-l-mamālik' von seiner Entstehung bis in moderne Zeit hinein in der vorliegenden Umfänglichkeit und Detailliertheit bisher beispiellos und entsprechend gelungen ist. Die Arbeit ist nicht nur sehr aufschlussreich in Hinblick auf die Umstände der arabischen Wissensproduktion bzw. Geographie, sondern regt auch zu weiteren Forschungen an, die in einer solchen Überblicksdarstellung eine geeignete Grundlage finden werden.

Babett Edelmann-Singer u. Susanne Ehrich (Hgg.), Sprechende Objekte. Materielle Kultur und Stadt zwischen Antike und Früher Neuzeit (Forum Mittelalter Studien 17). Regensburg, Schnell & Steiner 2021. 287 S. 75 Abb.

Besprochen von Thomas J. Kraus:
Neumarkt, t.j.kraus@web.de

Archäologische Zeugnisse sind nicht nur bloße dinghafte Ausdrucksformen menschlicher Kultur, sie haben etwas mitzuteilen, damals wie heute, und das tun sie auch. Doch liegen sie nicht nur *in realitas* vor, sie werden auch beschrieben, besungen und erzählt. Im vorliegenden Sammelband wird aus unterschiedlicher Perspektive „die Interaktion der Objekte mit der Stadt" (7) dargestellt. Dabei werden, wie die beiden Herausgeberinnen in ihrer Einleitung (7–18) ausführen, Fragen nach der Intention der Herstellung, dem Entstehungsprozess und der beabsichtigten sowie realen Wirkung von Objekten ebenso gestellt wie nach ihrer späteren Rezeption und ihrer (Be-)Nutzung im urbanen Kontext. Generell geht es dabei immer auch darum, „wie es Wissenschaftlerinnen und Wissenschaftlern unterschiedlicher Fachrichtungen gelingen kann, unbelebte Objekte und Dinge der Vergangenheit [...] zum Sprechen zu bringen" (8).

Andreas Schwab widmet sich aus philologischer Sicht den Ausführungen Herodots über die Entstehung und Ausstattung des Heiligtums von Memphis sowie der von späteren Königen genutzten Möglichkeit, sich selbst in diesem Heiligtum zu verewigen. Mary Frazer zeichnet die ‚Biographie' einer babylonischen Keilschrifttafel nach, die einen Brief bewahrt hat, und untersucht mit Hilfe von Vergleichsobjekten die Funktion des konkreten Objekts. Angela Ganter stellt die Statue der römischen Wölfin in Rom in den Mittelpunkt ihrer Überlegungen. Möglicherweise liege hier ein Berührungspunkt zwischen „[*m*]*aterial studies* und *memorial studies*" (72) vor, also eine Verbindung zwischen einem sprechenden Objekt und einem konkreten Erinnerungsort.

Gregor Bitto widmet sich dem heute nicht mehr erhaltenen, im Jahr 90 für Domitian auf dem Forum errichteten Reiterstandbild. Dafür beruft er sich vor allem

Thomas J. Kraus: Rezension zu Babett Edelmann-Singer u. Susanne Ehrich (Hgg.), Sprechende Objekte. Materielle Kultur und Stadt zwischen Antike und Früher Neuzeit (Forum Mittelalter Studien 17).
In: Das Mittelalter 2022, 27(1), 481–482. Heidelberg: Heidelberg University Publishing.
DOI: https://doi.org/10.17885/heiup.mial.2022.2.24670

auf das erste ‚Silvenbuch' des Statius, in dem nicht nur die äußere Form des Standbilds beschrieben wird, sondern gleichzeitig die Frage nach der Relation von Monument und Dichtung zum Ausdruck kommt. Tønnes BEKKER-NIELSEN stellt „kaiserzeitliche Stadtfora in den Nordwestprovinzen" vor, denn ebendort konnten Fora als Gesamtkonzepte konstruiert werden, da nicht auf bereits baulich Vorhandenes Rücksicht genommen werden musste, so dass eine „Entwicklung des römisch-italischen Stadtforums von einer stummen Leerfläche in ein urbanes Gesamtkunstwerk und sprechendes Objekt" (88) nachgezeichnet werden kann. Unterschiedliche „[s]prechende Objekte in Ephesos" als „Widerspiegelung eines Weltreiches im alltäglichen Leben" (107) stehen für François KIRBIHLER im Mittelpunkt, der den Fokus von der Lage der Stadt sowie einzelnen Bauten und Objekten schließlich auf eine Wohneinheit lenkt, wodurch er „[d]as Haus als Ort von Dingen und Artefakten" (130) innerhalb der Stadt ausweist. Markus LÖX wirft einen Blick auf die Geschichte und Rezeption des Silberkästchens von San Nazarro, das er als ein Beispiel für ein sprechendes und besprochenes Objekt herausstellt, dessen Geschichte an eine Stadt gebunden bleibt. Babett EDELMANN-SINGER wählt den ‚Bellum Vandalicum' von Prokop aus, um die narrative Funktion der jüdischen Tempelschätze näher zu bestimmen.

Mit Julia ZIMMERMANN und ihrem Versuch, „Objekte der vormodernen Stadt zum Sprechen [zu] bringen" (195), wird die Ausrichtung des Bandes nochmals explizit deutlich. Dabei bezieht die Autorin auch frühere Rezeptionen der hauptsächlich epigraphischen Zeugnisse ein. Die beiden folgenden Beiträge knüpfen an ZIMMERMANNS abschließende Forderung an, Historiker/innen sollen „den Objekten und Inschriften der vormodernen Stadt beim Sprechen" zuhören (211). Marc VON DER HÖH spezifiziert den Zusammenhang von Objekt und Text und legt wichtige methodische Überlegungen zur Verwendung des Begriffs ‚Objekt' sowie von Inschriften als „schrifttragende Objekte" (222) und als „Kommentierungen von Dingen" (225) vor. Elisabeth GRUBER widmet sich konkret der Frage, wie Objekte in der Verwaltungsüberlieferung spätmittelalterlicher Städte zu behandeln seien. Dabei fasst sie die Stadt als Ort von Ereignissen und Handlungen auf, von denen Objekte zeugen. Der Beitrag von Nicolai KÖLMEL widmet sich dem Prunkhelm Sultan Süleymans, dessen Geschichte er an die Städte Istanbul, Wien und Venedig bindet.

Die im Sammelband eingeforderte, tatsächlich notwendige und deshalb begrüßenswerte Multiperspektivität für eine adäquate Behandlung von Objekten, d.h. die Wahrnehmung ihrer Materialität, ihrer textlichen Aussagen, ihrer Geschichte und Rezeption, und die gleichzeitige methodische Integration dieser unterschiedlichen Blickwinkel zieht sich durch alle Beiträge. Durch diese Klammer ist der große Zeitraum von der Antike bis zur Frühen Neuzeit durch die in den Einzelbeiträgen klug gesetzten Schlaglichter sehr angemessen abgedeckt. Auch interessierte Nichtspezialist/innen dürften sich von den flüssig verfassten Beiträgen, deren Anschaulichkeit noch durch die vielen qualitativ hochwertigen Abbildungen unterstrichen wird, angesprochen fühlen.

Thomas Ertl, Bauern und Banker. Wirtschaft im Mittelalter. Darmstadt, Wissenschaftliche Buchgesellschaft 2021. 300 S.

Besprochen von Annette Kehnel:
Mannheim, annette.kehnel@uni-mannheim.de

„Die mittelalterliche Wirtschaft Europas bildet einerseits die Grundlage der modernen Wirtschaft, weist andererseits aber wesentlich andere Strukturen als diese auf" (9). Gleich der erste Satz versetzt die Leserschaft unmittelbar hinein in das Spannungsfeld zwischen Kontinuität und Alterität, in dem sich Thomas Ertls neue Wirtschaftsgeschichte des Mittelalters bewegt. Hier die Tradition, dort die Innovation, hier überkommenes Wissen, dort die Ergebnisse neuester interdisziplinärer Forschungen, hier Pirenne (1933), dort Ertl (2021). Die Tabelle zur „Wandlung der mittelalterlichen Wirtschaftsgeschichte in den letzten einhundert Jahren" (18) macht Ertls Ansatz, aber auch seinen Anspruch deutlich, wenn er die Prämissen und Thesen zur mittelalterlichen Wirtschaftsgeschichte in Pirennes „Meisterwerk" (18) den neueren Ansätzen in seinem eigenen Buch gegenüberstellt. Entscheidend ist für Ertl die Abkehr von der kohärenten Aufstiegserzählung sowie die Pluralisierung der Bewertungskriterien. Durchgängig folgt die Darstellung dem Vorsatz, Sachwissen und Forschungskontroversen gleichrangig in gut lesbarer Sprache zu präsentieren. Das Ziel – die mittelalterliche Wirtschaftsgeschichte einerseits möglichst zugänglich darzustellen und andererseits auf den Gang der Forschung und aktuelle Kontroversen hinzuweisen (6) – wird durchgängig, nicht zuletzt im klug angelegten Aufbau eingelöst.

Die ersten drei Kapitel bieten einen chronologischen Überblick vom frühen Mittelalter (‚Transformationen') über das hohe Mittelalter (‚Gute Aussichten') bis hin zum Spätmittelalter (‚Neuordnungen'). Durchgängig besticht die gelungene Einbindung alter und neuer Forschungskontroversen ebenso wie die außergewöhnlich klare und gut verständliche Sprache. Die systematischen Kapitel beginnen mit Strukturen (125–161). Hier werden Rahmenbedingungen sowie die

Annette Kehnel: Rezension zu Thomas Ertl, Bauern und Banker. Wirtschaft im Mittelalter.
In: Das Mittelalter 2022, 27(2), 483–484. Heidelberg: Heidelberg University Publishing.
DOI: https://doi.org/10.17885/heiup.mial.2022.2.24671

Organisation von Handel- und Finanzwesen erklärt. Es folgt eine Darstellung der „Lebensstandards" (man beachte den Plural! 163–198) mit durchweg gegenwartsbezogenem Blick auf die nur vermeintlich ärmlichen Verhältnisse des Mittelalters. Schließlich „Warenwelten. Über Konsum und Shopping im Mittelalter" (199–225) – dies scheint das originellste Kapitel; es stellt die Ausweitung des Warenangebots und die Diversifizierung der Verkaufsformen anschaulich dar: Kleinhändler, Feilscher und Fälscher, Marketing und Werbesprache seit Karl dem Großen bis zum französischen König Karl V. (1338–1380), dessen Leibarzt in der ‚schönen und überzeugenden Rede' die wichtigste Fähigkeit des Kaufmanns sah (201). Durch die Basler Eisengasse, Marktbuden, Läden und Kaufhäuser samt Lagerräumen, Kellern und Hinterzimmer führt uns Ertl die wirtschaftliche Prosperität der europäischen Städte auch anhand spätmittelalterlicher Malerei vor Augen. Das Kapitel „Globales Mittelalter" (227–244) fasst die Forschungsdiskussion um die ‚Great Divergence' mustergültig zusammen und empfiehlt sich als Pflichtlektüre für jedes Proseminar, ebenso wie das letzte Kapitel zur Quellenkunde (245–278).

Es ist die interdisziplinäre Offenheit, die das Buch so lesenswert macht. Im Schlusswort „Wirtschaftsgeschichte – ein Fach im Wandel" (279–285) fasst Ertl seinen interdisziplinären Zugang abschließend als ein Zusammenspiel von Kulturgeschichte (Spielregeln formeller und informeller Märkte, Expansion der Schuldenwirtschaft) und Wirtschaftswissenschaften (die neue Institutionenökonomik) zusammen. Anregungen übernimmt er zudem aus der Globalgeschichte (etwa durch transkulturelle Vergleiche), der Geschlechtergeschichte (gab es in der Renaissance für die Frauen erweiterte ökonomische Handlungsspielräume, war die zunehmende Frauenarbeit für die Entstehung der Konsumgesellschaft verantwortlich?) sowie umwelthistorischen Perspektiven (lassen sich die Krisen Europas mit Veränderungen des Klimas in Zusammenhang bringen?). Schließlich stützt Ertl die Darstellung seiner Befunde vermehrt auf die Auswertung großer Datenmengen mit Hilfe neuer digitaler Methoden (Big Data), aber auch auf Ergebnisse der ‚Genetic History', die Abstammungsverhältnisse, Migrationsprozesse sowie Ernährungsgewohnheiten und Lebensbedingungen erforscht. Das erklärte Ziel des Buches, die Relevanz der mittelalterlichen Wirtschaftsgeschichte im 21. Jahrhundert deutlich zu machen (285), wird durchweg überzeugend eingelöst.

Peter Glasner, Narrheit und Ästhetik. Erzählen von intriganten Narren im Mittelalter (Kölner Germanistische Studien 14). Köln, Böhlau Verlag 2021. 347 S. 2 s/w-Abb.

Besprochen von Michael Rupp:
Leipzig/Würzburg, michael.rupp@uni-wuerzburg.de

Die Bonner Habilitationsschrift geht mit Beobachtungen zum Erzählen von Narrheit in der mittelhochdeutschen Epik eine Lücke an, die von der breiten einschlägigen Forschung tatsächlich bislang nicht ausgefüllt wurde. Zur Ausgangslage: Das mittelalterliche Verständnis von Narrheit wird in der von Glasner eingangs ausgebreiteten Forschung zunächst als Figurenstereotyp verstanden, „das als Allegorie oder Symbol ganz unterschiedliche Facetten theologisch fundierter Anthropologie zu thematisieren vermag" (20) und das dabei stets als etwas Anderes, Anomales und/oder Normwidriges dargestellt wird. Auf der Ebene der Texte wird dieses Andere durch eine große Bandbreite von Erscheinungsformen als wahrnehmbar dargestellt: anhand entsprechender Attribute wie Kleidung, Accessoires oder bestimmter körperlicher Defekte, natürlich auch anhand entsprechenden normwidrigen Verhaltens. Der Befund wird komplexer durch die Unterscheidung von angeborener und angenommener Narrheit, also von schicksalhaft verhängtem Narrentum und solchem, das zu bestimmten Zwecken und mit Absicht der Täuschung angenommen wird.

In der mittelhochdeutschen Literatur des 13. Jahrhunderts finden sich nun vor allem Fälle von Intrigen, die mit Hilfe solcher Verstellung ins Werk gesetzt werden und die vornehmlich dazu dienen, den männlichen Protagonisten seiner Minnedame näherzubringen. Glasner möchte die Poetik solchen Erzählens von Narrheit analysieren; zusätzlich zieht er die ‚Ästhetik der Intrige' Peter von Matts und deren Intrigenmorphologie hinzu, die vor allem Kategorien für die Beschreibung der Handlungsstruktur bietet (hier unter den Oberkategorien ‚Planung', ‚Durchführung' und ‚Anagnorisis'), welche die Grundzüge der analysierten Erzähltexte beschreiben. So soll im Verbund eine Ästhetik der Intrige und eine Poetik der Narrheit herausgearbeitet werden.

Michael Rupp: Rezension zu Peter Glasner, Narrheit und Ästhetik. Erzählen von intriganten Narren im Mittelalter (Kölner Germanistische Studien 14). In: Das Mittelalter 2022, 27(2), 485–486. Heidelberg: Heidelberg University Publishing.
DOI: https://doi.org/10.17885/heiup.mial.2022.2.24672

All dies wird zunächst exemplarisch an der altfranzösischen ‚Folié Tristan' als Beispielfall vorgeführt. In einem zweiten Kapitel („Simulierte Torheit") wird dann diese Erzählung vom Narren Tristan als Wiederkehrabenteuer und damit als Bestandteil verschiedener Tristanromane untersucht. Namentlich sind dies ‚Tristrant und Isalde' Eilharts von Oberg und die beiden Fortsetzungsromane zu Gottfrieds Torso von Ulrich von Türheim und Heinrich von Freiberg. Mit den genannten Kategorien (und den weiteren, noch feiner ausdifferenzierenden der Theorie von Matts) zeigt Glasner dann die unterschiedliche Gestaltung im Hinblick auf den jeweiligen Deutungshorizont des Werks auf. Insbesondere für die Poetik relevant ist hier auch die Situation der Einbettung in den Kontext höfisch-romanhaften Erzählens, zu dem eher dem Schwankhaften zuneigende Motive wie Minneintrige und vor allem Narrheit in einem gewissen Spannungsverhältnis stehen.

Die Minneintrige im Schwank spielt dann im dritten Kapitel („Betörende Simulationen") eine Rolle. In ihm wird die ‚Halbe Birne' analysiert, zunächst in der Konrad von Würzburg zugeschriebenen Fassung A, dann in jener von Hans Folz. Die Analyse mittels der Intrigenmorphologie im Sinne von Matts ermöglicht es tatsächlich, den höfischen Roman und das Märe in ihren verschiedenen Versionen unter diesem Horizont zusammenzuspannen. So zeigt sich die ‚Halbe Birne' (A) als Text, der auf raffinierte Weise mit den Rezeptionsweisen und Erwartungshaltungen spielt. Dabei, so Glasner, markiere der Übergang von der Öffentlichkeit des Hofs in die Heimlichkeit der Kemenate einen Umschlagpunkt, nach dem in der Fassung A die im ersten Teil scheinbar affirmativ aufgebaute höfische Fassade sich insgesamt als unsicher erweise. Am Ende stehe ein für die Leser durch Irritationen unterhaltsames Spiel mit einer eben „nur vermeintlichen Verlässlichkeit von vestimentärer Codierung, Figuren-descriptio, Handlungsalternativen und deren Folgewirkungen" (304). Bei Hans Folz bleibe es dagegen auf der Ebene eines gemeinsamen Lachens über die Protagonisten und deren Scheitern am höfischen Ideal.

Insgesamt erweist sich der Einsatz der Intrigenmorphologie von Matts als schlüssig und führt zu interessanten Befunden. Eine Erprobung der Methode an weiteren Texten wäre sicherlich spannend.

Yasemin Gökpinar, Der *ṭarab* der Sängersklavinnen. *Masālik al-abṣār fī mamālik al-amṣār* von Ibn Faḍlallāh al-ʿUmarī (gest. 749/1349). Textkritische Edition des 10. Kapitels *Ahl ʿilm al-mūsīqī* mit kommentierter Übersetzung (Bibliotheca Academia Orientalistik 33). Baden-Baden, Ergon 2021. 350 S.

Besprochen von Anna Kollatz:
Bonn, anna.kollatz@uni-bonn.de

Ibn Fadl Allāh al-ʿUmarī zählt zu den bekanntesten mamlukenzeitlichen Autoren; insbesondere seine bekanntesten Schriften ‚at-Taʾrīf bi-al-muṣṭalaḥ ash-sharīf' (etwa: ‚Erklärung der noblen Protokolle'), ein Handbuch der Administration und ‚Masālik al-abṣār fī mamālik al-amṣār' (etwa: ‚Wege der Einsicht in die Reiche [der Welt]') wurden von al-ʿUmarīs Zeitgenossen und späteren mamlukischen Autoren hochgeschätzt, verwendet, kommentiert und weitergeschrieben.

Letzteres Werk hat, wie viele andere seines Genres, von jeher besonderes Interesse der Forschung auf sich gezogen, dienten diese sogenannten Enzyklopädien doch als wohlgeordnete Quellen faktualer Information. Es existieren zum vorliegenden Werk zahlreiche (Teil-)Editionen und (Teil-)Übersetzungen sowie Studien zu Teilbereichen des insgesamt 27-bändigen Texts. Bislang ein Desiderat scheint jedoch eine literaturhistorische Analyse des Werks im Kontext seiner generischen Zugehörigkeit zu sein.

Yasemin Gökpinar rechnet das Werk dem arabischen Genre der *masālik*-Werke zu und beschreibt es als „geographische Enzyklopädie" (xv). Damit widerspricht sie implizit Elias Muhanna, der in ‚Masālik al-abṣār' ein „different genre altogether" (‚Ibn Faḍlallāh al-ʿUmarī', Encyclopaedia of Islam, THREE) erkennt und diese Einschätzung mit der thematischen Aufteilung des Werkes und seiner Einbindung in einen generationenübergreifenden gelehrten Diskurs begründet. In der Tat ist auch der hier edierte Teil aus dem 10. Kapitel ‚Ahl ʿilm al-musīqī' (etwa: ‚Über die Musiker') eher als auf Musiker:innen und ihre Werke spezialisierte Biographiesammlung zu beschreiben denn als geographische Enzyklopädie. Die Autorin interessiert sich hier insbesondere für die Sängersklavinnen, auf deren Status und Rolle an islamischen Höfen die Einleitung kurz verweist.

Anna Kollatz: Rezension zu Yasemin Gökpinar, Der *ṭarab* der Sängersklavinnen. *Masālik al-abṣār fī mamālik al-amṣār* von Ibn Faḍlallāh al-ʿUmarī (gest. 749/1349). Textkritische Edition des 10. Kapitels *Ahl ʿilm al-mūsīqī* mit kommentierter Übersetzung (Bibliotheca Academia Orientalistik 33). In: Das Mittelalter 2022, 27(1), 487–488. Heidelberg: Heidelberg University Publishing. DOI: https://doi.org/10.17885/heiup.mial.2022.2.24673

Die Ausgabe liefert erstmals eine kritische Edition des Textteils auf der Basis aller bekannten Handschriften (xvii–xxv) und stellt darüber hinaus in der Übersetzung einen unschätzbaren Apparat an prosopographischen und weiteren Informationen zur historischen Kontextualisierung bereit. Darüber hinaus wird der Text durch die Übersetzung auch für ein (deutschsprachiges) Publikum außerhalb der Islamwissenschaft zugänglich, das sich zum Beispiel im Zusammenhang mit Abhängigkeitsforschung für die arabischen Sängersklavinnen interessieren könnte und sollte. Jedoch hat die Ausgabe leider einige eher benutzerunfreundliche Eigenschaften: So ist das Inhaltsverzeichnis, das allein der Gliederung des Originaltexts nach Eigennamen der beschriebenen Musiker:innen folgt, auch für den islamwissenschaftlichen Rezipientenkreis eher kryptisch, sofern man sich nicht schon gut in der bewussten Gruppe auskennt. Die durchweg äußerst hilfreichen, detaillierten und gut recherchierten Anmerkungen im Apparat sind in vielen Fällen nur für Fachkolleg:innen ohne weiteres nutzbar, da sie häufig – und aus fachwissenschaftlicher Perspektive auch verständlicherweise – quellensprachliche Termini nutzen, z. B. Metren-, Genre-, Berufs- oder Standesbezeichnungen, um die gesammelten Informationen konzis und präzise zur Verfügung zu stellen. Aus eigener Erfahrung kann die Rezensentin berichten, dass derlei fachintern etablierte Termini im interdisziplinären Austausch leider häufig nicht dienlich sind.

Zusätzlich zu einer kurzen Einleitung und Informationen zu den Textzeugen bietet der Band einen Personen- und Sachindex, der insbesondere für die Suche nach prosopographischen Daten hilfreich sein dürfte, sowie eine schematische, einseitige Darstellung der Bezüge zwischen arabischen und persischen (musikalischen) Modi. Die Rezensentin islamwissenschaftlichen Hintergrunds hätte sich hier noch eine kleine Situierung des ausgewählten Textteils in seinem intra- wie intertextuellen Kontext gewünscht. Diese relativ karge Kontextualisierung ist damit zu erklären, dass der Band als Begleitung der Dissertationsschrift der Autorin (‚Höfische Musikkultur im klassischen Islam', Leiden 2020) zu lesen ist. Sie tut der fachwissenschaftlichen Bedeutung und Qualität dieser Ausgabe, die ein lange als Nischenthema verstandenes Feld besser zugänglich macht, aber keinerlei Abbruch.

Gesine Güldemund, Das Erbrecht der Buch'schen Glosse (Forschungen zur Deutschen Rechtsgeschichte 35). Köln, Böhlau 2021. 693 S. 6 Abb. 19 Graphiken.

Besprochen von Constanze Hirscher:
Augsburg, sekretariat.becker@jura.uni-augsburg.de

„Oh weh, den Richtern fehlt im Recht bisweilen das Verständnis [...]" (23). Schenkt man dem Glossenprolog Johanns von Buch Glauben, war ein Großteil der Richter in der ersten Hälfte des 14. Jahrhunderts trotz guter Intention nicht immer in der Lage, den Sachsenspiegel sachgerecht anzuwenden und rechtmäßige Urteile zu fällen. Johann von Buch hatte es sich vorgenommen, den Sachsenspiegel Eikes von Repgow, das bedeutende deutschsprachige Rechtsdokument des hohen Mittelalters, zu glossieren, das heißt, mit umfangreichen Anmerkungen verständlicher zu machen. Im Prolog schildert der Glossator auch seine Motivation für jenes Werk, nämlich seiner Huldigung Herzog Ottos II. von Braunschweig sowie seiner beiden Onkel väterlicherseits Ausdruck zu verleihen.

Mit dem Glossenprolog leiten sowohl im 14. Jahrhundert Johann von Buch seinen Glossenapparat als auch anhand ausgewählter Verse Gesine GÜLDEMUND ihr Werk ein, das als Dissertation an der Juristischen Fakultät der Universität Bayreuth entstand. Die Buch'sche Glosse ist nicht nur rechtshistorisch wertvoll, sondern auch von literarischer Bedeutung: Schon die Tatsache, dass die Einführung Johanns von Buch zu seiner Glossierung in lateinischer und deutscher Sprache in Versform gehalten ist, lässt erahnen, dass es sich bei jenem Glossenapparat um ein untersuchungswürdiges Werk handelt, dessen sich die Autorin in ihrer Arbeit angenommen hat. Sie unterstreicht gleich zu Beginn die besondere Bedeutung dieser Rechtsquelle, die „als erste Glossierung zu einem deutschen Rechtstext eine neue Literaturgattung" (24) darstellte.

In ihrer Detailuntersuchung des Glossentextes des an der Universität Bologna ausgebildeten Juristen Johann von Buch betrachtet die Autorin das Erbrecht. Dieses Rechtsgebiet war in der mittelalterlichen Gesellschaft in praktischer Hinsicht

Constanze Hirscher: Rezension zu Gesine Güldemund, Das Erbrecht der Buch'schen Glosse (Forschungen zur Deutschen Rechtsgeschichte 35). In: Das Mittelalter 2022, 27(1), 489–490. Heidelberg: Heidelberg University Publishing.
DOI: https://doi.org/10.17885/heiup.mial.2022.2.24674

höchstwichtig, da von erbrechtlichen Regelungen das langfristige Schicksal von Familien und ganzer Landstriche abhängen konnte. Vor allem war das Erbrecht „umfassend und konkret geregelt“ (43). Dabei wendet sich GÜLDEMUND in den ersten drei Kapiteln erbrechtlichen Themenkomplexen zu, um im vierten die gewonnenen Erkenntnisse auf grundsätzliche Fragen der Forschung zur Buch'schen Glosse zu übertragen.

In Kapitel A bis C untersucht die Autorin drei Kernthemen des Erbrechts: die gesetzliche Erbfolge in Kapitel A, die Rechtsgeschäfte von Todes wegen in Kapitel B und das Ehegüterrecht im Todesfall sowie die Sondermassen (speziell aufgeteiltes Erbe) in Kapitel C. Dabei folgt der Aufbau stets einem Dreiklang: Zunächst wird die jeweilige erbrechtliche Fragestellung im römischen und gelehrten Recht betrachtet, daraufhin die Rechtslage im Sachsenspiegel und abschließend die Glossierung Johanns von Buch untersucht. Die Autorin beschreibt die Buch'sche Glosse als „[b]isher nur unzureichend erforscht“ (24), so dass ihr Verhältnis zum glossierten Text des Sachsenspiegels selbst und dem im 14. Jahrhundert in Europa geltenden römisch-kanonischen Recht besonders herausgearbeitet werden soll. In Kapitel D diskutiert die Autorin die Entstehungsgeschichte der Buch'schen Glosse, untersucht Herkunft und Autorenschaft der verschiedenen Glossenfassungen und beleuchtet das grundsätzliche Zusammenspiel von sächsischem und gelehrtem Recht in der Buch'schen Glosse.

Mit ihrer Arbeit knüpft die Autorin an die Forschung ihres Doktorvaters Bernd KANNOWSKI an – der sich in einer breiteren Betrachtung mit der Buch'schen Glosse auseinandergesetzt hat – und legt ihren besonderen Fokus auf das Erbrecht. Die von der Autorin nicht berücksichtigten erbrechtlichen Fragestellungen (43), wie die Erbenhaftung oder das Zusammenspiel von Standes- und Erbrecht, könnten Gegenstand anschließender Forschung sein. Das Werk überzeugt durch seine tiefgehende Auseinandersetzung mit den Quellentexten. Umfassend werden die Streitstände im Kapitel über die Glossenforschung analysiert. Die Arbeit ist sehr anschaulich und übersichtlich gehalten. So werden dem Leser Komplexe wie die rechtlich weit verzweigten erbrechtlichen Regelungen auch optisch nähergebracht. Mithilfe von Graphiken illustriert und verdeutlicht die Autorin im Kapitel über die gesetzliche Erbfolge verschiedene Erbfolgesysteme oder Verwandtschaftsbeziehungen (z. B. 50, 71, 85). Ein fundiertes Werk, das nicht nur für Juristen interessant ist.

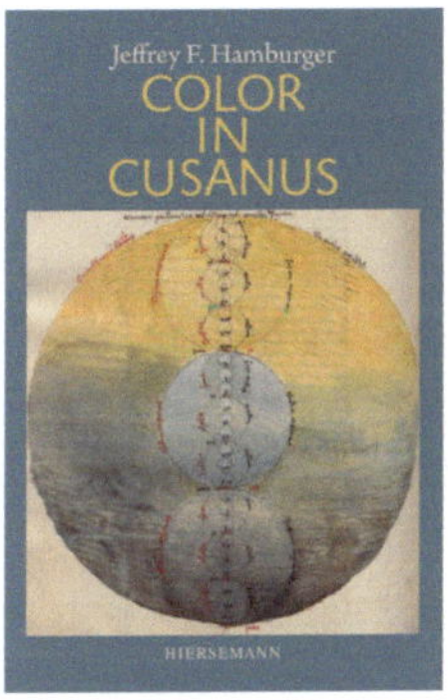

Jeffrey F. Hamburger, Color in Cusanus. Stuttgart, Hiersemann 2021. 199 S. 42 Abb.

Besprochen von Isabelle Mandrella:
München,isabelle.mandrella@lmu.de

Das Verhältnis des Nicolaus Cusanus zur Malerei und zum Kunstverständnis seiner Epoche ist bereits seit längerem Gegenstand intensiver Forschungen. Denn bekanntlich hat sich Cusanus in seinen philosophisch-theologischen Schriften immer wieder mit diesen Bereichen beschäftigt; zwar nicht aus explizit kunsttheoretischem Interesse, aber weil er ihnen viele Metaphern und Beispiele entnimmt, um seine theoretischen Überlegungen, die zentral mit den Begriffen des Bildes und des Sehens operieren, nicht nur zu illustrieren, sondern auch zu untermauern. Das gleiche Forschungsinteresse ist den vielen Diagrammen des Cusanus entgegengebracht worden, in denen er das Unsichtbare zu visualisieren versucht und somit Denkbilder und -anleitungen präsentiert, denen ebenfalls weit mehr als eine nur illustrierende Funktion zuzuschreiben ist. Im vorliegenden Buch versucht HAMBURGER, eine neue Perspektive in diese Zusammenhänge einzubringen, indem er das Augenmerk auf die Tatsache richtet, dass Cusanus zwei seiner berühmtesten Diagramme aus ‚De coniecturis', die *figurae P* und *U*, ursprünglich farbig konzipiert hatte. Zu Recht weist der Vf. darauf hin, dass dieser wichtige Umstand dadurch in Vergessenheit geraten ist, dass seit den ersten Drucken der cusanischen Werke Ende des 15. Jahrhunderts beide Diagramme immer nur in Schwarz-Weiß wiedergegeben worden sind und so unsere Rezeption bis heute einseitig geprägt worden ist.

Ob dies nun gleich rechtfertigt, ein ganzes Buch mit ‚Color in Cusanus' zu überschreiben, mag dahingestellt sein, aber die Grundeinsicht, die sich dahinter verbirgt, ist doch hochinteressant und ergänzt die Cusanusforschung an diesem Punkt um ein sehr wichtiges Detail. Um die eigentlich recht knappe Auseinandersetzung des Cusanus mit Farbe und Farbigkeit in ‚De coniecturis', der sich das umfangreichste fünfte Kapitel widmet, angemessen einzuordnen, befasst sich der

Isabelle Mandrella: Rezension zu Jeffrey F. Hamburger, Color in Cusanus. In: Das Mittelalter 2022, 27(2), 491–492.
Heidelberg: Heidelberg University Publishing. DOI: https://doi.org/10.17885/heiup.mial.2022.2.24675

Vf. (neben einer allgemeinen Einführung in Autor und Werk) zum einen mit der Theorie der Diagramme, zum anderen mit Parallelen aus der zeitgenössischen Malerei. Das erste Kapitel ‚Thinking through Diagrams' zeichnet die antiken Einflüsse nach, unter denen Cusanus seine Diagramme als „tools for thinking" (29), nämlich als Visualisierungen des unsichtbaren Göttlich-Absoluten entwirft; Visualisierungen, die als einfache Umrisszeichnung zunächst bewusst abstrakt gehalten werden. Erst durch die Hinzufügung von Farbe – so das zweite Kapitel – entwickelt das Diagramm eine höhere Expressivität und folglich eine stärkere Anregung der sinnlichen Wahrnehmung. Als singuläres Beispiel dient dem Vf. das *Sigillum aeternitatis* des Heymericus de Campo, bei dem Cusanus studierte: ein ebenfalls ursprünglich farbiges Diagramm zur Darstellung der Trinität, das Cusanus selbst allerdings wohl auch nur unkoloriert kannte (48 f.). Durch die Farbgebung nimmt das Diagramm eine noch stärkere Vermittlungsfunktion zwischen dem sinnlich Sichtbaren und dem nur intellektuell zugänglichen Unsichtbaren ein.

Die mit ‚Cusan Speculation' bzw. ‚Diagrams in Action' überschriebenen dritten und vierten kurzen Kapitel versuchen eine Gesamteinordnung dieses Befundes in das cusanische Œuvre, wobei der Vf. die zentrale Bedeutung der Begriffe *imago* und *ars* im cusanischen Denken zu stark marginalisiert. Mit dem bereits erwähnten folgenden Kapitel ist dann wirklich das Thema ‚Color in Cusanus' angesprochen. Das von Cusanus in Bezug auf die Farbgebung seiner Diagramme ausdrücklich vorgesehene Ineinandergreifen von Hell und Dunkel gibt den zweidimensionalen schwarzweißen Modellen nicht nur ihren ursprünglichen Charakter als dreidimensionale Konen bzw. Pyramiden und Globen wieder, sondern die Farbe – verstanden als ein verschränktes Aufnehmen (*contracta receptio*) des an sich unsichtbaren Lichtes und somit eine Teilhabe in Andersheit an diesem Licht (*alterata participatio huius lucis*) – ermöglicht den Zugang zur an sich unsichtbaren, als absolutes Licht verstandenen Einheit. Die farbigen Diagramme erfüllen somit ihre Funktion in besonderer Weise.

Das etwas angefügt wirkende letzte Kapitel deckt einige bemerkenswerte Parallelen zwischen der farbigen *figura U* und zeitgenössischen Darstellungen von lichtdurchlässigen bzw. lichtreflektierenden Globen auf. Ein Manuskript- und ein Sachindex schließen das Buch ab. Letzterer scheint allerdings, gerade was die Namen betrifft, unvollständig zu sein. Vergeblich sucht man leider ein Literaturverzeichnis. Das ist umso bedauerlicher, als der Vf. exzellent in die internationale Forschungsliteratur eingearbeitet ist und eine Fülle an weiterführenden Hinweisen zusammenträgt. Uneingeschränkt positiv zu bewerten sind hingegen die 42 jeweils kommentierten Abbildungen, von denen insbesondere die acht, die die farbige Darstellung der Diagramme P und U in verschiedenen Handschriften wiedergeben, aufgrund ihrer weitgehenden Unbekanntheit erwähnenswert sind. Aber auch für diejenigen Leser/innen, die ein allgemeineres Interesse an Cusanus und am Verhältnis von Philosophie und Kunst im 15. Jahrhundert haben, bietet Hamburger einen klar verständlichen und materialreichen empfehlenswerten Überblick.

Joachim Heinzle, Wolfram von Eschenbach. Dichter der ritterlichen Welt. Leben, Werke, Nachruhm. Basel, Schwabe 2019. 334 S. 32 Abb.

Besprochen von Robert Schöller:
Fribourg, robert.schoeller@unifr.ch

Ein ganzes Forscherleben lang hat sich Joachim Heinzle um das Werk Wolframs von Eschenbach bemüht. Die Resultate dieser Anstrengungen leisten der germanistischen Mediävistik heute und wohl noch für geraume Zeit gute Dienste, gelten sie doch insbesondere der editorisch-philologischen Erschließung von Wolframs Werk. Da er zuletzt auch Wolframs Lieder (2021) neu edierte und kommentierte, liegt nun, mit Ausnahme des ‚Parzival', der ganze Wolfram in der editorischen Betreuung Heinzles vor. Zuvor erschienen die Edition des ‚Willehalm' auf der Basis des St. Galler Codex 857 (1991; Studienausgabe 1994) und die gemeinsam mit Joachim Bumke erarbeitete Ausgabe des ‚Titurel' (2006), in die auch das Wissen aus Heinzles Dissertation (publiziert 1972) zum ‚Titurel' einging. Darüber hinaus gab er im Jahr 2011 ein zweibändiges, stattliche 1447 Seiten umfassendes Wolfram-Handbuch heraus.

Diese dichten, über Jahrzehnte angewachsenen Wolfram-Kenntnisse lässt Heinzle nun in seine neue Monographie einfließen. Es handelt sich um die erste Gesamtdarstellung seit Heiko Hartmanns Einführung (2015) und seit der letzten Auflage von Bumkes grundlegender Monographie, die Generationen von Altgermanistinnen und Altgermanisten an Wolfram heranführte (8. Aufl. 2004). Heinzles Darstellung wendet sich ausdrücklich auch an ein breiteres Publikum. Die Ergebnisse werden dementsprechend in einer unprätentiösen und präzisen, auf das Wesentliche konzentrierten Sprache präsentiert, was der Lesbarkeit des Buches entschieden entgegenkommt. Heinzle ist stets darum bemüht, das gesicherte Wissen über Wolframs Leben und Wirken von den zahlreichen Spekulationen abzugrenzen, die immer wieder in der Wolfram-Forschung begegnen. Die Studie ist in fünf Teile und einen ‚Epilog' gegliedert. Nach einem grundlegenden, mit

Robert Schöller: Rezension zu Joachim Heinzle, Wolfram von Eschenbach. Dichter der ritterlichen Welt. Leben, Werke, Nachruhm. In: Das Mittelalter 2022, 27(2), 493–494. Heidelberg: Heidelberg University Publishing.
DOI: https://doi.org/10.17885/heiup.mial.2022.2.24676

umfassenden realienkundlichen Erörterungen angereicherten Kapitel über den ‚historischen Wolfram' (1–48) widmet sich HEINZLE zunächst der Lieddichtung Wolframs (49–80), um dann zu den epischen Werken überzugehen (‚Parzival' und ‚Titurel', 81–169; ‚Willehalm', 171–217). Beschlossen wird der Text mit einem Kapitel über den kaum zu überschätzenden Einfluss Wolframs auf die folgenden Dichter-Generationen (219–244) und einem Abschnitt zur Wolfram-Rezeption durch Richard Wagner (245–271), der mit seinen mediävalisierenden Musikdramen auch das moderne Wolfram-Bild maßgeblich beeinflusste.

Aus der erstaunlichen Vielzahl von Einsichten, die dieses Buch vermittelt, sei hier eine besonders hervorgehoben: Jede wissenschaftliche Studie zu einem einzelnen Aspekt oder zu einem einzelnen Werk Wolframs muss stets das Gesamtwerk im Blick behalten. Denn kaum ein anderes Werk eines mittelhochdeutschen Autors zeichnet sich durch eine solche Fülle nicht nur von inter-, sondern auch von intratextuellen Verweisen aus, die alle konventionellen Gattungsgrenzen ignorieren und sprengen. Wolframs von einem höchst wandlungsfähigen Erzähler moderiertes Werk ist ein offenes Werk, ein ‚Netz-Werk', in dem alle Teile miteinander verknüpft sind. Der Dichter schließt den ‚Parzival' ab – um sogleich mit dem ‚Titurel' einen Seitenflügel zu zimmern, der sich aus jeder Quellenabhängigkeit löst. Selbst im ‚Willehalm' begegnen noch zahlreiche Reminiszenzen an den früheren Artusroman. Und schließlich spaziert der Minnesänger Wolfram durch den ‚Parzival', wie umgekehrt der Wolfram-Erzähler unvermittelt in der Lieddichtung auftaucht: In einer von der Forschung unglücklich ‚Selbstverteidigung' getauften Passage des ‚Parzival' gibt der Erzähler zu erkennen, dass er sich auch auf den Minnesang verstehe: Er *kan ein teil mit sange* (Pz. 114, 13). Der Vers ist m.E. weniger ein „selbstbewusstes Understatement" (49 u. ö.) als vielmehr ein Bekunden von Minnesangkompetenz: Zu einem Teil (*ein teil*) ist er Minnesänger, zum anderen Teil Epiker. Als Minnesänger gibt sich der Erzähler nun im ‚Parzival' von einer Frau enttäuscht – einer Frau, die, wie HEINZLE deutlich macht, im ‚Lied III' erneut auftaucht und vom Sänger-Erzähler wie von einem Raubvogel begehrt oder besser ‚begiert', fixiert, wird. Doch damit nicht genug: Wie auch die ‚Selbstverteidigung' erweist sich das Lied als polemische Stellungnahme zu einer Auseinandersetzung, die in die Literaturgeschichte als ‚Reinmar-Walther-Fehde' eingegangen ist. Dies alles wird von HEINZLE entlang der Forschung akribisch nachgezeichnet (50–55). Doch eine Pointe könnte (so sie nicht bloß im Kopf des Rezensenten existiert) dem Verfasser entgangen sein: Wolfram fügt der „Vogelparade" (55) des Liedes (Jagdvogel, Eule, Storch) noch eine weitere Tierstimme hinzu – jene des Esels, dessen charakteristisches ‚i-a' durch die Endreime der ersten und dritten Strophe nachgebildet wird und das die Polemik auf die boshafte Spitze treibt.

HEINZLE hat ein zutiefst gelehrtes, ein wunderbares Buch vorgelegt, mehr noch: ein Meisterwerk der Literaturwissenschaft. Dem Schwabe-Verlag gebührt für die angemessene Preisgestaltung und die gelungene Ausstattung des Buches Dank und Anerkennung.

Thomas Honegger, Introducing the Medieval Dragon. Cardiff, University of Wales Press 2019. 169 S. 15 Abb.

Besprochen von Paul Wackers:
Utrecht, p.w.m.wackers@uu.nl

This book is the first one in a new series ('Medieval Animals') that is dedicated to the cultural impact of animals in the medieval period and their afterlife in later periods. The dragon is an important part of the medieval legacy in modern times, so this is a fitting start. The book contains an introduction, four chapters, and a conclusion. The introduction presents general ideas about dragons in human cultures and their specific realisations in the western Middle Ages. The first chapter discusses the way the dragon is seen in the scholarly tradition as an important part of the fauna of the east, the miraculous part of the world. As all things in creation, however, the dragon can also be interpreted allegorically. In this case he represents the devil. This element plays a central part in the next chapter about the role of the dragon in medieval religion: based on biblical references the dragon is seen as an incarnation of the devil. He is the adversary of fighting saints like Michael or George or suffering saints like Margaret of Antioch. His roles in the visual arts are also discussed. Especially images based on the 'Apocalypse' are frequent. This second chapter is the only one in which images play an important role. In the other chapters stories dominate. In the fourth and last chapter it is shown that in medieval literature a fight with a dragon is the ultimate test for a hero. This chapter pays much attention to the fight with the dragon in 'Beowulf' and in 'Bevis of Hampton'. All three chapters 1, 2 and 4 often refer to elements from the other ones. It becomes clear that there is an underlying pattern in medieval dragon lore that is realised differently in these three parts of medieval scholarly tradition, religion, and literature. The third chapter breaks the chronological order because it shows how aspects of medieval dragon lore functioned in the folklore of post-medieval times. This is mainly made clear by

Paul Wackers: Rezension zu Thomas Honegger, Introducing the Medieval Dragon. In: Das Mittelalter 2022, 27(2), 495–496. Heidelberg: Heidelberg University Publishing. DOI: https://doi.org/10.17885/heiup.mial.2022.2.24677

way of an analysis of the versions of the story of the Mordiford (a small village in Herefordshire) dragon. There is not really a rupture between chapters 2 and 3 in the reading process, but I think the composition of the book would have been more elegant if the chronological order had been respected, i.e. if chapters 3 and 4 had been presented in the reverse order. In the conclusion a comparison is made between medieval and modern ideas about dragons.

The book is short, but well written and informative. The author explains the differences between medieval and modern thinking very well. He does not try to be complete but writes often extensively about one specific example to illustrate a general tendency. I admire the way in which he highlights the representation of general tendencies, but also the peculiarities in the examples he chooses.

The book concentrates on the medieval ideas about dragons but at times these are compared to other ideas, for instance in the introduction which speculates about the reasons why we find dragons in almost all human cultures and where the different types of the western dragon are contrasted with the far more stable representation of the eastern dragon (8–13). This last theme also has a bearing on the discussion about the Lucerne chasuble (56–60). The back section of this chasuble consists of two pieces of silk, showing Chinese dragons. HONEGGER shows how they had to be reinterpreted to be able to function in their new context. Another important contrast is shown when the first chapter describes how Linnaeus ultimately rejects the existence of dragons on the basis of scientific reasoning as an introduction to the (in our eyes) unquestioned acceptance of older information by medieval scholars (17–20). These passages give the book a greater depth.

The subject of the book are the general, so European, medieval ideas about dragons. The examples, however, are mostly British (not 'De proprietatibus rerum' but Trevisa's translation of that encyclopedia; not the French 'Bueve de Hantone' but the English adaptation 'Bevis of Hampton'). The 'representational character' of these British examples should perhaps have been highlighted a bit more.

The book is primarily aimed at people with little knowledge about medieval dragons, but it is also interesting for those who are already well versed in dragon lore because it offers interesting new ideas and inspiring perspectives.

Hauke Horn u. Matthias Müller (Hgg.), Gotische Architektur am Mittelrhein. Regionale Vernetzung und überregionaler Anspruch (Phoenix. Mainzer Kunstwissenschaftliche Bibliothek 5). Berlin, Boston, De Gruyter 2020. 371 S. 312 s/w-Abb., 48 farb. Abb.

Besprochen von Andreas Waschbüsch:
Halle (Saale)/Luxemburg, andreas.waschbusch@inpa.etat.lu

Seit 2002 steht das Obere Mittelrheintal auf der Liste der UNESCO-Weltkulturerbestätten. Spätestens seit dem 10./11. Jahrhundert ist es politisch, ökonomisch und kulturell eine der zentralen Landschaften im Heiligen Römischen Reich. Dennoch wird es – zu Recht – von einem der Herausgeber aus kunsthistorischer Perspektive als „terra incognita" (Müller, X) beschrieben. In diese Lücke möchte der vorliegende Aufsatzband stoßen, der eine Tagung vom November 2016 dokumentiert, gleichzeitig aber auch die Ergebnisse eines von 2013 bis 2018 von der DFG geförderten Forschungsprojektes ‚Regionale Vernetzung und überregionaler Anspruch. Mittelalterliche Sakralarchitektur am Mittelrhein (ca. 1220–1350)' zusammenfasst.

Die Publikation verknüpft dabei methodische Überlegungen zu stilgeschichtlichen Problemen – etwa Müller zum sogenannten Übergangsstil, Gallet zum Phänomen des Kultur- und Formentransfers in der Mikroarchitektur am Beispiel des Oberweseler Goldaltars oder Horn zur Traditionsgebundenheit mittelalterlicher Architektur – mit objektbasierten, monographischen Untersuchungen etwa zu St. Kastor in Koblenz (Lathomus), St. Martin in Bingen (Horn) sowie dem Mainzer Dom und seinen Annexbauten (Engel, Hedtke). Aber auch übergeordnete Themen finden Berücksichtigung, so die spätmittelalterliche Bau- und Territorialpolitik am Beispiel des Burgenbaus (Sebald), die Bautechnik und Bauorganisation (Horn) oder die Frage nach Herkunft und Bedeutung der in der Mittelrheinregion besonders häufig zu findenden zweischiffigen Franziskanerkirchen (Sperber).

Ein zentrales Thema, das viele der insgesamt 17 Beiträge durchzieht, ist die Diskussion verschiedener Erklärungsmodelle für den internen und externen künstlerischen Austausch in einer geographisch definierten Region. In einem Gebiet

Andreas Waschbüsch: Rezension zu Hauke Horn u. Matthias Müller (Hgg.), Gotische Architektur am Mittelrhein. Regionale Vernetzung und überregionaler Anspruch (Phoenix. Mainzer Kunstwissenschaftliche Bibliothek 5).
In: Das Mittelalter 2022, 27(2), 497–498. Heidelberg: Heidelberg University Publishing.
DOI: https://doi.org/10.17885/heiup.mial.2022.2.24678

der „extremen territorialen Zersplitterung“ (296) und ohne klares Zentrum, wie Schäfer darlegt, ist diese Fragestellung besonders virulent. Ein großes Verdienst des Bandes ist es, die Kunstproduktion dieser Region nicht als einen autonomen Prozess aufzufassen – hier knüpfen die Überlegungen an die Forschung der letzten Jahrzehnte an –, sondern ihre politische, soziale und ökonomische Bedingtheit herauszuarbeiten und damit eine Konkurrenz unterschiedlicher Deutungsmuster zuzulassen. So verknüpft etwa Engel Überlegungen zur „Rheinschiene“ (139) als ein Austauschweg künstlerischer Formen mit überregionalen prosopographischen Verbindungen. Horn nimmt die kirchenrechtliche Verbindung zwischen dem Severusstift in Boppard und St. Martin in Worms in den Blick, um damit typologische und stilistische Parallelen zwischen den beiden Stiftskirchen zu erklären, wohingegen er in Oberwesel eine innerstädtische Konkurrenz zwischen den Pfarrkirchen und den Bauten der Bettelorden konstatiert, die das Anspruchsniveau beim Bauen jeweils gesteigert habe. Auffällig ist, dass die Architektur der jeweiligen Metropolitankirche – in den behandelten Fällen die Dome in Trier und Mainz – offensichtlich keine Rolle bei der Formenwahl gespielt hat, das in anderen Regionen diskutierte Konzept des ‚Diözesanstils‘ folglich keine Erklärung liefern kann. Schurr geht sogar noch einen Schritt weiter, indem er für die altehrwürdigen Stiftskirchen in den bischöflichen Metropolen eine Art negativen Diözesanstil vermutet, wenn er eine „Strategie der künstlerischen Differenzierung von ihrer jeweiligen Bischofskirche“ (173) beobachtet.

Die Zusammenschau der Beiträge zeigt so plurale Deutungsansätze und ein ganzes Bündel von Faktoren auf, die Einfluss auf die Aneignung externer Impulse und interner künstlerischer Beziehungen im Mittelrheintal des 13. bis 15. Jahrhunderts haben konnten. Von Fall zu Fall – so könnte man die Quintessenz zusammenfassen – spielten politische, landesherrschaftliche oder kirchenrechtliche Abhängigkeiten eine Rolle, mal die Lage an bestimmten Verkehrswegen, mal bestimmte Personennetzwerke, mal die Tradition des Ortes und mal das regionale bzw. überregionale Anspruchsniveau, das sich die Bauherren auferlegten. Im Aufzeigen dieser Disparität liefert der Band einen wichtigen Forschungsbeitrag, muss sich aber – bis zu einem gewissen Grad – auch den Vorwurf der Beliebigkeit gefallen lassen. Die Frage, warum dort jener Erklärungsansatz greift, andernorts jedoch ein anderer, kann nur durch detaillierte Kontextanalysen beantwortet werden. An dieser Stelle können weitergehende Forschungen anknüpfen.

Beate Kellner, Susanne Reichlin u. Alexander Rudolph (Hgg.), Handbuch Minnesang. Berlin, Boston, De Gruyter 2021. 845 S. 24 Abb.

Besprochen von Sonja Emmerling:
Regensburg, sonja.emmerling@ur.de

Das Vorhaben, mit einem ‚Handbuch Minnesang' Studierenden wie Forschenden eine „vielstimmige Einführung" (2) an die Hand zu geben, gelingt zum einen, indem die insgesamt 48 Beiträge von 39 Expertinnen und Experten verfasst wurden, zum anderen, indem verschiedene methodische und inhaltliche Blickwinkel auf die prominenteste Gattung der mittelhochdeutschen Lyrik eingenommen werden. In acht Großkapiteln werden zentrale Bereiche der Minnesangphilologie aus unterschiedlichen Perspektiven besprochen – teils als Überblick über grundlegende Wissensfelder zur Gattung, teils als Zusammenschau der aktuellen Forschungslage oder Weiterentwicklung respektive Neuperspektivierung vorhandener Ansätze.

Die drei Beiträge des ersten Kapitels liefern mit den Themen ‚Überlieferung', ‚Varianz' und ‚Edition' trotz einiger weniger Redundanzen eine facettenreiche Einführung in die für das Verständnis des Minnesangs so grundlegenden Aspekte und bieten vor dem Hintergrund des Diktums, dass Edition nach Interpretation verlangt, eine solide Grundlage für die folgenden thematischen Einlassungen. Im zweiten Kapitel steht die europäische Kontextualisierung des Minnesangs im Zentrum. Dabei geht es neben den „Verflechtungen mit der Romania" (9) auch um Transferprozesse mit Blick auf die italienische, lateinische, niederländische und alttschechische Lyrik. Im Kapitel „Form und Pragmatik" wird Minnesang als „multimediales Gesamtkunstwerk" (246) in den Blick genommen. In fünf Beiträgen wird das philologische und hermeneutische Potential einer jeden Formanalyse thematisiert, sei sie metrisch, melodiebasiert, pragmatisch-performativ oder klanglich ausgerichtet.

Im vierten Kapitel „Themen und Semantiken" werden unter der Prämisse ihrer Dynamik unterschiedliche Minnekonzepte und ihre semantischen Isotopien sowie

Sonja Emmerling: Rezension zu Beate Kellner, Susanne Reichlin u. Alexander Rudolph (Hgg.), Handbuch Minnesang.
In: Das Mittelalter 2022, 27(2), 499–500. Heidelberg: Heidelberg University Publishing.
DOI: https://doi.org/10.17885/heiup.mial.2022.2.24679

verschiedene Modi und Funktionen religiöser Semantiken im Minnesang erläutert. Flankiert werden diese Aspekte durch zwei Beiträge zum Spiel mit dem Blick des Publikums (inszenierte Imaginationen als „inneres“ und Visualität als „äußeres Sehen“). Überlegungen zu verschiedenen Formen von Temporalität – neben Natur und Natureingang zählen hierzu auch der Wechsel von Tag und Nacht sowie Alterungsprozesse – zeigen auf, wie die Statik des Minnebegehrens in den Liedern immer wieder aufgebrochen wird. Methodische Zugänge eröffnen die Beiträge zur Gender- und Queertheorie, zur Triangularität der höfischen Liebe in der Tradition Girards und Lacans sowie zur „Sozialgeschichte als Forschungsparadigma“. In letzterem wird das Desiderat nach einem umfassenden kulturwissenschaftlichen Verständnis des Minnesangs formuliert, in welchem das Verhältnis von Subjekt und soziokultureller Ordnung ausgelotet wird, ohne sich in den „methodischen Fallstricken der sozialgeschichtlichen Minnesangforschung“ (359) zu verfangen.

Das fünfte, literarhistorisch ausgerichtete Kapitel plädiert für eine Verschiebung des Blickwinkels weg von einer traditionell autorzentrierten Gattungsgeschichte hin zu einem textzentrierten Modell, in dem Komponenten wie Sprechhaltung, Semantik, Form und Stil die entscheidenden Größen sind. Im sechsten Kapitel zu „Subgattungen und Gattungsinterferenzen“ werden die gängigen Genres im Blick auf Genese, Sujetkern, Kommunikationsstruktur und Variationsmöglichkeiten beleuchtet, gattungstypologische Termini wie Tanzlied und Erzähllied problematisiert und Neuansätze für eine Typologie von Sommer- und Winterliedern skizziert.

Die Autorenprofile des siebten Kapitels (bei denen leider Wolfram von Eschenbach fehlt) stellen neben konventionellen Kurzportraits und Überlieferungsdaten konzise die Charakteristika der entsprechenden Lied-Korpora heraus, die gerade auch im unmittelbaren Vergleich gemeinsame minnesangliche Diskurstraditionen sichtbar machen. Breiten Raum erhalten Dichter des späten 13. und des 14. Jahrhunderts, unter ihnen typische Sangspruchdichter, wodurch der Ansatz einer dynamischen Gattungsdifferenz gestärkt wird. Den Abschluss des Handbuchs bilden zwei Beiträge zur Minnesang-Rezeption in Literatur und Musik seit dem 18. Jahrhundert.

Insgesamt gelingt dem Handbuch mit seinem multiperspektivischen Konzept eine Verknüpfung von klassischem Handbuchwissen mit zentralen Forschungsfragen, in der die Disparität der mittelalterlichen Liebeslyrik im Spannungsfeld von Kontinuität und Variation deutlich greifbar wird.

Wolfgang Lenzen, Abaelards Logik. Leiden, Paderborn, Brill/mentis 2021. XIV, 206 S. 7 Abb. 18 Tab.

Besprochen von Christian Rode:
Bonn, christian.rode@uni-bonn.de

Abaelard gilt als einer der bedeutendsten Philosophen des 12. Jahrhunderts, einer Zeit, als noch nicht alle Schriften des Aristoteles im lateinischen Westen bekannt waren. Vielmehr arbeiteten die damaligen Logiker lediglich mit der ‚Logica vetus', d. h. der ‚Kategorienschrift' und ‚De interpretatione' des Aristoteles, der ‚Isagoge' des Porphyrius und einigen logischen Schriften des Boethius. Heute wird als Abaelards Leistung in der Logik vor allem seine Theorie der topischen Schlüsse angesehen, wobei in der Regel nicht unerwähnt bleibt, dass diese Lehre unzureichend sei. Der vorliegende Band möchte genau diese Frage klären und gesteht zunächst zu, dass Abaelards Theorie des Schließens und der Opposition und Negation von der klassischen Lehre abweicht, indem er aus dem bekannten logischen Quadrat der Oppositionen ein Oktagon formt.

Nach einer Einführung in die einschlägigen Begriffe und in das logische Quadrat der Oppositionen behandelt Lenzen die Frage, unter welchen Bedingungen Subjekt und Prädikat einer Aussage konvertibel sind. Das nächste Kapitel unterscheidet zwischen verschiedenen Funktionen der Bezeichnung von *est* (ist) – entweder als Index für die Existenz oder als *tertium adiacens* im Sinne einer Kopula von Subjekt und Prädikat einer Aussage. Dabei gilt der im Mittelalter oft vorkommende *existential import*: Wenn das Subjekt nicht existiert, ist eine Aussage falsch. Der Vf. unterscheidet mit Abaelard unter anderem eine destruktive Negation, bei der die Verneinung vor der gesamten Aussage steht, von einer separativen, bei der das „non" zwischen Subjekt und Prädikat eingesetzt wird. Lenzen zeigt, dass für Abaelard die Aussage *Omnis homo est albus* ausschließlich *Non omnis homo est albus*, nicht *Quidam homo est albus* zum kontradiktorischen Gegenteil hat. Daraus ergibt sich in letzter Konsequenz die Umformung des traditionellen Quadrats der

Christian Rode: Rezension zu Wolfgang Lenzen, Abaelards Logik. Leiden, Paderborn, Brill/mentis 2021.
In: Das Mittelalter 2022, 27(2), 501–502. Heidelberg: Heidelberg University Publishing.
DOI: https://doi.org/10.17885/heiup.mial.2022.2.24680

Oppositionen zu einem Oktagon – hier widerspricht der Vf. Christopher Martin, der in diesem Zusammenhang von einem logischen Rechteck und keinem Quadrat spricht (40). Die Bezeichnung Oktagon ist insofern verwirrend, als dass es sich um kein zweidimensionales Oktagon, sondern um einen dreidimensionalen Würfel handelt, wie die Abbildungen im Buch zeigen (z.B. 45).

Des Weiteren widmet sich Lenzen der Frage, wie konkrete Schlussfolgerungen aus dem Oktagon ableitbar sind. In Kapitel 16 behandelt er die konnexiven Prinzipien, die logische Verbindungen zwischen Schlüssen regeln, unter anderem das Prinzip, eine Aussage könne niemals aus einer anderen Aussage und deren Negation folgen. Dabei haben Zeitgenossen Abaelards Möglichkeiten gefunden, dessen auf Aristoteles zurückgehende Thesen zu destruieren, indem sie Widersprüche in ihnen aufzeigten. In der Forschung ist allerdings nicht geklärt, welche theoretischen Möglichkeiten dies denn nun exakt waren.

Besonders bedeutsam ist das Kapitel über das *ex contradictorio quodlibet*, in dem der Vf. als Ausweg aus den Schwierigkeiten der konnexiven Logik angibt, man könne auf die konnexiven Prinzipien im Falle eines widersprüchlichen Antezedens verzichten (137). Diese These untermauert Lenzen unter Rückgriff auf so verschiedene Autoren wie Kilwardby, Neckham, Caramuel y Lobkowitz und Leibniz. Ein Kapitel über hypothetische Syllogismen zeichnet die Rezeption der boethianischen Lehre durch Abaelard nach, der durch die Kritik Alberichs von Paris eingesehen hat, dass ein strenger Konnexivismus nicht zu vertreten sei.

Das Buch ist aus zweierlei Gründen lesenswert: Erstens bietet es eine Einführung in Abaelards Logik, die sich heutiger Mittel der Formalisierung bedient und so anschlussfähig ist auch an aktuelle Debatten zum Konnexivismus, der ‚Relevance Logic' u.a. Zweitens erhält die Leserin oder der Leser einen Einblick in die neueste Forschung zu Abaelards Logik. Wenn man dieses Buch mit Gewinn lesen möchte, ist es allerdings erforderlich, sich auf die strengen Formalisierungen heutiger formaler Logik einzulassen. Bei allen Vorzügen bleibt ein Kritikpunkt, dass der Autor nicht immer strikt zwischen Abaelards und seinen eigenen Thesen differenziert – dies wird vor allem im letzten Kapitel deutlich, wo er eigene Thesen zur Nicht-Assoziativität der strikten Disjunktion präsentiert, deren Verhältnis zu Abaelards Lehre er besser erklärt hätte. Zudem ließe sich kritisieren, dass die Lehre Abaelards häufig ohne den mittelalterlichen theoretischen Kontext präsentiert wird; zuweilen gewinnt man den Eindruck eines von allen historischen Besonderheiten gereinigten Denkens, was wohl auch an der formalen Methode liegt. Aber dessen ungeachtet ist dieses Buch für alle an mittelalterlicher Logik Interessierten empfehlenswert, auch weil es zu Beginn der Leserin und dem Leser alle Mittel in die Hand gibt, sich die präsentierten Thesen selbst zu erarbeiten.

Stefan Matter, Tagzeitentexte des Mittelalters. Untersuchungen und Texte zur deutschen Gebetbuchliteratur (Liturgie und Volkssprache 4). Berlin, Boston, De Gruyter 2021. X, 356 S. 22 Abb.

Besprochen von Linus Ubl: Oxford, linus.ubl@some.ox.ac.uk

Im Zug der eingehenderen Betrachtung von Gebrauchsliteratur rückt insbesondere im Bereich der geistlichen Literatur das Augenmerk der Forschung in den letzten Jahren wieder verstärkt auf die Überlieferung der im Fokus stehenden Texte. Bei der Frage nach dem ‚Sitz im Leben' ermöglichen die zahlreichen Handschriften – und Drucke – einen individuellen Zugang zur mittelalterlichen Frömmigkeitskultur, gleichzeitig stellt die Masse an überliefertem Material, gerade bei den geistlichen Handschriften des 15. Jahrhunderts, ein methodisches Problem dar. Stefan MATTER wendet sich im Rahmen seiner Untersuchung einer bestimmten Textsorte zu, den Tagzeitentexten. Die Bezeichnung der Studie als ‚Untersuchungen' führt etwas in die Irre, da es sich nicht um detaillierte Untersuchungen zu den abgedruckten Texten handelt. Viel eher liest sich die Monographie als konzise Einführung für unterschiedliche Disziplinen in eine bisher kaum beachtete Gattung.

Tagzeitentexte können aus liturgischer Sicht als „sogenannte Zusatzoffizien, Anreicherungen also des kanonischen Stundengebets" (26) verstanden werden, die einer zeitlichen Struktur, in den meisten Fällen „dem temporalen Schema der kanonischen Gebetszeiten" (27), folgen. Aufgrund der unterschiedlichen Kontexte innerhalb einzelner Überlieferungsträger sowie der Bezüge zu den umliegenden Texten ist die Bestimmung als Einzeltext bisweilen mit einigen Schwierigkeiten behaftet. Gerade volkssprachliche Tagzeitentexte dienen somit auch der theologischen Unterweisung der lateinunkundigen Rezipierenden. Aufgrund der grundsätzlichen Offenheit finden sich solche Texte in Prosa, Paarreimen, aber auch in strophischer Gestaltung, von denen sich manche Autoren zuweisen lassen, andere aber auch anonym Verbreitung fanden. Die Textsorte eignet sich daher in

Linus Ubl: Rezension zu Stefan Matter, Tagzeitentexte des Mittelalters. Untersuchungen und Texte zur deutschen Gebetbuchliteratur (Liturgie und Volkssprache 4). In: Das Mittelalter 2022, 27(2), 503–504. Heidelberg: Heidelberg University Publishing. DOI: https://doi.org/10.17885/heiup.mial.2022.2.24681

besonderer Weise für eine interdisziplinäre Annäherung unter Einschluss historischer, literaturwissenschaftlicher und theologischer Fragestellungen.

Der erste Teil der Arbeit (1–93) führt in die Gattung ein und betrachtet diese aus unterschiedlichen Perspektiven. Nach einem kurzen Überblick über die dürftige Forschungslage und einer Darlegung der Fragestellung (1–15) erfolgt ein liturgie- sowie gattungsgeschichtlicher Zugriff (17–37), der unter anderem die performativen Aspekte der zu besprechenden Gattung betont. Infolge der Interdisziplinarität der Gattung greift eine rein literaturwissenschaftliche Analyse bei der Behandlung zu kurz. Dies wird im weiteren Verlauf des einführenden Abschnitts (39–93) deutlich, in dem stilistische, überlieferungsgeschichtliche, para- und kontextuelle Aspekte der Tagzeitentexte behandelt werden. Die einzelnen Unterkapitel lassen sich durchaus übergreifend rezipieren, bieten aber auch für den an einzelnen Aspekten interessierten Leser Anknüpfungspunkte.

Der größte Teil des Bandes (95–336), als ‚Textanhang' bezeichnet, bietet eine Zusammenstellung zahlreicher Tagzeiten-Beispiele von unterschiedlicher Länge, oftmals zum ersten Mal ediert, wobei meist einer Leithandschrift gefolgt wird. Die Präsentation der Texte, die ganz unterschiedliche Anlässe paradigmatisch behandeln (etwa das Heiligenfest der Barbara oder die ‚sieben Feste Mariens'), aber auch autorkonstituierende Texte umfassen (wie Bertholds ‚Zeitglöcklein'), stellt einen wertvollen Beitrag für die Untersuchung der geistlichen Gebrauchsliteratur dar. Insbesondere der Abdruck überlieferungsgeschichtlich bedeutsamer Elemente wie die Darstellung der Rubrizierungen oder die Imitation formaler und struktureller Aspekte erlaubt einen haptischen sowie praxeologischen Zugriff auf die Textsorte. Auch die zahlreichen und qualitätsvollen Abbildungen ermöglichen einen besseren Einblick in die Überlieferung. Insofern ergänzen sich Einführungsteil und Textteil idealtypisch gegenseitig. Sowohl ausführliche Verzeichnisse der Sekundärliteratur als auch wichtige Register runden das Buch ab (337–356).

Auch wenn die Monographie letztendlich Überbleibsel einer größer angelegten Studie ist (vgl. VII), bietet das Ergebnis des vorliegenden Bandes für eine breitere Leserschaft die Chance, Einblick in eine wichtige Gattung mittelalterlicher geistlicher Literatur zu erhalten. Mag ein nicht-normalisierter Abdruck der Texte für den nicht-geübten Leser mittelhochdeutscher Lektüren durchaus manche Schwierigkeiten bereithalten, so ergeben sich doch Anknüpfungspunkte für Forschende der Liturgiewissenschaft, der Kulturgeschichte, der älteren Philologien, aber auch für den am religiösen Mittelalter interessierten Laien. Es bleibt zu hoffen, dass ähnliche Formate auch für verwandte Textsorten folgen.

Ilka Mestemacher, Marmor, Gold und Edelsteine. Materialimitation in der karolingischen Buchmalerei (Naturbilder. Images of Nature 11). Berlin, Boston, De Gruyter 2021. 392 S. 167 Abb.

Besprochen von Ursula Rombach:
Berlin, urombach@gmx.de

Ziel der Hamburger Dissertation von Ilka Mestemacher ist es, „Formen und Funktionen der vielfältigen Materialimitationen in der Buchmalerei für den Hof Karls des Großen (und vielleicht Ludwigs) zu erforschen" (47). 48 Farbtafeln der behandelten Handschriften, Manuskriptbeschreibungen sowie Exzerpte relevanter Quellentexte rahmen die in zehn Kapitel gegliederte Analyse. Bibliographie und Bildnachweise beschließen die Studie, in der auf ein Sachregister verzichtet wurde. Die Verfasserin, die ihre Arbeit als „Teil des material turn" (48) versteht, will „Materialforschung und Imitationsdiskurs für die mittelalterliche Darstellung von Materialien fruchtbar machen" (49) und fragt ebenso nach dem Verhältnis von Bildtradition und Naturstudium, wie nach den mit den Imitationen verbundenen Werten und Assoziationen, ihrer Interaktion mit den realen Materialien der Bücher sowie der Relation von Materialität und Spiritualität. Untersucht wird hierzu die malerische Darstellung von Marmor, Gold oder Edelsteinen als Ornament im ‚Godesscalc-Evangelistar', im ‚Dagulf-Psalter' sowie in zehn Evangeliaren, die stilistisch der karolingischen ‚Hofschule' und der Gruppe des ‚Wiener Krönungsevangeliars' zugeordnet werden. Die Fragezeichen im Handschriften-Katalog signalisieren jedoch, dass Ort, Zeit und Umstände der Entstehung der Handschriften in den meisten Fällen schwer bestimmbar sind. Der Begriff der ‚Hofschule' wird zwar kurz problematisiert, jedoch aus Gründen der Geläufigkeit beibehalten. Zur Beschreibung aller Objekte werden historische und moderne geologische Begriffe nebeneinander verwendet. Die Semantik der imitierten Gesteine wird ebenso sondiert wie mögliche Bezüge zu konkreten Bauwerken wie der Marienkapelle in Aachen.

Die Analyse der Textquellen geht vor allem der allegorischen Deutung der dargestellten respektive verwendeten Materialien und der Architekturelemente

Ursula Rombach: Rezension zu Ilka Mestemacher, Marmor, Gold und Edelsteine. Materialimitation in der karolingischen Buchmalerei (Naturbilder. Images of Nature 11). In: Das Mittelalter 2022, 27(2), 505–506. Heidelberg: Heidelberg University Publishing. DOI: https://doi.org/10.17885/heiup.mial.2022.2.24682

(Säulen, Bögen, Arkaden, Architrave etc.) nach. Die Materialimitationen von Marmor, Gold und Edelsteinen, die sich in großer Varianz auf Evangelisten- und Incipit-Seiten der Evangelien, den Kanontafeln und in den Rahmungen der Textseiten finden, werden primär als ‚Kunst-' und nicht als ‚Naturbilder' verstanden, da Architekturelemente, verzierte Rahmungen und gefasste oder als Bildträger geschnittene Schmucksteine ihren „sinn- und erkenntnisstiftenden" (307) Charakter erst durch die künstlerische Bearbeitung des Naturmaterials erhalten. So wie Säulen, Bögen oder Architrave den Kirchenraum gliedern, so strukturieren und organisieren ihre Imitationen und Imaginationen die Fläche der Manuskriptseiten und lenken die Lektüre. Auch wenn der von der Verfasserin postulierte Verweis auf konkrete Kirchenbauten nur vermutet werden kann, verweisen der Wert der dargestellten und verwendeten Materialien sowie der künstlerische Aufwand auf die Herrlichkeit Gottes und unterstreichen mit ihrer allegorischen Bedeutung Glaubensinhalte und ethische Maßstäbe der Heiligen Schrift.

Setzt man die in den Widmungsgedichten zu Psalter und Evangelistar formulierte Notwendigkeit der prachtvollen Ausstattung der Handschriften angesichts des unschätzbaren Wertes ihres Inhalts in Beziehung zu der von Beda verbürgten Traditionslinie von Bundeszelt und Tempelbau als Abbild des himmlischen Jerusalem und Archetyp des das Gotteswort bergenden und durch *ornamenta* feiernden Gotteshauses, visualisieren die imitierten und imaginierten Architekturen mit ihren kostbaren Materialien als *mimesis mimeseos* die Verbindung der Verkündigung des Gotteswortes mit ihrem göttlichen Ursprung.

Das im Schlussexkurs entwickelte Problem der Darstellungen auf Säulen der ‚Theodulf- Bibel' entfällt, versteht man diese nicht als Sternbilder heidnisch-mythologischen Ursprungs, sondern als mit dem Widderpunkt beginnende Darstellung der Sternzeichen (doppelt: Krebs/Skorpion), die mit ihrer in christlicher Symbolik wurzelnden Zwölfzahl die göttliche Ordnung der Natur abbilden und die – so Theodulf von Orléans – „wie Reihen von Edelsteinen den Tierkreis umgeben" (*Sunt namque in zodiaco circulo duodecim signa, quę illum quasi quidam gemmarum ordines ambiunt*; Libri Carolini IV 13, ed. Freeman, 517). Insgesamt bietet die Studie einen detailreichen Einblick in eine Facette dieses komplexen Forschungsfeldes, in dem weitere grundlegende Fragen einer neuen Betrachtung harren.

Mareike von Müller, Schwarze Komik. Narrative Sinnirritationen zwischen Märe und Schwank (Studien zur historischen Poetik 24). Winter, Heidelberg 2017. 381 S.

Besprochen von Coralie Rippl: Zürich, coralie.rippl@ds.uzh.ch

Das Thema der Dissertationsschrift bewegt sich zwischen zwei schwierigen Forschungsfragen, nämlich derjenigen nach der ‚Komik' und derjenigen nach dem ‚Sinn' von Texten. Es sind vor allem die Ansätze Walter Haugs zum Märe, an die von Müller modifizierend anschließt, kombiniert mit denjenigen Peter Köhlers zum modernen deutschen Nonsens. Auf dieser Basis sollen „konkrete Strategien der Sinnirritation" (40) aufgezeigt werden, welche von Müller mit einem narratologischen Zugriff beschreibt.

Untersuchungskorpus und Anlage der Studie bezeugen den Anspruch, ausgehend vom Märe die Funktionsweisen und -zusammenhänge des Phänomens ‚Schwarze Komik' für das Spätmittelalter zu beleuchten. Bestehende Ansätze der Komikforschung ergänzend, werden die „hochartifizielle Gestaltung" der Texte und „das Primat der Form über den Inhalt" fokussiert (66). Nach einem differenzierten Theorieteil (13–112) werden ausgewählte Mären analysiert, u. a. Niemands ‚Drei Mönche zu Kolmar', die ‚Drei listigen Frauen' und das ‚Nonnenturnier' (113–228). Ein Kapitel ist den kleinen Formen von Rätsel und Spruch gewidmet, das hauptsächlich dem Codex Weimar Q 565 entstammende Vertreter nichtnarrativer Texttypen untersucht und mit dem Märe vergleicht (229–260). Angesichts der Aufschlusskraft für den Argumentationsgang ist es zu bedauern, dass dieser komparatistische Aspekt im Titel keinen Niederschlag findet. Schließlich stehen Schwankbücher wie das ‚Lalebuch' und der ‚Ulenspiegel' im Mittelpunkt (261–346). Ein Fazit perspektiviert die Ergebnisse der vorangegangenen Analysen jener „schwarzen Schafe" (347) innerhalb der Gattungen Märe, Rätsel und Spruch sowie Schwankbuch, die sich durch Strategien intentionaler Sinnirritation von ihren Genossen unterschieden.

Coralie Rippl: Mareike von Müller, Schwarze Komik. Narrative Sinnirritationen zwischen Märe und Schwank (Studien zur historischen Poetik 24). In: Das Mittelalter 2022, 27(2), 507–508. Heidelberg: Heidelberg University Publishing.
DOI: https://doi.org/10.17885/heiup.mial.2022.2.24683

VON MÜLLER gelingt es, die Komplexität der Texte greifbar zu machen und die Relevanz des Formalen für das spezielle Phänomen textueller Komik zu plausibilisieren; sowohl mit einer informierten Erarbeitung des Theoretischen als auch in den subtilen, vergnüglich zu lesenden Textanalysen. Merkmale wie Serialität und Hyperbolik, Sprachspiele im Sinne einer Konkretisierung von Metaphern und Redensarten sowie fehlende oder revidierte Ereignishaftigkeit erweist sie als ‚formale' Kriterien von Komik, die von der Forschung detektierte ‚inhaltliche' Kriterien wie Kontingenz, Gewalt, Tod oder Obszönität ergänzen. Überzeugend zeigt die Arbeit den über verschiedene Genres hinweg bestehenden Konnex von Erzähltem und Erzählen, der das komplexe Widerspiel von Sinnsetzung und -irritation erst ermöglicht. Ob man ‚Schwarze Komik' an rhetorische *obscuritas* anknüpfen kann, wie VON MÜLLER über die Kategorie der *ambiguitas* vorschlägt (87–94), bedürfte weiterer Prüfung. Der Gefahr des ahistorischen Zugangs (die VON MÜLLER selbst anspricht, 38) hätte mit einer Historisierung des Begriffs ‚Sinn' begegnet werden können: Wenn sie „Sinndimensionen" (114) wie den „praktischen Sinn" (92, im Anschluss an Gert HÜBNER) oder den „didaktischen Sinn" (102) auffächert, so bewegen sich diese vornehmlich innerhalb einer Dialektik von Ordnungsaffirmation und -subversion und damit entlang forschungsgeschichtlicher Vorgaben. Der narratologische Zugriff grenzt den ‚hermeneutischen Sinn' zudem auf die strukturelle Ebene ein (92, 103–109). Das liegt in der Natur der Methode, denn die Narratologie hat bis dato keinen historisch differenzierten Sinnbegriff ausgebildet. Um zeigen zu können, „dass das rationale Spiel mit Regeln der Kommunikation und Sinnerzeugung auch in der Vormoderne schon eine Quelle für eine sehr spezielle Art von Komik sein kann" (26), scheint es mir nötig, die angesetzten eher strukturell-abstrakten Regeln der Sinnerzeugung durch historisch kontextualisierte, induktiv aus den Texten erarbeitbare zu ergänzen und zu validieren. Wie verhält es sich vor dem christlichen Diskurs um ‚Sinn' und ‚Sinnlichkeit' etwa mit ‚Schwarzer Komik' als „Übergangsfigur ästhetischer Erfahrung" (32)? Mit dem Bekenntnis zu ‚Sinn' als ‚Horizontbegriff' und einer Auffaltung seiner historischen Semantiken kämen Referenzsetzungen der Texte auch jenseits stets deduktiver Gattungskategorisierungen in den Blick. Die Denkfigur eines kommentierenden Bezugs ‚Schwarzer Komik' auf tradierte ‚Sinnhorizonte' („Spiel", 39; „Spielform", 25; „Parodie", 235) könnte so an Überzeugungskraft hinzugewinnen.

Im Kontext der jüngeren, gerade in den letzten Jahren erfreulich aufblühenden Märenforschung besetzt VON MÜLLER mit ihrer ambitionierten Themenstellung Nischen und macht blind gebliebene Stellen sichtbar. Die semantische Differenzierung des Begriffs und Konzepts ‚Sinn' bleibt im Anschluss noch zu leisten. Nichtsdestoweniger werden gangbare Wege aufgezeigt, Komik als literarästhetisches Phänomen zu greifen.

Katharina Preißler, Fromme Lieder – Heilige Bilder. Intermediale Perspektiven auf die skandinavische Ballade und die spätmittelalterliche Bildkunst Schwedens und Dänemarks (Münchner Nordistische Studien 36). München, utzverlag 2019. 452 S. 37 Abb.

Besprochen von Andreas Schmidt: München,
Schmidt.Andreas@lrz.uni-muenchen.de

Im Gegensatz zu den Sagas bilden weder frühneuzeitliche Balladen noch Kirchenkunst oder Hagiographie Schwerpunkte altskandinavistischer Forschung. Gerade deren Schnittmengen ist jedoch diese Dissertation (Kiel 2018) gewidmet, die Pionierarbeit zur transmedialen Frömmigkeitsüberlieferung des ostnordischen Spätmittelalters leistet.

Gleich zu Beginn zeigt die Vf. anhand eines Kalkmalerei-Gewölbes in der schwedischen Kirche von Floda, welche Erkenntnispotentiale ihr Material und Ansatz besitzen. In dessen Kreuzrippen ist unter anderem die höfische Heldengestalt Holger Danske abgebildet, die das Ungeheuer Burmand erschlägt, versehen mit einem Spruchband, das den Kehrreim einer über ein Jahrhundert nach der Malerei erstmals schriftlich überlieferten Ballade zu zitieren scheint. Ist der Sinn der Gewölbeseccos in der Thematik des Seelenheils im Kampf Gut gegen Böse auszumachen, führt die Darstellung selbst in ein intermediales Konglomerat ikonographischer Anregungen und insbesondere volkssprachlicher Legendentraditionen, deren Rezeption sich sowohl in Bildern als auch in Balladen äußert. Daraus ergibt sich die Zielsetzung der Untersuchung: Vor dem Hintergrund der (Vor-)Reformationszeit werden Kirchen-Bildkunst und Balladen als interdependente Medien spätmittelalterlicher Frömmigkeitskommunikation ausgeleuchtet, um so Tendenzen und Entwicklungen der ‚Legendenballaden', also deren „Platz im religiösen Leben" (24), aufzuzeigen. Das „Verhältnis der Medien Bild und Ballade im Spannungsfeld der mündlichen Tradition" (410) erlaube, diese Textgattung als Vermittlungsmedium zwischen klerikalen Institutionen und der Laienreligiosität zu erfassen und die Bildkunst mit deren Stiftern und Künstlern als Teil einer Überlieferung zu erhellen, die auch in Balladen mündete.

Andreas Schmidt: Rezension zu Katharina Preißler, Fromme Lieder – Heilige Bilder. Intermediale Perspektiven auf die skandinavische Ballade und die spätmittelalterliche Bildkunst Schwedens und Dänemarks (Münchner Nordistische Studien 36).
In: Das Mittelalter 2022, 27(2), 509–510. Heidelberg: Heidelberg University Publishing.
DOI: https://doi.org/10.17885/heiup.mial.2022.2.24684

Werden zunächst leserfreundlich zentrale Begriffe und historische Hintergründe erläutert, liegt das Interesse der Studie im Wesentlichen auf der Beobachtung von Kontinuitäten oder Änderungen, die sich zwischen den wechselseitig bedingten Realisationsmedien der Legenden vier verschiedener Heiliger – Stephanus/Staffan, Olav, Georg, Katharina von Alexandrien – ergeben und deren Aussagefähigkeit über soziokulturelle Umfelder. Diesen Heiligen gilt das ausführliche Analysekapitel im Zentrum der Studie. Die stets gleich aufgebauten Untersuchungssektionen zeichnen dabei jeweils zunächst die Entwicklung der zugrundeliegenden Legendentradition nach, ehe die zugehörigen Balladen vorgestellt und mit (auch abgebildeten) Bilddenkmälern abgeglichen werden. Zeigt sich bei St. Georg dabei ein gesamtmedial stabiles Narrativ, das für unterschiedliche Umfelder fruchtbar genutzt werden kann, ergeben sich bei Staffan und Olav Beobachtungen zur mündlich und ikonographisch produktiven Vermittlung hagiographischer Erzählungen, die eigene, von den ursprünglichen Legenden unabhängige Inhalte hervorbringt, während die Ballade ‚Liden Karen' die postreformatorische Umformung ihrer katholischen Ursprünge demonstriert, in der die hl. Katharina zur vorbildlichen Kammerzofe umfunktioniert ist. Schon aufgrund der Materialzusammenstellung am eindrücklichsten gerät hierbei die Analyse der Staffanstradition. Deren pannordische Legendenentwicklung wird aus französischen Ursprüngen und einer englischen Ballade über mittelalterliche Bilder (insbesondere die Bilderdecke der Kirche von Dädesjö) bis zu neuzeitlicher Liedtradition verfolgt und als Kristallisationspunkt mehrerer biblischer, hagiographischer und apokrypher Überlieferungen aufgezeigt. Die folgende Zusammenstellung der Olavstradition kann ebenso überzeugend das mündliche, wohl balladeske Rezeptionsumfeld des Spätmittelalters als ein ‚missing link' von Motiventstehungen und Traditionsumformung mit Niederschlag in der Bildkunst illustrieren.

Während Preissler so interessante Beobachtungen zu den untersuchten Stofftraditionen und ihrer Entwicklung aufdecken kann, ist etwas bedauerlich, dass sie ihre Ergebnisse mehrfach nur als ‚Perspektiven' apostrophieren möchte und insgesamt eher deskriptiv denn im argumentativen Spannungsbogen vorgeht. Über die dankenswerte Materialsammlung und Evaluation skandinavischsprachiger Forschungsbeiträge hinaus dürfte sich die Studie jedoch als auch für Nicht-Spezialisten gut handhabbarer Überblick über ein zu Unrecht bisher kaum untersuchtes Themenfeld als nützlich erweisen, zumal die Untersuchung ostnordischer Texte und legendarischer Stoffe in der Balladenforschung eindeutige Forschungsdefizite darstellen.

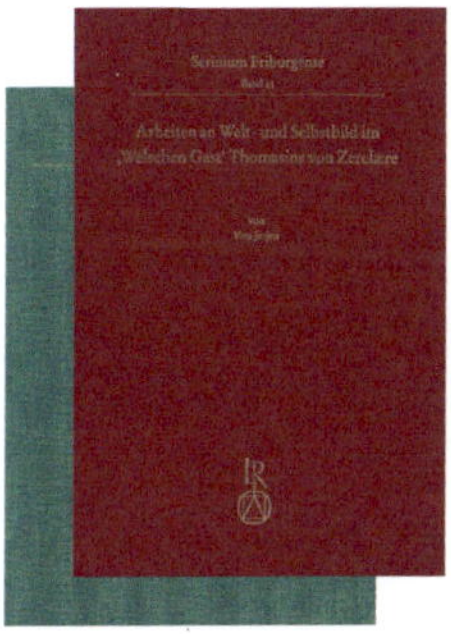

Christoph Schanze, Tugendlehre und Wissensvermittlung. Studien zum ‚Welschen Gast' Thomasins von Zerklære (Wissensliteratur im Mittelalter 53). Wiesbaden, Reichert 2018. XII, 508 S. 39 Abb. 32 Taf.

Vera Jerjen, Arbeiten an Welt- und Selbstbild im ‚Welschen Gast' Thomasins von Zerclære (Scrinium Friburgense 45). Wiesbaden, Reichert 2019. 256 S. 47 Abb.

Besprochen von Gerhard Wolf:
Bayreuth, Gerhard.Wolf@uni-bayreuth.de

Die Forschung zum ‚Welschen Gast' hat anlässlich des 800. Jahrestages seiner Entstehung Konjunktur und diese wird durch die hier anzuzeigenden, methodisch sehr unterschiedlich konzipierten, sich gegenseitig ergänzenden Arbeiten gewiss noch weiter befeuert. Beiden ist gemeinsam, dass sie sich zu lösen versuchen von dem konzeptionell-ästhetischen Verdikt, das lange die Thomasin-Forschung bestimmt hat und das dafür verantwortlich ist, dass man sich zwar für Quellenbezüge, Text-Bild-Beziehungen oder den kulturgeschichtlichen Hintergrund interessierte, aber weniger für Inhalt und Struktur des Textes. An diesem Desiderat setzt Christoph Schanze in seiner Gießener Dissertation von 2015 mit dem Ziel an, die „formale Anlage und [...] äußere Form" des ‚Welschen Gastes' zu erklären, um so „die Strukturen der Wissensvermittlung und die didaktische Konzeption des Werks besser beschreiben" (73) zu können. Diese Absicht ist durchaus ambitioniert, da nicht nur die ältere Forschung beim ‚Welschen Gast' aufgrund seines Facettenreichtums eine systematische, zielgerichtete didaktische Intention verneinte und darin eher ein Sammelsurium von Ratschlägen sah. Sachgerecht konzentriert sich Schanze auf die vier von Thomasin zentral behandelten Kardinaltugenden *stæte*, *mâze*, *reht*, *milte*: Da diese im ‚Welschen Gast' allerdings weder begrifflich definiert noch systematisch behandelt werden, Thomasin quasi peripatetisch-diskursiv verfährt, ist dies ein unendlich mühsames Unterfangen, welches auch einen weniger skrupulösen Gelehrten als Schanze an seine Grenzen gebracht hätte. Gleichwohl kann Schanze etwa anhand von *stæte/unstæte* zeigen, wie sich aus der Gesamtschau der einschlägigen Stellen eine relativ konsistente begriffliche Vorstellung des Autors ergibt. Hier zeigt sich jedoch auch ein grundsätzliches methodologisches Dilemma: Einerseits geht es

Gerhard Wolf: Rezension zu Christoph Schanze, Tugendlehre und Wissensvermittlung. Studien zum ‚Welschen Gast' Thomasins von Zerklære (Wissensliteratur im Mittelalter 53) und Vera Jerjen, Arbeiten an Welt- und Selbstbild im ‚Welschen Gast' Thomasins von Zerclære (Scrinium Friburgense 45). In: Das Mittelalter 2022, 27(2), 511–514. Heidelberg: Heidelberg University Publishing. DOI: https://doi.org/10.17885/heiup.mial.2022.2.24685

ohne die aufwendige inhaltliche Erschließung der Kardinaltugenden nicht, aber andererseits gerät damit fast zwangsläufig die didaktische Konzeption aus dem Blick. Der dadurch entstehende Verlust an argumentativer Kohärenz wird aber durch veritable Erkenntnisgewinne mehr als aufgewogen: Denn indem SCHANZE mit enormem Aufwand an Gelehrsamkeit und unter Einbeziehung der bisherigen Thomasin-Forschung das durchaus heterogene Bedeutungsfeld der im ‚Welschen Gast' in den Blick genommenen Kardinaltugenden beschreibt, gelingt es ihm, deren Ambivalenz und partielle Unbestimmtheit sowie das von Thomasin selbst thematisierte Problem der Instrumentalisierbarkeit abstrakter Begriffe für Alltagssituationen sichtbar zu machen.

Hinsichtlich der Ausgangsfrage nach der didaktischen Methode Thomasins kommt SCHANZE zu dem Schluss, dass hier keine übergreifende, sondern lediglich eine „situative Systematik" (441) zugrunde liegt und man angesichts der vielfältigen Modi der Vermittlung auch nur von einem „didaktische[n] Pluralismus" (443) sprechen sollte. SCHANZE erklärt dies unter anderem damit, dass Thomasin bei der Abfassung des Werkes den „Gestus des spontanen mündlichen Vortrags" (447) beibehalten wollte. Nicht in dieser Erkenntnis sehe ich allerdings den eigentlichen Ertrag von SCHANZES Arbeit, sondern in der systematischen Erschließung der vier Kardinaltugenden, die den Eindruck nahelegt, für Thomasin trete die didaktische Intention hinter den primären Zielen des Entwurfs einer mittelalterlichen Anthropologie und der Wissensvermittlung zurück (vgl. 447). Da SCHANZE dieser Thematik den Großteil seiner monumentalen, aber deswegen von Wiederholungen nicht freien Arbeit widmet, eignet sie sich vorzüglich für eine Lektüre als Kommentar zum ‚Welschen Gast' und darüber hinausgehend als Handbuch zur Anthropologie des Mittelalters. Den Zugang zu Letzterem eröffnet das ausführliche Sachregister, die Verwendung als Kommentar wird allerdings durch das Fehlen eines Stellenregisters eingeschränkt.

Anders als SCHANZE behandelt Vera JERJEN in ihrer an der Universität Freiburg (Schweiz) ebenfalls 2015 angenommenen Dissertation die Konzeption der didaktischen ‚Methode' Thomasins tatsächlich prioritär. Auch sie setzt am systematischen Defizit des ‚Welschen Gastes' an, wobei sie dies aber nicht einer fehlenden Systematisierungskompetenz des Autors zuschreibt, sondern einer von ihm bewusst gewählten Methode, die einerseits der ungeordneten Lebenswirklichkeit entsprechen und andererseits die Gelegenheit bieten sollte, im scheinbaren Chaos der Realität denn doch die Existenz von Strukturen aufzudecken. Die oft kritisierte, disparate Anordnung der Gegenstände, die zahlreichen Redundanzen und Widersprüche werden so zum erkenntnisvermittelnden Hilfsmittel, das neben Katalogen, „abstrahierende[n] Begriffsbildungen, schematisierende[n] Bildallegorien und allegorische[n] Vorstellungen" (221) steht und die Funktion hat, die Strukturen mit der eigenen, chaotischen Lebenswirklichkeit in Verbindung zu bringen. Dementsprechend will Thomasin bei den Rezipienten auch kein stabiles Wissen produzieren (196), sondern ein dynamisches, Flexibilität sicherndes Erkenntnisverfahren. Mit ihm soll der Rezipient davon abgehalten werden, starre Regeln zu lernen, weil diese sich nicht auf eine instabile Lebensrealität anwenden lassen (222) – eine Methode, die im 13. Jahrhundert für das Mære geradezu gattungskonstitutiv ist.

Zentraler Erkenntnisbegriff für JERJEN ist der der Diagrammatik und am Schluss ihrer Studie kommt sie zu dem Ergebnis, dass „[d]iagrammatische Modelle und Strukturen [...] im ‚Welschen Gast' in einem fortlaufenden, von fingierter Mündlichkeit geprägten Lehrtext integriert [sind]" (221). Was aber bedeutet für JERJEN der Begriff der diagrammatischen Struktur genau und was leistet er für die Analyse des ‚Welschen Gastes'? Eine einheitliche Definition dieses von Michael CURSCHMANN erstmals auf den ‚Welschen Gast' angewendeten Begriffs gibt JERJEN nicht. Sie verwendet ihn polyvalent und bezeichnet damit gleichermaßen bildliche Darstellungen von Strukturen, deren explizite Verbalisation, etwa in Form von Begriffsreihen und Katalogen, und sogar die bloße Erwähnung von Gleichmäßigem oder auch Wiederholungen. Bei einer solch entgrenzten Begriffsverwendung besteht freilich die Gefahr, überall diagrammatische Strukturen zu identifizieren und diese umstandslos mit konkreten und einleuchtenden Handlungsanweisungen zu verbinden. Dazu ein Beispiel: Es leuchtet zwar ohne Weiteres ein, wenn man die Gleichmäßigkeit der Planetenbahnen als implizite Aufforderung an den Menschen interpretiert, nicht *unstæte* hin- und herzufahren, aber wieso das astronomische Phänomen den Menschen dazu anleiten soll, *bœse wec* zu meiden (166 f.), würde schon eine genauere Erklärung erfordern.

Im Zentrum der Tugendlehre Thomasins steht bekanntlich die *stæte* und auch JERJEN legt darauf das Schwergewicht ihrer Interpretation (71–187): Danach ist es das zentrale Anliegen Thomasins, vor der *utilia* als Lebensmaxime zu warnen und stattdessen alternative, ethisch orientierte Identitätsentwürfe zu präsentieren. Dazu bediene er sich insbesondere dreier ‚Modelle', die diagrammatisch konzeptualisiert seien: 1. Tugendleiter, 2. Psychomachie, 3. Mikrokosmos. Bei den Tugendleitern mit ihrer expressiven Bildlichkeit in den Handschriften ist die von JERJEN gezeigte Wirkungsweise evident: Die diagrammatische Struktur eignet sich besonders als Grundlage, auf die sich eine Fülle von alltäglichen Phänomenen beziehen lässt; der didaktische Mehrwert besteht dann darin, dass sich Struktur und Erfahrung wechselweise bestätigen. Nicht ganz so überzeugend lässt sich dies den Modellen der Psychomachie und des Mikrokosmos zuschreiben, was daran liegt, dass hier der diagrammatische Charakter nicht so klar wird wie bei der Tugendleiter. Aber dies ändert nichts daran, dass JERJEN auch hier sehr luzid die vielfältigen Anschlussmöglichkeiten von Thomasins Überlegungen an die Lebensrealitäten seiner Rezipienten vor Augen führt. Ähnlich wie SCHANZE kommt auch JERJEN (196) zu dem Schluss, dass Thomasins Methode, Struktur immer wieder an die Empirie anzukoppeln, dazu dient, beim Rezipienten die mentale Beweglichkeit zu fördern. Vielleicht überdehnt aber JERJEN ihre Deutung etwas, wenn sie abschließend den Welschen Gast als ein „stringent komponiertes Ganzes" (223) bezeichnet. Hier sehe ich denn auch den gravierendsten Unterschied zu SCHANZE, der ja nur von einer „situativen Strukturierung" spricht. Gleichwohl ist es das entscheidende Verdienst JERJENS, mit der Priorisierung des Begriffs der diagrammatischen Strukturen darauf aufmerksam gemacht zu haben, dass der ‚Welsche Gast' in hohem Maße dem Ziel dient, der Variabilität der Welt dadurch zu begegnen, dass man – schon vor der Entdeckung der Naturgesetze – nach Strukturen sucht, weil sie den „Schlüssel zur Welt" (Walter HAUG) bieten. An dieser Stelle wäre es interessant gewesen, wenn JERJEN auch diagrammatische Strukturen der Erzählliteratur wie Doppelweg oder Brautwerbungsschema in ihre Überlegungen mit einbezogen hätte.

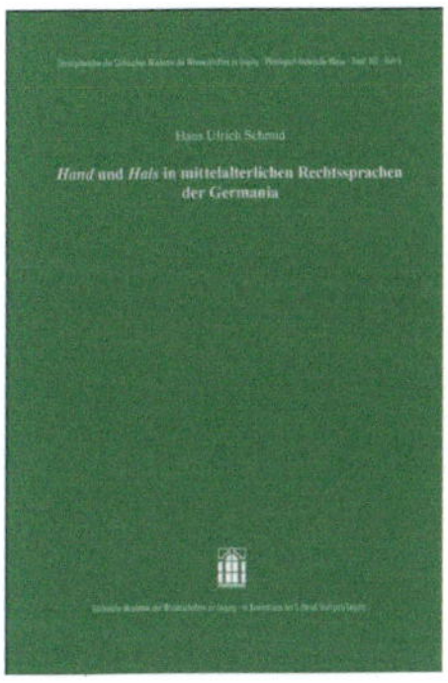

Hans Ulrich Schmid, *Hand* und *Hals* in mittelalterlichen Rechtssprachen der Germania (Sitzungsberichte der Sächsischen Akademie der Wissenschaften zu Leipzig. Philologisch-historische Klasse 142.5). Stuttgart, Leipzig, S. Hirzel 2021. 24 S.

Besprochen von Monika Gussone:
Aachen, monika.gussone@post.rwth-aachen.de

Ausgehend von der Tatsache, dass in modernen Sprachen noch heute bildhafte Ausdrücke aus den verschiedensten Lebensbereichen, darunter auch aus dem Rechtsbereich, existieren, und dem Befund, dass solche Wendungen in ihren historischen Sprachstufen oft nahezu poetisch-bildhaft sind, häufig Alliterationen enthalten und in sehr ähnlichen oder sogar identischen Formulierungen im hoch- und mittelniederdeutschen Sprachgebiet, in England, Friesland und im „germanophonen Skandinavien" (6) erscheinen, geht Hans Ulrich Schmid in seinem verschriftlichten Vortrag anhand von ausgewählten Quellenbeispielen der Frage nach, wie solche Rechtsbilder in den genannten Sprachen und Regionen entstanden sein können. Drei Möglichkeiten stehen dabei zur Debatte: Erstens könnte ein gemeinsames Erbe aus vorschriftlicher Zeit nachwirken, wie es zwar Jacob Grimm vermutete, aber wohl nur bei wenigen Worten, wie dem Begriff *frîhals*, wahrscheinlich ist; zweitens könnte es sich um Übernahmen über die Sprachgrenzen hinweg handeln; drittens wären gleichartige Ausdrücke zwar unabhängig, aber auf Grundlage übereinstimmender Rechtsvorstellungen entstanden.

Zur Veranschaulichung der Ähnlichkeit von Rechtsbildern im germanophonen Raum dienen die beiden Worte ‚Hand' (allerdings hier nur, wenn „nicht physisch-konkret" (8) gebraucht) und – deutlich knapper – ‚Hals', jeweils in Kombination mit Adjektiven, Partizipien oder Verben, sofern diese in mehr als einer Sprache anzutreffen sind. Da ein vollständiger Vergleich des Vokabulars sämtlicher mittelalterlicher Rechtssprachen und der darin verwendeten Ausdrücke noch aussteht, wurde als (vorläufiges) Fazit festgehalten, dass feste rechtssprachliche Ausdrucksweisen ein „gemeingermanisches Phänomen" sind, jedoch noch genauer zu untersuchen ist, ob dafür vor allem „zwischensprachliche Quereinflüsse" oder

Monika Gussone: Rezension zu Hans Ulrich Schmid, *Hand* und *Hals* in mittelalterlichen Rechtssprachen der Germania (Sitzungsberichte der Sächsischen Akademie der Wissenschaften zu Leipzig. Philologisch-historische Klasse 1425).
In: Das Mittelalter 2022, 27(2), 515–516. Heidelberg: Heidelberg University Publishing.
DOI: https://doi.org/10.17885/heiup.mial.2022.2.24686

„gleichartige Rechtsvorstellungen und Rechtspraktiken“ (19) verantwortlich waren.

Bereits an den genannten Beispielen ist erkennbar, wie weit sich die Rechtsausdrücke teils von der Grundbedeutung des Ausgangsworts entfernt hatten. So kann „tote Hand“ (10f.) unter anderem nicht weiter vererbbaren Besitz bezeichnen, oder „an den Hals sprechen“ (18f.) bedeuten, dass für jemanden die Todesstrafe gefordert wird. Es wurde daneben deutlich, dass es mehr Verbindungen mit Verben als mit Adjektiven oder Partizipien gab, dass auch Homonymie, d.h. gleicher Ausdruck für verschiedene Sachverhalte, nicht nur in einer Sprache zu finden ist.

Da den Beispielen aus weniger gängigen Sprachen wie Altisländisch oder Altenglisch jeweils eine Übersetzung der Quellenstelle beigegeben wird, lassen sich deren Inhalte gut nachvollziehen. Obwohl die angeführten Belege in vielen Fällen datiert sind, fehlt eine zeitliche Einordnung an anderen Stellen, doch wäre für die meisten Leser auch dort wenigstens eine grobe Datierung hilfreich gewesen.

Bei der Belegstelle aus dem Ravensburger Stadtrecht (9) zur Wendung „1.1 *Gewalttätige Hand*“ scheint der Bezug eindeutiger zu sein, als vom Autor formuliert: Die lateinische Übersetzung des volkssprachlichen Ausdrucks in einer ebenfalls angeführten Urkunde Friedrich Barbarossas (*quod vulgo dicitur asteros hant, calida manu*) erläutert bereits, dass die althochdeutsche Wendung *haistera handi* offenbar schon im Hochmittelalter in manchen Gegenden als „jährzornige“ bzw. „heiße“ Hand verstanden wurde, wie es im spätmittelalterlichen Stadtrecht von Ravensburg dann erscheint (*swer den andern mit haizzer hand angrifet*), da *calidus* im mittelalterlichen Latein genau dies – jähzornig bzw. heiß – bedeutet.

Eine Detailstudie, auch wenn sie anhand von exemplarisch ausgewähltem Material erstellt wurde, das laut Verfasser „als repräsentativ gelten [darf]“ (7), kann keine abschließenden Ergebnisse liefern. Es konnte aber aufgezeigt werden, wie man die angerissenen Fragen und die Vermutung weiterverfolgen kann, dass bestimmte Rechtssachverhalte in den germanischen Einzelsprachen durch „vergleichbare rechtssprachliche Formulierungsmuster“ ausgedrückt wurden (19). Das Heft schließt erfreulicherweise mit einem umfangreichen Quellen- und Literaturverzeichnis. Die Redaktion des Texts hätte jedoch sorgfältiger sein können, da recht viele Druckfehler (z.B. 15) stehengeblieben sind.

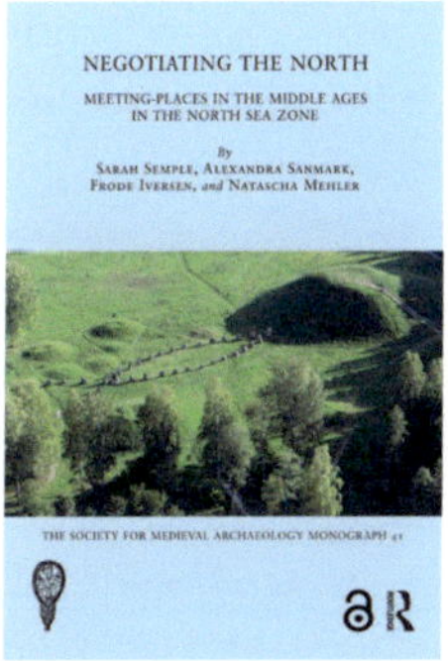

Sarah Semple, Alexandra Sanmark, Frode Iversen u. Natascha Mehler, Negotiating the North. Meeting-Places in the Middle Ages in the North Sea Zone (Society of Medieval Archaeology Monograph 41). London, New York, Routledge 2020. XX, 349 S. 166 s/w-Abb., 65 farb. Abb.

Besprochen von Dirk H. Steinforth:
Göttingen, dirk.steinforth@gmx.net

Seit den Schilderungen in Tacitus' ‚Germania' oder den isländischen Sagas ist das Bild von frühmittelalterlicher Verwaltung in Form der Versammlung freier Männer am *Thing*-Hügel Teil oft romantischer Vorstellung von Recht, Tradition und Identität. Noch heute im Gelände sichtbare Versammlungshügel und zahlreiche *t(h)ing*- und ähnliche Ortsnamen legen Zeugnis ab von einer bedeutenden und verbreiteten Institution im germanischen Norden, die einer Vielzahl von legalen, administrativen und sozialen, doch auch wirtschaftlichen und religiösen Funktionen diente. Weitergehende und spezifischere Aspekte jedoch, wie etwa die Vermittlung von Machtstrukturen und Verwaltungsmechanismen auf lokaler bis überregionaler Ebene, ihre Entwicklung über längere Zeiträume und unter unterschiedlichen Bedingungen, ihr ‚Export' in neue Siedlungsgebiete sowie die ‚Valorisierung' solcher Systeme in späterer Zeit (vgl. xv), bedurften genauerer Betrachtung.

Diese Punkte machte sich zwischen Juni 2010 und November 2013 das ‚Assembly Project' der Universität Oslo zur Aufgabe und untersuchte Praxis und Geographie (früh)mittelalterlicher Verwaltungsorganisation und Versammlungsplätze in Skandinavien und ausgewählter nordischer Siedlungsgebiete im Nordatlantik und in Britannien. Dazu wurden ein weites Spektrum an historischen, archäologischen, kartographischen und onomastischen Quellen analysiert, Workshops durchgeführt und eigene Feldforschung und Ausgrabungen unternommen. In ‚Negotiating the North' legt das Projekt seine Ergebnisse vor.

Im ersten Kapitel führt eine detaillierte Einleitung in die Thematik des *Thing* sowie grundlegende Faktoren wie etwa Terminologie und die Hierarchien von Versammlungsstrukturen ein. Das zweite Kapitel bietet dann einen Überblick über

Dirk H. Steinforth: Rezension zu Sarah Semple, Alexandra Sanmark, Frode Iversen u. Natascha Mehler, Negotiating the North. Meeting-Places in the Middle Ages in the North Sea Zone (Society of Medieval Archaeology Monograph 41).
In: Das Mittelalter 2022, 27(2), 517–518. Heidelberg: Heidelberg University Publishing.
DOI: https://doi.org/10.17885/heiup.mial.2022.2.24687

die Forschungsgeschichte dieses Feldes und das dritte Kapitel stellt Untersuchungsmethodik und -ansätze vor. Das vierte Kapitel rekonstruiert die Topographie von überregionalen (‚top-level') *Lawthing*-Plätzen sowie von Orten königlicher Inauguration in den wikingischen Kernlanden in Skandinavien, während das fünfte Kapitel detailliert Fallbeispiele des *Thing*-Systems in Norwegen betrachtet und den multifunktionellen Charakter solcher Plätze und Ereignisse untersucht.

Der Export des *Thing* steht im Fokus des sechsten Kapitels, das Versammlungsplätze in wikingischen Siedlungsgebieten in Island, Färöer, Orkney, Shetland und dem Danelaw in Nordost-England analysiert und sie mit ihren Entsprechungen in Skandinavien vergleicht, um festzustellen, wie Kontrolle und Konsens in den neuen Territorien umgesetzt wurden. Dass das *Thing* oft auch für Handel, Religion und soziale Interaktion große Bedeutung besaß, wird im siebten Kapitel am Beispiel Islands diskutiert; das resultierende Modell wird mit den Ergebnissen der anderen untersuchten Gebiete kontextualisiert. Diesen Ansatz führt das achte Kapitel in einem weitergefassten Rahmen fort, indem es die unterschiedlichen Formen und Funktionen der Versammlungen in Nordeuropa darstellt. Der Band schließt mit den ‚Concluding Thoughts' des neunten Kapitels, einem Glossar und einer umfangreichen Bibliographie.

‚Negotiating the North' ist das Resultat einer Gemeinschaftsarbeit, die Fachleute aus acht Nationen zusammenbrachte, und diese Vielfalt spiegelt sich auch in den interdisziplinären Forschungsansätzen wider: Das Zusammenspiel insbesondere von (zum Teil neuen) archäologischen Befunden mit den Aussagen historischer Texte sowie jener der Ortsnamenforschung erlaubt einen synoptischen Blick auf die unterschiedlichen Funktionen und Entwicklungen des *Thing* in unterschiedlichen Kontexten.

Als Pluspunkte hervorzuheben sind die reiche und vielfältige Bebilderung des Bandes mit Fotos, Karten und Graphiken sowie die sehr sorgfältige Methodologie und der fast übertrieben minutiöse Umgang mit der Terminologie. Besonders lobenswert sind die den Kapiteln jeweils *voran*gestellten Zusammenfassungen, die einen unmittelbaren und schnellen Einstieg in die ihnen folgenden Themenbereiche bieten – und in diesem Geiste ist den Autorinnen und Autoren auch ihre stellenweise repetitive und bisweilen etwas umständliche Schreibweise unbedingt zu verzeihen.

Das Buch ist offensichtlich für das Fachpublikum geschrieben, wird aber durch die detaillierte Einführung in den Forschungsbereich (einschließlich Terminologie und Forschungsgeschichte) sowie die ausgezeichnete Struktur der vorangestellten Kapitelzusammenfassungen und der gewissenhaften Schlussdiskussion auch interessierten Laien zugänglich. Auch ihnen bietet es einen fundierten Einblick in das Thema, eine reiche Auswahl faszinierender Fallbeispiele sowie eine kompetente und umfassende Analyse der Versammlungsplätze und der mittelalterlichen Verwaltung im Norden.

Henning Siekmann, Wolf und Lamm. Zur Karriere einer politischen Metapher im Kontext der europäischen Fabel (Bamberger Studien zu Literatur, Kultur und Medien 21). Bamberg, University of Bamberg Press 2017. 421 S.

Besprochen von Inci Bozkaya:
Fribourg/Schweiz, inci.bozkaya@unifr.ch

Im Zentrum der Arbeit steht mit der ‚Begegnung von Wolf und Lamm am Bach' eines der im europäischen Sprachraum bekanntesten, seit der Antike als äsopische Fabel nachweisbaren Tiernarrative. Es ist der Dissertation positiv anzurechnen, dass sie sich nicht als motivgeschichtliche Aneinanderreihung von Fabelfassungen präsentiert. Vielmehr unternimmt Siekmann als Beitrag zu den ‚Cultural' bzw. ‚Literary Animal Studies' eine Neuperspektivierung der Tierkonstellation als ‚politische Metapher'. Ziel ist die „Rekonstruktion einer nicht literarischen, sondern vornehmlich philosophischen, im engeren Sinne *moral*philosophischen Tradition [...], in deren Zusammenhang intensiv über die Begriffe Recht, Gerechtigkeit und Gewalt nachgedacht und geschrieben worden ist" (38). Bezüglich ihres Verständnisses von Semantik und Pragmatik der Fabel folgt die Studie einhellig den Forschungsansätzen von Klaus Grubmüller. Wiewohl diese an Fabeln des Mittelalters erarbeitet wurden, klammert Siekmann in seiner eigenen Arbeit mittelalterliche Fabeln – abgesehen von Erwähnungen von Boner und Marie de France – aus. Diese Gewichtung von Forschung und Primärtext zieht sich durch die Studie, so nehmen Darstellung und Einordnung von selbst schon historischen Paradigmen der Fabelforschung – Otto Crusius vs. Jacob Grimm (149–160) – mehr Raum ein als etwa die Fabeln von Erasmus Alberus und Burkard Waldis (179–184).

Indem die Dissertation die mittelalterlichen Epochen überspringt, schließen sich an die Kapitel über die ‚Ursprungserzählung' bei Phädrus direkt Fallstudien zu Fabeln von Martin Luther, La Fontaine, Wolff, Gottsched und Lessing hin zu Dolf Sternberger, Helmut Arntzen und Hans Blumenberg an. Die Untersuchung der Darstellung von Recht und Gewalt orientiert sich häufig sehr genau am Wortlaut der Texte. Dieser ist zumeist in Übersetzungen und teils mithilfe veralteter

Inci Bozkaya: Rezension zu Henning Siekmann, Wolf und Lamm. Zur Karriere einer politischen Metapher im Kontext der europäischen Fabel (Bamberger Studien zu Literatur, Kultur und Medien 21). In: Das Mittelalter 2022, 27(2), 519–520. Heidelberg: Heidelberg University Publishing. DOI: https://doi.org/10.17885/heiup.mial.2022.2.24688

Editionen wiedergegeben; so wird zum Beispiel für die Waldisfabel statt der aktuellen Edition von 2011 die Ausgabe von TITTMANN herangezogen. Offengelegt werden von SIEKMANN ‚Codes' im Sinne der „*denotativen* Ebene des Textes" (127). Diese ‚Codes' unterscheiden sich in den verschiedenen Fabelfassungen jeweils oder erscheinen auch kombiniert. Überwiege beispielsweise in der Phädrusfabel ein anthropologischer Code, wodurch „Phädrus das Psychogramm eines (typisch) verbrecherischen, tyrannischen Menschen" schaffe (162), herrsche in der Fabel aus der ‚Collectio Augustana' ein juridischer Code vor. Die Analyse von Luthers Fabel und seiner Sprichwörter zeige dann einen „zunächst kaum sichtbaren, aber im Endeffekt dominanten *theologischen* Code" (178).

Die La Fontainsche Fabel analysiert SIEKMANN anhand der Rekonstruktion der DERRIDA'SCHEN Interpretation, in welche er sich „sukzessive – kommentierend und korrigierend – einschalte[t] resp. einschreib[t]" (259). So heiße die Fabel mitnichten das Recht des Stärkeren gut, vielmehr entlarve die Widmungsepistel der Sammlung das Regime von Ludwig XIV. mit den doppelbödigen Mitteln der Ironie (273). Für die Untersuchung der Fabel im 18. Jahrhundert sind zeitgenössische Fabeltheorien leitend, insbesondere die Fabel bei Wolff als ‚Instrument der praktischen Vernunft' und ihr Einsatz im Rahmen moralischer und sittlicher Bildung. Nachweisbar sei so eine Wandlung der Fabeltiere von idealtypischen zu gemischten Charakteren (342). Im letzten Kapitel tritt SIEKMANNS Arbeitsweise – die Zusammenschau von Fabelforschung, Fabeltext und zeitgenössischen politischen wie philosophischen Arbeiten – besonders deutlich hervor. Anhand von BLUMENBERGS Glossen wird das Weiterleben von Wolf und Lamm als Metaphern im Sprechen über Macht und Recht im 20. Jahrhundert nachgezeichnet. Die Stärke der Arbeit – der Versuch, die geistesgeschichtliche Verhandlung von Wolf und Lamm möglichst umfassend zu berücksichtigen – offenbart zugleich ihre Schwäche an den Stellen, an denen mehr literaturwissenschaftliche Sorgfalt wünschenswert gewesen wäre, etwa wenn *on gefehr* fälschlicherweise als „ohne Gefahr" (181) erläutert wird.

Erschienen als Open-Access-Veröffentlichung wird auf ein Register als auktoriales Instrument der Aufmerksamkeitslenkung verzichtet. Mit der Standard-Suchfunktion im PDF kann jede*r Interessierte selbst nach Schlagworten und Autoren suchen. Es ist der Arbeit zu wünschen, dass sich auch im Digitalen ein*e Leser*in auf eine langsam voranschreitende Lektüre einlässt, um so auf vermeintlichen Neben- oder Umwegen längeren Gedankengängen zu folgen, über die man auf der Suche nach bereits Bekannten vielleicht hinweggeklickt hätte.

Claire Weeda, Ethnicity in Medieval Europe 950–1250. Medicine, Power and Religion (Health and Healing in the Middle Ages 2). York, York Medieval Press 2021. 346 S. 5 Abb.

Besprochen von Eric Wolever:
Kassel, eric.wolever@uni-kassel.de

Die Frage nach Rasse bzw. Ethnizität im Mittelalter hat sich in der englischsprachigen Forschung der letzten beiden Jahrzehnte zu einem markanten Thema entwickelt. In diesem Kontext versucht das ehrgeizige Buch zwei noch nicht systematisch untersuchte Aspekte zu behandeln: erstens die Bedeutung ethnischer Bezeichnungen in der Weltanschauung der Mönche, Magister und Höflinge vor 1250 sowie zweitens die Relationen zur Klimatheorie des Hippokrates und zu Galens Humoralvokabular, die bis zur Verbreitung von Aristoteles ‚Politik' die wichtigsten Erklärungsansätze lieferten. Um dieses Ziel zu erreichen, stützt sich die Untersuchung auf eine zentrale Quellensammlung: eine wenig bekannte Reihe ursprünglich monastischer Listen mit ethnischen Gruppen und Stereotypen, von denen die acht wichtigsten im Anhang transkribiert und übersetzt werden.

Der einleitend erklärte Terminus „imagining ethnicity" (1) dient als methodischer Grundsatz. Denn ‚imagining' bezeichnet den Schaffensprozess bildlicher Vorstellungen und deren Macht, religiöse, politische und intellektuelle Diskurse zu prägen und von ihnen geprägt zu werden. So ist Weeda zufolge ethnische Zugehörigkeit immer ein Aushandlungsprozess: „[E]thnotypes, and by extension ethnic identities feeding off discourses, are not stable and inherited but, rather, continually renegotiated" (23). Dieser Ansatz ermöglicht es, die Verwendung der Volksgruppenlisten und das damit verbundene ethnische Denken in einer Reihe schriftlicher Quellen zu untersuchen. Darüber hinaus verweist die Autorin auf das Potential gegenständlicher und bildlicher Quellen, die wie etwa einige Weltkarten aus der Handschriftenüberlieferung des Beatus von Liébana (72–74) dafür geeignet sind, weitere Untersuchungen anzuregen. Die Kernthemen werden über mehrere

Eric Wolever: Rezension zu Claire Weeda, Ethnicity in Medieval Europe 950–1250. Medicine, Power and Religion (Health and Healing in the Middle Ages 2). In: Das Mittelalter 2022, 27(2), 521–522. Heidelberg: Heidelberg University Publishing. DOI: https://doi.org/10.17885/heiup.mial.2022.2.24689

Kapitel verteilt aufgebaut und stellen dadurch Lesende vor die Herausforderung, sie wieder in den Gesamtzusammenhang einzuordnen.

Die erste Hälfte des Buches stellt die chronologische Entwicklung der Quellen und Systeme vor, durch die die gelehrten Autoren ethnische Gruppen konzeptualisierten. Sie beginnt mit den oben erwähnten Volksgruppenlisten, die in der mönchischen Literatur bis 1100 kontextualisiert werden. Anschließend wird ausgeführt, wie die Rezeption des Militärhandbuchs des Vegetius sowie griechischer und arabischer medizinischer Werke das Aufkommen der Klimatheorie seit dem 12. Jahrhundert nach sich zog. Der erste Teil schließt mit dem Begriff *patria*, der in der Rechtsliteratur um 1200 entstanden ist und sich im Zuge ethnischer Stereotypisierungen in Handbüchern zu Rhetorik, Dichtung, Korrespondenz und Kriegsführung weiterentwickelte. Die drei Kapitel des zweiten Teils präsentieren Fallstudien zu konkreten Anwendungen. Der Diskurs richtet sich zuerst auf die ethnischen Beleidigungen in den Pariser Schulen und in der satirischen Dichtung, dann auf die Idee von Franzosen, Teutonen und Engländern in der zeitgenössischen Literatur und die damit verbundenen Vorstellungen von höfischer Kultur und Rittertum, die dazu dienten, Ansprüche auf kulturelle oder militärische Vorherrschaft zu erheben. In Anlehnung an die Arbeit von Robert BARTLETT behandelt das letzte Kapitel die Anwendung des klimatischen Determinismus auf zivilisierende und kolonisierende Erzählungen, die sich gegen die keltischen, nordischen und slawischen Ränder Europas richteten.

Angesichts der Bandbreite und der Ambitionen des Buches sollte es nicht überraschen, dass die verschiedenen Quellen nicht immer mit der gleichen Ausführlichkeit behandelt werden und die anglonormannischen und nordfranzösischen Quellen am prominentesten vertreten sind. Insgesamt kann das Hauptvorhaben des Buches jedoch erfolgreich umgesetzt werden. WEEDA demonstriert überzeugend, dass die ethnischen Listen und Stereotype allgegenwärtig waren und sich an viele Kontexte anpassen ließen. Überdies führt die Frage nach der Verbreitung der Klimatheorie vor 1250 zu einigen wichtigen Ergebnissen, darunter zur Offenlegung der Bedeutung von Vegetius. Dennoch bleibt weiterhin genügend Raum für Detailforschungen zur Chronologie sowie zum relativen Einfluss der einzelnen antiken Autoren. Davon unabhängig sollte diese Monographie für jeden, der sich mit den Vor- und Darstellungen ethnischer Gruppen oder Nationen im Hochmittelalter beschäftigt, von großem Interesse sein.

Druck und Bindung
Books on Demand GmbH
In de Tarpen 42, 22848 Norderstedt